考古与艺术史
译丛

丛书顾问

罗 泰（Lothar von Falkenhausen） 李 零

丛书主编

来国龙 缪 哲

考古与艺术史 译丛

《定居地球》
Settling the Earth

《洞穴中的心智：意识和艺术的起源》
The Mind in the Cave: Consciousness and the Origins of Art

《远古艺术家：追溯人类最原始的艺术》
The First Artists: In Search of the World's Oldest Art

《破解玛雅密码》
Breaking the Maya Code

《寻找埃及失踪的古墓》
Searching for the Lost Tombs of Egypt

《国家及其废墟：希腊的古代、考古学与民族想象》
The Nation and its Ruins: Antiquity, Archaeology, and National Imagination in Greece

《破译的故事：从埃及圣书文字到玛雅文字》
The Story of Decipherment: From Egyptian Hieroglyphs to Maya Script

《罗马与剑：战士和武器如何塑造罗马历史》
Rome and the Sword: How Warriors and Weapons Shaped Roman History

《征服过去：考古学的起源》
La Conquête du Passé: Aux Origines de l'Archéologie

考古与艺术史
译丛

La Conquête du Passé
Aux origines de l'archéologie

征服过去
考古学的起源

[法]阿兰·施纳普 —— 著　胥恒 —— 译

郑州大学出版社

图书在版编目（CIP）数据

征服过去：考古学的起源/（法）阿兰·施纳普（Alain Schnapp）著；胥恒译. —— 郑州：郑州大学出版社，2024.7
ISBN 978-7-5773-0173-0

Ⅰ.①征… Ⅱ.①阿… ②胥… Ⅲ.①考古学-研究 Ⅳ.①K85

中国国家版本馆 CIP 数据核字（2024）第 035239 号

备案号：豫著许可备字-2024-A-0020

Originally published in France as:
La conquête du passé by Alain Schnapp
©Editions la découverte, Paris, 2020
Current Chinese translation rights arranged through Divas International, Paris
巴黎迪法国际版权代理（www.divas-books.com）

征服过去：考古学的起源
ZHENGFU GUOQU : KAOGUXUE DE QIYUAN

策划编辑	郜　毅	封面设计	陆红强
责任编辑	张　帆	版式制作	九章文化
责任校对	胡佩佩	责任监制	李瑞卿

出版发行	郑州大学出版社（http://www.zzup.cn）
地　　址	郑州市大学路 40 号（450052）
出 版 人	孙保营
发行电话	0371-66966070
经　　销	全国新华书店
印　　刷	鸿博昊天科技有限公司
开　　本	889 mm × 1 194 mm　1/32
印　　张	16.25
字　　数	381 千字
版　　次	2024 年 7 月第 1 版
印　　次	2024 年 7 月第 1 次印刷
书　　号	ISBN 978-7-5773-0173-0　定　价 98.00 元

本书如有印装质量问题，请与本社联系调换。

考古与艺术史译丛
总序

  我们探究遥远的古代，从来不只是为学问而学问。其实，对古代的研究反映了我们当下的自我认识：它犹如一面镜子，把当今的"文明"社会与远古相对照，让我们有机会反思我们对当今社会本质的假设，也提醒我们别把现代的社会福祉视为理所当然。尤其是以研究物质遗存为主的考古学，它能在时间深度上比文献研究更加深入，并且通过年代精准的考古学文化序列，为世界各地的历史发展提供具体可见的物质形态。不仅考古发现的过程本身在智力上令人振奋，如果运用得当，考古学还可以在认识论上提供一套全新的、独立于历史文献的观点（尽管考古与文献也有可能是互补的）。最重要的是，考古学——无论是研究远古的史前考古，还是后来有文字记载的历史时期考古——都能设法还原"劳动群众"的主观意志，而他们的生活和经历往往为历史文献所无意或有意地忽略。

  尽管考古发掘已经取得辉煌的成就，而且这些发现已经成为艺术史的经典和艺术史讨论的基础，但考古学家的任务不是挖宝。印第安纳·琼斯（Indiana Jones）不是一个好榜样。尽管有人会这么认为，但考古学不是抱残守缺的书呆子的领地。恰恰相反，考古学是一门充分利用现代技术成果的现代科学。在将现代科技应用于考古学的需要时，考古学者发挥了巨大的创造力。其中的关键是研究设计。特别是在过去75年里，伴随着考古发掘和分析技术的巨大改进，考古学家做出了巨大努力，创造了越来越成熟、旨在涵盖考古材料中所包含的全部历史经验的解释体系。总而言之，考古不仅是研究人类历史的一种手段，而且考古学史作为一门学科，也可以成为历史研究的对象。此外，在科学考古学正式开始之前，已经有学者对过去的历史材料进行了几个世纪的认真研究。今天，这一古老的研究传统——通常被称为古物学——正与科学考古学并肩前行，但有时也令人不安。这在中国尤其如此。科学考古学在中国的发展相对比较短暂——仅有100年的历史，而在欧洲部分地区则已经超过200年。中国古物学（金石学）的历史，至少始于公元11世纪，几乎是复兴时期兴起的欧洲古物学的两倍长的时间。最近的研究也显示，欧洲以外其他地区的古物传统中，在现代学术知识模式普遍开始传播之前，对古代的物质遗产的研究也是一个普遍关注的问题。

　　与所有学术研究一样，考古学者的观点受制于他们工作的历史环境，这反映在不断变化的学术风格、取向和兴趣上。近年来，考古学受人文和社会科学中自我反思转向的影响，让研究者更加深切地认识到，历史偶然性和偏见是如何在整个考古学史上塑造或影响了我们的研究。因此，考古学目前正在经历一个"去殖民化"的过程，旨在遏制顽固的种族主义的暗流，纠正历史上对各种弱势群体的排斥。由此产生的考古学，经过彻底的自我净化，必将对考古研究及其在社会中的地位产生持久的影响。同时，公众对考古材料本身产生了浓厚的兴趣，由于国际休闲旅游的扩展，他们有前所未有的机会直接参观和体验考古学的成果。因此,考古学者的一个任务就是提供关于考古学及其各个领域最新的、最可靠的研究状况和说明。

考古与艺术史译丛的设计旨在兼顾对考古发现本身的呈现和对考古思维方式及其时代变迁的探究,总体目标是邀请公众参与到考古学的研究中来。阿兰·施纳普(Alain Schnapp)的《征服过去:考古学的起源》是真正的学术经典。作者以无与伦比的精湛技艺,在其广泛的知识背景下追溯了欧洲现代早期从古物学到考古学的演变。扬尼斯·哈米拉基斯(Yannis Hamilakis)在《国家及其废墟:希腊的古代、考古学与民族想象》一书中,举例说明了在作者的祖国,考古学是如何为更广泛的政治目标服务的。在《定居地球》一书中,克莱夫·甘布尔(Clive Gamble)对考古学中最古老、最具争议的辩论进行了最新的总结:人类是如何(以及何时)扩展到地球上所有五个洲的。大卫·刘易斯-威廉斯(David Lewis-Williams)的《洞穴中的心智:意识和艺术的起源》同样关注人类的早期历史,探讨了人类尝试视觉表现的最早阶段——旧石器时代的洞穴艺术。米歇尔·罗尔布朗谢(Michel Lorblanchet)和保罗·巴恩(Paul Bahn)在《远古艺术家:追溯人类最原始的艺术》中,从不同的角度探讨了同一主题。文字作为一种记录语言的手段,是人类符号制作的后期发展的成果,这是莫里斯·波普(Maurice Pope)的《破译的故事:从埃及圣书文字到玛雅文字》和迈克尔·D.科(Michael D. Coe)著名的《破解玛雅密码》的主题;这两本书主要讨论了现代学者是如何努力把被遗忘许多世纪的早期文字破译出来的。同样,克里斯·农顿(Chris Naunton)的《寻找埃及失踪的古墓》和西蒙·詹姆斯(Simon

James）的《罗马与剑：战士和武器如何塑造罗马历史》探讨了各自文化区域内历史文化考古学的重要主题。后续将会有更多的译著。在此我谨向为翻译这些重要著作而努力的译者表示敬意，希望他们的译著能得到读者的欢迎！

罗泰（Lothar von Falkenhausen）
2022 年 12 月 31 日　于伊克塞勒

（来国龙　译）

为了纪念
Bohumil Soudsky 和 Carl-Axel Moberg

致　谢

这本书的写作源于 Henri de Saint-Blanquat 的建议。初稿在剑桥的丘吉尔学院动笔，但如果没有 Irène Aghion, Jean-Paul Demoule, François Lissarrague 和 Krzysztof Pomian 的帮助，这本书可能就无法完成。Viviane Regnot, Guy Gagnon 和 Jean-Paul Desroches 给我提供了关于中国的专业知识，Sylvie Lackenbacher 提供了关于美索不达米亚世界的信息，而 Dominique Valbelle 和 Jean Yoyotte 则为我提供了关于埃及世界的建议。在探索中世纪领域的过程中，Jean-Claude Schmitt 和 Michel Pastoureau 一直是我不懈的对话伙伴。在法国奖章馆、国家图书馆的各个部门、剑桥大学图书馆，以及伦敦的瓦尔堡研究院，我总是能寻求到各种帮助和便利。我无法列出所有帮助我完成这项工作的机构，但我想表达对梵蒂冈图书馆、海德堡大学图书馆、慕尼黑大学图书馆、哥廷根大学图书馆、沃尔芬比特尔图书馆、汉堡的艺术和工艺美术博物馆、哥本哈根皇家图书馆的感谢。

我想感谢以下人士的帮助：

Michel Amandry, Jean-Pierre Aniel, Daniel Arnaud, François Avril, Ida Baldassare, Ursula Baurmeister, Laure Beaumont-Maillet, Claude Bérard, Laurence Bobis, Mathilde Broustet, Monique Cohen, Marie-Hélène Colom, Richard Cooper, Monique Crick,

Pierrette Crouzet-Daurat, Michel Dhénin, François Dupuigrenet Desroussilles, Yves Duroux, Andreas Furtwängler, Pascale Galey, Jean-Baptiste Giard, Michel Gras, Pier-Giovanni Guzzo, François Hartog, Francis Haskell, Jean-Louis Huot, Ian Jenkins, Athanasios Kalpaxis, Kristian Kristiansen, Max Kunze, Christian Landes, Annie-France Laurens, Emmanuel Le Roy Ladurie, Karin Lundbeck-Culot, Jean-Michel Massin, Cécile Morrisson, Tim Murray, Laurent Olivier, Ricardo Olmos, Pierre Pinon, Florence de Polignac, François de Polignac, Martine Prosper, Giuseppe Pucci, Joselita Raspi-Serra, Francis Richard, Jhon Scheid, Nathan Schlanger, Jean-Pierre Sodini, Alessandra Themelly, François Thierry, Gustav Trotzig, Sander Van der Leeuw, Jean-Claude Vaysse, Andreas Wittenburg, Charles Richard Whittaker.

本书中的图像文献资料得到了法国国家图书馆的支持。

大部分拉丁文和希腊文文本的译文取自 Les Belles-Lettres 出版社（美文出版社）出版的《法国大学文集》（Collection des Universités de France）。

首版序（1993 年）

"征服过去"不仅是历史学家对他所研究的领域的定义。"征服"这个词本身就邀请我们去思考，自从人类意识到历史并开始了他们的历史生活的那一刻起，就被驱使去认知、保存，有时甚至研究前人留下的痕迹的动态过程。

阿兰·施纳普（Alain Schnapp）的书看似是一项平淡无奇的发现，实则相当于一次漫长的时间之旅。他并未沉溺于对发现的狂热、对发掘的兴奋和对纪念碑的赞美，而是寻求理解，多于叙述。在他的那个时代（1952 年）一本成功的出版作品《神祇、陵墓与学者》中，策拉姆（C.W. Ceram）成功地向广大读者展示了考古学冒险的奥秘。但阿兰·施纳普选择了不同的路线。他的书并不是一部关于发现的历史，而是关于对这些发现的接受史。在他的调查过程中，他一直试图解开人类持续地追寻过去的谜团。乔治·杜梅齐尔（Georges Dumézil）将一种特定的方法（他本人的方法）称为"超历史"（ultra-histoire），该方法旨在从最多样化的故事中挖掘出欧亚大陆的印欧神话结构。这本书，同样，也试图成为一种"超考古学"（ultra-archéologie）。古埃及国王拉美西斯二世之子卡埃莫伊斯（Khaemois）、公元前 6 世纪的巴比伦国王纳波尼德（Nabonide）、西塞罗、圣奥古斯丁、彼得拉克、拉伯雷和史前史的发现者布歇·德·彼尔特（Boucher de Perthes）之间有什么联系？他们每个人都在对过去的关注中，在某个特定的时刻，希望从土地中获取各种信息，以便从挖掘所揭示的原始材料中提取出一个名称、一个日期、一个符号：简而言之，那是历史的物质部分。

历史，正如我们今天仍在实践的，是文艺复兴和启蒙运动的产物之一。阿兰·施纳普作为一名出色的考古学家，一层一层地往上追溯（或者更确切地说，往下挖掘），他揭示了考古学的起源，这起源和人类历史一样久远。人类并未被限制在希腊-罗马世界的边界内！实际上，它包括了埃及人、亚述人和中国人，因为这些帝国需要用过去确保现在。这本书如同回声箱，为从博学之中、从历史编纂学中挖掘出的争论、思想和发现提供反响；为了更好地看到"过去"的无限空间，它试图重现人们经常采取的曲折途径。自古以来，在中国、希腊和东方，观察家、思想家和哲学家就已经感知到世界和人类的悠久历史。在欧洲有一千年（从圣奥古斯丁到达尔文），权威、学院和当局拒绝承认人类历史已有数十万年，更别说这个历史是更古老的冒险——自然的历史——的延续。在这本书的核心，读者将发现那一小部分创造性的智慧，它们在世纪的长河中捍卫并最终推动了人类古代历史的想法。从这个角度去理解，考古学的历史是人类面对自然或面对自己的理想的人类历史的一部分。

书中的很多插图来自我们国家图书馆的收藏，版画部、手稿部和钱币/奖章/古物部都提供了大量帮助。特别是对于"国王的柜子"，也就是被视为法国最古老博物馆的金币展览室，更是理所当然！它与凯吕斯伯爵（comte de Caylus）和让-雅克·巴泰勒米（Jean-Jacques Barthélemy）这些著名人士有着密切的联系。这两位（贵族和神职人员……）对改变考古学视角起到了决定性的作用。因此，他们应该在此被提及，作为从国家图书馆引向本书的重要"链接"。

法兰西学院教授、国家图书馆馆长

埃马纽埃尔·勒华拉杜里

（Emmanuel Le Roy Ladurie）

新版前言　过去的侵蚀

这本20世纪90年代出版的著作到了21世纪是否仍值得关注？这个问题只能由读者来回答了。但我感觉，近年来那些我们认为已经翻篇了的危机和过时的习俗仍影响着考古学。柬埔寨和哥伦比亚考古遗址遭到野蛮挖掘时我们脑海中产生了不祥预感，随着巴米扬大佛被炸毁、伊拉克和叙利亚巴尔米拉的博物馆被洗劫，这预感已然成为现实。考古学旨在揭示世界的状况，然而在社会不平等、存在战争风险或战争已经爆发的地区是无法开展考古研究的，甚至无法确保公众能够参观当地的古代遗产。当年美索不达米亚的君主们在军事大捷后会将对手信奉的神明"囚禁"起来；亚述学家们在巴比伦的宫殿里发现了一批雕像和碑文，都是那些来自远方被征服国度的战利品。万幸的是这些东西没被毁掉！不过我们仍要保持谨慎，被夷为平地的寺庙、被枭首的雕像、被锤烂的铭文在世界各地依然屡见不鲜，尽管世界各民族的侵略者们常常在摧毁和存放这两个截然相反的态度之间摇摆。这两种行为方式只不过是间歇性出现的历史错误，在任何地方、任何文明中都会存在。没有文化可以保存一切；为了生存，就必须翻新、建造、覆盖。那些使用稻草、砖块或木头等短时性材料的人不会因为清理和重建而感到为难；而那些巨石建筑或金字塔的建造者，则不得不忍受这些使他们不堪重负但又启发着他们的遗迹。因此，我们无法逃避过去。无论我们试图忘记它还是贬低它，试图恢复

4　征服过去：考古学的起源

它还是颂扬它，都必须对它做点什么。过去是所发生事情的一个片段，印度人会说这是"债务"，它将现在的人与他们的先辈联系在一起，尽管人们并不总是知道这一点。这就是为什么没有过去的社会，就像没有记忆的人一样，是不存在的。当这本书出版时，保护考古遗产的共识和承诺似乎触手可及。但不幸的是，情况又发生了变化。我们已经意识到，笼罩在遗址甚至博物馆上的威胁越来越大。考古学家与人种学家一样，面临着比以往任何时候都严峻的情况，他们的研究对象在逐渐被侵蚀，他们与自然主义者一起，意图保护考古遗址及其环境。为此，必须制定保护遗迹的新策略。

斯堪的纳维亚国家率先在20世纪上半叶制定了能够应对工业化和经济扩张挑战的考古政策。它们的目标是尽可能多地保护遗址，并强制在领土整治中对所有主要的土地利用规划作业进行初步挖掘。这一决定得益于传统。自17世纪以来，在丹麦和瑞典就有一个考古服务机构，它既能保护古物，又具备科学和文化能力，使发现能够与公众分享。"抢救性考古"的观念，以及之后的"预防性考古"的想法，在20世纪下半叶盛行，先是在英国、德国和美国得到应用，之后影响到意大利、希腊和法国，直到1992年被欧洲理事会认定为普遍性要求。预防性考古是保护隐藏的遗迹的主要手段之一。全球化的经济影响已经触及迄今为止还未被工业化和集约化农业影响的地区，面对这一情况，考古学是抵抗遗址被侵蚀的唯一壁垒。遗憾的是，在非洲、拉丁美洲和亚洲许多国家，公共资源的不足使有效的预防性政策得不到保证。在经常遭受种族间紧张局势和战争冲突的地区，文化遗产的保护受到了威胁，甚至有时会成为故意破坏的对象，就如我们在阿富汗、叙利亚和伊拉克看到的，那里的考古遗址和博物馆遭到了多次攻击。总的来说，从20世纪90年代初到现在，考古学的手段和方法都有了前所未有的发展，无论是勘探过程、挖掘和分析技术，还是在信息处理方面[1]。它既属于人文科学，也属于自然科学，然而这些进步正受到传统生活方式的消失和冲突的加剧的威胁，冲突带来了人口流动和暴力的连串问题。这意味着考古学使用的伦理道德维度是其未来的基本要求，需要我们对该学科的实践和目标进行集体反思。

古物学和考古学

这本书是对探索过去的技术的反思，是对考古学史前史的一次尝试，它优先考虑了过去的物质证据，而并不排除书面来源。有些社会没有文字，相反有些社会则完美地支配着文字知识，而这种掌握随着世纪的流逝变得如此丰富，以至于我们几乎无法相信可以存在没有文字的历史。然而，从最热的沙漠地带到最冷的冰原，即使是那些生活在最恶劣条件下的人们，也能够传递故事、建造遗迹、使用可以作为记忆媒介的工具。当然，此处的记忆不是希腊人或者中国人以各自方式赋予的"历史"，但故事是历史的组成部分，是将过去和现在联系起来，建立必要的社会联系的方式之一。《人与物质》(*L'Homme et la Matière*)[2]是我这一代许多考古学家的床头书，书中安德烈·勒罗伊-古尔汉（André Leroi-Gourhan）讨论了人类从自然界获取所需之物的无数技术。在写这篇文章时，我首先试图为我的学生们回顾现代考古实践的起源，目的是让我们目前的知识去经受历史批判的考验：我们从什么时候开始挖掘地面？从什么时候开始保存古物？出于何种目的？这些问题又引出了关于古物（或被我们认为是古代的物品）的挖掘、保护、修复和解释的一系列知识性问题。考古学的历史，如此一来便成为对过去进行探索实践的历史。从现代考古学出发，与古物学实践对比，这些实践与人类意识一样普遍。对我来说，这些实践和考古学之间的张力显而易见，但也很微妙。也许我的这本书需要以本来只在结论中出现的定义来开头。现代考古学有一个出生证明，它诞生于1830年至1860年间一场积极的革命背景下，革命首次试图破除自然历史与人类历史之间的障碍。在这30年之前，世上只有古物学家。他们可能会挖掘地面，巧妙地分类一些未知的物体，甚至坚决地依赖技术史，但据我所知，他们中没有一个人将过去的科学提升为一种包含这三个方面的古物学实践的普遍知识。这就是为什么我相信，无论多么博学的古物学家，与我们今天所说的考古学家之间都存在着深刻的结构性差异。英戈·赫克洛茨（Ingo Herklotz）于1999年出版的总结完全更新了我们对启蒙时代之前的古物学家的了解，并进一步强调了他们与考古学家的区别[3]。

现代考古学家视自己为地质学家和古生物学家的同行；他们认为他们的学科毋庸置疑是普遍知识的一个分支。我们将会看到，古物学家们正是缺乏这种普遍性，即使他们中的一些人，如卡西亚诺·达尔·波佐（Cassiano dal Pozzo）、约翰·奥布里（John Aubrey）或凯吕斯伯爵，已经尝试过面对它。所以，我并不打算在提出关于考古学起源的研究时，把古埃及的祭司、美索不达米亚的书吏、古代中国的文人、大洋洲的吟游诗人当作现代考古学的先驱。我试图展示对过去的追求，可以定义为博物学，与人类的好奇心一样普遍。有一个共同的遗产，将古物学家与考古学家拉近了，同时，也有一道不可逾越的鸿沟将他们分开。考古学有两个意思：一个是柏拉图在《大希庇阿斯》中赋予它的意义，即对过去的追求，是关于各种起源的讨论，从定义上说是局部的；另一个来自现代常识，将其定义为一门探索过去物质遗迹的通用学科。这两个术语相交，但不相混淆；我在本书中的所有努力都是为了建立这些差异。在此过程中，我引入了福柯提出的第三个意义：区分构成知识构建物质的层次。

随着时间的推移，我重新发现了勒罗伊-古尔汉的观点，他指出：人类知识可以总结为不同文化中以不同方式组织的组合，但这些都涉及对物质规律的适应。对过去的处理也是如此：我们可以否定过去，通过歌谣或神话来美化它，用"不朽"的作品来延长它，用精细的构造和重建设施来改造它，但我们无法逃脱它。你必须接受过去，为了做到这一点，人类社会有成千上万种经营管理和协商的技巧。那么，为什么要审视考古学的过去，而不是试图勾勒出它未来的轮廓呢？正是因为对未来的任何探索都需要批判性的评估和回顾性的方法，试图理解为什么所有社会，无论其性质如何，都需要过去。

因此，这本书并不是一部考古学的历史，而是对其上至遥远起源、下至19世纪上半叶被实证科学接纳为一门合格的自主学科的研究。然而，在此希望避免一种目的论的方法，把收集古物、挖掘或研究建筑物等早期活动视为学科的诞生。好奇心文化在史前和原始社会就已经存在。安德烈·勒罗伊-古尔汉在旧石器时代中期的阿尔西-苏尔-居尔（Arcy-sur-Cure）的一个洞穴中发现了一系列化石，它们无疑是因为其奇特性而被收集起来的，构成我们观察到的最早的收藏品[4]。然而，在没有文字的社会中，对过去的兴趣并不局限于此，而是采取了与景观密切联系的形式，其特点为伴随着社区生活的故事和神话提供了支持。克劳德·列维-施特劳斯（Claude Lévi-Strauss）[5]出色地诠释了澳大利亚中部土著阿兰达人（Arandas）的习俗。阿兰达人与他们的领土之间建立了深远的历史联系。这需要一种不同寻常的能力来识别出他们的起源故事中所必需的地点和遗迹。在这个社会中，有一些被称为"楚林加"（churingas）的椭圆形木头和石头，被视作祖先的身体，并归属于一个被认为是其后裔的在世者。它们被精心维护并存放在一些天然避难所里。阿兰达人没有固定的庇护所，他们没有宗教建筑，但他们有记忆的物品，这些物品使过去成为现实。因此，人类的记忆常常与物体或空间的布局有关，这赋予了它具体的形式。新石器时代和青铜时代的巨石为我们提供了其他集体记忆的证据：就像埃及的金字塔一样，建造它们所需的巨大劳动力不仅仅是为了当时。它们在空间中留下的是向子孙后代发出的信息。它们是一种意图的证明，使它们成为真正的"纪念碑"（monumenta），其物质性来自拉丁语"monere"，意为警告和示意。

正如我们看到的，至少从旧石器时代晚期开始，对遗迹的好奇心、对见证过去的各种迹象的关注，是人类历史的一部分。这种好奇心催生了古物学，在古代的埃及、美索不达米亚和中国已经是一种发达的智力实践。对于为这些帝国统治者服务的文人和学者来说，对过去的了解是一种强大的政治和宗教工具。因此，正是这些早在古希腊-罗马之前的文明发明了一种探索时间的方法。他们复制、翻译、解释古代铭文，他们收集物品，他们观察，有时甚至还挖掘地面。当这些实践在希腊和罗马发展起来时，一种新的、更具概念性的叙述过去的方法被发明出来了。希腊人和罗马人没有上述伟大帝国里的博学的古物学家，因为他们不具有他们前辈手中那样古老和丰富的档案，但他们引入了一种独立的研究，他们称之为"历史学"（historia）的研究方法。从那时起，历史学家与古物学家共存，根据各自的好奇心来利用对方的信息[6]。古物学家从痕迹、遗迹、纪念碑、习俗开始，并试图确定它们的意义和用途；历史学家努力重建事件以及跨越不同社会的社会经济机制。这个议程至少从希罗多德（Hérodote）开始就已经存在，并且它仍然渗透在我们的当代知识体系中。

然而，尽管历史已经发生了很大的变化，并被我们现代科学的成就所丰富，但它仍然符合希罗多德和修昔底德（Thucydide）所赋予的那种定义。古物学和考古学之间的本质区别在于，古物学家在一个地点、一个区域或一个国家的框架内工作，而考古学家（甚至更多是史前史学家）服务于一种普遍的方法。他在特定地点和时间观察到的东西是时间和空间机制的一部分，这种机制更普遍地参与了所谓的人类进化。概念框架的普遍性与类型学、古代技术分析和地层学的实践相结合，这些是现代考古学定义的核心。一些古物学家已经预见到了这些做法，但他们并没有将它们统一成一个知识体系，而这恰恰是考古学的特点。

因此，这本书是对考古学之前知识的调查。我们将看到对过去的好奇心的历史在不同的文化中展开[7]。在这本书中，我探索了一条漫长的道路，这条道路在19世纪考古学建立之前，引导人们与过去对话。这场对话仍在进行中。我希望写下这个历史，从我能发现的最古老的文献开始，从古代东方到现代欧洲，试图阐明对过去的"爱好者"的种种策略和行为。这项调查不能说是详尽无遗的，但却是可以扩展的。我仍有信心继续探索，通过不同的文明，我认为这是一种驯服时间的方式，一种维护自己子孙后代的方式。有人在地里藏下铭文，就像往海里扔瓶子一样，其他人在秘密而奇妙的房间里收藏铭文和珍稀物品，还有人建造起土墩或金字塔：

> 当一些人担心他们的坟墓时，其中有人小心翼翼地拒绝承认它们：他们哪怕虚荣心再汹涌，也不敢承认自己的坟墓。[8]

生活在17世纪英格兰的托马斯·布朗（Thomas Browne），在这里给出了关于现代人与过去之间关系的最深奥的哲学思考。此外，博尔赫斯（Borges），作为比任何现代作家都更深入思考记忆侵蚀概念的人，为托马斯·布朗于1643年出版的代表作［《医生的信仰》(*Religio Medici*)］写了一首诗：

> ……保护我免受自己的伤害。布朗和蒙田，
> 还有某个不知名的西班牙人都说过：
> 那么多金子我的眼睛却只保留了这少许，
> 在阴影到达它们之前。
> 饶恕我那急躁和痛苦，
> 想要被遗忘，成为大理石和尘土；
> 还想最后一次成为无法修复的自我。
> 不用剑也不用红色长矛：
> 主啊，保佑我，不再抱有希望。[9]

探索过去可能源于对知识的渴望、自我提升的激情，甚至塑造未来的欲望，它总是涉及个人的投入和关注自我的焦虑，这在某种程度上引导着人们走向虚无的感觉，以及时间消逝和世代更迭的主题。我通过发现的故事，介绍了这个历史的一些阶段。另一条道路会引导我去探索诗歌创作中与过去相遇的主题。面对布朗和博尔赫斯的斯多葛式命令，塞费里斯（Séféris）提醒我们需要驯服古代作品：

> 确实，废墟
> 并非雕像：残骸，那就是你自己。
> 它们以一种奇特的纯粹性追逐着你，
> 在家里、办公室和大型宴会上，
> 在对长眠的无法言说的恐惧中，
> 它们讲述你希望未曾经历过的事情。[10]

阿兰·施纳普
2020 年 5 月

目录

导　言　考古学与过去的存在 1

第一章　古代与中世纪的材料

　　帝国与考古学 39
　　希腊‑罗马世界与考古学 60
　　中世纪面对古代遗迹 85

第二章　古物学家们的欧洲

　　历史之都——罗马 130
　　遗失的高卢古代史 140
　　英国旅行学者和德国探索者 148
　　斯堪的纳维亚人 168

第三章　从古物学家到考古学家

　　大地是一部历史书 197
　　系统描述的时代 226

第四章　对人类自然历史的否定

　　古代的人和世界 246
　　考古学的建立 261

第五章　考古学的创立
  对人类上古时期的推测 309
  将考古学视为一门自然科学 342

总　结　古物学家的三大矛盾 356
注　释 366
附　录 374
索　引 431
参考书目 450
图　录 473
图片来源 485

图导言-1 皮耶罗·迪·科西莫（Piero di Cosimo）的作品：《人类的教育者：伏尔甘和艾俄洛》（*Vulcain et Éole éducateurs de l'humanité*，约 1495—1500）。艺术的发明是区分人类与动物的一个基本主题，它在希腊-罗马人类学中占据重要地位，并在文艺复兴时期得到了广泛关注。受维特鲁威和薄伽丘著作的启发，皮耶罗·迪·科西莫创作了一整套作品，致力于描绘这些发明。在这幅画中，伏尔甘被描绘成在他的铁匠铺中，是"首席工匠"和人类文明的第一位教育者［帕诺夫斯基（Panofsky）语］。根据乔治·瓦萨里（Giorgio Vasari）的描述，皮耶罗·迪·科西莫是回归自然的狂热支持者，过着"野蛮而非人类"的生活。

导　言

考古学与过去的存在

古董收藏家。

　　末世好骨董，甘为人所欺。千金买书画，百金为装池。缺角古玉印，铜章盘龟螭。乌几研铜雀，象床烧金猊。一杯一尊斝，按图辨款仪。钩深索远求，到老如狂痴。骨肉起讼狱，朋友生猜疑！方其富贵日，价直千万奇。及其贫贱来，不足换饼糍！[1]

　　　　　　　　　郑燮（1693—1765），中国扬州

　　谁从上面的罪过中受益呢？我的意思是：考古学依据什么权威存在，又是如何被合法化的呢？考古学的目标是什么呢？这里面有遗址、纪念物、雕像、珠宝——所有种类的人工制品，但是我们也被告知，还有一些不那么引人注目的遗留物，从微小的燧

---

[1] 摘自郑燮（号板桥）的《骨董》。——译者注

石碎片到只能在实验室里才能观察到的土壤中的磷酸盐浓度。

哲学家和历史学家克日什托夫·波米安（Krzysztof Pomian）在一本具有挑衅性的书（1986）中回顾，考古学只是收藏的一个自负的分支，就我们所追溯的收藏历史而言，它与人类本身的概念是并行不悖的：从我们能够认定人类在文化和生物上的独特性开始，他们似乎总是以某种方式收集、保存和积累那些没有其他用途，只是承载着或近或远的过去的标记的物品。然而，将考古学与收藏联系起来的，不是物品的实际或假定的古老程度——我们也可以收藏现代物品，甚至也不仅仅是收集行为——有一些纯粹描述性的考古学并不需要提取物品这种特殊的操作。将考古学与收藏联系起来的是被收集或分析的物品的地位，这些物品被置于一定距离，被保存和展示，由于其特定的特征而被拉近或推远，这些特征是通过分析得出的。当物品被视为一个符号时——波米安所说的符号载体，那么它就可以成为收藏的对象，因此，考古研究只是各种处理方法中的一种形式。考古学，因此我将其视为收藏的"私生妹妹"。"妹妹"，是因为它的手段、计划和证明都有限；"私生"，是因为它的建立（至少从 19 世纪开始）是基于否定的。众所周知，考古学家不是收藏家，至少他大声明确地宣布他不想成为收藏家。东布罗夫斯基（Dombrowski）很了解这个领域[1]，他说考古学家宁愿被当作警察都不愿被当作收藏家；然而要知道，在 20 世纪 30 年代的阿拉木图，警察的名声可不好！如果考古学家认为自己是埃及盗墓贼、中世纪遗物贩子或者文艺复兴时期珍奇屋（Wunderkammer）的继承者，那他对自我的认知将会非常悲观。但是只要仔细观察，马上就会发现相似之处：东布罗夫斯基的考古学家追踪中亚某个名不见经传的集体农庄的盗

图导言-2 梅林举起巨石阵（14世纪的英文手稿）。在这幅令人惊叹的插图中，梅林正在竖立起巨石阵的石头。他被许多中世纪作家视为艺术的创始人和至高无上的魔术师。

墓者，同时 NKVD（后来被克格勃吸收的苏联秘密警察机构）在监视，他们知道，盗墓或追踪盗墓者并非像表面上看起来那样无辜。在沙迪·阿卜杜勒·萨拉姆（Chadi Abdel Salam）的电影《木乃伊之夜》[2]中，仍误把考古学家描绘为文物贩子的合法竞争者，但无论如何仍然是竞争者。考古学家是特别的收藏家，他们比其他收藏家更细致，并且必须对机构、国家和公众负责。

记忆需要土地。拉尔萨沙漠、西安的土丘、雷托卡遗址

皮埃尔·诺拉[3]（Pierre Nora）曾在他的著作中提醒我们，有些地方储存着记忆，有些地方带有时间的印记，从拉斯科（Lascaux）到博堡（Beaubourg），这些地方正是历史自身的分泌物。几千年来，英格兰和布列塔尼的巨石一直是空间的标记，是

荒野中一个生动的问号。

14世纪的手稿中描绘了梅林建造巨石阵[4]；约翰·皮卡特（Johan Picardt）[5]展示了巨人建造了他们巨大的"床"；而女巫们则舒适地居住在配有木制楼梯和窗户的古墓中，向人们祝福……这些奇奇怪怪的事情，即使是在像威廉·斯图克利（William Stukeley）[6]这样的学者的著作中也是如此记载。还有的人不仅好奇，而且更具古物学精神，会仔细观察并描绘这些巨石。在一张16世纪的版画上，一个学术考察队在普瓦捷（Poitiers）[7]附近的"立石"上刻下了他们的名字；而1600年威廉·卡姆登（William Camden）在《不列颠志》[8]（*Britannia*）中的一幅插图无疑展示了已知最古老的发掘图像之一：两个人在巨石阵前挖掘着地面，

图导言-3 "立石"，位于普瓦捷附近［16世纪的版画，取自布劳恩（George Braun）和霍根伯格（Frans Hogenberg）的图集：《世界城市志》（*Civitates orbis terrarum*）］。版画描绘了著名的普瓦捷巨石，在拉伯雷的时期已广为人知。它被解释为大洪水后的人类建筑，上面刻满了当时最著名的地理学家们的名字。

4　征服过去：考古学的起源

在他们面前有头骨和股骨。

当我们回望历史，纪念碑始终是一种引发人们好奇心的物品，既能激发人们的理性思考又能使人发挥想象力。考古学的历史与这种极性密切相关，从某种程度上说，这种极性构成了考古学的历史。要是我们追溯西方漫长的历史，将会看到好奇心使人们成为古物学家，然后又成为考古学家，但是在此之前，让我们稍作停留，先看看某种程度上可以说是考古实践的第一个历史证据：这是一块在伊拉克拉尔萨（Larsa）找到的楔形文字石碑，可以追溯到公元前6世纪。这份文献很难理解。它不断地引用历史传统和离我们非常遥远的世界。但是，如果我们愿意去阅读它，经受住了第一次文化冲击，我们就会发现它确立了巴比伦人对历史合法性的关注和对王朝连续性的决心：

> 我是纳波尼德，巴比伦国王，牧师，被马尔杜克神任命，是埃萨吉尔神和埃齐达神的神庙的供奉者，我增加了祭品，用供养人的手恢复了伟大神祇们的城邦，我慷慨地供应所有的庙宇，是圣殿的供奉者，增添了馈赠，我是不知疲倦的使者，征服了高山，是深思熟虑的牧羊人，人民的领袖，我是由众神之主马尔杜克坚定地任命为恢复大城邦和圣殿的人……
>
> 当伟大的天地之主沙玛什（Shamash），人类的牧者，人类之主[9]——他居住的城邦拉尔萨，他最喜欢的住处埃巴巴尔神庙（Ebabbar），早已是一片荒野，变成了废墟，在此之上尽是尘土和瓦砾，泥土堆积如山，以至于几乎辨认不出它的位置，轮廓不再清晰[10]——我的前任国王尼布甲尼撒（Nabuchodonosor），那波帕拉萨尔（Nabopolassar）的儿子，

图导言-4 原始生活的场景（版画，约翰·皮卡特，1660）。皮卡特是一位荷兰牧师，他在其书中参考了古老的中世纪迷信，为了再现轻歌剧中女巫和"原始人"的场景。

在他统治时期，人们清除了堆积在城邦和庙宇上的灰尘和土堆，他们发现了古代先王布尔那布里亚什（Burnaburiash）在埃巴巴尔的圣地，他是我的前辈，尽管人们继续寻找，但没有发现更为古老的国王的圣地。尼布甲尼撒在所见到的布尔那布里亚什的圣地上重建了埃巴巴尔神庙，为了让伟大的主人沙玛什居住……

一个吉日，就在我统治的第十年，在沙玛什所喜悦的我永恒的王权期间，沙玛什想起了他古老的住所；他欣然决定将自己的神庙塔尖比以前提得更高，他委托我，纳波尼德国王，去恢复埃巴巴尔神庙和重建他所爱的居所。

遵照伟大的主人马尔杜克的命令，四面八方的风都吹了起来，巨大的暴风雨刮走了覆盖城市和神庙的尘土：人们可以看到埃巴巴尔神庙，令人敬畏的圣所……。从沙玛什和阿雅（Aya）的座位，从尖塔的神庙，永恒的圣地，永恒的房间，出现了神庙基地；它们的轮廓变得可见。我在那里阅读了古代国王汉穆拉比（Hammurabi）的铭文，他在布尔那布里亚什之前的七百年为沙玛什在古老的神庙地基上建造了埃巴巴尔神庙，我理解了它的含义。我战栗着崇拜；我担忧，心想，"聪明的布尔那布里亚什国王重建了这座庙宇，并让伟大的主人沙玛什住在那里。对我来说，……这座神庙并恢复它"……。我相信我最伟大的主人马尔杜克以及宇宙之王沙玛什和阿达德（Adad）的话；我的心也欢欣，我的肝也亮了；我的脸上露出喜色，我开始动员工人为沙玛什和马尔杜克工作，拿着镐，提着铁锹，搬运着篮子。我集结他们重建埃巴巴尔神庙，这座庄严的神庙，我崇高的圣殿。专家们仔细查看了神庙地基的地方，以了解它的装饰。

在一个吉月的吉日，我从埃巴巴尔神庙，沙玛什和阿雅所爱的圣殿，他们的神圣居所，他们欢乐的房间，按照古代国王汉穆拉比的古老装饰，我在汉穆拉比的圣地上砌砖。我重修了这座古老的庙宇，并装饰了它。在"天地间的羁绊"[11]，他所爱的家，我盖上塔顶。我为沙玛什和阿雅完成了埃巴巴尔神庙的建设，并为它建造了通道……

我伟大的主人沙玛什，把他尚未赐予任何国王的东西赐予了我——他的奉献者，并将其托付给我。我用古老的方式重建神庙，为了我的主人沙玛什和阿雅，我恢复了它。在雪花石板上，我写下了我在那里读到的古代国王汉穆拉比的铭文，和我自己的铭文，我把它永远放在那里。[12]

拉尔萨沙漠中出现的这份惊人的文献，可以被视为对考古学意识和实践的第一份书面证明。诚然，纳波尼德（公元前556—前539在位）可能不是第一个为寻找遥远前辈遗迹而进行挖掘的人——他自己也告诉我们，尼布甲尼撒二世（公元前605—前562在位）已发现布尔那布里亚什（公元前1359—前1333在位）的神庙——但这个故事的非凡之处在于纳波尼德是有意识的和有计划的。这位国王不只要进行搜寻，以确定一个充满象征意义的地点，一座证明权力连续性的纪念碑。他明确地寻求置身于长时间的持续中，时间的表达在这里具有物质性的维度。发掘之所以重要，不仅是为了发现记忆之地，更重要的是让它发挥作用。考古学家知道——纳波尼德则比他们更清楚——任何发掘都是毁灭，地球之书随着我们的翻阅而被破坏，只有保护才能延缓时间的不可避免的侵蚀。纳波尼德、他的工人、他的书吏和他的建筑师所说的无非这个意思。为了取得这个事业的成功，仅仅找到并象征性地

图导言-5 英格兰巨石阵遗址（威廉·卡姆登的《不列颠志》中的一幅插图，1600）。该插图是已知最古老的发掘图像之一，提供了相对写实的遗址视图，尽管图像左下方的发掘出土的人骨看起来似乎是巨人的骨头。

导 言 考古学与过去的存在 9

图导言-6 尼布甲尼撒二世在拉尔萨的埃巴巴尔神庙里铺设的地基石砖，证实了巴比伦君王们的发掘。

占领一个声名显赫的地方作为权力的标志物是不够的，还需要识别和恢复它。在这里，文字起到了决定性作用：书吏破译了汉穆拉比（约公元前1792—前1750在位）的铭文，确立了该遗址的真实性，证明了君主制的持续性（纳波尼德并不满足于像尼布甲尼撒那样找到布尔那布里亚什的铭文，他发现并破译了汉穆拉比的铭文，后者比布尔那布里亚什还早七百年），简而言之，他赋予了纳波尼德的统治权一个与其遥远前任一样长的预期寿命。而且，为了不让人们弄错，他在旧铭文上添加了新铭文，历经千年的无限时间之后，将证明纳波尼德是一个新的汉穆拉比。光是发掘和刻上铭文（旧的和新的）还是不够。通过恢复庙宇，建筑师们增添了一些东西,他们在景观中安置了明显的古代时间标志,为了感知和辨认为一个重访的过去,一个活生生的过去;一个我们今天所说的被博物馆化的过去。

这种做法可能看起来让人惊讶,但我们将会看到,它离我们所谓的考古学远没有想象的那么遥远。最重要的是,这块碑文非常明确地表明,空间对人类来说不仅是一个可以适应和驯服的地方,同时也是赋予象征性和留下标记的领域。尽管这片土地上的记号是脆弱和暂时的,但考古学的力量在于:我们必须考虑到其他人——明天、几小时、几年或者几个世纪后——将思考我们留下的痕迹……如此想来,考古意识更多地来自与未来而不是与过去的对抗;狩猎采集者掩盖他们的行踪,只留下尽可能少的痕迹,通过他们清除痕迹这一行为,显示了他们意识到被其他人发现和识别的可能性。在这里我们可以察觉到,关于空间与时间之间关系的意识初具轮廓,我们可以将之称为极简考古学……

从旧石器时代狩猎采集者的稀疏痕迹到东方帝国的奢华纪念碑,有一段重要的空白,我们不能简单跳过。无论那些刻在沙子、黏土或木头上的符号多么细微和脆弱,它们都以留下痕迹的存在和意识为前提。埃及、新月沃地和中国的君主们都清楚地看到了这一点:他们的纪念性艺术和丧葬艺术力求对抗时间。有必要在土地上留下一个不可磨灭的印记,以抵抗由季节变化、自然灾害以及潜在破坏者而造成的可预见的损坏。这正是建造金字塔的意图,它表明了法老的力量,并不想让别人(或偷盗者)看到陪葬死者的大量财宝。墓中碑显,珍宝隐藏,但它们的存在却是显而易见的。人们甚至可以描述它们的形状;坟墓变成了整个国家地图上的一把比例尺。它们如此完美,尽管让人什么都看不到,但又不会在历史记载中缺席。中国历史上就有司马迁在公元前 2 世纪末所写的文本，描写中国第一个皇帝秦始皇（公元前 259—前 210）的陵墓，后者于公元前 3 世纪下半叶统一中国：

> 九月，葬始皇郦山。始皇初即位，穿治郦山，及并天下，天下徒送诣七十余万人，穿三泉，下铜而致椁，宫观百官奇器珍怪徙藏满之。令匠作机弩矢，有所穿近者辄射之。以水银为百川江河大海，机相灌输，上具天文，下具地理。以人鱼膏为烛[13]，度不灭者久之。二世曰："先帝后宫非有子者，出焉不宜。"皆令从死，死者甚众。葬既已下，或言工匠为机，

图导言-7 秦始皇陵［《中国考古图集》(Atlas Mission archéologique en Chine，1914，1917）］，维克多·塞加兰（Victor Segalen），奥古斯特·吉尔伯特·德·瓦辛斯（Auguste Gilbert de Voisins），让·拉蒂格（Jean Lartigue），1924 年。

藏皆知之，藏重即泄。大事毕，已藏，闭中羡，下外羡门，尽闭工匠藏者，无复出者。树草木以象山。[14][1]

今天来西安的人还能看到覆盖着中国第一个皇帝的土墩，至今尚未打开。但当代中国考古发掘让令人震惊的兵马俑重见天日，它们装备着弓弩，在此之前从未出土过[15]。墓地外围，一排排骑兵、步兵与军官为伍，与司马迁文字所描绘的微型世界的象征完美对应。更令人惊讶的是，尽管中国考古学家们还没开始发掘皇帝陵墓，但他们进行的勘探显示[16]，陵墓区域的汞浓度很高……

和纳波尼德一样，皇帝和他的智囊们想用象征统治权力的不可磨灭的标志来给领土做上记号，并在此过程中，他们进一步探索了博尔赫斯在两千年后建议的一条路：他们绘制的帝国地图几乎与帝国同样大，甚至可以覆盖帝国[17]。如果地图覆盖了领土，那么死者的世界就会将生者的世界石化。看到统治者被这种矛盾困扰到犯罪的地步也就不足为奇了。为了引起人们对墓地的关注，就要收集最珍贵的杰作并参考最精妙的建筑，同时还要保护自己免受偷盗（同时可能是国王的继承者）的侵犯。参与修建的工人和建筑师的死亡与墓穴的深度或墙壁的坚固一样必要。

巴比伦统治者和中国皇帝对时间的看法并不完全相同，因为他们权力的性质不同。纳波尼德声称与他最负盛名的远祖有着多个世纪的延续，秦始皇则是要成为创立者，成为始祖，因此没有前人，只有后人："他梦想建立一个不朽的王朝；他下令将他的继承人命名为二皇、三皇等，直至无穷。"[18]无论是哪一方，巴比伦

---

[1] 摘自司马迁《史记·秦始皇本纪》。——译者注

导　言　考古学与过去的存在　13

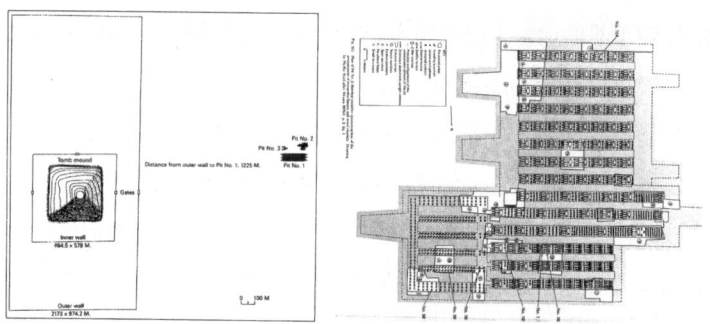

图导言 -8　秦始皇的兵马俑（公元前 3 世纪）。这是中国最伟大的考古发现之一。步兵、军官和骑兵埋葬在距皇陵一公里多的地方，按照上图所示排列。

14　征服过去：考古学的起源

王和中国君主都想在这片土地上刻下不可磨灭的统治印记。

但砖、石甚至大理石是保护记忆最好的壁垒吗？在公元前5世纪的希腊，人们提出要捍卫人类记忆的鲜活，免受纪念性建筑物的了无生气及脆弱性的损害。品达（Pindare）在一首著名的诗中，为语言胜过大理石而辩护[19]：

> 众人请听：我们在明亮眼眸的阿佛洛狄忒的田地里耕耘；我们向含有深沉轰鸣的大地的肚脐——神庙前进，在那里，对于幸运的埃门尼德斯人，对于坐落在其河边的阿格里真托，最后对于色诺克拉底，他们由于在比赛中的胜利，赢得了阿波罗丰盛的谷地中的赞美诗的宝藏。
>
> 冬雨可以狂暴地扑向它，无情的云团伴随着低沉的隆隆声，风携带着所有混乱的碎片吹来，并一起击打它，也不能将它拖入大海的深渊。它的立面被纯净的光照亮，人们将会反复传颂，啊，特拉西布尔（Thrasybule），你与你父亲，以及他的家族赢得的共享的辉煌胜利，那是在克里萨山谷[20]中四轮马车比赛中获得的。

阿格里真托的色诺克拉底（Xénocrate d'Agrigente）是德尔斐战车比赛的获胜者，品达献给他的"纪念碑"并非真实存在的方形石头建筑物，而是一首非物质的诗，而这首脆弱的诗甚至比石头或青铜更坚固。诗歌是无形的、难以捉摸的、无懈可击的，它比碑文更坚实，是托付人类记忆的原创。面对大帝国的社会机构、等级制度和财富，品达宣称记忆具有自主性。而由于希腊文化也是一种造型文化，他拿诗歌的不朽特质与最有成就的造型艺术相

导　言　考古学与过去的存在　15

比较。是小人物对大人物的报复？穷人对抗富人？诗歌或歌曲是纪念碑的替代品吗？它们能在持续的时间里为人类做见证吗？在某些情况下，品达是对的，而何塞·加朗格（José Garanger）也至少给出了一个证据。让我们跟着他去美拉尼西亚，去新赫布里底群岛。在这些地区，考古学家必须成为一名民族学家，以尝试将考古遗迹与今天的没有文字的历史联系起来。他必须依靠地层学和碳14定年法才能建立一个年代学的基础。

何塞·加朗格[21]在研究新赫布里底群岛的殖民地时，利用了当地传统中口口相传的关于建立之初的故事。故事里讲到，新赫布里底群岛传说中的殖民者罗伊·马塔（Roy Mata）在主要岛屿埃法特上建立了一个酋长领地，并很快控制了所有岛屿。他去世后，在埃法特西北的雷托卡珊瑚岛上举行了盛大的仪式，主要部族的代表们被活埋在他旁边。雷托卡遗址显然成为一个考古区域，发掘工作也很快揭示了一个重要的葬礼建筑群，这些情况完全符合罗伊·马塔的传说。我们来看看加朗格对传说故事和发掘结果的分析比较：史前考古学方法得到的结果证实或澄清了传统的数据：

——"罗伊·马塔早在提·同伽·里瑟瑞吉（Ti Tongoa Liseiriki）[22]之前就已经活了很久"：从骨胶原分析中得出的日期证实了是1265年前后140年，即两三个世纪的差异。

——"他是一位非常重要的酋长"：他的墓葬是迄今为止所有已研究过的南太平洋墓葬中最重要的，无论是就陪葬的人数还是就陪葬物品的价值而言。

——"他被埋在雷托卡的两块立石脚下"：事实证明这是真的。

——"对他效忠的各个部族的代表都被活埋了"：除了埋在罗伊·马塔脚下的年轻女子外，发掘结果并不能证实这一点。男人是不是被下药或中毒了？女人被埋之前被击倒或勒死了吗？唯一可以确定的是，当第一批传教士抵达时，这些活人陪葬的风俗仍在继续……。罗伊·马塔的重要性足以解释当他前往死亡彼岸时遵守了这一习俗……

——"其他人被献祭了"：坟墓中心的献祭情况确实如此，一部分尸骨从解剖学上来说基本能连贯起来，有些骸骨上还穿着舞蹈服饰。还有些尸骨，无论是整体的或是被肢解的，都无序地散布在该地点的北部区域。

——"罗伊·马塔的部分随从被埋在他附近"：这是指深埋的一位年轻女子、一位男子和一对夫妇[23]。

图导言-9 雅典人宝库（德尔斐）。就是这类纪念性建筑——为了持久矗立而修建——品达（公元前5世纪）用来与他的诗歌做比较，宣称诗歌才是更为不朽的。

加朗格之后的论证也一样精彩，不过我们在此处停下就可以了（考虑到发掘提供的一些非同寻常的文献），因为这已足够让我们注意到，一篇精确的葬礼描述像一块化石一样传给了7个世纪后的我们，不只是通过土地，而是从当地故事讲述者的记忆中，他们从未停止历史性工作……这证实了品达那充满自信的主张，即记忆比大理石更具抵抗力，也是话语对物质的胜利：罗伊·马塔的同伴们并没有像纳波尼德那样将他们的记忆托付给宫殿的砖块，托付给石碑的一隅，他们也没有像中国的皇帝那样建造一座活人居住大小的坟墓，但他们为子孙后代留下了特殊的庆典记忆，因人祭而变得难以遗忘。他们根本用不上大型的纪念性建筑：在雷托卡小岛上，只竖立了两块石头在地上，证明这个故事的真实性。

为了建立和延续，记忆需要土地。无论故事是刻在石头、砖块或羊皮纸上，还是流淌在经吟游诗人加工过的记忆中，创始的故事都必须依托土地的支持，呼唤一种封印于土地中的现实。封印会不会被解开并不重要，它只要在领土的某个角落存在着就足够了。通过这种方式，我们无疑把握住了将考古学与收藏区分开来的微妙之处：对于考古学家来说，物品只具有意义是不够的，它们必须与一个地方、一个区域或某种实践联系起来，这使得它们独一无二且可以解释：布歇·德·彼尔特想看到工具背后的工人[24]。

从埃及人到巴比伦人，经中国人再到太平洋的航海者，上述简单的探索表明，在完全不同的社会中存在着自发的考古学和将空间纳入纪念之中的现象，这使得它们能够面对时间的侵蚀来表达权力。让我们再来看一看西方，第一批希腊人如何尝试不通过

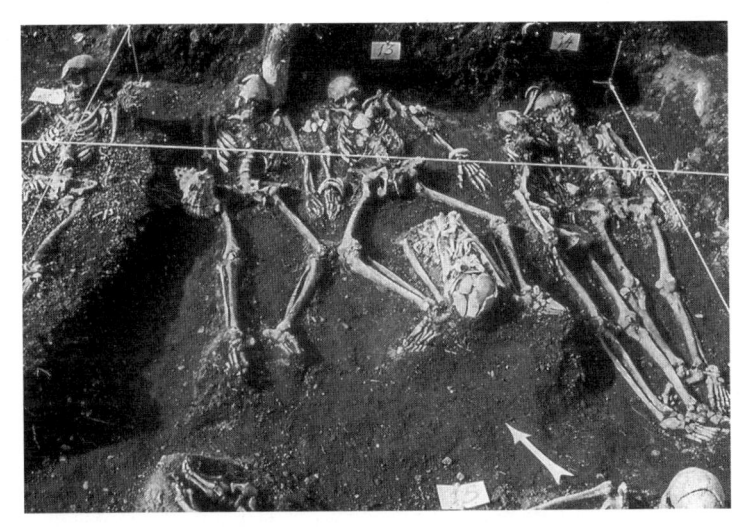

图导言-10　罗伊·马塔的墓（何塞·加朗格于1964年发现）。

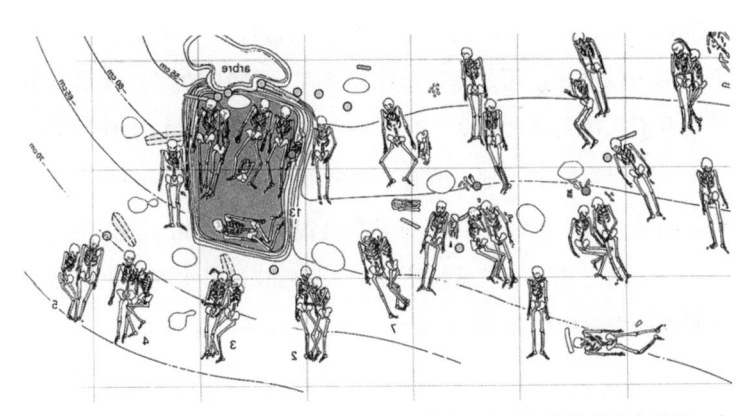

图导言-11　雷托卡墓地的平面图，位于新赫布里底群岛的埃法特岛附近。中间是罗伊·马塔的墓，陪葬有他的"助手"（在他右边）、一对夫妇（在他左边）、一个年轻女子（躺在他脚下）和一头作为死后守卫的猪（在左边）。他双腿之间的是第二次埋葬的。

导　言　考古学与过去的存在　　19

王朝或英雄的连续性，而是通过发现去定义过去。

物品的科学。对过去的解释

柏拉图给出了一个希腊人类学的概括，在此值得我们回忆：

> 因为人参与了众神的命运，首先（因为他是神造的）他是崇拜诸神的唯一动物，只有人建立神坛，塑造神像。其次，由于人拥有技艺，他们马上就发明了有音节的语言和名称，并且发明了房屋、衣服、鞋子、床，从大地中取食。这就是人类最初的生活方式，一群群地散居各处，没有城市。[25]

在某种程度上，进化的概念，对于奠基或奠基性埋葬来说显得如此陌生，它面对时间，不是作为一种挑战、一种威胁、一种必须对抗的磨损，而是作为一种必需品。柏拉图在《法律篇》中告诉我们，在大洪水淹没了第一批文明之后，"一片巨大而可怕的孤独，大量富饶的土地、所有动物都消失了，只剩下几头牛，也许还有几只山羊幸免于难，为了确保牧民们的生活起步而存在"[26]。

在生活方式简陋的游牧社会中，那些躲过洪水的人沦落在充满敌意的世界中生存：

> 所以我认为，他们几乎不可能相互来往，因为铁、铜等所有矿石都消失得无影无踪，以至于再次开采出它们很困难，而且我们缺少木头和屋架。就算工具能够留在山上的某个地方，但它们很快就会朽坏消失，并且在人类重新习得采矿技术之前制造不出这些工具。[27]

在这种意义上，进化的想法暗示了考古学的思想：土地可以揭示很久以前制造的物品。这个想法平平无奇，但除了个别例外，很少有古代文本如此清晰地表达过。如果我们之前有人类，如果这些人有意或无意地将他们制作的一些物品留在了地下，我们就可以发现它们。此外，如果我们仔细观察这些物品，可以通过与其他物品的比较来确定它们的年代，并将它们归属于这些以前的人。修昔底德是最早提出这条考古学基本规则的人之一：

（在古代）生活在岛上的卡里亚人和腓尼基人从事着海盗的勾当；他们构成了大多数岛屿上的人口，以下就是证明：正在进行的战争中，雅典人在净化提洛岛时（公元前426）把岛上所有的坟墓都打开了，发现从死者陪葬的盔甲以及和今天卡里亚人一样的埋葬方式来看，这里一半以上都是卡里亚人的坟墓。[28]

我们今天知道，雅典人发现的这些提洛岛的坟墓是几何时期的坟墓（公元前9—前8世纪），修昔底德的同时代人无法准确确认其来源和时代。但对这位历史学家的推理来说这无关紧要，这里是严格的考古学式的。为了分析这些墓葬，他使用了类型学并进行了比较研究：这些墓葬中的材料与公元前5世纪时使用的武器不同，埋葬方式类似于当时希腊人所熟知的卡里亚人的方式，在基克拉泽斯群岛地区的古老文献中有关于卡里亚人的记载。从物品（或纪念碑）不再仅仅被解释为权力的象征，而是作为历史的一个元素时起，严格来说我们就进入了考古学。值得注意的是，从历史在希腊被建构为一种方法的那一刻起，考古学似乎就像一

导　言　考古学与过去的存在　　21

首小曲，一直以来伴随在其左右。

然而，我不是想说我们今天所承认的考古学完全来自希腊的历史科学，而是想引起大家注意一个在思想上的转变，物品具有重要意义，它们不仅仅被视作历史中的元素，更是历史的来源。另一个公元前1世纪的文本（几乎与司马迁同时代）证明了希腊历史学家普遍的从对对象到对事实的关注。这是斯特拉波（Strabon）对恺撒在古代科林斯遗址上建立罗马殖民地的描述：

> 科林斯长期处于荒芜状态，恺撒大帝敏锐感知到该地的自然优势，建立了一个由自由民组成的殖民地。这些新来的人，通过翻动废墟和坟墓，发现了一大堆浅浮雕的陶器和许多青铜器。他们欣赏这些东西的品质，把所有坟墓都翻个了遍，弄来很多并卖得很贵，他们用"亡灵科林西亚"（科林斯墓地中的物品）填满了罗马。此名用来指出自坟墓的物品，尤其是陶器。起初它们大受追捧，就像科林斯青铜器一样，随后时尚过去了，器皿开始稀缺，并且大部分质量都很差。[29]

恺撒的士兵更像波米安笔下的古代收藏家，而不是现代考古学家，但他们见证了对过去的品位，见证了与葬礼习俗一样古老的古董市场。士兵对陵墓的兴趣与该遗址的声望有关，但也与这些物品的稀有性和异国情调有关。对公元前1世纪的罗马人来说，可追溯到公元前7世纪和前6世纪末期的科林斯古风器皿，似乎与来自同一城市的著名青铜小雕像和青铜器一样受到赞赏：一项失传技艺的重新发现赋予了它们额外的礼遇。

根据这些零散的资料，我们可以把纪念碑和物品区分出几种用途：权力的标志（纳波尼德、秦始皇、罗伊·马塔）、构建历史的材料（修昔底德），以及可以收集和交换的古物（斯特拉波）。就像在土地上小心翼翼地分层一样，考古学的各种用途形成了一个复杂的整体，每个人都可以找到适合他的意义。从纳波尼德到希腊人，对于物品的时间意识，总是伴随着对过去的掌握而不断推进。

但是考古学的计划，至少在西方，是建立一门关于物品的科学，一门关于发现和解释物品的科学。面对当代考古学家的基础知识，博尔赫斯提出了一种让人想起纳波尼德及其先祖的方法。这就是《特隆、乌克巴尔、奥比斯·特蒂乌斯》(*Tlön uqbar orbis tertius*)，物品只有被使用与被想象才能存在的世界。一群学者渴望证明精神的转变可能与物质的转变一样有效，这个想法促使特

图导言-12 科林斯墓地中的古风壶，曾在罗马人中风靡一时。

隆想象中的世界诞生。在这里，如果不是星球上每个居民都想到了，一件物品就不能存在；语言中没有名词，特隆的哲学甚至难以容忍时间的概念：'特隆一个学派甚至否认时间。他们是这样推理的：目前不能确定；将来并不真实，只是目前的希望；过去也不真实，只是目前的记忆。'[30]

这是亚述国王与中国皇帝共享的一个时间概念，对所有认为丧葬艺术（诗歌是其中一个分支）应该表现出权力的神秘和强大的人来说甚至也是如此，如同太平洋上勇敢的航海者。但特隆不仅是一个将事物转化为想法的迷人世界，它还为我们提供了检验考古学真理的机会。如果物体只存在于渴望它们、使用它们或体验它们的人类意识中，考古学怎么可能存在？诚然，博尔赫斯告诉我们，除非是通过镜面效应，特隆的科学与我们的科学几乎没有相似之处。通过在镜子后面观察特隆的考古学家，我们发现了现代考古学家对我们隐藏的东西（无疑也是对他们自己隐藏的）：

> 在特隆最古老的地区，遗失的物品的副本并不少见。两个人寻找一支铅笔；第一个人找到了，什么也没说，第二个人找到第二支铅笔，和前一支同样真实，但更符合他的期望。这些次一级的物品被称为 *hrönir*，虽然形状笨拙，但稍长一些。直到最近，*hrönir* 还是分心和遗忘的偶然产物。对它们进行有条不紊的生产只有一百多年的时间，这似乎不太可能，但第十一卷里面就是这么说的[31]。最初的尝试是徒劳的。然而其做法值得回顾。一所国家监狱的典狱长跟囚犯们说，在一条古老河床底下有一些坟墓，并承诺，谁能给他带来重要发现就可以重获自由。在挖掘之前的几个月里，囚犯们看了

图导言-13　摘自帕拉塞尔苏斯的《预言》(Prognosticatio，1536)。这是侵蚀的形象：就像人的生命一样，人类的作品也逐渐被毁坏。

他们将会发现的东西的照片。第一次尝试证明了希望和贪婪是可以被抑制的；一个星期的铁锹和镐的工作并没有成功挖掘出任何 *hrönir*，除了一个锈迹斑斑的轮子，它的年代还在这次实验之后。这项实验是保密的，之后在四所学校重复。前三所几乎完全失败。在第四所学校（其校长在挖掘之初就意外死亡了），学生们出土了或者说制造了一副黄金面具、一柄古剑、两三个土制双耳瓶，以及一位国王的躯干的雕塑，已经发绿且残缺不全，胸前的铭文还没有被成功破译。这就说明了，对发掘实验性质知情的人在场是不能成功的。[32]

这是一个深刻的考古学教训，提醒我们对物品的渴望可能会损害发现，那些过于精确地预先设想的东西可能会遁形，最重要的是，所有的挖掘都是一种创造，只有遵守一定数量的观察和解读规则，物品或者纪念性建筑才能被揭示出来：考古学家不是经常被称为"发明家"吗？发明者不能强迫过去的现实，他必须想象它："hrönir 的有条不紊的制作……为考古学家提供了奇妙的帮助，使得查考甚至修改过去成为可能。如今，过去的可塑性和可驯性不亚于未来。"[33] 博尔赫斯通过将他的推理推向最终的逻辑结果，重新发现了与美索不达米亚人非常接近的考古学思想。公元前 9 世纪中叶，巴比伦国王那普 - 阿普拉 - 伊地那（Nabu-apal-iddina）决定在西帕尔市（Sippar）重建沙玛什神庙：

> 沙玛什神，他曾住在西帕尔的埃巴巴尔神庙，但那些恶毒的苏图敌人，在阿卡德的混乱和动乱中摧毁了它，他们摧毁了他的形象，仪式被遗忘了，神的形象和徽章也不再使用，没有人能想象出它们了……。后来，巴比伦国王那普 - 阿普拉 - 伊地那驱逐了那些邪恶的苏图敌人……在他的统治下，长期以来一直对阿卡德感到愤怒并远离它的沙玛什神，再次友好，并 [对着阿卡德] 转过脸来。然后我们在幼发拉底河西岸发现了浮雕，经过烘烤的黏土浮雕，神在上面刻有他的形象和徽章。[找到它的] 西帕尔的祭司将它呈献给国王，神已命令他重新制作此形象。[34]

对巴比伦君主来说，众神并不满足于指明古代神庙的所在地，他们还要向他展现埋藏在地里的神像，那是由他的远祖制作的。

对巴比伦人来说，发现过去具有一种宗教必要性，旨在恢复崇拜或重建神殿。因此，挖掘地面可以发现当下需要释放出来的纪念碑或物品。这种对过去的迷恋与独特的时间观密不可分。苏美尔人和亚述－巴比伦人似乎在考虑时间时是将目光投向过去：

使用词语 warkâtu 来表示"未来"，这个词实际上是指背后的东西。而表示"过去""以前"的词语 panânu 源自"面向"的词根，意思是"在面前"。未来是你身后的东西，而过去是你眼前所见。[35]

在我们看来这是一个令人惊讶的观念，但它表明了，时间的智慧要求人们对书吏在泥板上仔细铭刻的王朝统治和事件的连续有所了解。如果了解过去就是注视它，那么这种态度是可以理解的，因为未来还没有被描绘出来，而过去可以表现为一长串的发明、君主和胜利。为了展望未来，就必须转向另一个方向，为了发现未来就要停止思考历史。启蒙运动初期，弗朗西斯·培根（Francis Bacon）采用这一形象来挑战权威的原则：如果我们观察人类历史，就必须承认现在的人比过去的人更老（因此更有经验）。这无疑会让美索不达米亚人感到气愤，他们认为过去的连续性乃至重复，是现在稳定的保证。在一个文字起着如此决定性作用的世界里，书吏对最古老的石碑和铭文感兴趣是合乎逻辑的。在纳波尼德统治时期，一位名叫纳布－泽尔－里什耳（Nabu-zer-lishir）的书吏在阿卡德誊写了可追溯至库里加尔祖二世（Kurigalzu II）的铭文（公元前1332—前1308在位）。这个书吏还找到了阿卡德国王沙尔－卡利－沙尔利（Shar-kali-sharri，公元前2140—前2124

导　言　考古学与过去的存在　　27

在位）的碑铭。书吏不满足于只是誊写文字，他还指出了找到它的确切位置。新巴比伦时期书吏的这种古物好奇心似乎并非个例。在大英博物馆保存的一块泥板上，一位匿名书吏誊写了一个雕像基座的献词，该雕像是马里的一位商人在前萨尔贡时期（公元前3千纪下半叶）献给沙玛什神的。古老的文字受到完全的尊重，刻写板最后的评论告诉我们雕像曾放置在西帕尔的埃巴尔神庙[36]。

除了收藏的热情之外，还有对宗教物品的崇敬：美索不达米亚地区的传统是胜利者带走战败者的神像，将它们保存在自己的庙宇中。巴比伦的尼布甲尼撒王宫，被其建造者视为建筑奇迹之一，德国考古学家在里面发现了他们称为"博物馆"的地方。这里有一批从公元前3千纪中期到公元前7世纪末的不同雕像和泥板：翁格尔（E. Unger）认为这些收藏是第一个古物博物馆[37]。这

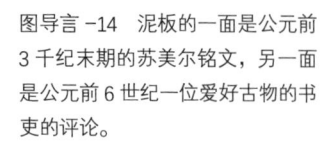

图导言-14 泥板的一面是公元前3千纪末期的苏美尔铭文，另一面是公元前6世纪一位爱好古物的书吏的评论。

28　征服过去：考古学的起源

里有必要对他的这个说法进行限定，因为在美索不达米亚世界，对游客开放的博物馆的概念似乎是奇怪且时代错乱的。另一方面，保存这么一大堆多样化来源的祭祀物品和泥板，很可能是出于宗教的原因而难以销毁它们。跟铭文一样，这些祭祀的雕像也仍有力量，因此必须将它们保存在不会构成危险的地方。在同一时期的尼普尔（Nippur），人们发现了一个罐子，里面装有一批可追溯到远古时代的物品：一个绘有城市地图的泥板，一些苏美尔时期的砖块和泥板，一些公元前2千纪末的契书。这批精心挑选的铭文收藏[38]，向我们揭示了书吏对古物的好奇心。

美索不达米亚人是最早发现没有什么能抵抗时间侵蚀的一批人，除了埋在地下的东西偶尔能够幸免。为了对抗记忆被侵蚀，无非是把奠基性文字埋在庙宇或宫殿的地基下，甚至刻在浅浮雕的背面，去传达给未来的人：由他们自己去寻找，去破译，并附上新的铭文将其重新埋葬[39]，这是不间断的记忆链中的一环。正如博尔赫斯所说，土地已经准备好谈论最遥远的过去，无论是国王还是考古学家来问，都无关紧要。这是来自英国诺福克郡的古物学家托马斯·布朗爵士得出的结论，难怪博尔赫斯在他故事的最后一行向我们吐露，他正在翻译布朗关于骨灰瓮的作品[40]。

中世纪波斯的荣耀、爱与记忆

历史如编织物般注定要逐渐散开，但考古学总能为其保留下几针。然而，为了使记忆永存，总需要有人来观察和解释，从事物中创造故事。其中最美丽的纪念碑记忆传统之一来自伊朗高原[41]。在那里，距离现今克尔曼沙赫市（Kermanshah）几千米处，萨珊王朝统治者科斯鲁一世（Khosroés）于6世纪初在塔克–伊–布斯坦（Taq-I-Boustan）洞穴中建造了壮丽的浮雕，它们屹立在从北部美索不达米亚通往伊朗高原路上的一处地方，俯瞰着周围的景色。洞穴正面的柱子支撑着一座拱门，柱子上装饰着丰富花卉图案，中央描绘着一顶王冠和两个有翅膀的人物。在拱门内展开两组雕塑：下面一位穿着盔甲的骑士被确认为科斯鲁二世（Khosroés II），590年至628年间波斯的统治者；上面的一组由两个男人和一个女人组成，被解释为阿胡拉·马兹达神（Ahura Mazda）将王冠授予君主，而左边的女神阿娜希塔（Anahita）则拿着一顶王冠和一个花瓶。

图导言-15 塔克-伊-布斯坦洞穴中的浮雕（伊朗），公元6世纪。

这块浮雕是萨珊王朝传统中最著名的浮雕之一，从10世纪开始就是许多穆斯林作者的描述对象。他们最初将上部浮雕的两个男性形象与国王科斯鲁一世和他的将军兼建筑师法赫拉德（Fahrad）联系在一起。而这位女性被视为国王的基督徒妻子希琳（Shirin）。在11世纪，甘贾（今阿塞拜疆）的诗人尼扎米（Nizami de Ganjah）创作了一首取材于此的诗歌，获得了巨大的成功。《科斯鲁和希琳》被视为一部圆桌骑士式的小说，讲述了建筑师对君主之妻的爱情。法赫拉德疯狂地爱上了希琳，凭借自己惊人的雕刻和建筑天赋引诱她。他为国王和希琳建造了令人惊叹的纪念碑和艺术品。这位东方的梅林就这样成为塔克-伊-布斯坦纪念碑的建造者。15世纪和16世纪，一系列波斯手稿的彩绘展示了这座纪念碑，以说明建筑师和王后的浪漫经历。这些浮雕的命运很有意思，其作者和委托人相信它们能见证君主的荣耀，没想到却在历史中见证了君主可能被戴绿帽的传言。

考古学的发现。浪花汹涌的海面

要使考古学成为可能，仅仅通过寻找某个纪念碑或一系列物品在土地中所留下的时间标记是不够的。还需要承认这种发现不完全是偶然的，物品和纪念碑是通过可证明和可识别的过程嵌入景观中的。从纳波尼德到斯特拉波以及更早的人并非不知道这一点，但古代和中世纪的公众更倾向于将燧石看作闪电石或者天雷石，而不是人工制造的物品……对过去的认识的历史充满了矛盾。当一些人在精确地确认物品和纪念碑的起源时，他们的大多数同代人则认为这些物品和纪念碑是由神秘的力量或奇异的自然现象创造的。地层学——对地球表面沉积物的年代学研究——的发现通常被认为与19世纪史前史的发明有关,而早在17世纪,一些斯堪的纳维亚的考古学家就已经对土墩的地层做出了解释[42]。

从古至今,考古学的历史不是无限的知识进步的历史,而像是一波波剧烈的海浪,留下贝壳,然后又被另一波浪潮推回海里。

第一波浪潮反对书面传统的权威[43],确立了在历史证据方面物品优于文本的观点。16世纪和17世纪的古物学家认为物品是一种直接的、可触摸的、不容置疑的信息源,只要我们能够分析它,它就是一台时光机。1638年,丹麦-挪威的皇家古物学家奥勒·沃姆(Ole Worm)写信给斯塔万格主教,信中写道:

图导言-16　15世纪波斯手稿,希琳来见正在雕刻浮雕的法赫拉德(左);同一个场景,但浮雕退到后面,且上面的骑士消失了(右)。

寻找一位年轻人（最好是一个擅长绘画的学生）带上您写的推荐信去访问教长和牧师，这对您来说轻而易举……。他需记录以下内容：1. 地点，所属县、教区；2. 方向；3. 纪念碑的尺寸；4. 他必须绘制一幅图画，描述纪念碑的外观和结构；5. 他应该加入自己的解释；6. 关于纪念碑的当地故事，甚至是传说；7. 邻近地区值得注意的事件，以及对我们的调查有用的任何细节。[44]

奥勒·沃姆的计划是现代考古地图制作的总体方案。其目的是确立每个文物的精确清单，并将其安排在更大的整体中以便识别。描述基于直接在现场进行的视察、解剖图、测量和实地调研，用上专业知识的全部工具。第二个浪潮是考古学进化理论的确立，凯吕斯的定义就算不是第一个，但也是最明确的：

我希望人们不要过分追求令人眼花缭乱的效果，而是更注

图导言-17 "闪电石"落在恩斯海姆（下莱茵省，15世纪版画）。人们长期以来都认为陨石的来源是闪电。

导 言 考古学与过去的存在 33

重指引，更经常地将古人的证言与比较的方法相结合。比较的方法对古物学家而言，就像观察和实验之于物理学家一样。仔细观察多个相邻的文物可以揭示它们的用途，就像观察多个有序的自然效应可以揭示它们的原理一样。这种方法的好处在于，让古物学家和物理学家信服的最佳方式是通过提供新的文献和新的实验来证明观点。然而，与物理学家不同的是，古物学家经常不得不远赴他乡寻找所需的比较材料。[45]

BANC DILUVIEN DE L'HÔPITAL.
Première Coupe dans le sens longitudinal.

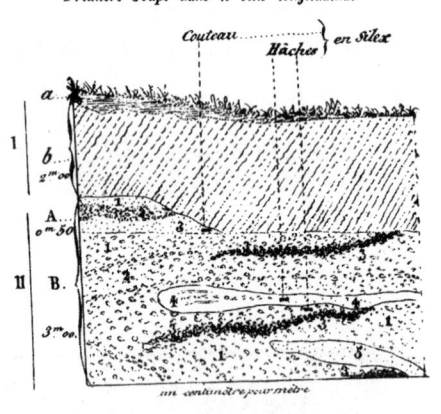

D'autre part. . . . 2ᵐ. 50
1. Sable jaune argilo-ferrugineux.
2. Lit de silex roulés et brisés, entremêlés de gravier.
3. Sable vert.
B. Deuxième couche. (*Détritique*, Al. Brong.). . . 3ᵐ. »
   1. 1. 1. 1. Masse de silex roulés et brisés, mêlés de gravier et de sable ferrugineux.—Au bas de cette masse les silex ont de la tendance à former des lits obliques.
   2. Les mêmes silex formant une large bande dans du sable vert.
   3. 3. 3. Les mêmes silex formant trois veines sinueuses dans du sable noir, teint de cette couleur par une matière charbonneuse provenant de la décomposition du lignite.
   4. 4. Veine de sable blanc renfermant une traînée de silex et deux bandes d'argile.
   5. Veine de sable vert.

5ᵐ. 50

≡ Ces trois marques indiquent des instrumens celtiques en silex qui ont été trouvés dans la masse diluvienne.

图导言-18 河床纵断面［布歇·德·彼尔特于1847年绘制，取自他的《凯尔特和史前文物》(*Antiquités celtiques et antédiluviennes*，1847)］，可以用这幅地层剖面图建立地质年表。

34 征服过去：考古学的起源

图导言-19 基督徒在山中挖掘,为寻找《艾希特纳赫福音书》的作者圣艾蒂安(Saint Étienne)的骨骸(11世纪手稿)。寻找圣物需要对土地进行挖掘。

启蒙运动中的人完成了从最初的狩猎采集者就开始的事业，明确提出建立严谨、精确的关于遗迹的科学。为了摆脱古物学的陈腐，需要第三波浪潮，即比较地层学，但这还需要等待一个世纪。为了推广比较地层学，布歇·德·彼尔特必须与他那个时代的主要科学家进行斗争。这是一个缓慢的过程，使得考古学不再只是关于地点或对象的发现，而是通过建立类型学、技术和地层学的三角关系而得到的关于方法的发现。

第一章

古代与中世纪的材料

在两个点之间闪耀着一个字母——".L.",这是唯一代表名字的符号。接着刻着一个我觉得像是"M"的字母,但不完整,形似"A\":尖端部分断了,剩一截断石头。这里葬的是 Marius、Marcius 还是 Métellus 呢?没人能确定。破损的字母躺在那里,它们被毁坏了,在一片混乱的字母中意义也消失了。我们还会诧异于人的死亡吗?随着纪念碑的逐渐破损,死亡甚至会降临在这些石头和名字上。

奥索纳(Ausone)谈论一块墓碑上某个叫 Lucien 的人的姓氏

我们从亘古就知道,古老的狩猎采集者们也意识到了,在我们之前还有人类存在。也许,人类早期的狩猎历史解释了人类为何要特别关注同类留下的痕迹。因为在自然环境中,迁移、觅食、栖身,都必须识别那些短暂的迹象,否则是不可能生存的。在我们的工业社会中,考古学家紧随(或者尽可能地先于)挖掘地面的机器。他们相信,他们被委任观察过去的人类,通过他们的知

图1-1 这幅画是波利多罗·达·卡拉瓦乔（Polidoro da Caravaggio）创作的《发现萨宾王努马·庞皮利乌斯的书籍》(*Découverte des livres du roi sabin Numa Pompilius*，1525)。努马墓的发现是罗马历史上最著名的考古事件之一。根据蒂托-李维（Tite-Live）的说法，该墓在公元前181年被发现。它里面有努马（公元前7世纪）撰写的哲学著作。

识，并以对细节的敏锐观察力和古怪离奇的注意力收集遗迹，它们常常难以观察，以至于需要动用实验室的所有资源才能记录下来。在西方，考古学家通过以最客观的方式收集和分析古代的物质遗迹，逐渐与古物学家区分开来。古物学家的目的是收集和展示独特的物品，它们因独特品质而被选上，与日常物品区别开来，因为它们象征着一个消失的、看不见的世界。这些物品经过精心的描述、有条不紊的展示，从而获得了新的特性，使它们与众不同、珍贵动人，成为时间厚重的物质见证。然而考古学家的目标更为宏大：他不追求（他自己认为的）情感、品质或者典范性，他甚至不再寻找自己的祖先，无论是近的还是远的，而是寻找所有人的祖先。他的兴趣不限于某些作品或某种风格；他的求知欲使得每一点痕迹对他来说都值得记录,并尽可能进行分析。

随着我们对世界的经验增加,我们对过去的看法也不断发展。然而,要是认为只有我们深谙记忆制作之术的话就有些自负了。正如我们所看到的,即使在最不同的人群和最遥远的地区里,人们也意识到在他们之前另有其人。通过运用他们的观察力、锻炼记忆能力以及发明后来者能够解读的文字,人们自古以来就有意识地尝试阅读过去和记录现在,甚至向未来传达他们的活动痕迹。在埃及、美索不达米亚和中国,书写一直是不同世代之间无声沟通的非凡方式。

帝国与考古学

连续性。这些纪念碑作为过去帝国的见证者,为新兴帝国提供了合法性

纳波尼德意识到自己是一个悠久传统的备受争议的继承者,因此他无疑是古代最有决心的古物学家。在一通发现于美索不达米亚乌尔的碑文上,他表达了对过去的感受,几乎具有了考古学的维度:

> 因为自古以来,大祭司的职责已经被遗忘,其独特性的痕迹也都已经不复存在,我每天都在思考这个问题。当时机成熟,门户向我打开,于是我看到了一通尼布甲尼撒的古碑,他是古代国王尼努尔塔-那丁-舒米(Ninurta-nadin-shumi)之子,古碑上描绘了大祭司的形象。此外,他的财产、衣服

和珠宝也被列入神庙的清单中。我仔细研究了古老的泥板和木板，一切都如同古制。我又重新制作了一块石碑、他的财产、家庭必需品，并在每件物品上刻上了铭文，将它们放在了我的主神和女神——辛神（Sîn）和宁加尔神（Ningal）的面前。当时这个举行大祭司仪式的神圣圣地，已经变成了一块废弃之地，一个其间长满了棕榈树和果树的废墟。在我砍掉了树木，清理了废墟后，我注视着神庙，地基变得清晰可见，在里面我发现了古代国王的铭文，也发现了乌尔的大祭司恩－阿内－杜（En-ane-du）的铭文，她是库杜尔－马尔布克（Kudur-Marbuk）之女，是乌尔国王利姆－辛（Rîm-Sîn）的姐妹，利姆－辛复兴了神庙并翻修了它。[1]

纳波尼德不仅对古老的过去感到好奇，在这篇奉献文中，他并不满足于在历任诸国王的行列中占据一席之地，而是利用他和他的书吏的知识，恢复了一项已经失传的崇拜。考古学从这个意义上来说，正如博尔赫斯所想象的那样，是一种必要而有效的实践，是一门使国王在现在和将来都能够采取行动的关于神圣的学问。

中国的传统和美索不达米亚的一样，地面勘查和发掘是建立过去与现在之间关系的手段。但贵族或国王的兴趣不仅仅是文化层面的，更是常常受寻宝的目的所驱使。如"广川王去疾，好聚无赖少年游猎毕弋无度，国内冢藏，一皆发掘。余所知爰猛，说其大父为广川王中尉，每谏王不听。"[2][1]

我们将会在更深入的了解中看到，有组织的掠夺也是一种收

---

[1] 摘自《西京杂记》卷六。——译者注

图1-2 界石，或称为巴比伦领土捐赠契约，是公元前11世纪初期的一种巴比伦土地捐赠契约。1786年，植物学家米肖（Michaux）将其带回了巴黎，作为嫁妆赠予他的女儿。这种物品既是法律工具，又是一种图像叙述。

藏的技艺，这需要对所发现的物品有一定的认识和解释能力。但这些例子足以证明，考察遗迹和分析古物对这些东方王国的作用不容忽视。对于亚洲的君主们来说，掌握现在在一定程度上意味着掌握过去。古代君主的编年史让当今的君主们能够获得合法性和认可，甚至重新发明一些崇拜或仪式，这有助于巩固他们的王位、增加他们的伟大以及展示权力中不可见的部分。因此，在神殿和宫殿的地基上或墙上刻下的各种铭文的作用就在于，使过去和现在的人之间有进行必要交流的可能。因为现在的管理者、书吏和档案官员也是唯一能够编写和阅读先王们传达给遥远后继者的信息的人。就像人或事物的管理一样，历史只能由国王或其下属来实践。而这种本质上是王朝史的历史，需要对神庙、皇宫和墓穴有完全的了解和掌握。因此，“东方专制主义”也是对墓穴的控制。所有这些纪念碑自然都是象征性的。因此，书吏、皇家建筑师和其他官员必须以一种古物学家的方式来表现自己能够对当代所需要的古代纪念碑进行识别、推定年代和解释，这在某些情况下是必不可少的。但是历史不仅需要这些能力（书吏们并不缺乏），还需要一定的收集、比较和批判的自由。它不适用于对王朝纯粹的歌功颂德。公元前 5 世纪，当第一批来自希腊城邦的旅行者发现了伟大东方文明（埃及、亚述和波斯）的辉煌和古老时，他们同样被宫殿的壮丽、君主的权力以及书吏们的知识所震撼。

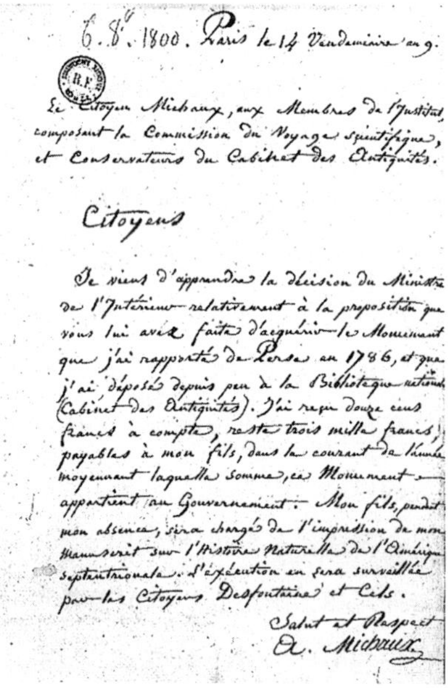
6. 8.bre 1800. Paris le 14 Vendemiaire an 9.

Le Citoyen Michaux, aux Membres de l'Institut, composant la Commission du Voyage scientifique, et Conservateurs du Cabinet des Antiquités.

Citoyens

Je viens d'apprendre la décision du Ministre de l'Intérieur relativement à la proposition que vous lui avez faite d'acquérir le Monument que j'ai rapporté de Perse en 1786, et que j'ai déposé depuis peu à la Bibliotèque nationale (Cabinet des Antiquités). J'ai reçu douze cens francs à compte, reste trois mille francs, payables à mon fils, dans le courant de l'année moyennant laquelle somme, ce Monument appartient au Gouvernement. Mon fils, pendant mon absence, sera chargé de l'impression de mon Manuscrit sur l'Histoire Naturelle de l'Amérique septentrionale. L'exécution en sera surveillée par les Citoyens Desfontaine et Cels.

Salut et Respect
A. Michaux

图 1-3　米肖的信件（写于 1800 年）。他致信学会成员和古物馆的馆长，在信中宣布政府已经购买了他的发现：一块可以追溯到公元前 11 世纪的带有铭文的石头。

历史的发明。希罗多德

被大历史学家阿纳尔多·莫米利亚诺（Arnaldo Momigliano）称为"外族的智慧"的发现对希腊文明的发展具有决定性的作用。尽管希腊人意识到自身的起源，面对着富裕和古老的庞大帝国，他们意识到自身作为起源不确定的微小城邦公民所具有的独特性，但他们很快就发现，贸易的自由也是思考、研究和提问的自由：

> 来自图里奥伊（Thourioi）的希罗多德展示了他的研究成果，目的是防止人们随着时间流逝而忘记过去的历史，并且让那些由外族人和希腊人所完成的伟大而神奇的壮举一直被人们传颂。[3]

这个西方历史的奠基性文本，也是第一个肯定一种新的过去观的文本。这个过去不再是属于某个王朝或者民族的财产，而是属于所有人——希腊人和外族人——的共同遗产。对历史进行研究，不是因为它揭示了某些人对其他人的优越性，而是因为它见证了人类整体所做出的"伟大而神奇"的壮举。希罗多德没有将征服或胜利的叙述交给石头或黏土砖，而是展示了一项（历史）研究的结果，创造了一种不同于献祭文、年表或创始故事的新的书写方式，从此便被称为"历史"。一个"研究的展示"（Historiés apodexis）就可以改变一切。在那之前，记忆是皇室的特权，甚至在很大程度上也是英雄史诗的唱诵者和创作者们的特权。但通过这两个词，为人们的好奇心提供了一种新的发现和叙述过去的方法。无论是铭刻在石头、土坯、象牙还是刻在木头上的文字，都在自说自话，让那些能够阅读它的人接受它；撰写它的人消失了，取而代之的是委托人和引发文本的场合。铭文自己保留了自身的合法性。相反，希罗多德向读者提供了一篇以他自己为作者创作的文本，一篇个人努力和调查的结果，这就将记忆之书转化为历史之术（arts）。这个人以自己的名字命名，以自己的名义说话，他不是过去的国王，也不是传说中的英雄，而是来自图里奥伊——一个在南意大利的雅典殖民地——的普通人，他邀请读者检查一个故事、一个思考和经验的成果。希罗多德不比纳波尼德的书吏更知悉详情，他自己说过，他的学问也不如法老的书吏，但是他有与之不同的好奇心，有另一种叙述方法和调查研究方法。最终，只有两种收集信息的方法：视觉的和听觉的。希罗多德会尽力观察风俗、习惯和人群，而当这种观察不可能时，他会努力听取前人所听到的信息。

几个世纪以来，学者们一直在质疑希罗多德的方法，并将其与他的继任者，尤其是最伟大的修昔底德的方法进行比较，还将其与 16 世纪探险家和人种学家的方法进行比较，后者发现了欧洲以外的大陆。但是，从某种意义上说，希罗多德的作品抵制了所有的分类。他没有像修昔底德那样关注方法，也没有像波利比乌斯（Polybe）那样注重真实感。他以前所未有的好奇心引领我们进入那些对公元前 5 世纪和前 6 世纪的希腊旅行家来说既陌生又熟悉的空间、遗址和社会。也许正因为他尽情表达了看、听、描述和创作的愿望，所以他很难被归类。无论如何，他的继承者，尤其是修昔底德，无法完全摆脱他的经验，因为他开创了一条新的且前所未有的记忆之路，将过去与现在相结合，用我们的术语来说，是将历史与人种学和地理学相结合。

历史一旦被定义，它就会要求成为一种有方法、有纪律的学科；在哲学家的影响下，它必须是可解释的；而创始人希罗多德则凌驾于这些分歧之上，既非文献的预言者，也非口述的颂扬者，他很少纠缠于解释性的范畴，而是成功地将所有描述性的学科融合在一起。

现代历史学家们想在希罗多德身上找到文艺复兴时期地理学家和探险家的先驱者身影，但是希罗多德不是马可·波罗或让·德·莱里（Jean de Léry）。他从未学过埃及语或阿拉米语，而他的继承者们学习了蒙古语或图皮瓜拉尼语。因为希腊人尽管对"外族的智慧"很好奇，但他们没有理由学习古代东方语言。难道他们不是为了希腊人，写给希腊人看的吗？在公元前2世纪末，唯一被完全翻译成希腊语的外族书籍只有《圣经》。虽然访问东方王国让希腊人意识到了他们的独特性，但他们并不觉得自己拥有相较于其他文明的优越性。或者至少，他们的优越感并没有以技术的方式体现：在建筑学、天文学和医学方面，希腊人对他们在东方发现的一切都非常着迷。因此，他们对民族和历史的好奇心是以做比较为目的，而非纯理论的。外族人使他们能够思考自身的差异，通过观察周围民族，相对地看待自己所属的数百个微小城邦的独特性。

观察废墟。保萨尼亚斯与修昔底德

希腊人没有（或者像他们中间某些人所说的那样，他们不再有）能够建造巨大城市的统治者。他们没有像东方书吏那样善于保存和赞扬君主记忆的知识。但就像我们一样，他们知道如何观察风景，并在其中读出过去人类的痕迹。只需打开荷马的作品，就可以时常看到在充满怀旧情感地展现一个想象中的世界，对于古代希腊人和他们的后人来说，那个世界看起来就像我们现在看《罗兰之歌》中的查理曼一样遥远。公元1世纪，游历梯林斯和迈锡尼的保萨尼亚斯（Pausanias）不禁若有所思地说：

> 城墙的痕迹仍然在那里，城门上刻有狮子，据说这是独眼巨人的杰作，正是他们为普罗特斯（Proteus）建造了梯林斯的城墙。在迈锡尼的废墟中，有一眼被称为珀尔修斯的泉水，以及阿特柔斯（Atrée）和他的孩子们的地下财宝储藏室。那里有阿特柔斯的坟墓，以及那些随阿伽门农从特洛伊归来并在婚宴后被埃癸斯托斯杀害的人们的坟墓。[4]

图1-4 迈锡尼狮子门。公元前5世纪，迈锡尼仅存的几座古迹，其中包括著名的狮子门。这些废墟在修昔底德、保萨尼亚斯和其他人的描述中被多次提及。

保萨尼亚斯并非历史学家，但是我们将会看到，他是古物学家中的翘楚。不过，他惊讶于两处遗址的宏伟建筑，于是试图通过建立与古代神话相匹配的年表来解释它们。这种执着使他与美索不达米亚和埃及的书吏区别开来，因为他在努力诠释，并想要保持距离地去解释。他并不试图强行建立连续性，相反，他试图解释为什么在比较我们今天所称的迈锡尼时期遗址与古代和古典

图1-5 手抄本《荷马史诗》中的细密画（1477）。荷马的文本是反思希腊古代传统的材料。这些由意大利北部大师绘制的插图描绘了希腊文本及其拉丁语译文的内容。画中表现了克律塞伊丝与阿伽门农的对峙，阿波罗以瘟疫的形式惩罚希腊人，为其祭司报仇。希腊人和特洛伊人都穿着古代的盔甲。

希腊时期遗址时会出现明显的断裂。建筑并不是引发他提问的希腊过去的唯一痕迹：

> 例如在荷马的时代，所有英雄的武器都是青铜制的，无论是皮桑达的斧子还是默瑞欧尼斯的弓，荷马的史诗都为我提供了证据。而且我的论点得到了在法赛利斯献给雅典娜的长矛和在尼科米底亚的阿斯克勒庇俄斯神庙的门农剑的支持。矛头、矛杆以及整把剑都是由青铜制成的。[5]

保萨尼亚斯密切关注使他的游记更易理解的所有信息。他的历史叙述依赖于传统的耳闻方式，但也依赖于目睹的信息。荷马英雄们的武器当时可以在庙宇的珍宝中看到：通过检查它们的制作和材料，可以验证传说。保萨尼亚斯有没有提供关于庙宇如何收集到这些武器的信息无关紧要，重要的是他建立了传说和实物之间的联系。

当然，保萨尼亚斯从希腊史的角度来看是一位晚期作家，他写作于古物热已经成为一种时尚的时候，但是在公元前5世纪末像修昔底德这样的概念性历史学家的著作中，我们也很容易找到可以被视为对过去的考古学分析。迈锡尼的废墟引发了他与保萨尼亚斯完全不同的思考。公元前5世纪的参观者如何才能接受这个地方在特洛伊战争期间曾是希腊世界的首都呢？

> 虽然今天我们认为迈锡尼或者当时的一些其他城市不那么重要，但这并不能作为否认远征规模的可靠依据。诗人们赋予远征以巨大的规模，这种传统一直流传下来。假设斯巴

图1-6 雅典的景色。

达被摧毁,只留下神庙和建筑的地基,经过很长一段时间后,与它的名声相比,我相信它的实力将被后人严重质疑。然而,拉栖代梦人控制着五分之二的伯罗奔尼撒半岛,对整个地区以及外部的许多盟友都有霸权。但是,尽管如此,由于他们的城市没有中心或华丽的建筑,而是由独立的村庄组成,就像在希腊的早期一样,他们的实力看起来较弱。而如果同样的命运降临在雅典身上,人们从外表看会以为它的实力是真实实力的两倍。因此,我们不应该怀疑远征的规模,也不应该只看城市的外表(opsis)而不是它们的实力。我们可以认为这次远征也许比以往的远征更重要,但与我们时代的远征相比则较弱。就算我们仍然相信荷马的诗歌,但我们也应该知道,作为一个诗人他肯定对这次远征进行了渲染,使它显得更加壮大，但即使这样，阿伽门农的实力也仍然比我们现在的要弱。[6]

这是一堂历史和考古方法的课程，它对历史学的实践，包括最新的实践，具有重要意义。因为修昔底德不仅仅是进行调查，他还将各种来源进行比较，建立了真实性的层次，使得批判成为可能。尽管现代考古学家可能对其不太准确的年代顺序感到震惊，但这种创新是巨大的。当然，修昔底德的同时代人可以访问迈锡尼、斯巴达和雅典，从不同场所的风景和城市规划中得出结论。但只有这种观察是不够的，就像诗人可以任意渲染他的叙述一样，一座城市可能比另一座更注重其建筑规模。由外表得出的观察结果需要通过推理来控制；一座城市的实力并不直接与其可见的宏

图1-7 斯巴达的主要纪念性建筑。

伟程度有关。在公元前 5 世纪的希腊人眼中，迈锡尼只是一个被废弃的小城镇，但历史学家的眼睛已经能预见几个世纪后曾不可一世的斯巴达会变成什么样子：一个小小的废墟。因为修昔底德的分析是过去、现在和未来之间不断的辩证运动，所以它是历史方法的真正练习，它以其最初的形式呈现了希罗多德曾经提出过的历史批判的要素。

这个悖论更加令人瞩目。在希腊本土，过去 10 年中，一些考古学家试图补充或替代传统的考古实践（挖掘和对建筑物的描述），通过复杂的调查方法来揭示当前景观所隐藏的东西：当然也包括建筑物，但还有农业结构、交通路线，等等。简而言之，这是一种不仅仅满足于外表的考古学，它还想揭示古代景观中蕴含的潜能（*dynamis*）。一旦历史叙述摆脱了年鉴和王室政治宣传的严格框架，就为对材料的批判开辟了道路，而这正是修昔底德所展现的。他着手撰写关于伯罗奔尼撒战争的历史，是因为他自始至终都是这场战争的亲历者。因此，当代史也是事件史，但正因为它追求真相，所以必须创造自我验证的工具。当然，当代史和古代史之间有着本质差异："由于年深日久，清楚地了解先前的事迹和更为久远的历史确实是不可能的，而且从我尽力调查所得的可信证据来看，我相信这些以往的时期无论是在战争还是其他方面，都称不上伟大。"[7]

在无法直接调查的地方，必须想出能验证古老传统和比较年表中内容的方法。对事实的观察与批判相结合，使修昔底德能够写出最为综合和最为了解希腊历史的历史书。评论家们对此也没弄错，称修昔底德的书中这部分内容为"archéologie"（考古学），不是我们现在所理解的意思，而是希腊语的字面意义：对古老事

图1-8 《哥尔琴法典》（Les lois de Gortyne）的铭文，用多利安方言刻在哥尔琴的石块上（公元前450年左右，克里特岛）。这些法律条文是古代最杰出的碑文文献之一。公元前1世纪，这些石头被用来装饰一家剧院的墙壁。

物的研究。这里的新意不仅在于分析的质量——修昔底德在几页纸中提供了一个对于伯罗奔尼撒战前希腊的批判性历史，还在于方法的质量，该方法旨在提供一个基于可查考和验证的证据的整体解释。这种考古学与我们今天所称的考古学有明显的交叉，而有关净化提洛岛的著名段落则给出了一个很好的例子[8]。在这个意义上，过去的知识——希腊语中的 archaiologia——与我们自两个世纪以来被称为"考古学"的一个历史学的专门分支非常接近。当然，对于希腊人来说，对古代遗迹的研究和解释并不构成一门独立的学科。接下来我们将会看到，为了分类处理有关过去人类信息的复杂材料，他们还做了其他很多事情。修昔底德通过严谨的逻辑思维去整理传统，与我们今天所称的现代考古学非常接近了：观察地面上的可见痕迹，将其与传说联系起来，并尝试进行物质、功能和风格上的分析[9]。这是惊人且转瞬即逝的思想进步，其现代性直到19世纪才显现出来。当然，修昔底德不是第一个也不是最后一个对过去的物质痕迹感兴趣的人。希腊人热爱神话，而这些神话又在某些地方和景观中得到体现，引导他们去观察和解释遗迹，并由他们的好奇心和坚持所揭示出来。就像东方君主重新发现他们前任的宫殿和陵墓以巩固他们家族的辉煌一样，城邦的希腊人也试图去发现和纪念过去神话中英雄的墓地。

神圣考古学：遗物崇拜。普鲁塔克和忒修斯骸骨的迁移

普鲁塔克（Plutarque）告诉我们，在米提亚战争之后，神谕命令雅典人收集忒修斯（Thésée）的骸骨，据传他被埋葬在斯基罗斯岛上：

> 但是，由于居住在该岛上的多洛普人的不合群和凶悍性格，收集和搬运骸骨变得非常困难，甚至连找到墓地都很难。当西门（Cimon）在征服了该岛后，就致力于寻找这些骸骨。据说他看到一只老鹰用嘴啄击地面并用爪子刨地，凭借神赐予的注意力，他理解了老鹰的意思并挖掘了地面。在那里，人们发现了一位身材高大的男人的棺材，旁边有一把长矛和一把青铜剑。西门将这些遗骸带回他的三层甲板战舰上，雅典人欣喜若狂，以盛大的游行和祭祀欢迎他们，就像忒修斯本人再次回到城邦一样。[10]

要使英雄崇拜有效，就必须将其建立在最基本的物质基础之

上。因此，寻找英雄的遗骸成为一种文化和政治功课，涉及多种互为补充的知识，这需要观察能力、虔诚，以及行动。西门必须解释神谕，观察地形和动物的行为，而这些通过神启获得的知识使他找到了英雄的坟墓。墓主的身份确认无疑；之前的迹象以及死者的身高证实了这一发现的真实性。寻找过程和遗物崇拜确实构成了一种神圣考古学。此外，英雄的遗骸也是其中一部分，由挖掘者的虔诚使其复活；只要我们热忱而专注地叩问土地，土地就会回应我们。希罗多德讲述了同样启迪人心但更具战争色彩的

图1-9 埃雷特里亚（Érétrie）王子墓（公元前720年左右，被一个约公元前680年的庄严纪念建筑所覆盖）。这是在几何时期对青铜时代物品在意识上的转变的考古证据之一。墓葬中，人们确实发现了一根迈锡尼时期的青铜权杖。照片中的三角石块是庄严纪念建筑的一部分。

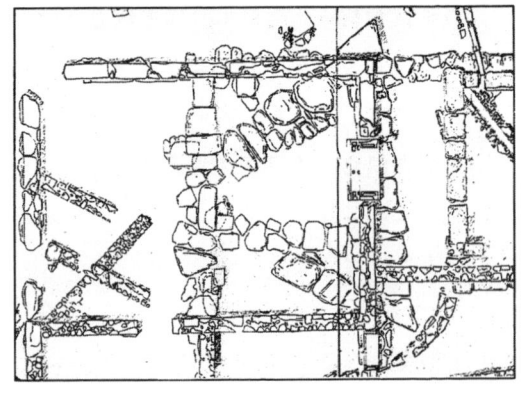

故事。拉栖代梦人和泰吉亚人交战正酣，拉栖代梦人询问神谕：如何夺取泰吉亚？神谕回答他们需要将阿伽门农之子奥瑞斯特（Oreste）的遗骸埋葬在自己的领土上。那该怎么做呢？无人不知奥瑞斯特是谁，但他的坟墓到底在哪儿呢？神谕随即补充道：

> 在阿卡迪亚的一个地方，有一个名叫泰吉亚的城市，
> 那里有两股风在强大的力量下吹拂，
> 以牙还牙，以恶报恶[1]，
> 这就是赐予生命的大地藏匿阿伽门农之子的地方。
> 当你将他带回家时，你将成为泰吉亚的守护者。

拉栖代梦人在听到这个新的神谕之后，尽管进行了各种搜寻，但仍然无法找到他们想要的东西，直到利喀斯（Lichas）发现了它……利喀斯靠着运气和灵机一动，在泰吉亚偶然发现所寻找的东西。就在此时，拉栖代梦人与泰吉亚人之间产生了联系。利喀斯走进一家铁匠铺，看着铁匠打铁的场景，深感钦佩。铁匠注意到他的惊奇，停下了工作，说："拉栖代梦的陌生人，我认为如果你看到我看到的东西，你将会更为惊奇，因为现在打铁的工作已经让你感到惊讶。我之前想在这个庭院里打一口井；在挖掘时，我意外发现了一个七肘长的棺材；我不相信曾经存在比现在更高的人，我打开了棺材，看到里面的尸体与棺材一样长；我测量了一下，便再次掩埋了它。"

这位铁匠向利喀斯讲述了他所见到的事情。利喀斯仔细

---

[1] 字面意思是：击打回应击打，坏的又叠上坏的。——译者注

思考后，根据神谕所说的，推断出那个死者是奥瑞斯特。他推断的依据是：在铁匠铺子里他看到了两个风箱，就像神谕里提到的两股风；在锤子和铁砧上，他看到了打击和反击；在被打的铁上，他看到了错上加错的灾难。他将这些相似之处联系起来，认为铁是被发明出来给人带来不幸的。得出这些推论后，他回到斯巴达，并向拉栖代梦人讲述了整个事情。然而，拉栖代梦人用虚假的借口指控他，并将他放逐。利喀斯回到泰吉亚，向铁匠讲述了自己的不幸，并试图说服铁匠将自己的庭院租给他。一开始铁匠不同意，但随着时间的推移，利喀斯最终说服了他。利喀斯在这个房子里定居下来，掘出了那口棺材，收集了骸骨，并带着它们回到了斯巴达。从那之后，每当拉栖代梦人和泰吉亚人进行军事对抗时，拉栖代梦人都占上风。[11]

跟忒修斯骨灰迁移的故事相比，神奇、象征和幻想在这个故事中起着决定性作用。坟墓的发现不是观察的结果，而是对神谕解释的结果。没有英雄的武器或服装之类的任何细节，只有他巨大的身材将他与其他墓葬区分开来。事实上，要找到这座墓，不需要解释地形或地面，而是需要解密信息。身份的确认不与物质迹象相关，而是与需要破译的符号环境相关。利喀斯更像是一位词语的考古学家而不是土地的考古学家。普鲁塔克和保萨尼亚斯一样，比希罗多德更加关注土地所揭示的发现，因为公元 2 世纪的时代精神更倾向于收集和解释古物。斯巴达国王阿格西劳斯（Agésilas）发掘了阿尔克墨涅——赫拉克勒斯的母亲——的坟墓，有人询问了其中一个目击者：

图 1-10　青铜时代克里特岛上的铭文。这种铭文被称为"线性文字 B",于 1954 年被英国考古学家文特里斯（Ventris）破译。对于古希腊人来说,这些符号是无法理解的。

——"你来得正是时候,"忒俄克里托斯对他说,"就像是特意为此而来。因为我想知道你们国家在打开阿尔克墨涅的坟墓时,里面有什么东西以及它的整体外观是什么样的,当然前提是你亲临了现场,见证了阿尔克墨涅的遗骸在阿格西劳斯的命令下被运往斯巴达。"

——"我没有在那里,"菲多拉欧斯说,"我向同胞们表达了我深深的愤怒,但他们没人站在我这一边。不管怎样,在那个坟墓里没有发现阿尔克墨涅的遗体,只发现了一块石头、一只中等大小的青铜手镯和两个装满泥土的双耳陶罐,这些泥土随着时间的推移逐渐石化；然而,在坟墓前,有一块青铜板,上面刻有一长串奇怪而古老的文字。尽管这些文字在清理之后非常清晰,但无人能解读,因为它们的形式非常奇特和怪异,非常近似于埃及的文字。据说,阿格西劳斯因此将这份铭文的拓本送到了法老那里,请他展示给祭司们并看他们能否理解。在这个问题上,西米亚斯也许有些发言权,因为那会儿他的哲学研究正引导他在埃及与许多祭司交流。此外,哈里阿尔特的居民认为,他们所遭受的严重的荒漠化和湖泊的泛滥,并不是出于偶然的意外,而是由于他们

第一章　古代与中世纪的材料　　57

允许挖掘这个坟墓,而受到了上天的惩罚。"[12]

在我们看来,普鲁塔克给出的阿尔克墨涅墓的描述虽然不够充分,但比我们预想的要详细得多。今天的考古学家们不需要太多想象力就可以辨认出一个迈锡尼墓。至于那个怪异的铭文,普鲁塔克后来说连埃及祭司克努菲斯都读得很困难(他花了三天时间核对古书中的各种文字)。这里的问题在于我们对迈锡尼的青铜铭文一无所知。无论如何可以肯定的是,根据埃及祭司的翻译,让希腊人为纪念缪斯设立竞赛活动的建议与原文关系不大。

并非只在普鲁塔克的这段话中提到了希腊青铜时代的文字。在尼禄统治时期,一场地震摧毁了克里特岛的克诺索斯遗址,牧羊人发现了些椴树皮制成的木板,并将它们呈给了尼禄的宫廷专家。这些专家认为上面的文字是腓尼基文,并将它们翻译成了希腊语。我们有一份塞普提米乌斯(L. Septimius)撰写的拉丁语版本。正如英国考古学家罗伯特·华斯(Robert Wace)所建议的那样,我们不能责怪尼禄宫廷学者翻译了他们不熟悉的语言。无论其翻译的内容和虚构成分如何,它们为我们提供了希腊–罗马传统中关于过去的心理活动方面的宝贵信息。不仅迈锡尼或米诺斯的建筑是不会被旅行者忽视的景观,而且在或多或少的即兴挖掘中,有时还会发现我们今天所知最早的一些希腊文字的碎片。无论是被归为腓尼基文还是埃及文,希腊人知道对他们来说,这些难以理解的铭文与他们能够解读的古老字母有很大的不同,而他们正是将其发明归功于腓尼基人。希罗多德可以毫不费力地阅读刻在玻俄提亚的底比斯阿波罗神庙三个三足器上的"卡德梅尼亚(cadméennes)铭文"——根据希腊传统,源自腓尼基人[13]。无数次对圣所中展示

图1-11 这是一个公元前6世纪中期的罐子。古风时期的画家们钟情于阿喀琉斯交出武器的主题。在这个罐子上，武器装备上的元素被精心地描绘出来。

的古老物品的提及让我们想到，神庙的宝库也是某种意义上的古物馆。这些物品——三足器、武器、雕像、服装——并不是因为它们年代久远而被展出，而是因为它们唤起了某件事件、某位人物或某次行动。按照保萨尼亚斯的描述，希腊的整个历史在参观者面前呈现，但他们并不关心时间顺序，而是坚定地将每个物品与一个特定的事件、人物、行动联系起来。在荷马史诗中能寻找到神庙的这种社会角色的来源——珍贵礼物的传统。英雄们所使用的物品——由赫菲斯托斯制造的阿喀琉斯的武器，尤利西斯的叔叔魔法师奥托利库斯赠送的头盔，以及阿波罗赠予菲洛克忒特斯的弓——它们有着悠久的历史，其所有者的名单与它们的内在品质密不可分。在希腊，社会地位与声望有关，这种声望将每件武器、每个珍贵物品确定了它们的地位。这些物品的交换是英雄、国王和贵族之间复杂的赠予和回赠系统的一部分，因此出现了一种与人类家谱一样重要的物品的家谱。由此体现了旅游向导和古物学家工作的重要性，他们是这类知识的保护者。

第一章 古代与中世纪的材料

希腊-罗马世界与考古学

艺术趣味与古代趣味。保萨尼亚斯、普林尼、塔西佗与皇帝们不幸的寻宝经历

然而，与英雄的宝藏不同，寺庙的珍宝具有集体功能；它们所展示物品的质量、稀有性和古老程度经常成为无数朝圣者惊叹的原因。很快，这些物品不仅因其精湛的工艺和珍贵的材料，也因其是著名工匠的杰作而脱颖而出。艺术与古物之间的竞争？保萨尼亚斯在离开巴特农神庙之前对公众说，"将艺术品放在古物之前的人，这就是他可以看到的东西"[14]，并描述了游客不能错过的杰作清单。保萨尼亚斯，这位古罗马时期的希腊作家，再次向一个熟悉古代艺术作品，习惯于城市装饰、绘画和雕塑艺术辉煌的观众群体讲话。自公元前8世纪起，希腊城邦就竞相建造各种神殿和纪念碑，旨在宣扬它们的卓越。通过使每个城邦都能自己创建制度这样一种政治尝试，城邦也创造出了一种共同生活的艺术，在这种艺术中，纪念碑、雕像、绘画的创作与音乐或诗歌一样具有决定性的作用。这就是无尽的艺术作品的连锁反应，它们彼此互相称呼，艺术家、游客、朝圣者们都保存着对它们的记忆。艺术创作以这种记忆为支持，以证明、比较、推广每一个艺术家的创新，这是每个艺术家感性领域内的范畴。柏拉图将谴责这种自由，他认为这种自由将希腊人与埃及人区别开来。他说，后者在几千年的时间里重复着同样的规范，因为雕塑家、画家和其他艺术家被禁止偏离传统模式；相反，希腊人不断创新、完善

图1-12 奥林匹亚的青铜三足器（公元前8世纪）。在几何时期，三足器是大型圣殿珍宝中的重要组成部分。

和改变表现形式。这种快速发展的艺术需要伴随其发展的知识，根据公认且共享的标准进行口味的培养，总之需要创造一种艺术史。当公元前2世纪希腊艺术趋于缓慢演变时，艺术史的作用变为主导，很快政治家、罗马行政官甚至皇帝也会一起崇拜最有名气的艺术家，并寻求通过盗窃等手段获取他们的作品。这就是普林尼的艺术史或保萨尼亚斯的指南会获得巨大成功的原因。通过创造个人学科，希腊人不仅发明了历史，而且创造了艺术市场和艺术共享的知识。并不是说东方宫廷没有艺术或历史意义，但艺术与皇宫不可分割，达官显贵的宫殿必须遵循这一核心模式。

这种对美好物品和收藏品的喜爱虽然会唤起审美，但也容易引发抢夺行为。在取得胜利后，每个城市都会竭尽全力展示从被征服城市抢来的物品。罗马统治者将艺术品的收复提升到了一种新的艺术形式，西塞罗为我们留下了对韦雷斯（Verrès）过度行为的生动描述。寻宝常常与贪婪密不可分。塔西佗曾津津有味地讲

第一章 古代与中世纪的材料 61

图1-13 埃涅阿斯参与迦太基的建设（公元5世纪的微型画）。对于《梵蒂冈的维吉尔》(Virgile Vaticanus)手抄本的图像创作者来说，迦太基的建设属于艺术发明中的一环。古代艺术中，建立城市的图像是罕见的。在这幅画中，英勇的埃涅阿斯和阿卡特视察城市的建设。

述尼禄的一次考古冒险：

不久之后，命运戏弄了尼禄，他被自己的轻率和塞西利乌斯·巴苏斯的承诺所迷惑。巴苏斯是一个精神失常的古迦太基人，将一个梦中的幻觉误认为是现实。他来到罗马，购买了一次觐见的机会，他告诉皇帝，在他的农田里发现了一个深不可测的采石场，里面有大量的黄金，不是以货币形式，而是以原始和古老的块状存在。重重的金锭被放在地上，周围是竖立的柱子，这些隐藏的宝藏保障了当时时代的繁荣。此外，根据他的推测，这是逃离提尔的腓尼基人迪顿，在建立迦太基后埋藏的财宝……。尼禄没有仔细考虑这位宝藏发现者或事情本身值得多少信任，也没有派人核实报道的事情的准确性，还夸大了这个消息，并派人寻找他认为已待捕的

图 1-14 渔民用网捕捞带回一尊希腊青铜雕塑（公元前 1 世纪的浮雕）。这件奥斯提（Ostie）的浮雕是古代艺术中极少见的包含有明确被鉴定为考古物的作品。我们可以轻易地辨认出渔民带回的是一尊希腊青铜雕塑，可能是公元前 5 世纪初期的赫拉克勒斯雕像。在中央，是赫拉克勒斯的形象。神的拟人化形象与他的雕像形成对比。他从箱子中取出一块板块递给一个年轻男孩。第三个场景描绘了对这块板块的研究：一个穿着长袍的人物递出一本半打开的折页册，在他上方是一尊胜利女神。

猎物。为了加快速度，用上了最好的三桨战船和桨手，由于当时正在庆祝第二个五年一届的运动会，诗人和演说家们也从中汲取了主题，以颂扬皇帝的荣耀：这不仅是普通的收成，也不仅是土地出产的混在杂矿中的黄金；而是新的丰饶，这片土地慷慨地奉献了它的礼物，神明提供了近在手边的财富。实际上，巴苏斯在他的土地和周围的所有田地里挖掘，声称在这里或那里有被允诺的洞穴，不仅士兵跟着他，而且一群招募来执行他工作的村民也跟着他；最后，他从自己的妄想中恢复过来，并表现出他惊讶于自己以前的梦从来没有出错过，这是第一次经历失望。他通过自杀逃脱了羞耻和恐惧。[15]

这幅形象的图画，描绘了被财富驱动的整个民族沉迷于寻宝的场景，同时这也是一幅暴君的肖像，他认为过去是一种可用的资源，能够保证现在的财富。这是疯狂皇帝虚幻的黄金乡，没有任何对古人的尊重，也没有任何传统可以阻止他。如果皇帝是一个寻宝者，如果帝国的福祉依赖于发现过去的财富，那么就废除了所有规则：我们将会看到贪婪而被欺骗的古物收藏家在考古学史上是一个经常出现的形象。

考古学与古物学。希庇阿斯、瓦罗和波利比乌斯

古希腊罗马的学者们为了理解、解释并在某种程度上利用他们所生活的世界，就需要观察废墟，收集名贵和异国情调的物品。这种好奇心与"历史"这一术语的发展相结合，导致了新学科的建立：希腊语的考古学（*archaiologia*），拉丁语的古物学（*antiquitates*）。

Archaiologia：了解过去。在柏拉图的《大希庇阿斯篇》的一个著名章节中，苏格拉底与在希腊世界声名远扬的诡辩家艾利斯的希庇阿斯（Hippias）进行讨论。这位诡辩家在他的旅行和外交任务中提供授课和演讲，并吸引到广大听众支付报酬。所有城邦都想聘请他来服务，除了斯巴达，因为斯巴达法律禁止外国人教导年轻人。但据希庇阿斯所说，拉栖代梦人和其他希腊人一样，对诡辩家的艺术很敏感。在苏格拉底的追问下，很快就发现他们只对一种特定的知识分支感兴趣：既不是天文学，也不是几何学、计算学，也不是语言学和修辞学；希庇阿斯在斯巴达人中的成功仅限于一门学问，"那就是家谱学，即那些研究英雄和人类的族谱以及人类聚居地的科学，即过去如何建立城市以及与过去的知识有关

64　征服过去：考古学的起源

的一切（考古学）"[16]。

在斯巴达，这些严格的教育家们坚决拒绝从诡辩家那里接受教诲，但他们在对待研究过去的学问上有一个重要的例外。然而，这种对过去的了解仅限于非常简单的历史形式：一连串所必需的名字、奠基、事件和象征符号都为了使现在合法化，而不是去思考它。这是最保守的希腊城邦，他们通过提高制度的精细化程度来消除时间，以此来维持一个永恒城邦的神话，这个城邦比其他城邦更需要过去。过去首先是血缘，是界线，是一个参照系，但它也无法逃避更广泛的问题。当然，吸引人们的是故事情节（*Muthos*）的部分，这些古代历史里的美好故事。按照苏格拉底的说法，希庇阿斯在斯巴达人中扮演给孩子们讲故事的祖母的角色。但在少数人的历史背后，很快就涌现出复杂的问题；城邦的历史需要更全面的叙述，更多延展性和描述性，简而言之，"与过去的知识有关的一切"。"*archaiologia*"这个词并没有被定义为一种旨在获得特定类型知识的特定学科。它是一个便利的创新，用于描述有关起源、古代时期和古代文物的一切知识。在这个意义上，这个术语揭示了对过去的兴趣，这种兴趣不是因为解释（即希罗多德的调查方式）而决定的，而是因为描述而决定的。不幸的是，并没有与这种"*archaiologia*"相关的同时代作品存世，例如：赫拉尼科斯（Hellanikos，约公元前496—前411）的《民族论》《民族名称论》《民族和城邦的起源》《外族人的习俗》等著作，或者是希庇阿斯的类似主题的书籍。

阿纳尔多·莫米利亚诺已经证明，在这个时期（约公元前5世纪中期），可以看出两种不同类型的历史的出现。其中一种，继承了希罗多德式的传统分析，对近期的过去感兴趣，我们可以称之为现代史，倾向于像修昔底德一样精湛地构建人类行为的解释，奠定政治科学的基础。另一方面，希庇阿斯、赫拉尼科斯等人对更久远的过去感兴趣，并建立了城市、风俗和习惯的历史基础，旨在进行解剖学式的、细致入微且博学的描述。希腊历史学家们这样做，预示着在历史实践中的一个经典区分，阿纳尔多·莫米利亚诺的总结如下：

1. 在他们的著作中，历史学家遵循时间顺序，古物学家则采用系统化的计划。
2. 历史学家提供用于说明或解释给定情况的事实；古物学家则收集与给定主题相关的所有材料，无论这些材料是否需要解决问题。在传统上，处理的问题并不能完全区分历史学家和古物学家，因为有些主题（如政治制度、宗教、私人生活）被认为更适合逻辑计划而不是时间顺序。[17]

古物学家与历史学家的区别在于，前者从事实或物品的收集开始，而后者则从问题开始，然后再研究物品和事实。这是一个微妙的区别，对历史科学的组织和发展以及人们对过去的感观产生了深远的影响。历史学家和古物学家之间的对立——希腊人从一开始就默默地提出了这一对立——不是在材料上的区别，而是在方法上的区别。他们都在处理人类事务，但走的路不一样。莫米利亚诺认为，柏拉图使用"archaiologia"一词，表明他意识到这些差异，这是试图将"archaiologia"（考古）与"historia"（历史）区分开来的一次尝试。但莫米利亚诺也提到，这个词在希腊化时代已经失去了它的特殊性：哈利卡纳苏斯的狄奥尼修斯（Denys

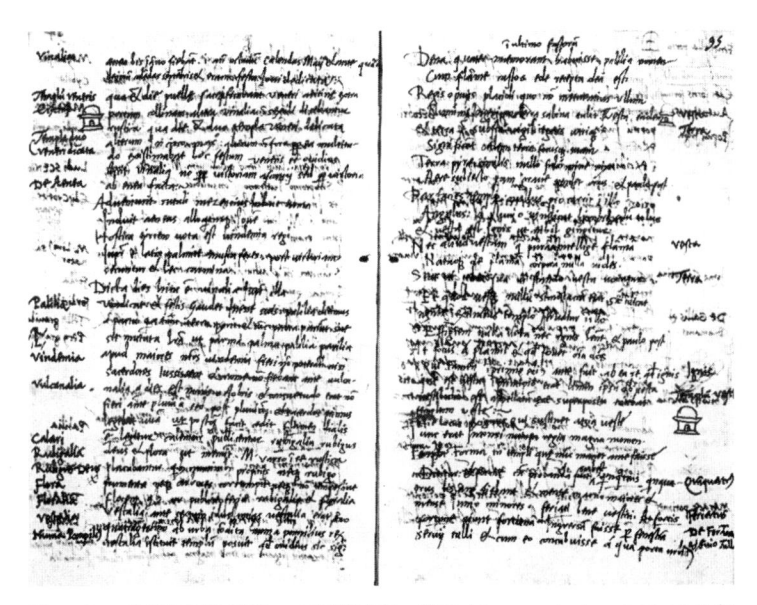

图 1-15 关于瓦罗的讲座，由蓬蓬尼奥·莱托（Pomponio Leto）于 1484 年编写。这个手稿中含有蓬蓬尼奥·莱托对瓦罗文章所做的笔记，莱托是 15 世纪罗马最著名的古物学家之一。

d'Halicarnasse）的罗马古事纪，弗拉维奥·约瑟夫斯（Flavius Josèphe）的犹太古史，其实就是罗马人和犹太人最初意义上的历史。在这个时期，我们看到了历史类型的层出不穷。作品的繁荣、标题的多样性，标志着历史专家的时代到来，他们被称为 *kritikos*（批评家）、*philologos*（文献学家）、*poluhistor*（博学家）、*grammatikos*（文法学家）。在拉丁语中分别是 *doctus*（博学者）、*eruditus*（学问家）、*litteratus*（文化学者）。

随着制度的发展，城邦创造了档案、出版和交流的系统。随即，人们开始收集、研究和比较它们。希罗多德和修昔底德发明的原则在城市政治实践的土壤中找到了成功所必需的营养。自文艺复兴以来，历史学家一直在寻找古典传统中的引言和理论讨论的关键。民族志从何处开始，历史从何处结束？年代史和政治史之间的界线在哪里？本地史和普遍史之间的界线又在哪里？这些问题对古代历史学家来说是熟悉的，并且他们提供了各种各样的答案。莫米利亚诺的分析揭示了希腊化时期学者们在历史研究方面所取得的成就，强调了不同方法的多样性和技术的进步。事实上，尽管表面上看起来有些矛盾，但希腊罗马学者们发明了大多数基本的过去知识，如编辑、收集、描述、年代学和文本批评，这是因为他们同时探索了从公元前6世纪的米利都的赫卡泰（Hécatée de Milet）的《地理学》以来开拓的领域。他们不仅能够观察景观和土地，还制定了解释框架和描述系统，从而实现了一种累积有序的知识。

不幸的是，我们没有希庇阿斯的《考古学》，而我们已经看到，哈利卡纳苏斯的狄奥尼修斯和弗拉维奥·约瑟夫斯的著作实际上都是历史。但是我们至少有一些考古学的著作残篇，它是由西塞罗所说的"研究古代的人"——瓦罗（Varron）所写。瓦罗是庞培（Pompée）的合作者、西塞罗的通信对象，是共和国末期社会和学术界中的重要人物。西塞罗评价瓦罗是"拉丁文化的重新发现者"：

> 我们像陌生人和过客一样在城里游荡；你的书让我们像回到了家里一样，让我们了解了我们是谁以及我们在哪里生活。你向我们揭示了我们国家的年龄，其发展的连续阶段，宗教仪式和祭司职务的适用规则。无论是人们的定居和建造，他们在城市中的处境，还是组成人们生活和神灵崇拜的所有元素，你

图 1-16　该场景出自《上帝之城》最豪华的插图版之一（1473）。圣奥古斯丁（354—430）在其生命的晚期创作了这部重要作品《上帝之城》，旨在回应那些指责基督徒用武力强迫放弃多神教的异教徒。上部分展示了奥古斯都皇帝被瓦罗、西塞罗和圣奥古斯丁环绕的场景。作者的选择反映了从罗马帝国晚期到文艺复兴时期对瓦罗作品的重视。下部分展示了愚蠢的例子：一些异教徒向巴克斯请求水，向宁芙仙女请求酒。左侧是酒神（Liber Pater），右侧是水之女神，一些恶魔在空中飞舞。罗马人向众神祈求：

"Das nobis aquas"：赐予我们水源；

"Detis nobis barbas"：赐予我们胡须（即智慧？）；

"Detis nobis vinum"：赐予我们葡萄酒；

"Detis nobis fortitudinem"：赐予我们勇气。

宁芙仙女误导着人们：一个人在一口井下与一头倒下的驴搏斗：

"这些是恶魔，他们在夜间嘲笑人们并使他们在道路上迷失方向。"

第一章　古代与中世纪的材料　　69

告诉我们使用的术语、分配的职能,以及提出的动机。[18]

瓦罗的好奇心是无限的,他的知识是无限的。然而,只有一些残篇让我们一窥这个巨大的编撰工作。瓦罗著作的结构像建筑的结构一样重要,我们可以通过圣奥古斯丁令人眼花缭乱的描述来部分地重建这个项目:

> 他写了四十一本关于古代事物的书,包括有关人类和神的内容:前二十五本是关于人类的,后十六本是关于神的,以下是他如何分配这些内容:人类的部分包括四个六本书;他的目标是了解谁是行动的人,他们在哪里行动,什么时候行动和他们在做什么。四个六是二十四;还有一本书放在整个作品前面作为一般介绍。对于关于神的部分,他保留了同样的方法来分配献给神的荣耀。实际上,神圣的事物在特定的地点和时间得到人们的尊敬。我所说的这四个部分,每个由三本书组成:前三本讲述人,接下来三本讲述地点,然后是时间,最后是神圣的事物,即庆祝它们的人,庆祝它们的地点,庆祝它们的时间以及它们是什么。但是还必须说,这是人们最关心的——谁应该得到这种崇拜。因此,他在最后三本书中写了神灵本身。[19]

瓦罗的四分法为描述"人类和神圣的事物"提供了系统和逻辑的框架。它在一个本应只能一一列举的宇宙中建立了秩序,尤其是它建立了人类事物和神圣事物之间的连续关系。圣奥古斯丁也没有错,他强调瓦罗在研究人类事物之后才研究神圣事物,因为他认为前者源于后者。此外，瓦罗研究的并不是神性的本质，而是神作为人们崇拜、庆祝和思考的对象。"正如瓦罗自己所说，他首先谈论的是人类事物，其次才是神圣事物，因为城市先出现，然后才出现了神圣事物。"[20] 瓦罗思考的是一个宗教社会学的问题，而对于希波纳（Hippone）的主教来说，这是渎神的，因为它可能使人认为神是人类创造的。在讨论神的问题时，瓦罗忽视了虔诚的信仰，谈论的是人与神的关系，他的神学和他的古代学一样脆弱："然后他写了有关人类事物的内容，探寻过去事件的历史［historiam rerum gestarum］，但当涉及他所称的神圣事物时，他在寻找什么，难道不也是某些虚幻的信仰吗［opiniones rerum vanarum］？"[21]

圣奥古斯丁试图推翻瓦罗的结论，但他的激烈批评实际上是对这部作品质量最好的致敬。古物学家获得了神学家失去的东西。在他之前，没有任何一位拉丁作家收集过如此完美呈现的史料。面对历史学家的历史，瓦罗创造了一个有条理的知识体系，其声誉不仅在于他所展现的博学，更重要的是他的方法所具有的逻辑性和近乎现象学的特点。如果人类社会创造的社会类型、场所、时间和物品（有形和无形的）都可以被有条理、渐进和完整地认知，那么人与神之间的关系也能够拥有接近自然科学的严谨性。因此，瓦罗向古物学家的长期传承提供了关于过去社会的积极知识元素。对于人、人的行为、制度、产物的描述，既是古物学研究的手段，也是其目的。对于这种工作的意义问题，既不是在收集数据之前，也不是在编制目录之前提出，而是在这些之后。这是观察的严谨性和分类的质量的结果。这种对过去的看法与从修昔底德到波利比乌斯的传统历史研究所提出的调查和叙述方式是不同的，即使这种叙述方式再有条理，最终仍归结于以色列人的历史、迁移、城市建立和亲属关系。波利比乌斯在某处强烈表达了这种对过去阅读方式的反对："对于那些喜欢有趣阅读的人来说，家谱式文学是受欢迎的；讲述迁移、城市建立以及各民族之间的亲属关系的历史［正如以弗所（Éphore）所观察到的那样］，则对那些充满好奇心、嗜好奇事的人来说是有吸引力的；最后，那些记录民族、城市或领袖行为的历史，则引起政治家们的兴趣。"[22]

这里波利比乌斯所反对的历史类型，恰恰就是希庇阿斯用来吸引斯巴达人的类型——特定事件与一般历史，古代史与历史本身。这一争论几乎是西方古代史的本质，其术语依然萦绕于考古学和历史之间复杂的关系之中。

希腊－罗马的史前时期。西西里的狄奥多罗斯

瓦罗努力建构的描述性的《稽古录》，不会将历史研究的时间局限在比城市稍早的时候。在希腊－罗马传统中，人类起源的问题不仅是哲学问题，也是历史问题，瓦罗对此也有所谈及：

> 人类的生活，从最久远的记忆开始，如狄西阿库斯（Dicéarque）所写的，逐渐到达原始时代，人们生活在大地无人干预的自然状态下，然后这种生活方式逐渐转化为畜牧时期，人类发现要开发荒地和农田，发现了树木、灌木、橡子、杜松果、黑莓、水果等的用途，并关押、驯服动物让它们为自己的利益服务——最先被驯服的动物是绵羊，这并非没有原因，因为绵羊既有用途又温顺，它们的天性适应人类

的生活方式，它们可以生产羊奶和奶酪，提供人们穿的衣服和皮毛——最终，人类从这种畜牧生活的阶段到达了农业阶段，他们被前两个时代长时间地束缚着。当他们到达这个阶段后，要走一条漫长的路，直到最终抵达我们的时代。[23]

这段引自瓦罗的《论农业》的文字表明，他坚持了"三期论"，即黑暗时代、神话时代和文明时代，这一理论的创始者是希腊人。因此，我们需要转向希腊的原始作者来详细说明瓦罗所支持的人类起源的观点。

在希腊传统中，人类起源首先是一个哲学问题。修昔底德对不是当代历史的所有事物持怀疑态度，大多数持有政治和分析性历史学家观念的人都认同这一点。因此，这些黑暗时代的历史，甚至英雄时代的历史，成为哲学家、民族学家以及莫米利亚诺所谓的古物学家们优先考虑的领域。希腊传统，特别是爱奥尼亚传统，以断言、论证和以不同形式发展人类不断进步的观念而著称，技术进步和社会进步之间有着直接关系。当然，自赫西俄德以来，关于人类从一个原始黄金时代开始逐渐衰落的观念相对普遍，但这属于神话的说法，它并没有阻碍有关人类起源的竞争性理论的发展。这种人类进步的历史可以采用许多形式，从发明理论到以狄西阿库斯为代表的阶段理论。这些模型中的大多数都具有很强的吸引力。显而易见，现代的三个阶段理论——史前时代、原始时代和历史时代——源于希腊的三个时代模型。柏拉图的《法律篇》第三卷中关于灾变的理论也对人类历史和地质时间之间的关系产生了重要影响。希腊思想家及其罗马继承者想象中的史前时期的"现代性"如此之高，以至于我们认为它导向了当代的进化

图1-17 火的发现，切萨雷·切萨里亚诺（Cesare Cesariano）于1521年绘制。切萨雷·切萨里亚诺翻译和评论了维特鲁威于公元前27年创作的《建筑学》(Traité d'architecture)，这也是摆脱了中世纪的传统去探索艺术的图像的契机。希腊-罗马的"原始主义"的阅读是文艺复兴时期人们对人类起源的兴趣的源泉。

理论。

这种悖论在于：虽然哲学家和理论家对人类和社会起源的问题进行了创造性的探讨，这种创造性甚至让我们惊讶，但政治史、民族志和古物学方面却从这个概念框架中收获不多。希腊人很清楚人类与环境之间的重要关系，他们能够像卢克莱修一样建议石器、铜器、铁器的技术演进，而这个想法在19世纪的史前史研究中成为关键的基础。然而，至少在我们所知道的文献中，从来没有古物学家详细描述过史前人类的住房、衣服、工具等方面的情况。这种理论与实践之间的对立贯穿整个希腊科学……只需要阅读西西里的狄奥多罗斯（Diodore de Sicile）在他的《希腊史纲》第一册中描述的原始人类的情形，就能让我们信服：

> 这就是我们所知道的世界起源。原始人类过着野蛮的生活，在野外散居，采摘生长在无人栽培的草地和树上的果实。他们被凶猛的野兽攻击，感到相互救助的必要，通过恐惧而团结在一起，并很快彼此熟悉起来。他们的声音一开始是不

图1-18 皮耶罗·迪·科西莫，《狩猎》（*La Chasse*，约1495—1505）。这幅作品是科西莫关于人类起源的系列组画之一。狩猎是人类冒险的主要阶段之一。在这里，"只有恐怖和死亡……在丛林中互相对抗和战斗"（帕诺夫斯基）。

成形和混乱的，不久就有了言语，通过描述他们看到的物品的象征来形成一种能表达一切的可理解的语言。在大陆的不同地方出现了类似的人群聚集，导致每个地方的词语安排不同，从而产生了不同的方言。这也解释了每种语言的特点和独特的自然和原始类型，这是区分每个民族的特征。由于最初的人类对生活必需品的无知，他们过着悲惨的生活：赤裸无遮，没有住所，没有火种，没有适当的食物概念。许多人因为缺乏食物和严寒而死亡，不知道采摘野果并储存以备不时之需。很快，通过经验的教训，他们在冬季时藏身于洞穴中，并储存了可以保存的水果。人类很快就掌握了使用火和其他有用的东西的技能，创造了艺术和一切有助于维持共同

图1-19 建造棚屋的人［让·古戎（Jean Goujon）雕刻，1547］。这幅版画摘自维特鲁威《建筑学》的法语译本，画中以动物为原型来表现原始人。

生活的事物。需求一直是人类的主宰：它教导了这种聪明的动物使用手、理智和智慧。这种关于人类原始生活的叙述对于我们的主题足够了。[24]

在布歇·德·彼尔特之前，毫无疑问没有人能够给出如此清晰的人类史前的描述。但是这种重建——不仅基于对民族的观察，而且基于类似于希罗多德和修昔底德所叙述的偶然发现——并没有成为一种引导古物学家在土壤中寻找答案的实用知识。希腊人没有创造出激进的考古学，这既不是因为他们缺乏好奇心，也不是因为他们缺乏创新能力。就像历史此时仍然是一种叙述的艺术，在这之中，批判性尤其是材料的确定性都是次要的，同样，在史前史问题上，重建的质量和巧妙程度才是根本目标。古物学家和历史学家都不觉得有必要提供和证明他们的材料。摩西·芬利（M. I. Finley）已经精辟地证明了，尽管修昔底德有写作天赋，但他不是利奥波德·冯·兰克（L. von Ranke）的同事；瓦罗和卢克莱修也不是布歇·德·彼尔特的同行。古人对过去的好奇心仍然是哲学式的，它不会导致像我们今天所理解的那样的历史学家职业的形成。

希腊-罗马世界的哲学家和古物学家能够建立人类的古代历史，建立一个相对的年代顺序，即使没有具体的数字，但也暗示着黑暗时代和神话时代之间的显著差异。他们预感到自然现象，甚至植物和动物的进化，可能为人类的自然历史奠定基础。通过制定一个阶段理论——狩猎、畜牧业、农业——他们首次在生活方式和技术的发展中引入了理性。正如卢克莱修所建议的那样，他们毫不犹豫地宣称人类的进步是一种技术进步，从石器到青铜再到铁器，与人类从自然界中提取矿物质的能力有关。然而，我们不应认为这种过去的视野是普遍被接受的。与此同时，原始主义的思想、自黄金时代以来人类的衰落、周期性的理论与神话作为解释性的类型，正在与我们对人类科学历史的视野所优先考虑的理性解释做斗争。如果我们今天所谓的考古学没有完全从希腊传统中涌现出来，那是因为，正如摩西·芬利所提醒的，希腊人和罗马人对于历史的理解与我们不同："古希腊人已经掌握了发现迈锡尼的方坑墓和克诺索斯宫所需的技术和劳动力，他们足够聪明，能够将被埋藏的石头与阿伽门农和米诺斯的神话联系起来。他们缺乏的是兴趣：这就是分隔他们的文明与我们的文明的巨大鸿沟。"[25] 对于历史学家，特别是考古学家而言，在其瞬间的洞见和前所未有的观察中，古希腊-罗马时代留下的关于过去的视角对于我们而言，是一个对显而易见的事实保持谦逊、怀疑和进行批判的呼唤。

中国和日本的古物学家发现历史

通过司马迁，我们可以看到古代中国人对于历史的认识和对土地的观察所起的卓越作用。由于他们汉字的巨大连续性，历代文人可以解读铭文，与过去保持紧密联系。中央集权帝国的存在和文人角色的日益重要无疑构成了中国某种类型的历史学成功的优势。公元5世纪，谢惠连的文章证实了帝国官员的好奇心和对古墓发掘的仪式性关注。我们还发现从公元5世纪早期开始，就有了铭文的批评尝试。在一本名为《颜氏家训》的书中，作者使用一块铭文来纠正一个错误的称号[26]。后来，赵明诚在他所撰写的一本古物书的序言中，这样定义了通过铭文建立证据的方法：

图 1-20　商代（公元前 1650—前 1066）[1]的青铜器和乾隆时期（1736—1795）的瓷器。在中国，青铜器从一开始就与王权联系在一起。11 世纪，宋朝时期重新发现青铜器，一些重要的偶然发现激发了强大的考古学，青铜器成为陶瓷工匠的灵感来源。清朝的瓷器模仿古代器皿，以庄重的帝王专用黄色或龙为装饰，反映了乾隆皇帝的古物趣味，乾隆皇帝是古代器皿和青铜器的狂热收藏家。

图 1-21　被描绘在 17、18 世纪出口到欧洲的科罗曼德漆器上的三件器皿（法国国家图书馆收藏）。这里可以清晰地辨认出是三件汉代（公元前 206—公元 220）的青铜器。

---

[1] 中国历史纪年表里将商代起止年份定为约公元前 1600—前 1046 年。——编者注

第一章　古代与中世纪的材料　79

"盖窃尝以谓《诗》《书》以后，君臣行事之迹悉载于史，虽是非褒贬出于秉笔者私意，或失其实，然至其善恶大节有不可诬，而又传诸既久，理当依据。若夫岁月、地理、官爵、世次，以金石刻考之，其抵牾十常三四。盖史牒出于后人之手，不能无失，而刻词当时所立，可信不疑。"[27]

因此，在西方的铭文传统捍卫者们出现将近十个世纪之前，中国学者便以惊人的早熟肯定了铭文的特殊性和历史品质。当然，希腊人认为他们最古老的历史学家之一阿库西拉奥斯（Akousilaos，公元前6世纪）是在铜板上写下他的家谱的："阿库西拉奥斯……是一位非常古老的历史学家，他从传统中得知他的父亲在他的领地中挖掘出铭文后，便在铜板上写下了家谱。"[28] 尽管这个片段在一定程度上是伪作，但它强调了铭文的存在是建立历史言论合法性的保证。中国历史学家进一步声称铭文文献优于文学文献。铭文文献具有更高的真实性，因为它们是出自事件的同时代人的直接见证。在中国，铭文和三足鼎是密不可分的，这些鼎作为过去的见证而更为珍贵，因为只有卜官和学者才能解释它们。作为声望和宗教物品，礼器是卓越的符号，也是必不可少的因素，用于皇帝的继位、土地的丰收和对抗入侵者。司马迁在他的《史记》中专门描述了许多古代礼器的发现，这些学者们不遗余力地寻找，以向皇帝证明他们的忠诚和学问。以下是公元前133年李少君的故事，他是一位异人和术士，假扮成长生不死的人："（李）少君见上，上有故铜器，问少君。少君曰：'此器齐桓公十年（公元前676）陈于柏寝。'已而案其刻，果齐桓公器。一宫尽骇，以少君为神，数百岁人也。"[29]

这个故事中的一切都是考古学的：皇帝的古代器皿，由铭文证实的年代，宫廷对于能够通过铭文确认年代的术士的惊叹。对于李少君的同时代人来说，是考古学支持方术，而不是方术支持考古学。司马迁以一种讽刺口吻叙述了这个故事。他和保萨尼亚斯一样对古迹有真正的兴趣，但在对历史经历的感受和对具体细节的追求上更接近于希罗多德。他的作品证实了我们已经了解的中国古代和中世纪文人对过去形象的看法。各种文献证实了古代文物和铭文在社会生活中的作用。现有关于公元前2世纪和公元前1世纪的青铜铭文的多种发现记录[30]，并且这些铭文得到了正确解读。公元5世纪末编撰的《卜筮论》中描述了15个不同的发现，涉及41个简要描述的器皿，并仔细指出了它们的来源。同时期还出现了与收藏家兴趣相关的最早的

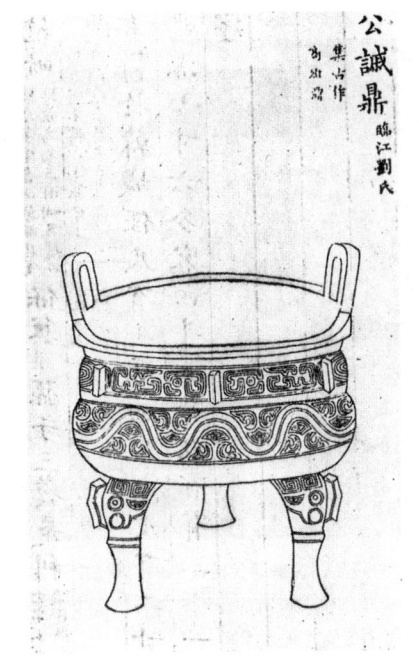

图1-22 11世纪，文人们开始编写有关公元前2000年和公元前1000年古代器皿的第一部图录。这是一件鼎，出自1752年本的《考古图》。题款给出了收藏家的名字。背面复制了铭文的拓片，说明了这件礼器的铸造情况。一条注释指明了发现地点、物品的尺寸和重量。

第一章　古代与中世纪的材料　81

钱币学著作。其中一套收藏品保留至今，包括两件大型陶罐和一个银器，内含餐具、珠宝、珍稀药物以及一组钱币，其中包括一枚科斯鲁二世的硬币。这些珍贵物品属于陕西地区一位名为李寿礼的总督，他于741年去世，除了拜占庭帝国的钱币外，他还拥有各种中国古代钱币，其中最早的至少可以追溯到公元前5世纪，以及8世纪的日本钱币[31]。

随着宋朝在9世纪的建立，对古物的偏好似乎更加明显。这是古物图录的时代。稍后，我们将会看到最早的带有古物插图和木刻的书籍出现：1092年的《考古图》和1122年的《博古图》。这些作品中都包含了器物的插图和铭文的拓本。它们按照分类排列，并标注了物品的年代：《考古图》有224个目录条目，

图1-23 一位古董收藏家正在研究他的藏品，这是明代杜堇（生活于15至16世纪初）的一幅画作。在一个露台上的花园中，富有的爱好者向一位朋友展示他的藏品，这个朋友正在观看摆放在桌子上的古代青铜器。

《博古图》有839个目录条目。事实上，人们出于文化崇拜制作了复制品，为了满足收藏家的需求甚至出现了伪造品。这种发展说明了当时人们对这类物品的热衷和追捧。我们拥有一份关于当时收藏家精神的非凡的自传式见证。这是古物学者赵明诚的妻子李清照于1132年所写的后序，作为她丈夫的著作《金石录》的补充。如果考虑到宇文所安（Stephen Owen）[32]为这次冒险而勾勒出的动人肖像，我们将会在这位才女的机智笔触下，发现对收藏最有学问和最为感性的批评：

收书既成，归来堂起书库大橱，簿甲乙，置书册。如要讲读，即请钥上簿，关出卷帙，或少损污，必惩责揩完涂改，不复向时之坦夷也。是欲求适意而反取僝僽。余性不耐，始谋食去重肉，衣去重采，首无明珠翡翠之饰，室无涂金刺绣之具，遇书史百家字不刓缺、本不讹谬者，辄市之，储作副本。自来家传《周易》《左氏传》，故两家者流文字最备。于是几案罗列，枕席枕藉，意会心谋，目往神授，乐在声色狗马之上。[33]

这段文字描述了一对夫妻共同的收藏热情如何变成了一种压力，著名收藏家的杰出遗孀逐渐让我们明白，她和她的丈夫（尤其是她自己）已经成为他们自己收藏的对象。在她逃离并离首都越来越远的过程中，她不得不将书籍、物品和绘画留给帝国的侵略者。当面对她所剩下的最后一本书、最后一段铭文时，她发现自己成为她的收藏的最后一道痕迹。

直到18世纪才能在西方找到同样对收藏者被异化的精妙批

评，而且还不是出自女性之手。然而，无论如何，宋代的学者们对收藏中所体现的过去的吸引力充满了激情。他们将其视为一门艺术，同时也是一种恶习。而这种艺术需要知识。首先是收集物品，为此他们需要去实地观察。同时，这个时期也出现了最早的考古游记，学者们描述和记录古代都城的遗迹。我们拥有一份于1080年绘制的唐朝都城长安的平面图，它依据更古老的资料进行绘制。该图提供了城市不同部分的精确地图。为了满足好奇心，宋代的学者们不仅画图，还对他们的发现进行分类和解释。11世纪初，刘敞解释说，研究古代青铜器需要从三个不同的角度进行：宗教历史学家需要确定器皿的用途，谱系学家需要确定历史人物的顺序，词源学家需要解读铭文[34]。

这种对古物的热情从何而来呢？它来自传统，来自持久的连续性，正如我们在中国和其他地方所看到的那样，同时也来自一个有能力搜集和研究古物的社会阶层。这与对时间和历史侵蚀的意识相辅相成，这种意识在另一位同时代人那里被完美地表达："山陵变平坦，河川被填平，天地间破坏在继续，古代之物十有八九已遗失散尽。"[35] 对过去的独特关注出现在中国，也同样出现在日本。713年日本的《常陆风土记》中描述了偶然发现的一座贝壳堆，这是中世纪文献中最早提到的现存史前遗址之一。与此同时，还有《古事记》的编纂，这是对建立日本神话历史的尝试[36]。在此之前不久（689—697），日本开始了"式年迁宫"的做法，即每隔二十年拆除和重建伊势神宫。这个仪式旨在使神宫的纯洁性在几个世纪中保持不变，其外观经过时间而永不衰老。由于木工和木匠掌握着古老传统技艺，原始的木结构建筑能够保持不变。相较于中国人，日本人发展出一种工艺记忆技术，对于一个古希腊研究者来说，它让人想起言语和大理石之间的竞争：这里连续传承的技艺被认为能够阻止神殿的物质腐败。工匠们不断传承的技艺最终战胜了最坚固的建筑。

中世纪面对古代遗迹

希腊－罗马模式的崩塌与历史的危机。圣徒传记作家们的时代

古典时期的人们一直想方设法了解过去，爱奥尼亚最早的哲学家们就已经开始这样的尝试，直接促使人们构建与历史学密切相关的知识。我们可以看到，希腊、罗马人与埃及、亚述人的不同之处并不在于是否关心过去，而是对历史关注的方式和书写历史的方法。通过这种方式开拓的知识领域中出现了几种类型的历史，这种多样性解释了为什么游离在政治史之外，对社会、体制和物品进行整理的描述性历史也在蓬勃发展。这种研究的最终完成体现在瓦罗的身上，这是人们对人类、体制和纪念性遗迹的关系从理论和分类的角度进行提问和思考的结果。这项研究与哲学家们的工作密不可分，后者在试图定义人类的特殊性的同时，为以人为生物和社会主体的进化史奠定了基础。原始人的真实想法肯定与黄金时代的神话描述相悖，但对于古人来说，似乎并不难想象消逝的城市、曾经的牧羊人和他们使用的原始武器、原始人的洞穴和小屋[37]。随着罗马帝国逐渐土崩瓦解，不仅一部分体制和社会活动不复存在，一个作为参考的知识框架也消失不见。在此后的几百年中，尽管西方文化仍然深受希腊－罗马传统的影响，但中世纪的学者们从未拥有古典时期学者那样的自由、时间和便

图1-24 人们在公元7世纪一部格拉西亚圣礼书（sacramentaire gélasien）中发现了真十字架的存在：这是中世纪为数不多的表现人类挖掘活动的绘画主题之一。画中基督的十字架和盗贼的两个十字架组合成一个段落首字母，一个手握锄头的男人试图打开它。

利条件。

　　时局的困难、战争、频繁入侵留下的创伤无法解释一切。古代教育模式影响力的丧失，基督教文化的大行其道，对古代文本、纪念碑和物品中偶像崇拜元素的怀疑，这些都起到了一定作用。在中世纪西方所处的动荡环境中，神职人员充当了文献捍卫者的角色，他们以完美的奉献精神完成了自己的职责。帝国分崩离析，作为各地文化场所的城市崩塌，同时消失的还有一类人以及一种"创造历史"的哲学。圣徒传记作家们的时代到来了，教士们必须根除残留在农村中的大量异教痕迹，因为新掌权的王朝要求历史不仅能够佐证其发迹路线的正当性，还要能够验明其一脉相承的法统。教士们不仅着手删除古代文学中可能威胁到《圣经》的作品，最重要的是他们对关于人类起源的书籍不再有任何兴趣。他们做了大量的工作来证明法兰克人和罗马人一样是特洛伊人的后裔，并让神圣启示的内容符合仅存的历史——古希腊－罗马史。

不要忘记，"蛮族"在侵入罗马帝国后马上就开始搜罗各种奇珍异宝。罗马城也没有逃脱亚拉里克（Alaric）[1]及其继任者的劫掠。普罗柯比（Procope）曾详细描述了汪达尔人满载着帝国的珍宝驶向非洲。宫殿、庙宇、私人宅邸、被主人和仆人遗弃的豪宅都是容易的目标，而"蛮族"并非唯一"光顾"这些地方的人。人的改变与局势的动荡导致了空间与财产逐渐被重新分配。事实上，罗马的遗迹并没有因为"蛮族"的到来而沦为废墟。376年，瓦伦斯（Valens）、格拉提安（Gratien）和瓦伦提尼安（Valentinien）颁布了一项法令，禁止用从遗迹拆卸下的大理石和普通石块建造新房[38]。458年，马约里安（Majorien）颁布了一项法令，要求行政长官奥勒利安（Aurélien）停止破坏活动。狄奥多里克（Théodoric）本人十分关心城市的古建筑氛围，他曾命人"维护

---

[1] 亚拉里克是西哥特国王。——译者注

古建筑原有的风貌,并规定新建筑的水平不得低于旧建筑,就像穿着同色的衣服才显得得体一样。同理,一座富丽堂皇的宫殿各个场所都必须美观"[39]。

正因为对古迹有如此强烈的兴趣,狄奥多里克在拉文纳的宫殿使用了罗马最漂亮的柱子和大理石来装饰。重新收集各种大小的雕像勉强可行,但掘墓和开棺就有点说不过去了。狄奥多里克颁布了关于财产充公的法律,适用范围甚至覆盖坟墓和陵寝这样的隐私场所:"任何地方无主的黄金可以被取走……拿走主人不稀罕丢失的东西并不是贪婪的行为。"[40]

就这样,掠夺的权力得到了保证,成千上万对房屋、庙宇、各类被遗弃建筑虎视眈眈的人们终于可以合法地采取行动。狄奥

图 1-25 拉文纳的圣阿波利奈尔新堂中展现的狄奥多里克宫殿景观的镶嵌画(公元 6 世纪)。特别喜好奢华建筑的狄奥多里克(455—526)用大量罗马雕像和古迹来装饰他的宫殿。

多里克的这则政令标志着一种心态的变化。公元5世纪，罗马帝国的衰落不仅在政治、经济和社会层面造成了影响，还给居民留下了大量的建筑遗产，土地的归属也查无实据。从教皇到国王再到农民，每个人都必须学会在一个充斥着已逝帝国遗迹的环境中生活。这种与过去的对抗并不只存在于西方。公元5世纪的拜占庭皇帝非常重视"寻宝"，他们甚至采取了一些税收上的措施，以确保将发现的财宝（尤其是钱币）纳入国库。他们试图染指这些资源，在某种程度上也是为了控制形形色色的盗墓贼，这些人在埃及的活动尤为猖獗。佛提乌（Photius，生活于9世纪）曾讲过这样一个故事："（一队人）去盗取一座希腊古墓的财宝。他们费尽力气，但终究一无所获，于是每个人就对自己身旁的人说：'如果我们不杀掉一条狗并吃掉它的肉，我们寻找的东西是不会出现的。'随后他们马上就开始行动了。"[41]盗墓者不仅触犯了人类法律，而且借助传统异教魔法的行为也触犯了天条：东方和西方的神职人员都尝试抑制对宝藏难以抗拒的渴望，而糟糕的经济和安全状况让这种渴望愈发强烈。

废墟中的文明？ 图尔的格雷戈里、圣鲁普雷希特和古罗马城市朱瓦乌姆的发现

到处都是防御工事的残垣断壁和艺术作品，在城市的中心还矗立着巨大的纪念碑。公元6、7世纪城市和乡村的面貌就像一件缩水的衣服，人们不得不面对那些已经老旧不堪但又无力维护的建筑。罗马帝国遗留下来的公共浴池、水渠、豪宅没能收获赞叹和惊讶，当时的居民既没有品位也没有闲心去思考这些设施的悠久历史。他们不得不对这些设施进行转移、改造，换取方便生活，

图1-26 13世纪手稿《大编年史》(*Chronica majora*)中描绘的圣爱斐巴勒(Saint Amphibalus)遗骸的发掘场景。工人们在圣奥尔本斯的罗伯特(Robert de Saint-Alban)的注视下进行挖掘。

而最常见的方法是将其直接拆掉。遗迹不仅是被摒弃的过去留下的痕迹，它也可以是功能性设施。根据不同情况，有些遗迹经过简单改造便可重拾实用性，另外一些只能作为必须耗费大量劳力才能清除的障碍。对于中世纪早期的人来说，他们与过去保持着延续的关系，并没有让日常生活与帝国遗迹绝缘，因为没有必要这么做。神职人员的想法也差不多，他们像城乡居民在地下寻找散落的碎片那样贪婪地在文献中寻找有价值的东西。在罗马总督的宫殿里居住的日耳曼首领，占用乡村废弃别墅的农民，拆掉大城市遗迹上的大理石来装饰自己宅邸的君主，收集柱子、雕像和石棺来装饰教堂和墓园的主教们，以及埋头图书馆、在不稳定的平静中寻找古代作家只言片语的神职人员，这些人有什么区别呢？在帝国遗迹的基础上打造新的生活环境需要一种物尽其用的艺术。这就是为什么公元6—7世纪，即加洛林文艺复兴之前的生活显得如此黯淡，为什么当时人们对过去的关注似乎更多出于功利而不是文化兴趣。然而，部分教士已经重回传统道路，图尔的格雷戈里（Grégoire de Tours）在他的著作《法兰克人史》中谈到了人们想要与古典文化保持联系的意愿。对教育颇为关心的希尔德里克（Childéric）曾下令重新编写那些被浮石抹去的古书[42]。

古时遗留下来的建筑遗迹就无法简单地用浮石清除了。君士坦丁大帝在位时期（公元4世纪）基督教成为国教，异教徒的庙宇沦为无主财产。公元382年，寺庙的财产被纳入国库；到了391年，狄奥多西一世下令禁止所有异教崇拜的仪式。基督教帝国并未过多强调摧毁古代信仰的象征物，而是将重心放在禁止异教徒的活动上。然而，传教士的道路漫长而充满荆棘，因为民众往往对这种强制改宗非常抵触。圣人的生活中充满了各类离奇的故事，让基督教的英雄与旧宗教的支持者产生对立。这里可以再次看出主教更关心改造而不是摧毁，正如公元6世纪格雷戈里大帝（Grégoire le Grand）所说："不要摧毁异教的庙宇，只需清除供奉的偶像。将圣水洒在纪念建筑物上，在里面竖起祭坛并放上圣物。"[43] 当时最需要做的不是归纳总结、研究分析或直抒胸臆，而是实现宗教的延续，即执着地用一种宗教取代另一种宗教，不过当时窘迫的状况无法实现对原有宗教设施的改造。在随处可见的那些保存完好的遗迹或纪念性建筑背后，隐藏着统治者、恶棍和修道士们对宝藏的共同渴望。例如

图1-27 公元4世纪的象牙双联画，表达了对音乐的敬意。11世纪时，这幅画被用作《欧坦教堂圣歌集》（Tropaire d'Autun）的封面。古罗马的双联画为古代艺术在中世纪的传播做出了巨大贡献。

教士卢皮奇努斯（Lupicinus）的故事就非常激动人心：

> 卢皮奇努斯教士由于为自己的修会倾注了大量资金而阮囊羞涩，上帝见状便向他透露了一处埋藏古代珍宝的地点。他独自前往该地并竭尽所能为修道院带回了大量财宝。[44]

这里有一位比尼禄更幸运的教士，他寻宝也确实是为了上帝的事业。当时那些德高望重的僧侣（圣徒）关心的不仅仅是异教的庙宇或埋藏在地下的宝藏，还有更大规模的遗址等待他们发现。例如圣鲁普雷希特（Saint Ruprecht）就在原罗马行省诺里库姆境内发现了朱瓦乌姆古城（今萨尔斯堡附近）：

> 他了解到在伊瓦鲁姆河附近有一个古称朱瓦乌姆的地方，那里曾经有许多了不起的建筑，但如今已沦为废墟，被

丛林湮没。这位教士闻言便动身前往现场亲自确认，最终证明传言非虚。他请求狄奥多西公爵（duc Théodose）允许他举行一次弥撒。以完成对此地的净化和圣化，随后通过打造一座美丽的圣堂开启重建。[45]

这则故事揭示了教会在公元6—7世纪取得的象征性成果，即确保对领域的掌控，并用基督教的标志去掩盖其他宗教曾经的辉煌印记。为了维护他们对领土的控制，主教或圣徒们必须懂得观测、定位和粗略地辨认"古代遗迹"。他们对过去本身没有丝毫兴趣，对遗迹或古物也并不好奇，只是单纯地希望净化世界上仍然根深蒂固的异教遗毒。虽然卢皮奇努斯教士或圣鲁普雷希特那个时代的人对过去的关注并不亚于西塞罗的朋友们或尼禄宫廷中的官员，但他们一点都不想去了解这些遗迹建造者的身份，只是为了击碎他们的信仰。

对过去的重塑和修复。查理曼大帝的教士们

中世纪前期的教士们完全有能力通过环境的研究完成历史的总结。从恺撒统治时期到奥罗修斯（Orose）生活的公元5世纪，历史学家们仍对阿莱西亚的遗址记忆犹新；大家都相信维钦托利（Vercingétorix）曾在这里向恺撒投降，但我们仍惊奇地发现，早在公元9世纪，欧塞尔主教和他那位大名鼎鼎的兄弟费里埃修道院院长卢普斯（Loup de Ferrières）已经开始寻找鲜为人知的高卢部落——曼杜比部落首都遗址。当时居住在富尔达的卢普斯在当地富裕的加洛林王朝修道院的图书馆中发现了《高卢战记》手稿，并立即将其转交给欧塞尔主教。正是基于这一发现，几年后欧塞

图1-28 查理曼大帝（742—814）骑马铜像。从斗篷的褶皱处理以及与罗马时期的马可·奥勒留（Marc Aurèle）骑马雕像的相似程度可以看出，这座雕像深受古代影响。马可·奥勒留的雕像经历了数个世纪仍矗立在地面上。

尔圣日耳曼修道院僧侣埃里克（Héric）提出，阿莱西亚可能就位于欧苏瓦山：

> 你也不例外，阿莱西亚，你的命运由恺撒的军队决定／我无法拒绝用诗篇将你颂赞／埃杜维人领土的守护者／残酷的战斗中恺撒将向你冲锋／纵然实力悬殊，罗马人仍勉强守住阵线／学习高卢的壮举／一支捍卫独立的军队／那座古老的堡垒只剩下残垣断壁。[46]

高卢的基督教化并不仅仅体现在教堂和修道院的建立或民众的皈依。教士们试图了解当地的历史，以便更好地融入大众广泛接受的传统之中。在加洛林王朝时期，他们有时也会不遗余力探

图 1-29 伊萨恩（Isarn）修道院长之墓（1060 年建造，现藏于马赛的圣维克多大教堂）。它是位于索略的一座高卢 - 罗马时期石棺的完美复制品。

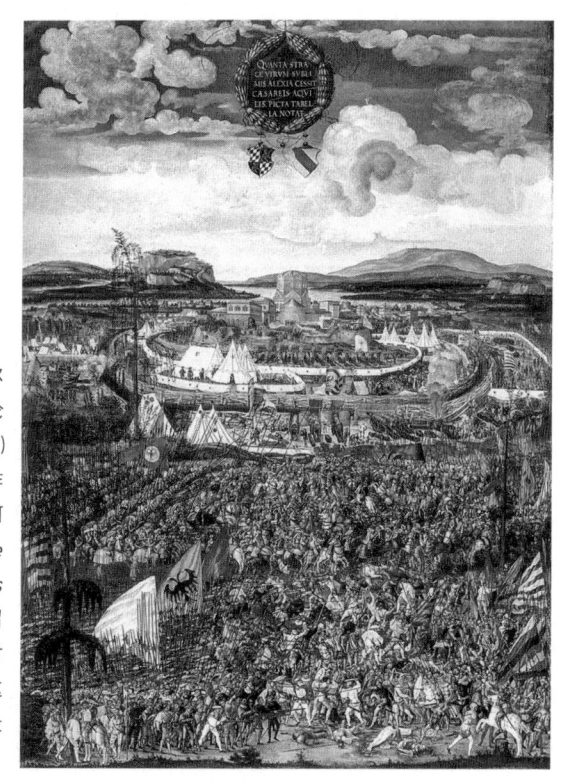

图 1-30 梅尔基奥·费斯伦（Melchior Feselen）1533 年的画作《被恺撒围困的阿莱西亚》（*Siège d'Alésia par Jules César*）。以恺撒留下的文本为素材杜撰的传说在这幅画中得到了最完美的呈现。

第一章 古代与中世纪的材料　　95

寻遥远的过去，好的教会不会阻止人们窥探历史。如果欧苏瓦山不是圣女皇神迹的发生地，卢普斯和埃里克为什么对它产生兴趣？公元866年，欧塞尔主教安排将这位女英雄的遗骸从欧苏瓦山的小教堂迁移至弗拉维尼修道院。这一事件的叙述者借此机会向我们介绍此地的历史：

> 为了让摧毁阿莱西亚的伟业不在历史长河中被遗忘，细心的读者会了解到悍勇的罗马皇帝尤利乌斯·恺撒在征服了整个高卢之后，建立了自己的阵营并巩固了君主制。他率领强军东征西讨，几乎让整片土地臣服于罗马的权威之下，正如他自己在《高卢战记》中描述的那样。高卢人策划了一个阴谋，让所有城市联合起来反对罗马人。恺撒通过大型军事行动和多场战役成功镇压了所有城市的叛乱……他将建筑推倒，确保城市被完全摧毁且在后来重建时也不能保留原有的风貌……那些被完全夷为平地的城市是更容易被重建的，实地看过的人都会得出如此结论。没有任何流传下来的史料能够告诉我们此后的重建工作是否由一位名不见经传的人开启，最终是否完工。[47]

叙述者沉迷于故事内容及其起因。对环境的描述促使他去探索时间线以及相关事件顺序和连续性。他的视角与细心的环境观测员无异，因为他参与了挖掘圣人遗体这个考古学性质的活动。即便在恺撒获胜后，该遗址也没有从历史中消失。他清楚地注意到有些高卢–罗马时期的遗迹是在围城战后修建的。他展现出的对遗迹的敏感性和观察的精准性，即使对比19世纪的同行们也不遑多让。

过去异教徒留下的遗迹和丧葬习俗确实给教士们带来了诸多困扰。公元866年，保加利亚国王米哈伊尔一世（Michel Ier）曾向教皇尼古拉询问是否可以为那些未皈依基督教的死者祈祷，教皇给出了否定的回答："不信奉基督教是一种罪过，因此不可能为那些不虔诚的死者祈祷。"教士们痴迷于根除古老的丧葬习俗，禁止将基督徒埋葬在异教徒的墓地附近。从中欧和斯堪的纳维亚地区的神职人员多次发出的警告中可以看出，这些习俗在短期内并未消失。古代和原史时期的存在感是通过坟冢和巨石展现。波兰考古学家已经注意到他们国家中世纪编年史和清单中坟陵出现的频率：越过山丘到异教徒的坟冢（*trans montem ad tumulos paganorum*），在巨人丘附近（*in tumulus gigantis*），在异教徒的坟墓附近（*ad tumbas paganorum*）。上述这些文字都清楚表明了考古遗迹在中世纪环境的描绘中所发挥的作用[48]。

如果神职人员和君主们对寻宝的热情逐渐转移到别处，那就说明有些事情已经发生了变化。在建立西方帝国的过程中，查理曼大帝与他的前辈们相比更倾向于将自己定义为伟大的罗马帝国继承人，而这种自负的态度确实会对文化产生影响。在重建帝国的过程中，皇帝得到了保罗执事（Paul Diacre）和阿尔琴（Alcuin）等宗教名士辅佐，新建或扩建了修道院，并重新在欧洲学术界仅存的几个伙伴之间牵线搭桥。第一次"文艺复兴"（此后还有多次）就是对古典传统的重新发掘。在最知名的修道院（博比奥、圣加仑、圣里基耶）里，古代作家们已然占据一席之地，与神父平起平坐。教长的时代到来了，其中费里埃修道院院长卢普斯就是下一代教长中最著名的一位。痴迷古物的查理曼向教皇阿德里安请

图1-31 布尔日圣于尔桑修道院龛楣上描绘的狩猎场景（公元12世纪）。古代的绘画主题重新出现在罗马式美术中。休伯特（J. Hubert）和克罗泽（R. Crozet）认定此狩猎场景与罗马圣吕德尔（Saint Ludre）墓（保存于代奥勒修道院地下墓穴）上的场景一模一样。

图1-32 韦兹莱圣玛达肋纳（Sainte-Madeleine）大教堂内侧大门上的异教徒祭牛图（公元12世纪）。这种与高卢－罗马时期浮雕上祭牛场景高度相似的图案，再次印证了古文化的影响。

98　征服过去：考古学的起源

求允许在罗马城进行挖掘，并搬取"大理石和柱子"用于装点亚琛和圣里基耶。用古代风格石棺来安葬当时的伟人的做法也流行一时。查理曼大帝本人的石棺上也刻有珀尔塞福涅葬礼的图案，虔诚者路易（Louis le Pieux）的石棺上描绘着法老的士兵在红海溺亡的场景[49]。除了寻宝和恢复昔日帝国的版图，人们开始对过去产生了新的兴趣：雕像、短石柱和石棺变成了装饰教堂的稀罕物；花瓶、珠宝和玉石浮雕在城堡和修道院的宝库中占有一席之地。到了10世纪，奥托王朝的皇帝们继承了被查理曼的后人逐渐摒弃的古罗马精神。当时是让异教资源有控回归的时代，就像《圣经》中米甸女人被剃掉的指甲和头发一样，这些资源只有在被清除且被神学论述严格限制后才是安全的。在圣加仑修道院，古代书籍被当作阅读材料存放在单独的图书馆里。此外，到了11世纪中叶，克吕尼修会规定，在索要异教书籍时必须用手指挠耳朵："就像狗用爪子挠耳朵一样，异教徒被认为与动物无异。"[50]

对神职人员来说，古典传统的知识魅力与普通人对财富的渴望一样强烈。由于古代文学广受欢迎，越来越多的人想要探寻希腊-罗马文化的源头。僧侣们在拉丁世界的各地游走。10—11世纪的大修道院院长（包括卢瓦尔河畔圣贝努瓦、克吕尼和圣但尼等地）都曾前往罗马朝圣，带回了关于古代遗迹的一手知识。此时最早的游记在意大利出现，亨利六世（Henri VI）的宰相奎尔富特的康拉德（Conrad of Querfurt）的书信便是代表，他在1194年游历并记录了许多景点，包括巴亚的浴场、那不勒斯的古迹、陶尔米纳的"弥诺陶洛斯迷宫"。同时在罗马旅行的拉瓦尔丹的伊尔德贝（Hildebert de Lavardin）被眼前建筑的数量、质量和多样性所震惊，仿佛淹没在古气的城市中：

第一章 古代与中世纪的材料

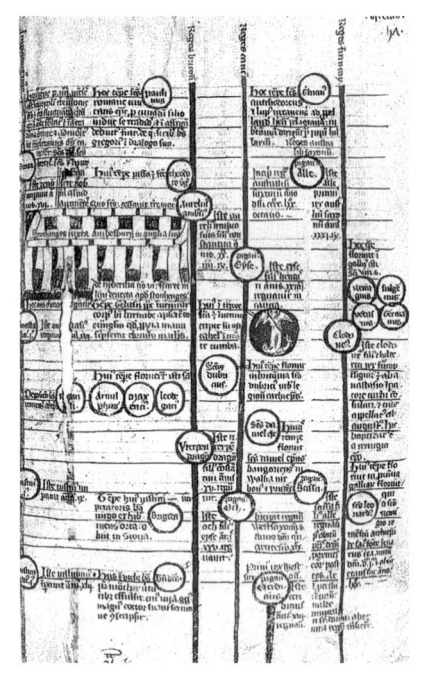

图 1-33 一份 14 世纪手稿中的巨石阵假想图。

这么多的遗迹仍然屹立不倒，同时这么多的遗迹在沦为废墟。古迹不是被重建就是被完全摧毁，这种现象发生在城市的每个角落。[51]

甚至在罗马，人们也越来越多地关注古代建筑物的保护。元老院于 1162 年颁布了关于保护图拉真柱的法律："只要这个世界仍在延续，我们就希望它完好无损……以任何方式试图破坏它的人都将被判处死刑，其财产将被充公。"[52]

城市在多年后（1363）也颁布了严禁摧毁古建筑的条款。公元 11—12 世纪，崇古之风在神职人员中盛行，这与对古罗马知识的深入认同、学术文化的发展以及对罗马技术尤其是建筑技术的崇拜有关。这里引用拉乌尔·格拉伯（Raoul Glaber）的说法，即千禧年前后，欧洲将身披"教会的白袍"，强烈的罗马复兴势头驱使几乎所有地方的世俗君主和教会成员都去研究这片土地。

学者和猎奇者并不是只对希腊和罗马古代遗迹感兴趣，这片土地上还留有其他的古代遗迹。我们从坎佩莱的一本1009年的契据集中得知，瓦纳主教的儿子鲁达勒（Rudalt）和孙子欧斯康（Orscand）向圣卡多修道院捐赠了土地。这片土地上有几个石碓（*aservum petrarum*），如今可以确认它们就是巨石文化的见证[53]。契据集的作者对倒下的石柱（*petra jacans*）和站立的石柱（*petra*

图1-34 君士坦丁大帝的母亲海伦纳（Hélène）主持了圣十字架的挖掘工作[16世纪手稿《黄金传说》(*La Légende dorée*)]。据说海伦纳在326年前往圣地的途中曾发现耶稣的十字架。根据圣安博（Saint Ambroise，330—397）的记载，"她发现了（写有基督名字的）十字架，她崇拜的是王，而不是像那些大逆不道和爱慕虚荣的异教徒一样喜欢那两块木板。她崇拜的是身体被钉在木头上、名字被镌刻在木板上的人"。需要掌握铭刻学的知识才能区分基督的十字架和盗墓者的赝品。

第一章 古代与中世纪的材料

stantiva）做了区分。当然由于遗迹位于野外，资料中仅留下了地形测量方面的描述，没有任何评论。不过这可能是最早提到布列塔尼巨石的文学作品。虽然这种记录在中世纪的文献中不十分常见，但并非绝无仅有。11世纪末，勒东的一本契据集中记录了特艾吉耶村有大石块（*lapides quaedam ingantes*）[54]。神职人员和法务人员同样关注高卢–罗马的遗迹。在阿德尔的朗贝尔（Lambert d'Ardres）撰写的编年史（11世纪末）中就提到在城北部"仍可以

图1-35　15世纪手稿《远渡重洋》(*Passage outre mer*)中描绘的发现圣枪的场景。寻找刺穿耶稣肋部的圣枪与发现圣十字的传统总是联系在一起。在十字军东征的路上，基督教君主们在安条克发现了圣枪。

找到异教徒的痕迹,包括红色的瓦片、红色花瓶和小玻璃瓶的碎片,如今已经在那里发现了一条碎石小道和一条大石铺设的路。"[55] 训练有素的土地测量员和一丝不苟的公证员不会放过环境中隐藏的蛛丝马迹,但他们都不会考虑对此类发现发表评论。

1104年成为琅城教区库西的诺让圣母院院长,卒于1124年的吉贝尔·德·诺让(Guibert de Nogent)提出了截然不同的观点。他在自传中写道:

> 这个地方被称作诺让。作为世俗建筑,这里很久以前就有人居住,而作为修道院使用的时间并不长。尽管缺乏书面证据,但不符合基督教精神和常规的墓葬布局足以支撑我的观点。教堂周围和内部在古代就已经聚集了不少石棺,如此众多的尸体堆积在这里,说明此地名气很大,备受追捧。墓葬采用了和我们完全不同的布局,墓碑呈环形围绕在一座坟墓周围,此外还发现了一些似乎不符合基督教时代用途的花瓶。对此只能给出如下解释:这些坟墓中埋葬的要么是异教徒,要么就是很久以前按异教习俗安葬的基督徒。[56]

吉贝尔此处描绘的可能是一处墨洛温王朝的墓葬。这里可以惊奇地看到他的仔细思考和描述与斯特拉波笔下恺撒的士兵发现科林斯古墓时的情形是多么相似:面对突然出现、难以确定年份、难以解读的远古实物,人们表现出相似的惊奇。

在古代和中世纪人们的眼中,深埋地下的东西并不是历史的潜在源泉之一。当古物被发现,或人们意识到遗迹的古代内涵(这些情况都是偶然发生)时,现在与过去间的密封隔板上就被划开

图 1-36 15 世纪手稿《圣于贝尔的传说》（*Légende de saint Hubert*）中描绘的挖掘圣骨的场景。被挖掘出来的圣骨被小心翼翼地放到祭坛上。这一发现归功于查理曼大帝。

了一道口。古代的学者们并非没有能力对破土而出的遗迹进行观察和评论，而是当时的研究方法并不包含这种操作。与希腊人和罗马人一样，中世纪的人们也会出于寻找宝藏或圣物这样的传统目的进行挖掘。观察者必须具有历史眼光，才能将出土古物认定为历史标志，这样的情况在中世纪甚至比古代更加罕见。

挖掘过去。在格拉斯顿伯里发现亚瑟王之墓

自查理曼大帝之后，可能直到 12 世纪才再一次出现对西方的过去进行系统性思考的尝试。但那时已不再属于帝国历史的范畴了。相反，在罗马人和法兰克人接受了自己是特洛伊人后代的说法后，随着杰弗里·德·蒙茅斯（Geoffrey de Monmouth）的著作《不列颠诸王史》（*Historia Regum Britanniae*）的出现，英格

兰王国也加入了这一阵营。这本书是仿照一本非常古老的英国编年史（*Vetustissimus liber*）撰写的，通过与特洛伊人建立联系而让英国人在长时段（longue durée）中找到自己的位置。即使蒙茅斯的书因其内容极端且虚构成分太多立即招致了批评，但还是在未来很长一段时间里影响了英国的历史学者们。当时的诺曼底君主们也会寻找他们的撒克逊、凯尔特和特洛伊祖先。当时最著名的事件是在格拉斯顿伯里发现了亚瑟王和关妮薇（Guenièvre）王后的墓。根据威尔士史学家杰拉德·德·巴利（Giraud de Barri）的记载[57]，1191年，著名的格拉斯顿伯里修道院的僧侣们正在重建这座在1184年毁于火灾的圣殿，当时他们发现了一个魁梧奇伟的男性和一位女性的坟墓，旁边的十字架上写着："著名的亚瑟王和他的第二任妻子关妮薇长眠于此——阿瓦隆岛。"当时似乎真的实施了挖掘工作，正如肯德里克（Kendrick）所言，这一发现带来了一种真实感："亚瑟王与阿尔弗雷德大帝和征服者威廉一样是真实存在的。"[58] 几乎在同时（1191），英王理查一世（Richard I）将著名的"王者之剑"送给了西西里国王坦克雷迪（Tancrède

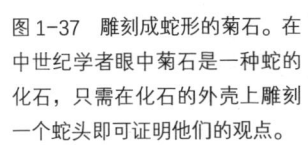

图1-37 雕刻成蛇形的菊石。在中世纪学者眼中菊石是一种蛇的化石，只需在化石的外壳上雕刻一个蛇头即可证明他们的观点。

de Sicile）[59]，传说变成了现实，代表过去最珍贵的标志变成了看得见、摸得着，还可以互赠的实物。

格拉斯顿伯里并不是唯一激起考古学兴趣的中世纪修道院。根据马修·帕里斯（Matthew Pâris）所著的编年史，位于古罗马城市的维鲁拉姆修道院的修士们早在11世纪初就开始了挖掘工作。修道院院长埃尔德雷德（Aeldred）开始进行系统性挖掘。根据马修·帕里斯的说法，这么做是为了保护修道院免受盗贼侵扰，并对不稳定的河道加以控制。修士们将河床填平，并将瓦片和石头妥善保存，用于日后教堂的建设。埃尔德雷德提议将该地规划成一座采石场，为建造新的圣堂提供原材料。在挖掘过程中，他发现了贝壳和船只的残骸，证明这里曾经是一片汪洋。值得一提的是，他发现了一个巨大的洞穴，可能是蛇的巢穴。他认为自己为后世留下了不朽的印记。自然主义的细致观察与超自然的古典题材在此结合。虔诚的修道院院长可能挖掘出了坟陵的通道或墓

图1-38 画中的前景描绘了亚瑟王的佩剑"王者之剑"沉入水中（14世纪手稿）。

室，不过他认为这似乎是一条巨蛇的巢穴。他没有破坏现场，似乎想留给后人评判这一发现。埃尔德雷德院长的继任者艾尔默（Elmer）在城市的一座建筑内继续进行挖掘工作，并发现了一处藏书库，一位僧侣认定这些是古代布列塔尼人的圣书，包括一本拉丁文撰写的关于圣奥尔本斯的书。僧侣们烧掉了异教书籍，但抄写下了那本圣人生平。转抄工作完成后，它便被扔到角落无人问津。

对圣奥尔本斯生平的转抄内容必须谨慎看待，应采取类似破译阿尔克墨涅墓或克诺索斯石板时的态度，但这项发现确实值得关注。这些手稿是纸草书卷（竖直展开的卷轴）吗？总而言之，圣奥尔本斯的生平可能只是一个"虔诚的骗局"，目的是为该发现平添宗教色彩。马修·帕里斯的文章在最后描述了城市地区挖掘的情况：柱子、瓦片和石块，院长对发现的一切都感到好奇。在继续挖掘的过程中又发现了罐、双耳尖底瓮、玻璃瓶、香灰，总之他断定这是一处异教徒墓地的遗迹。种类繁多的发现物结合马修·帕里斯精准而又富有想象力的叙述，让这次发现成了中世纪考古学实践的典范。此处著名遗址一直存留在英国考古学界的记忆中：弗朗西斯·培根被詹姆斯一世封为维鲁拉姆勋爵（Lord Verulam），莫蒂默·惠勒（Mortimer Wheeler）将该遗址选为当代英国最重要的考古挖掘训练场地。

11—12世纪古迹和古物的发现大幅增加，本质上来看这并不令人惊讶。新的建筑工程需要对场地进行挖掘，更何况一旁还有细心的神职人员监督着泥瓦匠和承建人的活动。莫城的主教执事博韦的弗科瓦（Foulcoie de Beauvais）以类似诗句的方式为我们留下了一篇关于在莫城"异教神庙"遗址上的发现的评论：

城中有面墙见证了废墟，时光荏苒，但名字永存。老农民说这是玛尔斯（Mars）神庙，直到今天，你这个农民仍然将这些石头称作玛尔斯神庙。你也不知道这个名字从何而来。出土的物品证明了这个名字的来历。农民在废墟旁耕地时发现了一尊雕像，栩栩如生。还有一个雕刻的头像，与任何人、动物和人造物都不相像。一张骇人的面容，散发着可怕的光芒，是恐怖的代名词。他的笑容、凶恶的嘴、诡异的狰狞，原本契合的风格却通过扭曲的外貌呈现。在我参观现场之前，这尊雕像的图画就送到了我面前，这样我就可以确定它代表什么，被谁而做，为谁而做。听到当地人对此地的奇怪称呼后，我看了看头像，地名和恐怖头像本身就给了我们提示，再清楚不过。这个地方是玛尔斯的庙宇，这是异教徒玛尔斯的头，他曾被错误地视为神。据我推断，在邪教盛行的旧时代，神祇诞生于恐惧。这样的神无法令人信服，只能通过人手的塑造和石刻为媒介才能存在，事实就是这样。口、眼、手、足、耳都不能动。艺术只能实现形似，无法将塑造的对象带到现实。上帝不是被造的，因为上帝创造了一切。他是被创造的玛尔斯，所以他不是上帝；如果他不是上帝，他就不应该被尊崇。[60]

令人尊敬的主教执事被这个破土而出的奇怪艺术品深深吸引，认为它完美地体现了偶像崇拜中的可憎形象。在发展基督教护教论的经典主题，反对无用假神的同时，弗科瓦仿佛被雕像散发出的异样光芒所吸引。圣像在宗教信仰中的作用是当时神学的辩论点之一。如何丑化异教徒的圣像并接受基督教的圣像？如何

图 1-39　圣西尔韦斯特（Saint Sylvestre）生平中的场景［玛索·迪·巴柯（Maso di Banco）绘于佛罗伦萨圣十字圣殿巴尔第小圣堂的湿壁画，约 1336 年］。画中的圣西尔韦斯特复活了两个术士：这一幕应该发生在君士坦丁大帝统治时期，但广场在当时已是一片废墟……在古城遗迹中央，圣人在教皇、君士坦丁及其随从的注视下完成了神迹。画中基督教罗马的红砖与古罗马的白色大理石形成对比。

在对圣像禁止和需求之间寻求一种妥协？无数教会成员会用圣像将教堂装饰得富丽堂皇，甚至不惜回收异教圣像并将其易容为基督教的崇拜对象。弗科瓦的抨击让人想到了圣杰罗姆（Saint Jérôme）："各民族崇拜的神祇如今被晾在神龛中，与猫头鹰和夜行鸟一起生活。镀金的神殿在尘土中摇摇欲坠，罗马的所有寺庙都布满蜘蛛网。"[61]

这种对基督教的嘲讽让人联想到琉善（Lucien）嘲笑那些选择生活在奥林匹斯山上诸神像中的蝙蝠和老鼠。异教徒的圣像是古代最难以禁止、最危险的诱惑。通过谴责甚至摧毁异教徒的圣像，教士不仅履行了对神学教规的尊重，还可以很方便地将部分

第一章　古代与中世纪的材料　　109

图1-40 保存于孔克圣富瓦教堂的圣骨盒雕像。这座雕像是由包裹金片的木芯制成的。头像的年代可以追溯到4世纪，是参照一位罗马皇帝的脸雕刻而成。雕像在11世纪的罗马式教堂中的重要位置提醒人们关注古代遗迹。

古代遗产妖魔化，以便重新或以更好的方式利用其他的部分：宝物、柱头和建材在千禧年后不仅被教会接受，而且受到热情的甚至疯狂的追捧。弗科瓦不仅是一位改变对古迹的态度的神职人员，他的诗歌还反映出中世纪文化和古代之间的纽带中隐藏的深刻矛盾。没有古代文化，就不可能产生基督教文化；同时，基督教在形成的过程中也必须做出选择，艰难地与希腊-罗马遗产一刀两断。欣赏雕像的危险性甚至不亚于读一些拙劣的书籍：弗科瓦必须与自己崇古的品位做斗争。

在广大民众，尤其是农民眼中，神职人员具有渊博的学识和敏锐的洞察力，能够对出土的物品进行解读并推测其年代，同时可以将发现物与口口相传的传统联系起来，完成直接和间接资料的比较。弗科瓦的独特风格使他的论证变得特别，但他并不是唯一能做到这一点的人。同时期的哈维堡的安瑟姆（Anselm of Havelberg）就对兰斯的罗马城墙进行了精准的描述，《图尔奈编年史》（*Chroniques de Tournai*）中也提到了城中的古代墓地，其规模堪比拉昂和兰斯的墓地。这些文献与吉贝尔·德·诺让或马修·帕里斯笔下的论述都表现出当时人们对古物的感觉以及对考古学的天真但执着的兴趣。至于圣但尼那位了不起的修道院院长叙热（Suger），则梦想在罗马进行挖掘，用发现物来充实他的修道院。

崇古之风让教会的人头疼不已，为了平息良心上的不安，他们发明了一种特殊的祈祷方式，给挖掘中发现的异教器皿披上基督教的外衣："对在古代遗迹中发现的器皿的祈祷。无所不能和永恒的上帝，接受我们的祈祷。请用您的强大力量净化这些用异教

图1-41 原穆瓦萨克修道院（11—12世纪）的石雕上的图案直接借鉴了罗马时期科尔托纳石棺上部的图案。到了15世纪，这个描绘半人马和拉庇泰人争斗的图案又为多纳泰罗（Donatello）和布鲁内莱斯基（Brunelleschi）提供了灵感。

技巧制作的器皿，让它们摆脱腐败和堕落，在和平安宁时为您的仆人，为我们的主耶稣基督所用。"[62] 自关于挖掘出的古代陶器被纳入教会的日常教规开始，它们就在人们的意识中占据了一个明确且被认可的位置。城墙、防御工事、珍宝、艺术品，甚至简陋的丧葬品，古代的痕迹在充满好奇心之人的眼里简直无处不在。公证员、土地测量员、修道院院长、君主和犁地的普通农民，在面对不可见但可感知的过去时没人不感到焦虑。那些经验丰富的大师们通过耐心的工作，能够把纪念性建筑、古物甚至细微的痕迹转换成可以读懂的符号，或至少给出片面的解释。正如让·阿德马尔（Jean Adhémar）所强调的："从7世纪到11世纪的五百年间，有些僧侣、教士和国王曾毫不犹豫地表示自己被古典时期的纪念建筑物、雕像、艺术作品的宏伟和美丽所震撼。"[63]

从对器皿的祈祷中可以看出，人们对古物的关注并不局限于艺术品，而是出土的一切。在墨洛温王朝时，人们将古迹无情摧毁；而到了中世纪，人们学会了将它们驯化、利用和吸收，找到了将它们融入日常生活的方法。萨尔瓦多·塞提斯（Salvatore Settis）展示了在摩德纳、比萨甚至阿尔勒，11和12世纪建造的宗教建筑所采用的艺术风格在很大程度上参考了古罗马的样板。人们不再满足于清理和修复遗迹，而是试图从建筑学和造型方面对其加以利用。君主们采取各种手段努力让古风延续到中世纪世界，腓特烈二世皇帝就是其中的完美代表。他倾向于把自己视为帝国的创始人奥古斯都的继承人，而不是先帝的继任者。他还打造了名为"奥古斯塔里斯"（augustales）的金币，金币上的他与恺撒的形象十分相似。他在卡普阿建造了一座罗马风格的凯旋门，同时他十分热衷于收集找寻到的所有古代物品。在西西里岛的奥古斯塔镇，他甚至委托专人负责挖掘"最有可能有大量发现的地方"[64]。

古罗马器皿最让中世纪的人们着迷，17世纪作家阿雷佐的雷斯托罗（Ristoro d'Arezzo）讲述的一个精彩例子印证了这一点："我能够从这些器皿中获得一个小碗，上面的浮雕装饰是如此自然和精妙，以至于鉴赏家们一看到它便情不自禁地开始像傻子一样肆意尖叫。而那些对古物一无所知的人只想将它打碎后扔掉。"[65]（事实上，阿雷佐是罗马印纹红釉陶器最著名的产地之一。）相对于恺撒的士兵对科林斯花瓶的欣赏，雷斯托罗那个时代的人们对阿雷佐器皿的欣赏有过之而无不及。罗伯托·魏斯（Roberto Weiss）从中发现了一种品位的转变，人们外露的艺术情感与前几个世纪的庄重形成鲜明对比。13世纪对古代艺术的敏感性预示着文艺复兴的"先驱"们也会对古代拥有类似的情感。

文艺复兴的"先驱"面对古代的遗忘。北欧和罗马遗迹的大规模破坏。意大利的先驱：彼特拉克与薄伽丘

阿雷佐的雷斯托罗的叙述似乎与意大利艺术史上的一个重大事件，即尼古拉·皮萨诺（Nicola Pisano）于1260年完成比萨大教堂洗礼堂的建造有关。作品本身的诸多细节体现了一种独特的品位。圣母的形象与古代石棺上的淮德拉（Phèdre）相似，士兵们也穿着古罗马军团服装而非13世纪的军装。基督和他的随从没有光环，这是早期基督徒的表现方式。总之这是一件以古代艺术为创作模板的作品。彼时的意大利文艺界正经历动荡，与让·阿德马尔这样知识渊博、消息灵通的人在法国观察到的情况形成鲜明对比：

对古物的热情正在褪去。编年史家们停止了对城中古罗马纪念碑或古代雕塑的赞美,收藏家们不再找寻古代艺术品,艺术家们也不再关心大理石浮雕和执政官的二联画……。到了 13 世纪初,古典学者已销声匿迹,古典研究也几乎从教会学校中消失,神职人员的好奇心已被更强烈的信仰要求所抑制。[66]

意大利的复古运动逐渐开启,此时其他欧洲国家似乎对古希腊-罗马历史的兴趣正在锐减。这种反差不会无缘无故存在:公元 10—11 世纪,蛮族入侵者终被纳入古典历史。英国人和法兰克人坚称自己是特洛伊人的后代,一些学者甚至在相关的文献中加入了零星的犹太人历史。1184 年的一场大火烧毁了格拉斯顿伯里的修道院,借此机会,僧侣们不仅捏造出亚瑟和关妮薇的尸体,还宣称亚利马太的圣约瑟(saint Joseph of d'Arimathie)在公元 63 年曾来到并被安葬在格拉斯顿伯里。两束传奇的光芒在格拉斯顿伯里闪耀,中世纪史诗与教会的历史相互交织。这样的历史短路肯定会产生影响,时间上的混乱让民众和一些神职人员对周边事物有了不同的观察,与延续自加洛林时代的方式已有所区别。人们不再邀请教会的教父们解释周围的环境和散落的废墟。而且这些事物已经都不再拥有墨洛温时代的新鲜感或成就感。随着时间的推移,人们开始分不清罗马人和查理曼大帝,希腊-罗马诸神也与武功歌中的伊斯兰恶魔混为一谈。游走各地的行吟诗人不自觉地改变人们对过去的印象。罗兰的塔楼、矮子丕平(Pépin le Bref)的宫殿、加讷隆(Ganelon)的门取代了剧院、圆形剧场、寺庙。到了 13 世纪中叶,所有废墟基本上都被描绘成撒拉逊式:

图 1-42 讲述淮德拉和希波吕忒（Hippolyte）故事的古代石棺。1076 年洛林的贝阿特丽斯（Béatrice de Lorraine）被安葬时，这口石棺作为装饰物被安放到了比萨大教堂。

在群众的脑海中，只有十字军东征而不再有日耳曼人入侵，阿波罗也成为伊斯兰世界的神。由于当时城市的扩张，古罗马的遗迹也遭到了前所未有的破坏。编年史中对特里尔的圆形剧场、普瓦捷的城墙、尼姆和勒芒的竞技场被大规模拆除的情况已有记载。古迹经历了这些严酷甚至是毁灭性的劫难。农业和城市环境开始经历深刻的演化，各地区历史的概念也随之改变。

北欧和中欧曾一度遗弃古代历史，而南方的阿维尼翁、罗马和一些意大利城镇的人们则传承了古代历史的火炬。1283 年，帕多瓦法官洛瓦托·洛瓦蒂（Lovato Lovati）将挖掘出的一副巨大的骨架认定为传说中的城市缔造者安忒诺耳（Anténor）的遗体[67]。如果这一事件没有重新引起人们对古罗马的兴趣，那它的意义就不大。这件事与其说关乎罗马帝国的历史，不如说更贴近于意大

图1-43 尼古拉·皮萨诺于1260年完成的比萨洗礼堂讲道台详图,包括耶稣受难像和耶稣诞生。在古罗马艺术的启发下,尼古拉·皮萨诺用这些浮雕创造了一种新的建筑类型,利用对过去的认识进行雕塑创作:洛林的贝阿特丽斯石棺上的淮德拉成为尼古拉·皮萨诺的缪斯。

116　征服过去:考古学的起源

利各个城市的地区历史，相关城市还可以在意大利范围内收获一些名望。也许在40年后帕多瓦的第二次偶然发现中可以更加看清这一现象，这次发现吸引了学者们的注意。一块墓碑上的铭文中了提到了蒂托-李维（Tite-Live）的名字，学者们立刻为自己亲手触摸到这位著名历史学家的墓碑而激动不已。即便这只是一位与伟人毫无关系的无名之辈也没关系。学术界越来越深刻地认识到，收集和破译碑文可以成为一项真正的历史性工作。

帕多瓦的学者们都投入古罗马史的撰写中，这股风很快就吹到了维罗纳。虽然他们所做的只是编纂和辑录的工作，但有的作品中也包含了令人意想不到的奇闻逸事。在维罗纳学者乔瓦尼·芒雄阿里奥（Giovanni Mansonario）的一份手稿的空白处，绘有一张罗马竞技场的平面图和一些古罗马货币图案，这在考古学史上是前所未有的[68]。意大利人对古代历史和地方历史有着特殊的兴趣，该领域的大师和领路人便是彼特拉克。作为蒂托-李维和西塞罗作品最著名的编辑者，他对古罗马遗迹的钟爱还为古城的发掘指明了方向。在彼特拉克看来，罗马作为古代世界的中心是一个必须参观的地方，而且古代作者的书籍也必须品读。这是区分中世纪对废墟的看法与文艺复兴时期的教诲的决定性一步。要了解城市面貌就必须阅读古代作家文章，盲目地追寻朝圣者的"奇遇"是不够的。必须接受这样的事实：采用正确的角度看待罗马，它不仅是彼特拉克细致描绘的中世纪城市，还是被时间摧毁的帝国城市。必须承认现在与过去之间存在隔阂，而古代应被作为一个历史对象来对待。遗址的研究必须借助现场参观、铭文和钱币来完成。彼特拉克的时代，钱币学方面也有了新的突破，人们不再是简单地收集古钱，而是对其进行全方位解释。

第一章 古代与中世纪的材料 117

图 1-44　西吉斯蒙德·迈斯特林（Sigismond Meisterlin）所著《奥格斯堡编年史》（*Chronique d'Augsbourg*，1522）中描绘奥格斯堡市的建立的插图。此图和本书第 120 页中的两幅图展现了德国古典主义者西吉斯蒙德·迈斯特林的作品集中的一些情节：这个场景中的原始人生活在山洞和小屋中。

118　征服过去：考古学的起源

修昔底德的政治主张也在重新发现和评估的过程中发挥一定作用。比彼特拉克更加激进的护民官柯拉（Cola di Rienzo）甚至想要重建一个独立的罗马城。1346年，罗马独裁者在拉特朗圣若望大殿发现了韦斯巴芗（Vespasien）的《令权法》(*Lex de Imperio*)。他立即对文献进行了破译，并确立了民贵君轻的思想。结果，这篇呼吁罗马政治独立的文章被贴在了教堂的墙壁上。1347年5月20日，柯拉组织了一场仪式，这是一场名副其实的政治会议，其间他大声朗读了这篇文章，随后发表了自己的评论，意图可想而知。

这些事件向罗马人民证明，石头经过审问也是可以说话的。此后不久，在安茹王朝时期的那不勒斯宫廷中，又出现了另一个支持回归古典时代的人物——薄伽丘，其影响力不逊于彼特拉克。相比彼特拉克，薄伽丘对碑铭学更感兴趣，他的希腊语知识也让他成为文艺复兴的先驱者[69]。薄伽丘的贡献[70]体现在对古迹的批判性评价上，且拒绝使用神话传说的内容来识别饱受遗忘、破坏和被中世纪学者们含混不清的热情所摧残的古迹。彼特拉克和薄伽丘倾向于采取批判性的方法研究文献，这标志着一个新时代的开始。佛罗伦萨医生乔瓦尼·董迪（Giovanni Dondi）是意大利最大胆的创新者之一。董迪将对文献的兴趣和对基于实地测量的精准描述结合在一起，这让他成为文艺复兴时期最早的旅行学者之一。作为维特鲁威信徒和专家，他试图通过将参观过的古迹与罗马建筑样式比较，进行建筑学层面的描述[71]。

14—15世纪的意大利学者准备沿着古典主义者铺陈的道路复兴古代文化，这种趋势并不局限在纯粹的文学层面，甚至不止于对某些艺术形式的重新发现。他们为史学史这种新的知识理论奠

图 1-45 薄伽丘（1313—1375）将他的作品交给那不勒斯的乔瓦尼，薄伽丘的知己彼特拉克（1304—1374）在他的桌子前写作（15世纪的手稿）。这两位 14 世纪的大师是研究古典主义知识的大理论家，也是文艺复兴的先驱。

定了最初的基础：对资料的批判性评估，即修复古代文献并对文献和建筑遗迹进行系统性比较。因此，他们重新意识到像瓦罗那样有序地整理古代知识是多么的必要。碑铭学、钱币学和历史地形学逐渐与文献研究一道被纳入古物学家的知识范畴。安科纳的西里亚库斯（Cyriaque d'Ancône）就是一位通晓这些知识的古物学家，他生于1391年，卒于1454年，是求知若渴的意大利商业中产阶级的完美代表。从1423年直到去世前，西里亚库斯一直在访问地中海地区的诸多考古遗址，孜孜不倦地抄写铭文并绘制遗迹。他与拜占庭的皇帝和苏丹穆罕默德二世（曾担任其秘书）都能融洽相处，他敦本务实的精神和精准描述景观和建筑的意愿，在很大程度上促进了古典主义考古学的发展。除了自身非凡的人生经历外，他还通过使用全新方法分析古代建筑让自己名扬天下。他是自瓦罗以来最早对史料真实性提出质疑的人之一。纪念性建筑、钱币、铭文都是"历史的封印"（*sigilla historiarum*），像密封书信一般将历史尘封。如果纪念性建筑的真实性（*fides*）和知识性（*noticia*）比书稿更强，传统就会被动摇，几个世纪以来被广泛接受的一些做法就会遭受残酷的批评。

　　来自意大利的批史、批古之风也影响到了德国。同时，与安科纳的西里亚库斯同时代的德国学者西吉斯蒙德·迈斯特林当时专注于研究德国城市的历史起源。自由城市为了抵制来自神圣罗马帝国强大封建势力的压力而发起了大规模确证运动（mouvement d'affirmation），而他的作品也在运动中被频繁使用。迈斯特林的《奥格斯堡编年史》是最早的地方史著作之一，书中包含对拉丁文铭文和古物的研究。他手稿的插图由当时著名的画师埃克托·穆里赫（Hektor Mülich）绘制，其中最早的穴居人形象吸引了我们的注意：这说明对认知过去的渴望并没有被古希腊、古罗马历史所局限。作为恩尼亚·席维欧·皮可洛米尼［Enea Silvio Piccolomini，即后来的教皇庇护二世（Pie II）］朋友的迈斯特林前往意大利寻找与古代的直接联系。他是众多学者中第一个将意大利的古典主义研究方法应用于本国历史的学者。

可惜的是，关于古物史上这一时期的资料最终还是石沉大海。无论这是一场学术上的意外还是历史上的不幸，西里亚库斯的大部分作品都下落不明，与此前瓦罗的作品一样遭遇了相同的命运。当然，我们仍可以从他的拉丁文铭文库中残存的不少文献中了解情况。但现实依旧残酷：瓦罗、安科纳的西里亚库斯和接下来要看到的佩雷斯克（Peiresc），这三位出于古代研究核心的大师的作品都已散失或被毁。古物研究并没有遭遇诅咒，但这些被撕碎和破坏的文献却在向我们暗示时间对传统的影响。

从遥远的爱奥尼亚的哲学家到文艺复兴时期的学者，从希罗多德到安科纳的西里亚库斯，一条微妙的线将古物学家们联系在一起。希罗多德和所有希腊人一样，把特洛伊战争视为历史的起点。面对伊利昂（Ilion）的废墟，君士坦丁堡的征服者穆罕默德二世忍不住要亲自上一堂历史课。根据希腊编年史家伊姆布罗斯的克立托波洛斯（Kritoboulos d'Imbros）的记载：

到达伊利昂后，苏丹考察了特洛伊古城的遗迹，包括这片土地的面积、状态和其他优势，以及它相对于海洋和大陆的有利位置。然后他参观了英雄们（我指的是阿喀琉斯、埃阿斯等）的坟墓；他赞颂他们的英明和功绩，并找到诗人荷马来为他们歌功颂德。然后据说他点点头，边说了这些话：

122　征服过去：考古学的起源

图 1-46 波爱修斯（Boèce，480—524）的《哲学的慰藉》（Consolation de la philosophie）一书中描绘的发现宝藏场景的插图（1477 年法国手稿）。埋葬和发现地下的宝藏成为道德寓言的主题。哲学女神向波爱修斯展示财宝边站立的法官是不义之财的化身。下方有人在地上挖了一个洞。

"上帝指定我来帮助这个城市和它的人民复仇,我已经驯服了他们的敌人,夷平了他们的城市,夺取了他们的财富。事实上,希腊人、马其顿人、色萨利人和伯罗奔尼撒人在古代蹂躏过这座城市,在这么多年后我向他们的后代追讨了当年以及后来屡次对我们亚洲人民实施'大逆不道的行为'所犯下的罪行。"[72]

苏丹的这堂历史课的价值仍待商榷,但一位与安科纳的西里亚库斯相熟悉,且点评过希腊语和拉丁语的人肯定对人文主义的萌芽有点儿兴趣。此外,他的宿敌恩尼亚·席维欧·皮可洛米尼

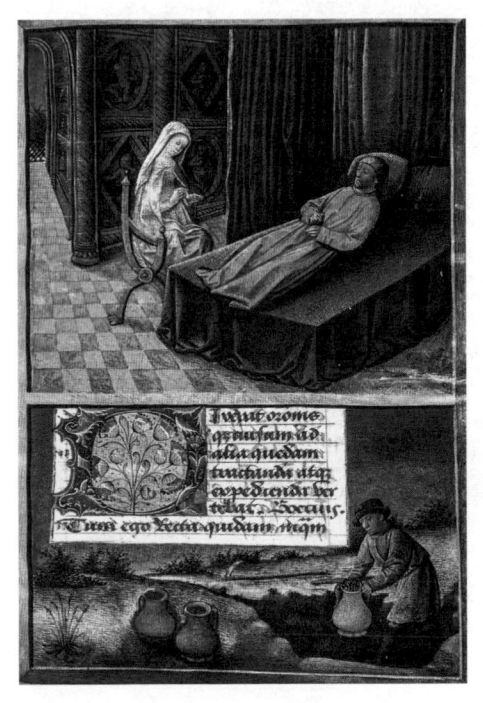

图 1-47 同时代的手稿中的另一幅插画,应该是同一位画师所作。画中哲学女神和波爱修斯为主要人物。下图中一个农民放下了犁地的锄头,双手拿着一个装满金币的罐子。还有两个罐子在坑的旁边。这是一个关于巧合的寓言:如果农夫没有犁田或者主人没有将他的财宝埋在那里,就不会有如此发现。

124　征服过去:考古学的起源

被神圣罗马帝国皇帝邀请去对齐聚法兰克福商讨拜占庭沦陷问题的德国亲王们进行演讲。在惊愕的听众面前，他呼吁日耳曼民族取得军事优势：

> 你们是伟大的、好战的、强大和幸运的，你们是天选的德国人，上帝允许你们开疆扩土，并给予你们高于所有凡人的荣誉，去面对强大的罗马。你们的祖先是如此勇敢和强大，时刻谨记他们的伟大事迹，看看你们的父辈多少次率领强大的军队翻过阿尔卑斯山，来到意大利。[73]

皮可洛米尼对拉丁文献中关于日耳曼人的记述十分了解，凭借这一点，他首次在中世纪学者们的脑海中唤醒了关于日耳曼尼亚的记忆。这个意大利人提醒自己的听众："你们是日耳曼人，不要称自己为条顿人。"[74] 通过描述他们过去在战场上取得的所有荣耀，他重现了奥古斯都所痛悼的瓦卢斯（Varus）军团的壮举，并为后来由于意大利人发现塔西佗而打下德意志古代史的基石奠定了基础。1458 年，他为了回应德国人对罗马的批评，将上述主题的内容进行了扩展。在新的演讲中，他不仅参考了塔西佗的资料，还采用了与这位历史学家的著作同样的标题以表达敬意：皮可洛米尼的《日耳曼尼亚》于 1496 年与塔西佗的著作一同在莱比锡发表，德国文艺复兴人文主义者对此充满好奇。在整个地中海区域，历史俨然已成为政治工具。按照克立托波洛斯的说法，连苏丹都想认特洛伊人为祖先，就像皇帝希望成为古日耳曼人的后裔一样。然而在皮可洛米尼眼中，土耳其人不是特洛伊人，那些刚刚烧毁君士坦丁堡的暴徒不仅是信仰的敌人，也是文学的敌人：

第一章　古代与中世纪的材料

图1-48 安科纳的西里亚库斯所绘墨丘利像（15世纪中期）。热衷于考古知识的旅者西里亚库斯（1391—1454）抄写和绘制了所有能看到的古物。画中描绘的是罗马神话中商人和旅者的保护神墨丘利。

悲哀啊，多少当年贸易繁荣、声名远扬的伟大城市都已被毁。底比斯、雅典、迈锡尼、拉里萨、拉栖代梦、科林斯和其他著名城市的遗址上，如今连古城墙都不见踪迹，只剩废墟。……而现在作为胜利者的突厥获得了希腊的一切，我担心希腊文学会被尽毁。与众人不同，我不认为突厥人来自亚洲，是透克洛斯（Teucer）的后代（透克洛斯是河神斯卡曼德洛斯之子，特洛伊开国之君和罗马人的祖先），也不认为他们憎恶文学。他们是远离蛮族中心的斯基泰人的一支，根据亚里士多德的说法，这些人居住在朝向北方海洋附近的比鲁斯山脉（Pyrriques）：他们肮脏、无耻、通奸，沉迷于各种邪

图1-49　克里斯托福罗·布隆戴蒙提（Cristoforo Buondelmonti）手稿中的特洛伊废墟速写（15世纪）。这位佛罗伦萨教士是15世纪最富有冒险精神的古物学家之一。他用了整整16年时间走遍了希腊诸岛，用文字和图画记录了那些最重要的遗迹。

恶的事情。[75]

皮可洛米尼在学术方面比在政治上更加成功。他呼吁发起十字军但回应寥寥，多年后十字军终于成行，而他却在出发前病逝于安科纳，不过他在德国学术界播下的种子却结出了丰硕的果实。中世纪最后一位骑士和第一位人文主义皇帝马克西米利安一世想必十分崇拜皮可洛米尼，他在1496年沃尔姆斯议会期间下令挖掘齐格弗里德（Siegfried）在沃尔姆斯的坟墓。但他没有格拉斯顿伯里的教士们那么幸运，坟墓里只有一摊水。

第一章　古代与中世纪的材料

图 1-50　法齐奥·德利·乌贝蒂（Fazio degli Uberti）于 1318—1360 年所作诗歌《世界大观》（*Dittamondo*）的插图（15 世纪手稿）。乌贝蒂想象了一场诗人与人形化的城市之间的对话，"城市"身穿孝服，为诗人做向导。他眼中的罗马与《神迹》（*Mirabilia*）中的描写很相似：中央的角斗场被当作神庙来描绘。整幅画保留了中世纪的风格，但对遗迹的兴趣显然具有文艺复兴时期的特征。

第二章

古物学家们的欧洲

时光匆匆
突然之间
剧院、巨像
沦为废墟
辉煌的特洛伊
举世闻名的建筑
今又何在?
伊利昂
罗马宫殿
掩埋野草下。

——约阿希姆·杜·贝莱(Joachim du Bellay)

在思考欧洲的起源(即文明的起源)时,中世纪末期的学者们只掌握了关于古代历史的一些零碎信息,剩下的部分已无迹可寻。修道院和皇家宫廷中,顽固的学者们试图通过各种猜想将古希腊和古罗马的历史片段与《圣经》中的记载联系起来。西方历史没能印证这种不可能的结合，也没能缓解两者之间持续的紧张关系。19世纪由赫尔德（Herder）和勒南（Renan）[1]率先提出的印欧语系"神话"可谓这一漫长剧目的终章。借助原始印欧语可以让人们更容易接受"我们在精神上都是闪米特人"这种假设。

历史之都——罗马

古物学家的诞生。痴迷古迹的罗马人

正如我们所看到的，意大利学者早在14世纪就率先对西方王国的神话起源进行了系统性批判。当然，欧洲的君主们某种程度上就是罗马帝国的继承人，但他们首先承袭的是精神和政治遗产。统治者们不再强迫欧洲宫廷的学者们绞尽脑汁将统治者家族

图 2-1 尼科洛·波拉尼（Nicolo Polani）于1459年为圣奥古斯丁的著作《上帝之城》（La Cité de Dieu）创作的细密画，描绘绝美的耶路撒冷。画中展示了两种城市样式：充满异教遗迹的古罗马和15世纪作为基督教首都的罗马。

的历史与特洛伊联系起来。如此就不得不将这些碍事的祖先从国家历史中连根拔除。意大利人早在1450年就解决了这件事，德国人也在1520年确认了自己的法兰克起源[2]：将曾经视若真理的书籍付之一炬，对学术界来说是一项艰难的任务——尤其在法国，此前人们不遗余力强调自己的特洛伊起源，如今却要设法引入一直被忽视的高卢人的概念：

> 高卢人以骑士精神闻名于世……他们和罗马人一样同是特洛伊人的后代……骄傲且蔑视任何形式的服从。[3]

颠覆欧洲历史（和科学！）的势头源自意大利，因为构成文艺复兴两极的两个运动正是在意大利交汇：意大利人可以很方便地获得拉丁文和希腊文手稿，并在城乡环境中发现古代的明证。1432年，莱昂·巴蒂斯塔·阿尔贝蒂（Leon Battista Alberti）经过详细调查开始了对罗马的细致规划；弗拉维奥·比翁多（Flavio Biondo）在1446年写下了《罗马的复原》（*Roma instaurata*），这部对罗马进行了系统性描述的作品成就了历史地形学这种新的体裁。此后他又在1453年和1459年分别完成了《图说意大利》（*Italia illustrata*）和《凯旋的罗马》（*Roma triumphans*）。比翁多不只是一位细致的地形学家，他尝试通过延续瓦罗《稽古录》（*Antiquitates*）的思路并创建新的系统来编写《图说意大利》，这部著作对后世影响深远：神圣的、公共的、军事的、私人的和祝捷的古物[4]，"时间、地点、人物和方式（*Qui homines agant, ubi agant, quando agant, quid agant*，瓦罗语）"。

他通过三个领域的实践来定义古物学家的工作，即遗迹地

图 2-2 亨德里克·范·克里夫三世（Hendrik III Van Cleve）1584 年的作品《切西主教的雕像花园》(*Le Palais et Cesi le Jardin à Rome*)。文艺复兴时期的罗马人对古代的印象在这幅画中体现得淋漓尽致。作品展示了 1540 年前后费德里科·切西（Federico Cesi）主教的豪宅。这一年他从自己的兄弟保罗·艾米利奥·切西（Paolo Emilio Cesi）那里拿回了藏品，并将它们安放在位于贾尼科洛山角的宅邸。1556 年，乌利塞·阿尔德罗万迪（Ulysse Aldrovandi）在参观了这些收藏品后，在自己的著作《全罗马城内可见的古代雕像》(*Delle Statue Antiche, che per tutta Roma, in diversi loughi e si veggono*) 中留下了一长段描述。

形学、地理勘探和文明事件的分析描述[5]。这样的作品之所以能够完成，是因为人们并非将描述古罗马遗迹单纯地视作历史工作，而是这项工作对推动新政治哲学的出现、复兴艺术与科学大有裨益。罗马变成了镜子、榜样和所有德行的写照（*Speculum, exemplar, imago omnis virtutis*）。

对 15 世纪罗马的古物进行描述和研究并非仅仅是一种投机和无私的活动：这一事业对城市发展是不可或缺的，同时也可以带来经济上的回报。古迹为建造王公贵族或高级教士的住宅提供了廉价的材料，建筑合同中往往有关于现场发现材料的再利用的条款。从这一点来看，罗马和亚述帝国的城市类似，是一个由过去物质基础支撑的城市。勘测和挖掘既能带来实用价值，又有利可图，从事此行业的人被称为"采石匠"（*cavatori*）。他们想尽一切办法挖掘城市的土地，以至于教皇为了保护教廷的经济利益试图限制这些人的活动。1515 年，教皇利奥十世（Léon X）委托拉斐尔（Raphaël）建造圣彼得大教堂，他明令限制用于装饰或建造房屋的古物数量；并指示不要在未经仔细考量的情况下实施破

图 2-3 马丁·范·赫姆斯科克（Martin van Heemskerck）于 1532—1536 年绘制的石头庄园和切西主教藏品。赫姆斯科克的画作让更多的人对古物产生了兴趣。文艺复兴风格的石头庄园的院子（上图）简直是一座博物馆，里面陈列着雕像、铭文和浮雕。下图中，为了满足人们对古风的喜好，雕像放置处的装饰模仿了考古现场。

第二章 古物学家们的欧洲 133

坏行为[6]。庇护二世也曾颁布谕令，"禁止对古代遗迹进行部分或整体拆除，也不得将其用作生产石灰的材料"[7]。此外不要忘记，梵蒂冈古物部门的负责人早在1573年就通过谕旨被授予"宝藏、其他古物和矿藏专员"头衔。这也清楚地表明文艺复兴时期的罗马人对自己"历史管理者"的身份有充分的自信。历史纵然可以通过城市无可比拟的辉煌得到体现，但它同时也在实际和象征层面带来了挑战：对古物的安置、控制和挖掘对社会与经济都有重要影响。在欧洲其他地方，古物的发现与机遇和好奇心相关；而在罗马，考古学满足了一种需求。而且死人占据的古罗马城比活人居住的城市更大。皮尔罗·利戈里奥（Pirro Ligorio）在评论普林尼时指出，古罗马居住着两类人，即活人和大理石人像，他自己毫无疑问是研究"大理石人像"的历史学家[8]。

那时的罗马人对四周的遗迹十分痴迷。此外，将宝藏、古物和采石视同一律的教廷揭示了学者们隐藏的事实，即对古物的掌控是一种权力手段。古物之于罗马的意义自然有别于古物对日耳曼小公国，甚至英、法和斯堪的纳维亚国家的意义；它们是罗马的重要资源，而其他国家的政府只是将其当作证明自己正统性的手段。所有的古物都是象征性的，因为它们都是宝藏（最终可以换钱）；古物也是自然的，只需挖掘就可以像采矿一样获利。波米安将在古董柜和珍奇屋中闪耀的收藏品称作"象征物"（sémiophore）。在教皇眼中，罗马的土地就是最美妙和最熟悉的珍奇屋。介于宝藏和矿藏之间的罗马古物不仅是物质投机的对象，后来还沦为智力投机的俘虏。罗马的古董商们迫不及待地宣扬发现物的优点，吹嘘其历史甚至神话方面的价值，以至于它们的学术价值往往被忽视：挖掘工作和采石工作类似，但对古迹的解释

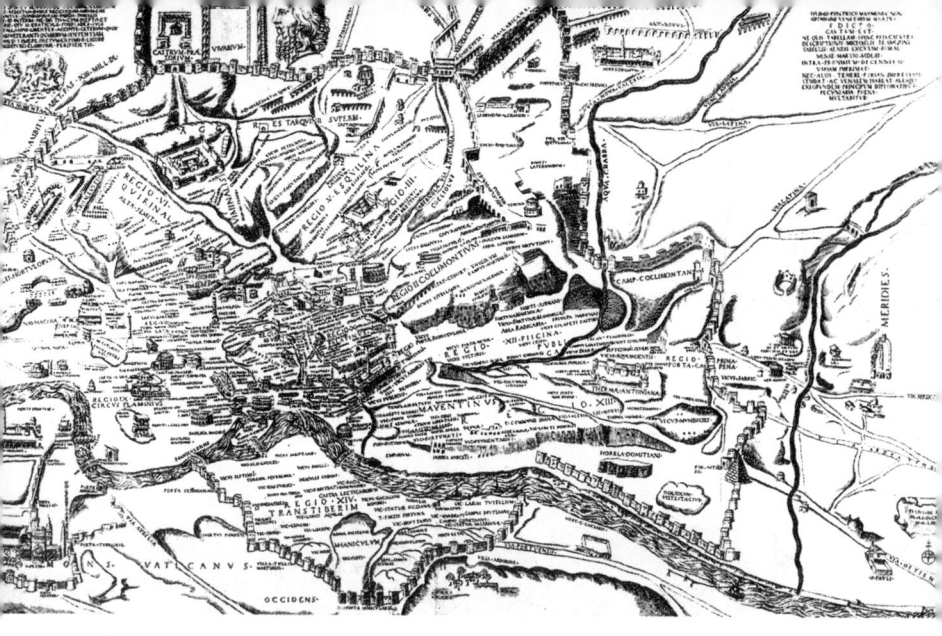

图 2-4 皮尔罗·利戈里奥 1553 年绘制的罗马城平面图。图中利戈里奥将现代地形学元素融入了考古测量中。

则完全取决于文献资料,否则难以对古物进行鉴定。直到 16 世纪下半叶,罗马的古物学家才开始测量古迹,并将测量图当作一种科学工具。拉斐尔在 1519 年呈交教皇的一份备忘录中阐述了他对古迹测量的构想[9]。测量应准确、严谨和有针对性,还必须以直观的方法呈现古迹,即绘制平面、外立面和内立面图。从这一点上看,古物学家还得对建筑师的技能有所了解。

古迹的测绘。集技艺和学识于一身的皮尔罗·利戈里奥

拉斐尔方案的执行者正是皮尔罗·利戈里奥。他 1513 年生于那不勒斯,1583 年在费拉拉去世。他是 16 世纪下半叶罗马古物学家中最典型、最杰出的一位。他不仅是依玻里多·德·埃斯特(Hippolyte d'Este)主教的私人"古董收藏家",还是画家、建

筑师、学者。虽然罗马古物学家的西班牙导师——著名的塔拉戈纳大主教安东尼奥·阿戈斯蒂诺（Antonio Agostino）蔑视利戈里奥不懂拉丁语，但后者着实是一位优秀的研究者和实干家。受护

PARS INTERIOR THERMARVM DIOCLETIANI.

PARS EXTERIOR THERMARVM.

图 2-5　插图取自巴托洛梅乌斯·罗西努斯（Bartholomé Rosinus）的《罗马古迹》(*d'Antiquités romaines*)。这部作品因其对罗马遗迹如画般的刻画而备受瞩目，图中为戴克里先（Dioclétien）的浴场。

民官委托的利戈里奥在哈德良离宫的旧址上规划蒂沃利宫,这让他成为第一个进行如此大规模发掘的古物学家[10]。梵蒂冈大使在给他的主人费拉拉公爵(duc de Ferrare)的信中留有对他的介绍,也详细描述了当时的宫廷古物学家应有的素质:

> 55岁的古物学家,罗马最杰出的人才……卓尔不群……,在钱币学、绘画、筑城等方面有高深造诣;他是罗马城墙建造的监理,他为整个世界,尤其是费拉拉的主教服务;他就是皮尔罗·利戈里奥。[11]

文艺复兴时期的古物学家的贡献相比阿基米德和希罗多德毫不逊色。在当时的意大利,考古学与建筑学紧密相连,任何建筑工程都需要他们。人们对待古迹的方式在短时间内发生了翻天覆地的变化,实地挖掘、测绘技术的发展,以及对古迹、书面传统的批判性解读,让人不禁联想到颠覆了古代文本知识和编辑的革命。古物学家们出于解读古钱币、修复和破译铭文的需要,与学者圈子保持着联系,熟悉了文本批判、校订(即修正错误)和校勘(即核查和比较手稿)的方法。宫廷中的学者与负责新罗马城建设的艺术家和建造者们共同协作。文献学家和艺术家之间的差异十分明显,前者致力于尽可能忠实地恢复手稿和铭文的内容,后者则更热衷于重现发现物的原貌。但当时的氛围创造了一个能够消除分歧的精神环境。安东尼奥·阿戈斯蒂诺对包括利戈里奥在内的许多人进行过严厉的批评,但他仍将利戈里奥视为当时最了不起的专家之一。尽管利戈里奥的题铭学研究中有不少错误和不准确的地方,但出自他笔下的罗马规划在完成质量和信息量方

图2-6 约翰内斯·桑布库斯（Johannes Sambucus）于1564年出版的《寓意画》（*Emblemata*）中的诗歌——《古物之爱》。寓意画集在15世纪取得了巨大的成功：这幅献给梵蒂冈长官的画，是最早将挖掘作为历史研究手段展现的作品之一。

时间能够征服万物，
见证人们的努力和铸就的一切
曾备受尊崇的古代
也会随着时间逝去。
如你所见，雕花大理石展现了
历尽沧桑的人类之品德。
壮观的凯旋门和美丽的城墙
古钱币上刻凿的面容
见证了那些名不见经传的人们
拥有的伟大精神。

面都令人惊叹，是可靠的城市测量资料。利戈里奥是个实干家，发表的文章不多，但他高水准的笔记[12]表明自己并不满足于做一个整理员。他喜欢对材料进行整理，在考古方法方面有自己的思考。比如，古物的分类应该依照种类还是发现地点？如何将考古学和文本批评结合起来？

在阿戈斯蒂诺领衔的怀疑论者的压力下，罗马的古物学家们花费了大量精力对所有问题进行了处理。作为最早认为实物比文字更可靠的学者之一,阿戈斯蒂诺曾说:"我更相信钱币、石板和石头,而不是作家写下的文字。"[13] 这句出自文献学家之口的话具有革命性的意义。他并不害怕激怒他的同行,并强调有必要建立一门区别于盲从古文献的历史见证科学。塔拉戈纳大主教主张以更开明的方式了解过去,多参考细节描述和绘图:

> 从他们(利戈里奥和他的几位同僚)的作品中,你可以

图 2-7 马丁·范·赫姆斯科克于1568 年创作的《好心的撒玛利亚人》(*Le Bon Samaritain*)。在这幅作品中,画家将好心的撒玛利亚人的寓言与在卡皮托利山教皇见证下发现的朱庇特的雕像联系起来,暗示教廷和教皇本人会善待朱庇特雕像,就像好心的撒玛利亚人帮助被打劫的犹太人那样。这幅画是否像德国人文主义者、对神职人员不吝批评的乌尔里希·冯·胡滕(Ulrich von Hutten)所说,意味着教皇和枢机主教们相对于尊重《圣经》教义更关注对异教神像的找寻?这些人到底是考古学家还是伪君子?[恩斯特·贡布里希(E. Gombrich)]

想象他们读过的所有拉丁文和希腊文书籍，而他们也确实能够对别人的知识加以利用。他们作品的价值不是由文字而是绘画所体现。[14]

意大利古物学家的功劳（罗马是古物之都，罗马人的方法会传到意大利的诸多宫廷）不只是将对过去的兴趣转化为对现在的兴趣。他们证明了古物的发现与文献中对古代理想化的记载同样重要，且更大的贡献在于推动了文献学、钱币学、地形研究等技术的发展，让考古成为一门科学，至少让那些在情感和美学上对古物无法达成相同意见的人有了构建知识的基础。

遗失的高卢古代史

尼古拉斯·法布里·德·佩雷斯克（1580—1637），文献学家、数学家、天文学家、法学家、自然学家……古物学家

面对声名远扬的罗马古物学家们取得的杰出成就，及其随着人文主义的发展而广为流传的相关知识，欧洲其他地区的古物学家感觉有些抬不起头。最早研究高卢起源的是一位维罗纳专家保罗·埃米尔（Paul Emile），他的著作《古代高卢》（*De Antiquitate Galliarum*）1485年发表于里昂。虽然这部缺乏新意的作品并没能吸引太多关注，但它与其他同时期的意大利作品将整个中世纪时期一直被特洛伊起源掩盖的高卢推到了台前。科莱特·博纳（Colette Beaune）曾对意大利人写下了这样的感谢语："1480年法国人终于认定自己是高卢人的后裔，80年前他们还不能确定。"[15]

中世纪的历史中只存在法兰克人，各种文献都在竭力证明他

图 2-8 胡伯特·高秋思（Hubert Goltzius，1526—1583）的钱币学著作《希腊和罗马遗迹》（*Monuments grecs et romains*，1685）的扉页画（1685），由鲁本斯（Rubens）所画。高秋思不仅是一位钱币学家，还是画家、雕刻家、印刷工和西班牙国王腓力二世的史官。在这幅扉页画的右侧，时间之神在死亡之神的帮助下，用他的镰刀将来自罗马、马其顿、波斯和米底的四个古代君主扔进了时间之窟。左边的墨丘利拿着一把铲子，脚下出现了希腊和罗马的古物和几尊大理石半身像。他用手臂抱着一尊近乎完整的皇帝雕像。在他的上方，赫拉克勒斯将一个装满硬币的器皿交给一个仆人。雅典娜注视着金币，并对国王们和恺撒的钱币进行评论和解读。站在中央，戴着面纱和皇冠的人代表的是"古代"，中间翻开的书象征历史科学和钱币学，头上的凤凰体现了"不朽"和"复兴"。

们是法国人的远亲，而意大利学者让法国人了解到高卢人。随着对恺撒的《高卢战记》的再版和改编增多，人文主义者有了一份能够为自己心中的疑问找到合理解释的文本。不仅学者，而且诗人也会从这些虚构的高卢人中得到灵感。皮埃尔·德·龙沙（Pierre de Ronsard）和约阿希姆·杜·贝莱就创作了一些高卢诗歌。

高卢是一个有争议的主题，民族意识似乎是从一场失败开始出现的，历史学家们在书写高卢的历史时无法将这一段删除。16世纪早期的学者们更喜欢将高卢视为被恺撒平定的对象，拉丁和希腊文化的继承者。另一方面，16世纪下半叶的学者们更倾向描述反抗罗马入侵，并将高卢视为遭受厄运但依然保持文化和政治独立的文明国家："每个人都应该清楚高卢或法国一直是一个法治国家，只要共和国的各阶级之间相互协调，一切都可以良好运转；而当耳朵觊觎眼睛的功能，脚希望扮演头的角色时，灾难就会发生。"[16]

1585年出版的《德鲁伊邦与共和国史》的作者诺艾尔·达尤皮耶（Noël Taillepied）的下面这段话，说明在法国关于起源的争论一直带有政治色彩：历史学家对法兰西的三个主要民族（高卢人、罗马人和日耳曼人）赋予了定位，他们享有不同的政治权利。隐藏在"三个民族（三个阶层）"背后的是人口和政治主权问题，这些问题在18世纪成为各方争论的焦点。进入16世纪，高卢历史又与意识形态紧密挂钩：与部分基督教学者所倡导的正统和权威史观相反，新教历史学家赋予高卢人自由主义和共和主义的形象，这一点在弗朗索瓦·霍特曼（François Hotman）和彼得吕斯·拉米斯（Petrus Ramus）的著作中得到体现[17]。

高卢人的起源问题于是成为16世纪法国的一个重要问题，

图 2-9 尼古拉·普桑（Nicolas Poussin）1645年的画作《古物研究》（*Études d'antiquités*）。普桑展现了 17 世纪画家对古物的喜好。

但几乎没有人从古物学的角度来看待它。为了更深入地对原始资料进行批判性评价，就需要找寻遗迹并实地考察，并将古迹和文献研究相结合。除少数例外，法国人文主义者仍缺乏这种意识，诺艾尔·达尤皮耶就曾高声表达出法国学者在这方面的不足：

> 外国人在探寻古代高卢人的光辉事迹方面所付出的辛勤汗水比法国人还要多，表面上看起来（事实并非如此）法国从来没有出现过任何饱学之士。[18]

当时考古领域法国的学者确实很少，但下一代学者佩雷

第二章 古物学家们的欧洲　143

斯克的作品却将全世界的目光拉回到法国。尼古拉斯·法布里·德·佩雷斯克（Nicolas Fabri de Peiresc），1580年出生于普罗旺斯的贝尔让捷，1637年在艾克斯逝世，他被同时代学者视为法国最伟大［至少在蒙福孔（Montfaucon）之前］的古物学家，但他从未发表过任何作品。人们是通过他的朋友，神学家和数学家皮埃尔·伽桑狄（Pierre Gassendi）为他撰写的传记，以及他与全欧洲各地学者的通信来了解他[19]。在艾克斯接受了良好的教育后，他迈出了人生的关键一步，于1599年踏上了前往意大利的旅程。这位年轻的法学生在帕多瓦继续学业，与包括伽利略和巴尔贝里尼主教在内的意大利学者相识。除了伽桑狄和弗朗索瓦·德·马莱伯（François de Malherbe），他在法国交际圈子里还结识有雅克·奥古斯特·德·图（Jacques Auguste de Thou）、伊萨克·卡索邦（Isaac Casaubon）和纪尧姆·德·维尔（Guillaume du Vair）大法官等人。此外，他还与包括鲁本斯和英国考古学创始人威廉·卡姆登（William Camden）在内的数十位当时的名士保持着联系。佩雷斯克最引人注目的地方是他兴趣广泛，对古物学、语言学、数学、天文学、法学、自然科学都能产生浓厚的兴趣，同时代学者在这一点上无法与他相提并论。他是一位了不起的书籍、奇物和植物收藏家；他还养殖过纯种猫，学习过闪族语。在这种对知识的极度渴望背后是一种坚忍的意志和不可思议的组织天赋。从意大利回国后，佩雷斯克建立了一个如今可被称为科学情报局的机构，所有值得考虑或分类的信息都在那里被购买、交换和交流。他的目标并不是收集一些书籍、创立图书馆或整合大量的信息，而是想在欧洲范围内建立一个由他本人管理和资助的无形的学者联盟。佩雷斯克是人文主义者的最佳代表，但重新描

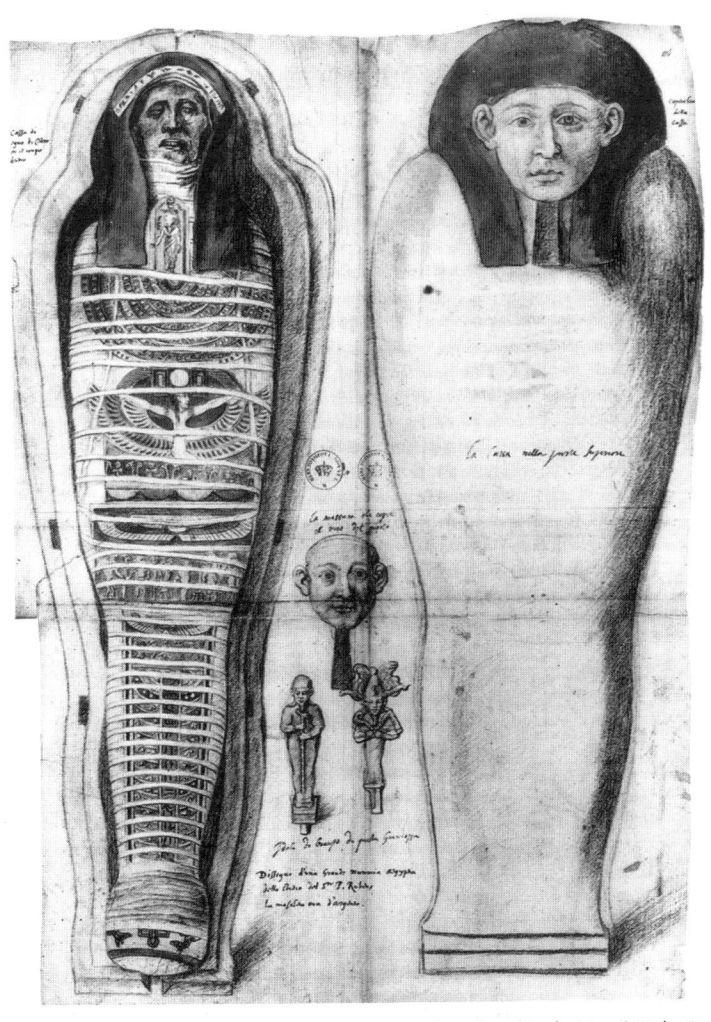

图 2-10　鲁本斯 1626 年绘制并寄送给佩雷斯克的埃及木乃伊图。此画表明了收藏者对此类古物的狂热兴趣。下方是佩雷斯克用意大利语写下的注释。

第二章　古物学家们的欧洲　145

述他的活动也绝非易事。他对自己时代的影响比他那些已不可考的著作更能清楚地反映出他的学识。与利戈里奥作品中的系统性知识相比，佩雷斯克的著作无疑更专注于古物和遗迹的鉴别与剖析。伽桑狄对他在罗马的活动有如下描述：

> 他经常选一些硬币带在身上，并通过将它们与雕像进行比较来确定雕像的年代和类型。他依靠渊博的学识能在瞬间分辨出真古董和赝品。他想为所有古代铭文制作拓本，用自己的知识来填补空白，恢复那些难以考证的手稿。此后他检查了梵蒂冈、法尔内塞和其他地方的手稿，并将那些在他看来最稀有的文字抄录在笔记本上。他还会准确地记下金属库藏、雕塑收藏、陈列室、博物馆、画廊和其他地方值得关注的一切。通过借用、交换、收礼，或利用印模、铸模、碎片或图画重塑，佩雷斯克收集了不少稀罕物。[20]

这段对古物学家的精彩描述不仅向我们展示了学者工作的广博，也忠实描述了佩雷斯克工作的忙碌情形。伽桑狄让我们眼前浮现出17世纪初罗马古物学家的形象。和拉斐尔或利戈里奥一样，佩雷斯克的工作动力来源于永不满足的求知欲。和前辈们一样，他想让自己成为所发现的古物、遗迹、铭文或手稿的第一位见证人。现场发掘和事后观察是完全不同的。佩雷斯克的工作不在于去挖掘奇特的新物件，他也不在乎寻找建造宫殿的材料、装饰物或参考建议。他的宫殿是无形且建立在知识之上的。古物学家的工作不是发现古物，而是利用自己敏锐的观察将先辈们没有看到的东西进行展示、比较或修复。在佩雷斯克之前，古物学家的工作是改造现世,以便以当时各方都能接受的方式重现过去。在他之后,过去成为那些有能力明辨真假的行家的专属知识,他们在一块限定的领域里辨识地点和藏品,占据一席之地并接受他人的挑战、批评或竞争。从某种意义上说,古物学家不再像彼特拉克时代的人那样与过去保持一种直接、富有情感的关系,但在专业技术和分析技巧等知识方面有更多收获。此项工作的发展要求城市拥有珍奇屋、公共或私人博物馆,以及古物研究所需的能够完成古物修复、绘制和造型的工匠。从本质上来说,佩雷斯克告诉我们,专家能力取决于自身的学识。古物学家并非必须是罗马人或意大利人,只要去过意大利就可以了。关于古物的学问成为一门共享的科学:

> 许多人大声嘲笑我们,说我们的事业既无法为自己赢得荣誉,对其他人也毫无帮助。只有那些追求空洞学术,出于丰富自家藏品和装饰房屋目的收藏古董,单纯拥有收集癖和占有欲的人才应该被这样指责。此外,那些为启迪古代史的历史学家,呈现历史的真实风貌,让人们更深刻地了解曾经发生的人与事而四处奔走、研究古物的人则完全配得上赞许。[21]

佩雷斯克为古物学家辩护时提到了古物,似乎忽略了古迹。他显然更容易想到的是古书、雕像、器皿这些"可移动"且按照类型分组和排序的物件,而不是考古过程烦琐的遗迹。佩雷斯克并非对古迹漠不关心,在他看来收集是考古学的核心。古物学家与普通的收藏家不同的是:他更看重藏品背后蕴含的知识,胜过物品本身所带来的乐趣。古物学家的作用不言而喻,他们揭示了价值体系的一个方面。收藏古物首先无疑是出于喜欢,此外还可以通过它们彰显身份和获取知识……

佩雷斯克与未完成的考古学:人们回顾这位来自艾克斯的古物学家的职业生涯时,会有一种壮志未酬、未竟之志随风遣散的感觉。而他的作品,包括散落的藏品和遗失的手稿,可能只是出于某些人(如博尔赫斯)的想象,这才是这位知识渊博却没有时间将平生所学记录下来的古物学家的真实故事。幸运的是,佩雷斯克确实给他的时代留下了无形但真实的印记,一直影响着同时代和后来的学者们。

英国旅行学者和德国探索者

不列颠群岛的地理和古物。威廉·卡姆登与英国古物的探寻

佩雷斯克向学界证明,存在一个古物学家的理想之国,只要用心去发现,古物就无处不在。这一训导翻越了罗马的宫墙传到远方,被那些狂热的人文主义者所接受。从挪威的峡湾到泰晤士河畔,从摩拉维亚的平原到荷兰的运河,人们开始探索土地和环境。这些人并不是要建造奢华的恺撒宫殿,也不想挖掘宝藏,而是要像佩雷斯克这样了不起的古物学家一样寻求问题的答案。其中一位因早期作品与佩雷斯克相识,且被誉为英格兰的弗拉维奥·比翁多:"1586年,一位35岁、名叫威廉·卡姆登的校长出版了一本描述不列颠群岛历史和地理的著作——《不列颠志》。"[22] 得益于其新颖的内容和独到细致的观察,这本书很快就成为英国考古学界的圣经,从卡姆登逝世直到今天,被无数次地补充和再版。卡姆

登并不是英国最早的古物学家,但由于其作品广泛流传,相比佩雷斯克,他被更多的人视为榜样。他个人的计划是撰写一部英格兰史,但这并不新鲜。亨利八世(Henri VIII)时期的图书管理员、在巴黎求学时曾师从纪尧姆·比代(Guillaume Budé)的约翰·利兰(John Leland)也曾有过这样的设想,甚至已经开始付诸实施,他计划出版的《古代不列颠志》(De Antiquitate Britannia)一书的序言在 1546 年就已完成[23]。这位被誉为"都铎王朝的保萨尼亚斯",能够将书面描述与实地考察完美结合的学者不幸突发精神疾病,被迫在 1550 年放弃了自己的研究。尽管如此,利兰是第一个在英国提出将书面研究与游历考察相结合的人,这也成为英国考古学的基本特征,他发现并巧妙地观察了 1535—1539 年修道院的整肃和解散的历史背景。卡姆登是一位超越前任大师的人物。他出生于 1551 年,父亲是画家(可能他对视觉艺术的兴趣来源于此),在牛津学习了古典学。1575 年他在西敏公学获得助教的工作,在这个不起眼的位置上,他将彻底颠覆英国的考古知识。每年假期,他都会奔走于全国各地寻找古物。他采用地形测量学的方法,以罗马地理学为出发点为每个英格兰城市构筑历史,但研究对象并不限于远古。古代地理必须为历史做好铺垫,让撒克逊和中世纪成为王国历史的一部分,在学术界占有一席之地。卡姆登对时间和空间上的准确性要求极高,为此他发明了绘制历史地图的规则:从语言学的角度研究地名以明确罗马人、威尔士人和撒克逊人的影响,以当地传统与货币为出发点来研究地区历史。他是第一个确定罗马时期不列颠存在本土硬币的人,破译了硬币上的文字,并找到了发行这些硬币的城市。他背离特洛伊的传说和古罗马传统,指出了不列颠人的盎格鲁 - 撒克逊血统。

卡姆登的成果在这个欧洲考古学鲜有耕耘的领域中树立了权威，这个现象似乎自然而然就出现了。卡姆登作品的原创性内容也能够利用经利兰考证的从意大利和欧洲大陆直接传到不列颠的人文主义传统。英国的历史要感谢意大利人波利多·维吉尔（Polydore Virgile），他在《英格兰史》（1534）一书中驳斥了蒙茅斯的杰弗里倡导的特洛伊起源论。卡姆登在自己的学者圈子里，认识了《法兰克－高卢》作者的儿子让·霍特曼（Jean Hotman）和荷兰地理学家亚伯拉罕·奥特柳斯（Abraham Ortelius）等人。他也在佩雷斯克最后一次到访英格兰时成为座上宾。卡姆登是英国考古学的代表人物，英国考古学对欧洲大陆的影响持开放态度，但他知道如何利用当地特殊的传统以及环境来打造本国历史编纂学的基础。卡姆登的名气确实不及佩雷斯克，但与后者不同的是，他有办法召集当时所有对英国古代史感兴趣的人一起参与集体项目。他与罗伯特·科顿爵士（Sir Robert Cotton）、约翰·斯佩尔曼（John Spelman）等人合作创立了一所古物学家社团，这是欧洲最早的学术考古学团体之一。1597年，卡姆登被任命为克拉伦苏克斯纹章长官，即王国的三个纹章长官之一，这个职位为他的研究和个人关系发展大有裨益：每次《不列颠志》再版时都会添加一些钱币版画和铭文拓本来丰富内容。卡姆登于1622年职业生涯的巅峰时在牛津以自己的名字创立了一个历史教员的职位。卡姆登并没有把古物研究构筑成一门科学，正如他采用全新的方式处理史前大不列颠的人口史一样，但他给英国考古学提供了一个参考框架（区域史）、一种观察方法（文字信息与环境描述相结合）和一种探索技术（仔细研究地名和钱币材料），在17—18世纪初的考古学界被广泛使用。而且卡姆登在学术领域并不是单枪匹马，这是他能够取得成功的原因之一；1607年，约翰·奥格兰德（John Oglander）爵士定居怀特岛，岛上的古代遗迹和坟冢引起了他的注意：

> 1607年我首次在岛上定居期间，曾前往阔尔并向几位老人询问了大教堂的所在地。只有年迈的彭尼神父给了我满意的答复，他告诉我曾经的教堂是多么漂亮，以前他经常去。当时的教堂位于村庄废墟的南部，现在已经成了麦田。我雇人帮我在那里进行了挖掘，试图找到教堂的地基，却一无所获。[24]

这段有趣的描述让我们看到，挖掘作为一种验证机制能够确认或否定一个故事的真实性。而奥格兰德更近一步，他将挖掘视作一种探索手段，用于解释环境特征：

> 在岛上丘陵的顶端可以看到各种墓穴，其名称在丹麦语中的意思是"火葬之地"……。我根据经验搜索了一些最古老的墓穴并发现了大量依照罗马习俗火葬后的骸骨……小土包、高地或是山顶都可能是曾经葬人的地方，如果挖掘的话应该可以找到骨头。[25]

这个人确实听懂了卡姆登的地形测量学和地名学的课程，而作为一个实干家他也毫不犹豫地进行了挖掘，不是为了发现什么宝藏，而是为了满足自己的好奇心。

德国探索者。尼古拉·马夏克

挖掘本身并不是一种需要任何特殊技能或技巧的行为，而且

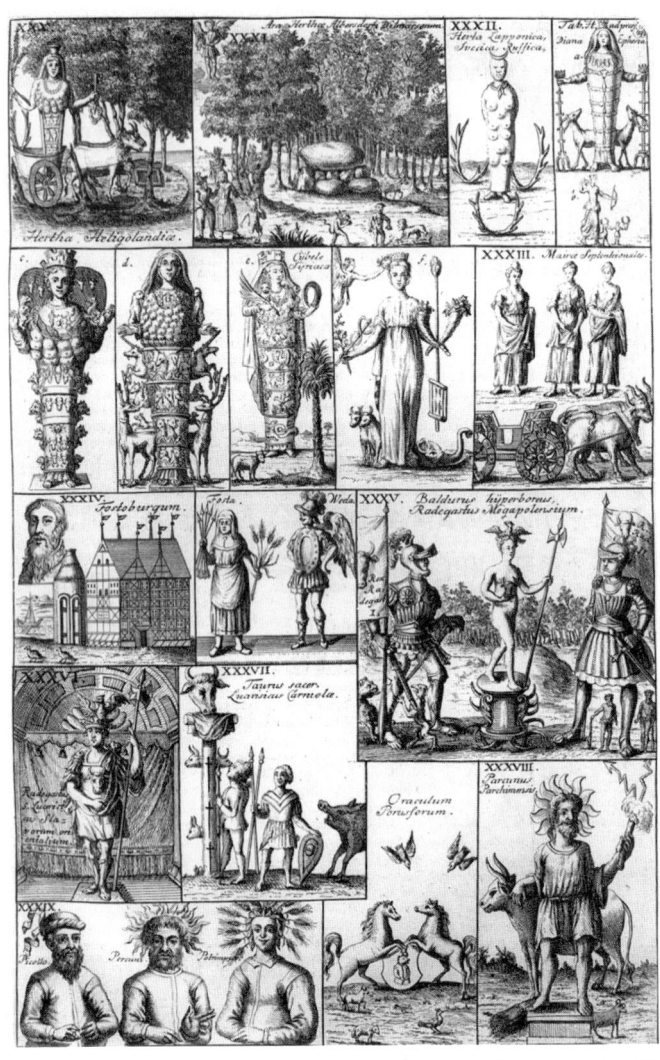

图 2-11 恩斯特-约阿希姆-德·威斯特法伦（E.-J. de Westphalen）的著作《德意志新史迹》(*Monumenta inedita rerum germanicarum*, 1739) 中的插图。书中还包含了尼古拉·马夏克的文章。这些不对称的小画反映了中世纪的传统，而不是文艺复兴和启蒙运动的精神。将附着在石棚墓上的魔鬼和动物形象与迈斯特林的插图进行比较是很有意思的。(见本书第 118 页)

图 2-12 格兰维尔的巴泰勒米(Barthélemy de Glanville)所著《物性论》(*Le Livre des propriétés des choses*)中描绘的瓦罐出土的场景(15世纪手稿,印刷版于 1485 年出版)。中世纪的人们对出土的古代器皿有多种解读。此处两幅图中的罐子都像是从土里长出来的一样。

我们可以看到古人在某些情况下认为，可以通过挖掘回答一些文化、技术甚至历史方面的问题。根据埃及、亚述或中国的文献记载，除了古已有之的寻宝活动，还有探寻信息的行动，中世纪部分编年史也提到过[26]；然而对如奥格兰德这样的创新者自发完成的考古行动知之甚少。根据资料可以判断，来自图林根的尼古拉·马夏克（Nicolaus Marschalk，1460/1470—1525）似乎是第一位通过挖掘用人文主义文化解决历史问题的学者[27]。他研究了石阵与古墓之间的区别。而且他由于对拉丁文资料中关于日耳曼人的记载非常熟悉，曾试图确定石阵的建造者是赫鲁利人（Hérules），坟冢的挖掘者是奥博特人（Obetrites）。不满足于研究遗迹的他还注意到坟墓附近发现的骨灰瓮，他认为这些瓮中装的是埋在坟冢中的首领仆从的骨灰："有些人任凭被烧死，骨灰直接装入地上的瓮中。"

与"闪电石"（燧石）、石阵和墓冢一样，由骨灰瓮构成的史前墓地也是中世纪和现代欧洲"古景观"包含的一个要素。但在中欧平原上出现的巨大"瓮场"确实让人好奇。这些大多出于偶然的发现，在大人物的见证下有了特殊的意义。1529年，马丁·路德（Martin Luther）在访问托尔高教堂时，人们向他介绍了新发现的瓮。大家的结论是："以前那里肯定是一片墓地。"[28] 类似的情况还有1544年，布雷斯劳（弗罗茨瓦夫）居民乔治·乌伯（Georg Uber）在施普雷森林的吕本发现陶罐后，写信给一位朋友：

> 我相信这里曾经是一个葬礼仪式的现场。他们没有合适的骨灰瓮，就用陶罐来代替。为了表示虔诚，他们将骨灰和器具残骸装在这些陶器中。[29]

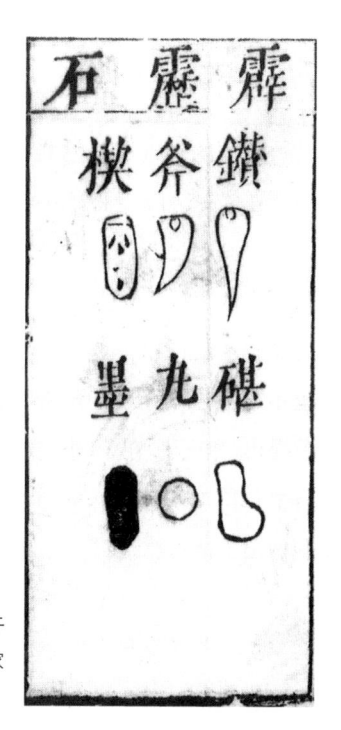

图 2-13 李时珍所著《本草纲目》中关于"闪电石"的描述。16 世纪中国的古物学家和自然学家对燧石非常感兴趣。

不过并非所有人都接受这一观点。塞巴斯蒂安·明斯特（Sebastian Münster）在同年出版的著作《宇宙志》中重提"地上长出陶罐"[30] 的古老神话，但当时很多人不买账。面对一些人的质疑，萨克森的安娜（Anne de Saxe）公主下令展开调查，十年后，萨克森选帝侯（prince électeur de Saxe）对这些陶罐的发现表示祝贺："很可能古代异教徒有焚烧逝者的习俗，所以才会有埋在那里（瓮场）的陶罐。"[31] 像闪电石一样，这些骨灰瓮（现在被认定为史前卢萨蒂亚文化之物）被认为是适合收藏在皇家珍奇屋中的奇物。这些珍贵的物品经常被美化以迎合当时的审美；法兰克福和汉堡的博物馆至今还保存着两个罐子，配有锡制盖子的那个源

第二章 古物学家们的欧洲 155

于卢萨蒂亚文化，另一个日耳曼-罗马时期的（黑陶）带有银质装饰。

陪葬的陶罐和其他器物成为16世纪中欧古物学家争论最多的话题之一。由于王公贵族的欣赏，这些物件很快变得价值连城，人们对其趋之若鹜，当然学者们也被要求给出解释。有些解释是超现实的（地下矮人的"杰作"），有些解释则是自然的［扬·德乌戈什（Jan Dlugosz）按照波兰传统认为是地热造成的］，当然也不乏考古学角度的解释。但考古学的观点虽然从15世纪末就被提出，但至少在18世纪初之前都未入主流。不过格奥尔格·阿格里科拉（Georg Agricola）在他的名著《矿石的性质》中对此问题做出了精彩总结：

> 萨克森和下卢萨蒂亚的无知群众认为这些器皿是在地下生长的，图林根人则认为它们是曾经居住在西贝尔格山洞中的猿人使用过的器物。经过分析，这些是古代日耳曼人的骨灰瓮，这些异教徒将死者的骨灰存放在瓮中。[32]

原史时期的骨灰瓮让16世纪的学者为难，不仅是因为他们的知识与群众的信仰相悖，还由于骨灰瓮显然与常规的丧葬习俗不符。什勒斯维希公爵（duc de Schleswig）的朋友保卢斯·塞浦拉乌斯（Paulus Cypraeus）描述了1588年在修路过程中发现的一处遗迹：

> ［骨灰瓮的数量是如此之多］，只需用脚踩踏其上或将铲子轻插入土就可以看到陶罐和骨头的残骸。[33]

这些土里面堆积的奇怪器皿与当时的习俗相去甚远，1562年一位名叫约翰内斯·马塞修斯（Johannes Mathesius）的路德宗牧师给出了一种有逻辑的解释：

> 值得注意的是，这些瓮的外形多样且各不相同，埋在地下的瓮像水中的珊瑚一样柔软，暴露在空气中才会变干燥。……据说那里曾经有一座墓，里面有死者的骨灰，就像一个老旧的骨灰盒一样。……这些器物到了五月才被挖出，在埋藏它们的地方隆起了一座小丘，就像大地母亲的孕肚

图2-14 左侧为原史时期卢萨蒂亚文化的罐子，上方刻有树叶装饰图案，配上锌制的盖子，盖子上标记有帝国顾问豪格·冯·马克森（Haug von Maxen）的名字（约1560）。
右侧是1563年在科布伦茨附近的巴森海姆发现的日耳曼-罗马时期的罐子。这个罐采用银饰，配有一个钟形盖子。顶部有一个小天使以拿盾牌的方式手握两枚硬币，一枚是加尔巴时期的，另一枚是奥托时期的（公元68—69）。罐子上的献词写道："这件古代器皿是在高贵而杰出的安托尼·瓦尔德波斯顿家族领地内发现的，同时出土的还有一个壶和一个陶罐，在葡萄田里还有一些类似的器皿，……包括两枚古人用的衿针……。这些物件都已埋藏地下数百年，1563年4月被一位巴森海姆居民发现。"

第二章 古物学家们的欧洲

（指引找寻他们的人）。我认为它们来源于大自然而非人造，是由上帝和自然创造的。[34]

牧师的这段奇妙文字比理性学者们的评论透露了更多信息，因为我们可以从中了解到发现的背景。收藏家们追捧这些古物并通过某种方式对其进行交易。这些古物学家实地考察时观察到，在特定气候条件下勘探工作会更容易，并总结出了发现古物最有效的实操方法。地下古物的"收获期"常在5月，这可能是因为那时植物的快速生长让人们更容易观察到异常情况（植物密集较高或土壤颜色变化）。不是土地将古物显露出来，而是新的观察方法让人们能够更容易发现遗迹。虽然以现代考古学的观点来看，牧师的理论十分荒谬，实则不然，他提出了一个考古学认识论的基本问题。观察者觉察到土壤的异常——颜色变化，凸起明显，植被覆盖，瓦砾、碎片或燧石的出现，并根据推断出的考古结果将它们命名为遗址、坟墓或定居地。但这些形迹是原始的（古人直接安置）还是次生的（由于土壤侵蚀或土壤移动）？是否应该将气候因素（春季发现的罐子最多）与地表指数的变化（现代假设）或土壤内部成分的变化联系起来？马塞修斯的想法虽被证明是错的，但仍具有不小的影响。

猎奇者、王公贵族和学者一直对骨灰瓮保持着浓厚的兴趣，这是16世纪考古学界的主旋律。人们发现了多处遗址，最著名的是位于西里西亚地区的马斯洛和格里兹切。1546年，斐迪南一世皇帝（Ferdinand I）向马斯洛派遣调查组；1577年，鲁道夫二世（Rodolphe II）在格里兹切组织进行了研究。鲁道夫对发现的骨灰瓮感到高兴，并令人在现场竖立一根木桩以示纪念。[35]这种

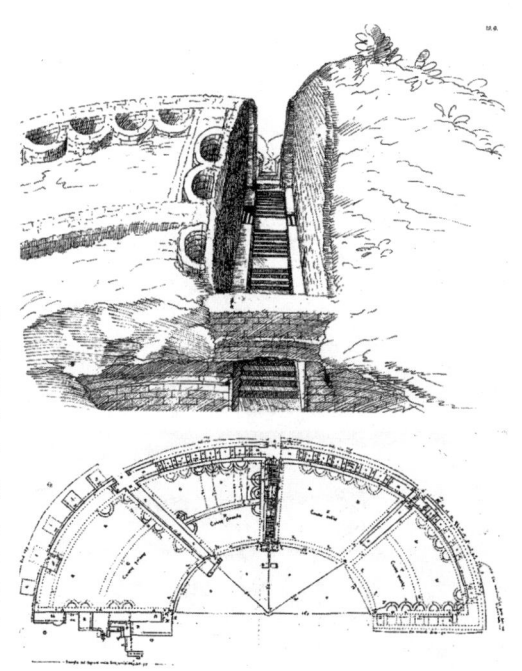

图 2-15 阿默巴赫（Amerbach）于 1582 年绘制的古代剧院遗迹挖掘图。遗迹位于巴塞尔附近的奥格斯特（Augst），这可能是欧洲最早由公共机构（市议会）组织的挖掘活动。图纸的精细程度不亚于罗马古物学家的作品。

兴趣当然与古物陈列室的发展和功能有关，而古物陈列室也能够展示古物品位从古至今的变化历程。

考古学的考古学。珍奇屋

斯堪的纳维亚古物学家将文艺复兴时期考古学知识的各个分支合成为一个有机整体，在关注实体资料的同时也参考古代文献。在审视他们如何做到这一点之前，我们先驻足观察一下 16 世纪末欧洲考古学的状况。

把考古学的历史想象成地层剖析图。观察者可以看到根据国家影响并列的近代层级，以及由共同传统构筑的古老地基。最

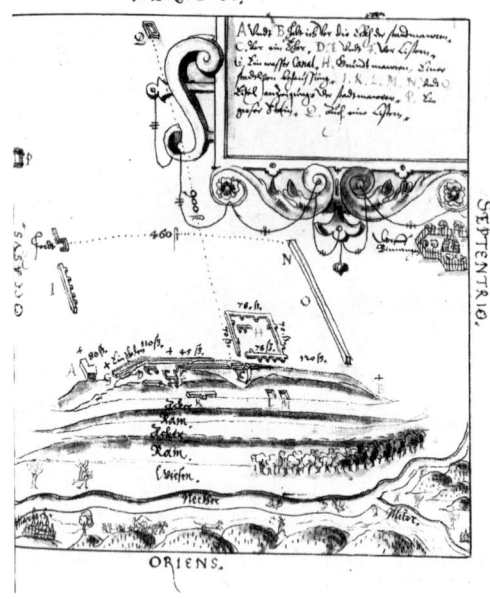

图 2-16 西蒙·斯图迪翁（Simon Studion）1597 年所绘，位于符腾堡的贝宁根（Benningen）一处古罗马兵营挖掘现场的图纸。此图说明作者想要将遗迹融入其所处的地理环境中。

古老的层级是中世纪口口相传和有文字记录的传统："巨人的脚印""女巫的床铺"指的是分散在欧洲各地的石阵和坟冢。我们可以看到，中世纪尤其是 16 世纪的插画家们特别喜欢这些主题。最早描绘巨石阵的"现代"画是荷兰人卢卡斯·德·海尔（Lucas de Heere）的水彩画，他的作品还有古代布列塔尼人与美洲印第安人对比图[36]。这幅水彩画是一部手稿的插图，该手稿对不列颠群岛进行了介绍并按照地理位置罗列了该地区的珍品。整体构图非常简单，呈圆形摆放的巨石中心有一个骑士像。虽然画中的标记很精确，但可以看出是草草完成的，类似速写。现存于大英博物馆、由只留下姓名首字母 R.F. 的艺术家绘制的石阵版画（1575）则风格完全不同，但其内容和卢卡斯·德·海尔的画相似，都是环形整齐排列的石头。画的中央和左侧还有前来参观的人，整体给人一种乡村静谧的感觉。这不是一次对遗迹进行客观描述的"科学性"研究，而是一种风景画般的呈现。观看者会感受到一种前所未有的吸引力，因为遗迹前方的山丘上还有两个人正在用铲子挖掘。一个值得注意的细节：在他们面前出现了两个交叉的股骨和一个头骨。这正是卡姆登的《不列颠志》最早的插图版本的扉页图，只是稍作修改。在画的中央，在说明文字方框的上方，一个身着都铎时期绅士服的人向参观者展示着当地景象。

让我们将这幅画与描绘日德兰半岛耶灵村挖掘现场工作［1591年在兰曹（H. Rantzau）省长的鼓动下开始实施］的绘画做个对比。后者风格更加冷峻，像一张解剖图：两座丹麦王室的墓冢的中间矗立着教堂和一块写有铭文（卢恩字母）的许愿石，方框中记录了铭文内容和翻译。其他的细节也证明了实现科学抽象的意愿：对每座遗迹进行的景观分析和评论，主要方位的标注和铭文评述。这幅画展现了两类古物学家在方法上的差异。对难以确定年代和给予解读的遗迹，英国人会展现出对景观本身的兴趣；

图 2-17　卢卡斯·德·海尔 1574 年所绘的水彩画《巨石阵遗迹》(*Le Site de Stonehenge*)。

而对丹麦人来说，不仅铭文分析技术是出于对景观的兴趣，而且还能在考古调查和铭文资料之间建立起一种连续性。斯堪的纳维亚古物学家之所以比他们的欧洲同行走得更快更远，是因为他们能将自己的知识应用于近代，如此便可以让人感觉到一种连贯性。

对比这些描绘遗迹的秀美风景画、技术图和皮卡特在近一个世纪后发表的梦幻仙屋图，可以想象古物学家与古老信仰之间的鸿沟。但对部分学者来说，这些信仰是与实证科学并存的。我们也看到了人们对待古罗马时期卢萨蒂亚骨灰瓮甚至更晚一些的出土陶器的态度：虽然这些东西经考证被认定为考古文物，但总有一些人认为这是居住在地下深处的矮人们的物品，或是奇怪的大地现象的自然产物。中欧的大型史前墓地遗址最常发掘出的古物

图2-18 署名R.F.的作者于1575年完成的版画《巨石阵遗迹》(*Le Site de Stonehenge*)。此画与卡姆登的《不列颠志》扉页的插图（见本书第9页）采用了同样的视角。

是花瓶、骨灰盒和罗马罐（ollae）。大多数珍奇屋中都收藏有箭石、鲨鱼牙齿和燧石。他们的神话鉴定可以追溯到古代作家，普林尼和瓦罗[37]这样的古代作家都曾为这些物品编纂神话起源，相关的传统也一直延续到18世纪甚至更晚。不过梵蒂冈植物园的主管米凯莱·梅卡蒂（Michele Mercati）早在16世纪就以恰当的方式提出了疑问：

> 箭石在意大利很常见，通常被称为"箭"，是由薄且硬的燧石制成的三角形尖头。人们对这个物件有两种意见。大多数人认为它源于闪电，而专业的历史学家则认为在铁器被广泛使用前，箭石通过敲击坚硬的火石制成，随后用于疯狂的战争。最早的人类还把燧石片当作刀来使用。[38]

针对燧石、陶器、石阵和墓冢，一直以来都完美并存着两类解释。面对传统的神话解读，少数学者提出了令人信服的理论，但这些理论从未被学术界完全接受。知识和传统二者共同构成地基，也是16世纪考古学剖面图中最下面一层，更贴近表面的是考古学实践。它们可以被划分为不同的区域流派，形成包含不同"沉积物"的"地层"。意大利层起初主要的组成部分是出土的古物古迹，是现代罗马的建设者用镐挖出来的。意大利被三重优势眷顾。帕多瓦、博洛尼亚、罗马和那不勒斯是学术和艺术中心，往来的不少文献学家、艺术家和古物学家在王室、贵族和教廷的要求下对藏品进行分类、修复和研究，并在市政和建筑工程上相互合作。而且意大利是文艺复兴人文主义的发源地，对土地的关注和对古物的收集既是出于好奇，也是一种需要，且文献学、绘

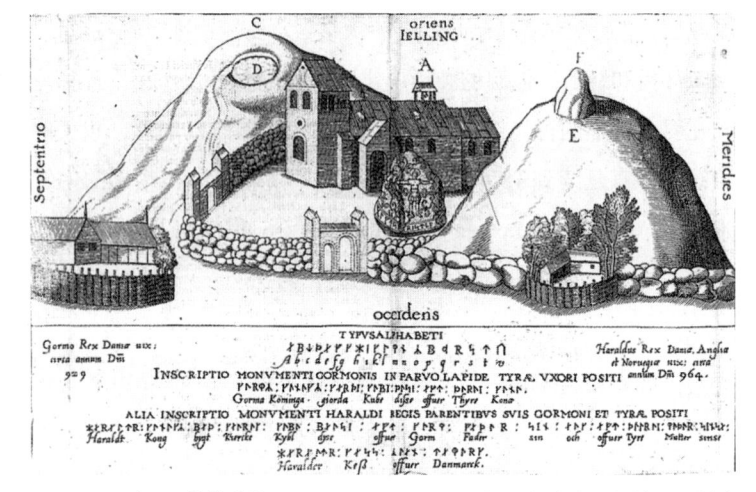

图 2-19　彼得·林德伯格（Peter Lindeberg）于 1591 年发布的描绘耶灵村遗迹的画作。这幅画是在当时荷尔斯泰因省省长海因里希·兰曹的要求下完成的，画中配有技术说明文字，对遗迹进行了解剖式分析。两座丹麦国王坟冢之间的许愿石上用卢恩字母写下了铭文，画的下方是铭文内容的译文。

图学和建筑学知识也能够方便获取。此外，意大利城市的历史不长，也没有与古希腊－罗马历史脱钩。

　　法国、英国、中欧或北欧的情况不尽相同。笼统地看这四个文化区域，它们的整个历史是在摆脱了沉重的特洛伊和以色列部落起源说的束缚后被重新铺垫和建立的［仍有旧传统的痕迹，在瑞典人奥洛夫·鲁德贝克（Olof Rudbeck）的作品中可以看到其影响程度］。在这种情况下，古物学家们自然倾向于构建一个以当时为时间坐标原点的历史，这样可以借助为数不多的古代文献搭建串联中世纪和古代的历史脉络。整个过程中特定的拉丁文献发挥了关键作用，如恺撒留下的大量关于法、英的描述，塔西佗则有不少对日耳曼甚至斯拉夫世界（斯拉夫身份在一定程度上取决于对古代中欧人特征的认定）的记载。但文献的数量还是太少，而且16世纪最早一批古物学家的专长仍然是研究铭文。他们被当时出现的大量的罗马金石学资料和装饰斯堪的纳维亚教堂的符文石碑所震撼。碑铭学家们的工作并不是在室内研究文本，而是需要到实地去考察，古物学家们离开了自己的城市开始长途旅行：前往丹麦的马夏克、佩雷斯克、卡姆登和奥勒·沃姆，以及奔赴瑞典的约翰·布赫（Johan Bure）都是不知疲倦的旅者，他们出于各自不同的原因深入乡野游历观察。在气候温和的欧洲乡村，除了保留有一些防御工事和遗迹的罗马城镇外，他们必须用肉眼来识别巨石和古墓，观察地面来找出荒废的村落或墓园。徒步旅

图2-20 荷尔斯坦因省总督兰曹的奉献金字塔。为了纪念丹麦国王，兰曹于1572年在他的庄园内竖立了一座奉献金字塔，上面刻有如下拉丁文铭文："世界创造的第5540年，洪水后的第3484年，基督诞生的第1572年，穆罕默德诞生的第985年。"

第二章 古物学家们的欧洲　　165

行、生物分布学、地理学，这些都是16—17世纪的古物学家们所熟悉的词语，他们的研究领域开始涉及文学、科学、天文学、数学和植物，促使这些领域的专家走出图书馆去观察土地与天空。斯图尔特·皮戈特（Stuart Piggott）曾强调，"土地测量"是英国律师学院（Inns of Court）的学生必须掌握的知识[39]。于是出现了这种扎根乡村的新型古物学家：他们出身贵族、资产阶级甚至牧师，也会关注自家的收成和财产管理。这些古物学家不为公爵或王室服务，有的即使担任了公职（如卡姆登被任命为皇家纹章长官），也是因为在游历过程中取得的成功。在他们看来，远足和

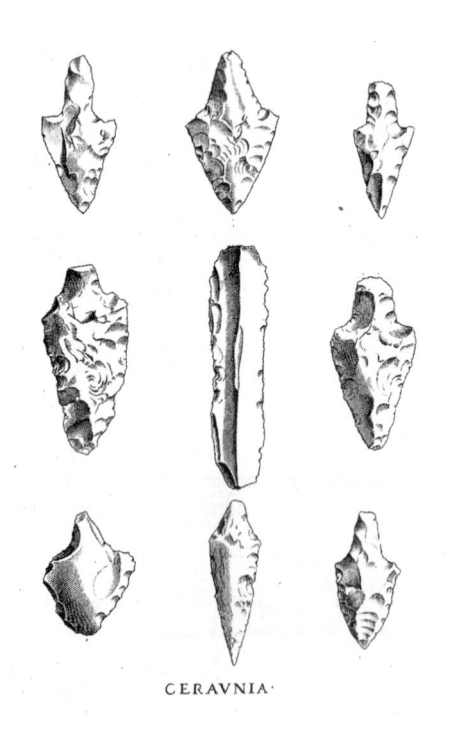

图2-21 米凯莱·梅卡蒂1570年所著、1717年第一版《梵蒂冈矿物博物馆》（*Metallotheca Vaticana*）中各种箭石的图片。这位意大利学者在书中解释说，所谓"闪电石"，其实就是人工打磨的燧石。

166 征服过去：考古学的起源

在乡间徒步、骑马旅行,既是学习,也是一种乐趣。罗伯特·伯顿(Robert Burton)就在1621年出版的《忧郁的解剖》中这样写道:

> 你知道有什么比理论和应用数学更令人兴奋吗?游历乡间,绘制地图、模型和图表?在这些工作中我总能感受到极大的乐趣。[40]

各国之间自然存在明显差异。继承卡姆登衣钵(按地区划分传统)的英国人可以说在考古制图、景观描述和古迹测量方面都非常出色。中欧的古物学家们更热衷于挖掘,尝试从种族的角度

图 2-22 米凯莱·梅卡蒂的收藏室。米凯莱·梅卡蒂在1585年建造了欧洲最早的矿物收藏室。室内的建筑结构规整,矿物和金属分区展出。

对出土遗迹进行解释（受塔西佗的影响）。至于法国人，除了佩雷斯克这个"异类"外，更多还是在室内做着给闪电石、钱币、铭文分类的工作，鲜有人去乡间探索。在法国，历史的叙述也主要采用一种特定模式，这种模式明显常用在描述高卢人的文学作品中。也许正如我们所见，我们对高卢人有太多问题：他们是日耳曼人还是罗马人，是天主教徒还是新教徒，是皇帝派还是共和派？回答这些问题时，古物能够提供的信息不如文献。如果我们继续对考古学进行考古，就可能在这个多科学领域紧密联系的世界里（卡姆登、佩雷斯克、鲁本斯、沃姆、伽桑狄、伽利略之间都有直接或间接的联系）发现无穷的变化，但学者数量太少，导致某些科学的发展停滞不前，我们也目睹了佩雷斯克的英年早逝所带来的后果。总之，为了实现对这一主题的全面剖析，我们必须转向斯堪的纳维亚，那里不仅诞生了一种新的考古方法，而且出现了欧洲历史上最早的古迹保护法和考古机构。

斯堪的纳维亚人

景观考古学的诞生。文艺复兴时期的考古学知识综述

在白雪皑皑的北国，历史并不像在那些温带国家被平和地揭示。北方文艺复兴时期的学者们无法接触到能够连接辉煌的古罗马与现代的考古资源，包括德国或意大利修道院的丰富藏品，以及特里尔、巴塞尔、普罗旺斯和意大利的古罗马遗迹。

但对于那些努力研究景观的人来说，土地也会迸发出惊喜：巨石、古墓，甚至是卢恩字母（最早的斯堪的纳维亚文字）书写

的铭文散落各处。萨克索·格拉玛提库斯（Saxo Grammaticus）在12世纪末就已经指出了各地观察到的奇怪遗迹：

> 在遥远的过去，生活着巨人族这个古老的民族，巨石群便是证明，这些石头当时可能用作墓碑和石棚墓的顶（？）如果有人怀疑这是巨人的杰作，请告诉我们还有谁能将这些大石头如此有序地摆放。[41]

根据当时许多神学家的说法，斯堪的纳维亚人的祖先哥特人是圣经中雅弗（Japhet）的后裔歌革（Gog），这种圣经起源说被中世纪的人们广泛接受。1434年的巴塞尔主教会议上，瑞典韦克舍主教尼古拉·拉格瓦尔德（Nicolaus Ragvaldi）宣称自己代表欧洲最古老种族，并向同僚要求（并获得）更高的教会地位，只有一位代表西哥特人的西班牙主教提出了异议[42]。这种历史解读得到了文艺复兴时期人们的认同，其中就包括乌劳斯·马格努斯（Olaus Magnus）和约翰内斯·马格努斯（Johannes Magnus）这样博学的神职人员，他们是忠于教廷的瑞典人，因宗教改革被流放到罗马。乌普萨拉主教乌劳斯·马格努斯在被迫休假期间写下了最早的关于北欧人民的历史、地理和人种描述。这本书于1555年在罗马出版，书中配有丰富的插图，展示了斯堪的纳维亚乡村的非凡景象：巨石森林、坟冢、刻有卢恩字母的石头，以及矮人和精灵开采贵金属的图片。这位文艺复兴人文学家的思想仍然十分贴近中世纪传统："在遥远的古代，巨人们居住在北方的岛屿上。……他们的王国开始出现文字的时候，拉丁字母还没被发明。"[43]

乌劳斯·马格努斯无疑是一位精通古典传统的人文主义者，

图2-23 奥勒·沃姆所著《丹麦遗迹六书》(*Danicorum Monumentorum Libri sex*，1643）封面图。画面将古希腊－罗马传统与斯堪的纳维亚和圣经传统联系起来，提醒人们古代历史的范畴并非局限于古希腊－罗马。

他并不打算像同时期的意大利或德国学者那样用发现物来验证文献，而是把注意力集中在独特的北欧景观、遗迹或铭文上。他的目的并不是对遗迹和铭文本身做出解释，而是将其与古典传统联系起来：巨人和卢恩字母证明北方民族非常古老，在他们生活的时期罗马人和希腊人还没发明文字。同一时期伟大的北方教会的改革先驱奥劳斯·彼得里（Olaus Petri）[44]则更加批判地看待北方历史，呼吁要系统性看待文件、档案和铭文。他对起源问题态度谨慎，拒绝对不确定的丹麦、瑞典起源论发表意见。

图 2-24 两张斯堪的纳维亚风景图［乌劳斯·马格努斯 1567 年所著《历史》(*Historia*) 一书中的版画］。马格努斯想知道挪威山区矗立的石头是异教徒还是巨人所摆放。他认为巨石建筑和石阵都是巨人的作品。奥勒·克林特-延森（Ole Klindt-Jensen）强调了画家的远见卓识，认为他已经开始关注古迹保护：祭坛上方用卢恩字母书写的文字意为"尊重遗迹"。

第二章 古物学家们的欧洲

直到16世纪末，人们才开始系统性地收集北欧的古物，并开始采用罗马和英国的古物学家所推崇的文献知识与实地考察相结合的方法。荷尔斯泰因省省长海因里希·兰曹令人对耶灵坟冢绘制了细节丰富的版画。为了找寻巨人的踪迹，他还在1588年在罗斯基勒北部地区（Langben Rises Hoj）[45]组织了石棚墓的挖掘工作。还有一些执着的人开启了更加雄心勃勃的计划，其中就包括约翰·布赫。他是乌普萨拉一位牧师的儿子，接受过严格的古典主义传统教育，除了掌握拉丁语和希腊语外，他还自学了希伯来语。1602年，他成为日后的瑞典国王、当世最伟大的战士之一古斯塔夫·阿道夫（Gustave Adolphe）王储的导师。在充满求知欲和民族主义氛围的瑞典宫廷中，布赫很快就投入了卢恩文字的破译工作。学者们对这种古老的文字感兴趣并不是什么新鲜事，毕竟在当时瑞典的一些地方，卢恩字母仍在丧葬和宗教铭文中使用。布赫是最早收集和系统分析古代铭文的人之一。他创建了一套准确的字母表，提出了转译的规则，明确了日期系统，最重要的是将瑞典各地的铭文收集编纂成册。从1599年开始，布赫和两名助手定期

图2-25 符号森林（乌劳斯·马格努斯1567年所著《历史》一书中的版画）。史前遗迹和中世纪的墓葬都被视为古斯堪的纳维亚人所建。各种形状的建筑融汇在一起，像景观中镶嵌的神秘字母。

地进行地形调查和考古旅行。与英国的卡姆登相比，他采用的方法并没有太多创新，但与众不同之处在于精心绘制的插图和对铭文的特别关注，铭文收集也是他旅行的主要目的。他一举将传统的古物寻游转变为系统研究，最早的专业考古调查就这样出现了。他与瑞典王室成员的良好私交为他带来了古物学家们梦寐以求的便利：以王室的名义委托任务，在绘画和雕刻方面获得帮助，以及君主的坚定支持。

他们的成果令人惊讶。短短几年内，布赫和他的团队抄录了瑞典已发现铭文的四分之一。因此，瑞典王国是第一个有考古部门的国家，该部门具有现代考古机构的不少特征。如果没有竞争这个重要的因素，布赫的成功难言完整。17世纪初，瑞典和丹麦在政治和外交领域陷入了激烈的对抗。这两个二元君主国（丹麦－挪威，瑞典－芬兰）决心塑造自己的历史形象，以便在饱受战争蹂躏的欧洲拥有更恰当的政治和外交地位。历史在意识形态层面对两个王国至关重要，而在斯堪的纳维亚，考古学是历史的重要组成部分。卢恩文字的破译让人们可以阅读北方王国最早的文献，这些文献揭示了一些不大为学者们熟知但壮观程度不逊于罗马的遗迹。

时间旅行。奥勒·沃姆

下一位对考古这门新科学做出重要贡献的学者来自丹麦，是他将实地考察、收集、解释和旅行联系在一起。奥勒·沃姆于1588年生于奥胡斯，年轻时接受了当时（17世纪初）最顶尖的教育。从奥胡斯的大学毕业后，他又去了古典传统研究的中心——吕讷堡的约翰尼乌姆大学。他经常去埃默里希的耶稣会学校（*Stiftschule*）听课，那里也接受新教徒。此后，沃姆开始了在欧洲各地的旅行和学习（主修医学），先到了意大利帕多瓦（佩雷斯克几年前也来过），然后是罗马和那不勒斯。他有很强的求知欲，也喜欢收集任何物品。和佩雷斯克一样，他没有把自己局限在古物范畴，而是将收藏看作是一种知识的累积，将与文献学和医学相关的人造物（*artificiosa*）与自然物（*naturalia*）汇聚在一起。在那不勒斯，他经常参观著名收藏家费兰特·因佩拉托（Ferrante Imperato）的收藏。他与高卢历史专家，"化学医学"创始人皮埃尔·德·拉·拉梅［Pierre de la Ramée（即彼得吕斯·拉米斯）］也时常往来，这为他打开了巴黎和蒙彼利埃（1609—1610曾居住于此）人际关系网。在欧洲各地都有朋友的他，随后还去了在黑森的莫里茨王子（Moritz de Hesse）的资助下成为当时著名学术中心的卡塞尔，也在海德堡、阿姆斯特丹和伦敦留下过足迹。1613年，遍访欧洲学术重镇的他被任命为哥本哈根大学教授，在这里他对人文和自然科学做出了无与伦比的贡献。在沃姆的大力支持下，学校进行了改革。在先后担任拉丁语、希腊语、物理学和医学教授后，沃姆于1622年开始研究卢恩文字。他那可以媲美佩雷斯克的书信数量展现了他对自然历史和古物始终如一的好奇心。他的信友也与佩雷斯克有交集，比如皮埃尔·伽桑狄、加布里埃尔·诺德（Gabriel Naudé）、伊萨克·德·拉培伊埃尔（Isaac de Lapeyrère）。

《丹麦遗迹六书》于1643年在哥本哈根出版。这是一部关于丹麦古迹的总论，因其独特的论述方法和精良的插图赢得了广泛赞誉。按照古典传统，六卷中的第一卷内容应该是关于主题的定义，但实际上是一本名副其实的考古学实用手册。遗迹、古物和

图 2-26 根据《沃姆的博物馆》(Musei Wormiani Historia)的扉页画复原的奥勒·沃姆的收藏室。这间房凝结了沃姆的毕生心血：它象征着一种世界观，将矿物、植物和动物组合成一个连续体。

《沃姆的博物馆》扉页画，1655 年。

文献：对过去的记忆是全面的，古物学家的任务是对过去进行"解剖"，并将结果与不同的历史资料进行比较。任何希望研究古代北欧的历史学家都必须有勇气将民族历史置于古典世界的历史之上：

由于这片土地的古代历史十分复杂，我们中的大多数人

第二章　古物学家们的欧洲　175

都放弃了爱国责任，忽视了本地的古物，转身投入外国的古物研究中。但忽视近在咫尺的家乡而专注遥远的外国，崇拜远方而贬低熟悉的事务，本身就是一种沉痼而不是美德。长此以往，丹麦的所有活动、仪式、习俗、制度、法律、胜利、凯旋以及成就都将被黑暗吞噬，被人们永远地遗忘。[46]

考古工作关乎文化和爱国。古代文化的范畴不应局限于古希腊-罗马，还必须考虑到本地的古代文化，也就是我们现在所说的国家文化。丹麦人与其他古代民族一样值得关注。沃姆并没有试图编纂一部涵盖所有形式的古物的大全，而是记录能够吸引学者眼球的那些罕见、宏伟、年代久远的古物和遗迹。在此过程中，这位博物学家和文献学家差不多，在一个巨大且未知的物质世界中创建秩序。一般物品的分类必须考虑其成分和功能，而古物是根据用途来定义：神殿、祭坛、坟墓、墓志铭、公共广场、竞技场、边界和国境。书中列举的丹麦古物按照罗马古物的类别进行划分，给人奇怪的感觉。为了给考古学构建一个描述性的系统，沃姆借鉴了古典传统。他既希望创建一门新的学科，又想使用瓦罗著作中设定的框架[47]，这就让他的方法充满了矛盾。沃姆从来没有想过在古代斯堪的纳维亚是否存在类似于古罗马的集会广场或竞技场的地方。他的考古学是基于景观中所有社会广泛存在的集体活动留下的明确和可识别的痕迹。列举时应有一个基本的顺序：首先是仪式相关（纪念建筑和丧葬习俗），其次是时间记录（刻在木头或石头上），最后是社会用途（广场、竞技场、边界、国境线、文化场所）。虽说在地下寻到的物品是不确定的，但这位收藏家没有采用浅显的视角，而是深思熟虑，并利用古典传统来阅读景观，破译符号和铭文。沃姆并非简单地对遗迹进行分类和解读，还会联系周围的景观去了解它们的功能。他回顾了他的前辈们尤其是乌劳斯·马格努斯的研究成果，并指出"异教"时期瑞典的遗迹比丹麦多：

> 据我所知，丹麦各地的遗迹并不多，也许是因为我们的祖先在皈依基督教后竭尽所能地消灭他们视为耻辱的偶像崇拜，并将祭祀场所全部摧毁……或改造成真神的庙宇，企图根除人们关于异教神的记忆。在田野和树林中也散落着被拆毁的祭坛桌，这并非特别罕见。[48]

如果说考古学始于古物收集，那么对古物的解读就是它成熟的标志。沃姆的独创性在于制定了描述的方法，将地面上观察到的遗迹与历史联系起来。考古学的演绎是对知识传承方式的历史解读。考古调查中不可忽视的一点是，遗迹保存的完好程度受历史进程的影响。沃姆的计划是循序渐进的：确定了遗迹的类型后，他先后研究了古代丹麦人的圣所、神祇、贡品、立石和集会场所。他就这样创造了一种新的古物学论述，在当时具有革命性的影响。对他来说，只有描述与详细但无序的观察是不够的，必须将知识整理成一个明晰的体系。正是有了这种根本性的进步，人们不再像16世纪那样将古代遗迹视为各种莫名其妙符号的集合，而是历史拼图的缺失部分。培根和沃修斯（Vossius）[49]所珍视的"时间的沉船"并不是无法打捞的残骸；散落在历史沙滩上的碎片，如果解释得当，可以揭示出事实、行动和态度，把我们带回古代社会的核心。

现在的古物学家通过重新观察周围的世界发现了历史的物质遗留，并（果断但不完全地）将自己从传统中解放出来。从那时起，历史不再是解读古代文献，而是以古迹为出发点并对传统加以利用。由此看来，沃姆采用的是培根式的方法：

> 无条件迷信某些作家，拒绝承认他们的时代局限性，否认其他人和权威对他们的评价是非常荒谬的。只有经过时间而不是权威考验的才是真理。[50]

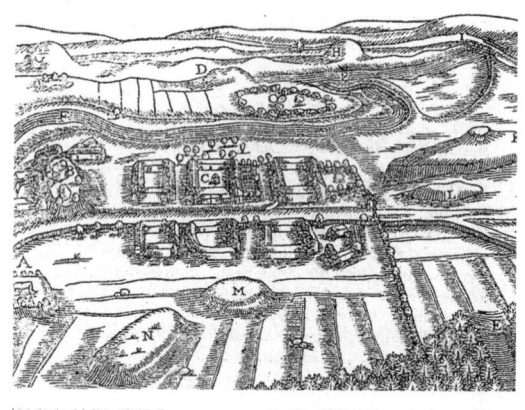

图 2-27 奥勒·沃姆 1643 年绘制的耶灵遗迹图（收录于《丹麦遗迹六书》）。这幅测绘图与兰曹在数十年前绘制的图不大一样。（见本书第 164 页）

奥勒·沃姆绘制的莱尔遗迹图。（1643）

每次开掘土地就像是开始一次时间旅行。整个过程无需拉丁文或希腊文的资料,一颗好奇的心、一双敏锐的眼睛、一份对风景的把握能力和对绘画的兴趣就足够了。沃姆的作品因其高质量的描述、精确的测量图和优美的风景画让同时期的学者们惊叹不已。他从考古学和地形学两方面对位于西兰岛莱尔(Lejre)的皇家遗址进行了详尽的介绍。沃姆的考古学方法不是以某处遗迹为出发点去构建一个地方的历史,而是将遗迹的所有特点放到一张全景图中,准确地呈现遗迹和景观的特征。遵循罗马传统的古物学家会先从遗迹本身开始研究,最后再关注其所处的环境。斯堪的纳维亚的方法是完全不同的,从兰曹省长为耶灵遗迹所作的记录中可以明显看到这一点。沃姆对莱尔皇家遗迹的分析中介绍了各种特殊地形,包括平原、丘陵和树林,并搭建了目标遗迹与相关地块和当时居住环境之间的联系:

165

A. 哈拉尔德·海尔德坦迪(Harald Hyldetandi)的陵寝,南北两侧排列着大石,中间是一个搁在小石头上的巨大方形石块。

B. 石头区域,一块椅子形状的岩石几乎占据整个顶部;当地居民称之为女王宝座(Droningstolen),根据传说,那里正是头戴帝国皇冠的女王主政的地方。

C. 此地如今仍被称作"皇宫"(Konigsgarden),是当年皇宫的所在地。

O. 被石墙围起来的加冕场所。新加冕的国王在附近的山丘D停下来展示自己并接受子民的效忠。

E. 林中的"Ertedal",以赫塔女神(Hertha)的名字命名的幽静山谷。

第二章 古物学家们的欧洲　179

F. 流经莱尔的河流。

G. 名为"Steenhoj"的山丘。

H. 奥拉夫（Olaf）国王的陵寝。

I. 名为"Maglebrœ"的主桥。

K. 国王的马厩遗址，曾被称作"Hestebierg"。

L. "Folehoj"：被称为国王的小马驹的地方。

M. "Kirkehoj"：传说这里曾建有一座神庙。

N. "Friisshoj"

P. 流经"Kornerupio"的河流，名叫"Kornerup Ae"。

当然，现代读者很难区分考古遗迹的现实分析和通过神话故事演绎的君主们的行为和事件，两者长期被混为一谈。沃姆确定了女王宝座和皇帝加冕地的位置后，他对周围景观仍按照中世纪传统进行了解释，这种对皇家排场的分析方式也迎合了现代专制君主的喜好。沃姆的工作不可避免地被时代所局限，但他对景观的全局视野、借鉴口述传统（传说、地名）进行的功能性研究以及高超的测量技术都值得钦佩。沃姆在行动中严格遵循了他在1638年给挪威的斯塔万格（Stavanger）主教的著名书信中提出的方法，这封信也被现代实地考古视为典范。

收藏与分类。知识与试验的工具

理论和实地调查让布赫和沃姆成为景观考古学的奠基人，而现代考古勘探正是由景观考古学发展而来。他们的创新之处不仅体现在对遗址进行实地测量、编目和绘图，还体现在地形学方法、对绘图以及成果出版的重视上。从田间探寻到著作出版之间的缺

图 2-28 建筑师约尔格·科尔德雷（Jörg Kölderer）和阿尔布雷希特·丢勒（Albrecht Dürer）完成的木刻画——《马克西米利安一世的凯旋门》(1515—1517)。《白色国王》(Der Weisskunig) 的作者马克西米利安一世（Maximilien I）下令制作了这幅画，用来记录无法用石头建筑展现的荣耀。御用古物学家约翰内斯·斯塔比乌斯（J. Stabius）用押韵的诗句写过一篇评论，列举了皇帝所做的各项活动，包括建筑、语言学习、纹章学习和收藏。马克西米利安梦想倚仗斯塔比乌斯、康拉德·策尔蒂斯（Konrad Celtis）、威利巴尔德·皮尔卡伊默（Willibald Pirckeimer）这些当时最伟大的学者，从考古和历史的角度对日耳曼尼亚进行描述。

图 2-29 《马克西米利安一世的凯旋门》细节图。马克西米利安一世的收藏不是为了展出,而是隐藏在一个秘密的房间,很少有人能进去。

失环节由沃姆来填补和把控,这样的工作是无法一个人胜任的,需要借助其渊博的知识、有利的职位和国际关系网来协作完成。为了自己的事业,沃姆曾尝试获得本国和外国外交官的支持,并动员了主教、牧师和偏远省份的官员。如有必要,他会毫不犹豫地利用手中的权力。沃姆不仅是一位思想家,还是一位典型的人文主义收藏家,渴望对所见的各种奇物进行了解和归类。

人类自好奇心萌芽就开始从事收藏活动,对其投入的热情在波米安这里体现得淋漓尽致。16世纪的学者们和王公贵族们开始想要整合一些收藏,而藏品对象不局限于珍宝,还包括有教育意义、能用于解释世间现象的物件。人们开展收藏是因为相关物件稀有、昂贵或奇特,而对如此多样的藏品进行分类确实是个大问题。芭芭拉·巴尔西格(B. Balsiger)清楚地展示过整理和分类过程如何满足哲学的需要:将尽可能多种类的物体集中在一个尽可能小的空间里,这些物件就可以被看作宏观世界的缩影。在分

182　征服过去:考古学的起源

图 2-30 费兰特·因佩拉托的收藏室［版画出自其所著的《自然历史》（*Histoire naturelle*，1599）］。

图 2-31 弗朗切斯科·卡尔佐拉里（Francesco Calzolari）的收藏室［版画出自其所著《卡尔佐拉里博物馆》（*Museum Calceolarium*，1622）］。

类和知识上下的功夫直接导致收藏被重新定义，因为那是一个怀疑主义的时代。象征物能够召唤看不见的事物，不受时间或空间所限，它是通往一个消失的且鲜为人知世界的脆弱桥梁。波米安所探讨的收集的魅力，是收集这种还原主义的行为本质上所带来的后果。而"获得"物品的方法是很多的。

财宝会为君主和王公贵族带来名气和自豪感，因此这些人不遗余力通过政治和经济谈判来充盈自己的宝库。但除了传统领域的常规收藏品，还有一些或被遗忘或失去了原有用途的物品也被纳入收集的范畴。例如16世纪掀起的美洲物品收集热，对特殊种类化石、矿石样本的收集，当然还有考古学和人种学相关物品的收集都展现了这一现象。兴趣的转移和新关注点的出现为另类收藏提供了空间："由研究对象组成的新象征物类别与此前已有的类别平起平坐，但过程中并没有新物品产生。"[51]

除了此前大多数贵族热衷收藏的纪念物和珍品外，还出现了一些对过去和现在有所启示、能引起情感共鸣（雕像、绘画）或拥有知识内涵（科学工具）的物品。藏品的珍贵性或神圣性对于收藏本身来说当然不可或缺，因此收藏活动本身也成为涌出知识的源泉。巴伐利亚公爵的朋友，来自安特卫普的萨缪尔·冯·奎西伯格（Samuel von Quicchelberg）医生早在1565年就针对这一主题阐明过自己的理论。在当年发表的著作中，冯·奎西伯格医生向学术界提出建造第一个虚拟的历史博物馆。他计划建造一个微缩模型，一个组织分明的感性世界样本。奎西伯格的书是一部虚拟的收藏指南，能够为学习和实验提供帮助。他将所有展品按照物质和知识类别分散在五个区域，如此布置了想象中的博物馆[52]。

第一个区域专门介绍博物馆的历史，用图片、地图和画稿标记收藏的时间和空间信息。第二个区域展示人造物：雕像、石头、建筑碎片、金属制品、钱币、图片、雕刻。第三个区域展示自然物，包括动物、植物和矿产。第四个区域展示各种器具：乐器、服饰，以及用于测量、手术、狩猎和农耕的各种工具。最后一个区域用于展示图像和铭文中包含的概念和符号。

奎西伯格的计划既是一个研究计划，也是一个教学模式，让所有人都能探索博物馆这个微观世界，同时去发现宏观世界（即现实世界）。参观者沿着设定的游览路线看到的内容由浅入深，由实证到感知。隐藏在展览背后的是一种知识的哲学。虽然奎西伯格的作品只是一个理论模型、一个抽象结构，却生动地展现了让16世纪收藏界烦乱不安的那些变化。《沃姆的博物馆》之前的作品中也有相关阐述，而沃姆对这些作品应该也有了解。

费兰特·因佩拉托的著作《自然历史》于1599年在那不勒

图2-32 费迪南多·科斯皮（Ferdinando Cospi）的收藏室［《科斯皮的博物馆》（*Museo Cospiano*，1677）一书中的版画］。

斯出版。这本书实际上是一本自然物目录，包括动物、植物和矿物。《沃姆的博物馆》是1622年在维罗纳由沃姆的两位医生同事完成了出版事宜。虽然沃姆的理论构架比因佩拉托的更复杂，但它所涵盖的仍然是自然界的三个秩序。与16世纪的作品有很大不同，这些汇编更加注重版画的质量、植物和动物解剖图的细节，以及插图的准确性。对以行医为业的沃姆来说，这些作品无疑是

图2-33 曼弗雷多·塞塔拉（Manfredo Settala）的收藏室（《博物馆，或……曼弗雷多·塞塔拉阁下的画廊》中的版画，1666）。

有示范作用的。如果将《沃姆的博物馆》的封面图与他的前辈们的作品相比较，就会发现惊人的相似之处。每本书的扉页都绘有博物馆的正面图，用图画的方式将微观世界呈现。每幅远景图都采用一种全景视角，人们可以直观地分辨出按照知识类型划分的各大藏品区域。只要将费兰特·因佩拉托和弗朗切斯科·卡尔佐拉里的《博物馆》的扉页图与马克西米利安一世的珍奇屋的图片

进行比较，就能体会到 16 世纪与 17 世纪的收藏之间的区别。昏暗的房间唯一的光源是拱顶上的天窗，皇帝的珍奇屋中杂乱地堆放着箱子、瓶瓶罐罐、首饰、绘画和文物；读者的眼光似被吸入图片之中。版画是阿尔布雷希特·丢勒的朋友完成的，画中藏品的布局遵循一定的顺序：中间是盒子，第一个已经打开；左侧靠外是豪华餐具，靠里是文物；右侧是珠宝、皇冠、骑士勋章，正中间是金羊毛。但图中并没有明确描绘任何古物、动物和植物，虽然它们也被作为古董或珍品收藏。我们从汇编的内容可以知道，这些东西被认为不够格出现在图中。

相比之下，费兰特·因佩拉托的博物馆展现的是对知识的渴望。绅士们可以参观一个铺设着精美地砖、配置有豪华家具的房间。天花板上巨型鳄鱼周围环绕着数十种海洋生物。左边精雕细琢的柜子里摆放着各种标本，它们被小心翼翼地收藏在箱子和袋子里；右边的所有空间都被一个大的书柜占据。这些藏品不再是在墓穴微光下闪闪发亮的宝藏，而是在宽敞明亮的房间里，在巧妙布局的家具上展出，完美达到教学的效果。《卡尔佐拉里博物馆》的扉页插图也呈现了这样的效果。天花板上悬挂着各种海、陆动物，中央有一个类似祭台的地方，装饰着三角楣和爱奥尼亚柱，四周的壁龛中存放的可能是各类标本。左右两边间隔摆放着花瓶、书籍、硬币和盒子。进入藏品屋，立即就会感受到学者气息；打开的抽屉，随手乱放的书籍彰显出主人井井有条中的几分混乱。房间里没有了那种昏暗、神圣气息，取而代之的是抽象且高深莫测的智力活动。

《沃姆的博物馆》扉页插图显然仍遵循上述传统：天花板上悬挂的动物、盒子的摆放，自然物和人造物的混合搭配，都表现出

188　征服过去：考古学的起源

相同的品位。然而这里突出的是不同秩序之间的连续性，而不是对比。在版画的右下方是仔细贴有标签的标本：非完整的动物、贝壳、矿物和植物归类摆放；上方是小型动物标本，还有一些雕塑和工具；最后是大型动物如巨型海龟、北极熊，武器、机器、衣服，甚至是真实大小的人……

这些介绍性的图片自然无法如实展现汇编的内容，因为它们只是为了展现收藏的整体思路，同时揭示一种选择和意图。人们对《沃姆的博物馆》的最初印象是一个微观世界，按照奎西伯格的传统，人在这个微观世界中应拥有至关重要的地位。对沃姆来说，人造物和自然物是不可分割的，它们之间的亲密互补性来源于过去将人与自然维系在一起的纽带。沃姆的作品既有别于他的前辈，又不像康拉德·格斯纳（Conrad Gesner）或乌利塞·阿尔德罗万迪（Ulisse Aldrovandi）的作品那样偏百科全书性质，其原创性在于他成功地将自然与人整合在一起。《沃姆的博物馆》前四个部分与奎西伯格的划分相同：矿物、植物、动物这样的排序应该是经过深思熟虑的［但因佩拉托和卡尔佐拉里（Calceolario）都没有采用这个顺序］。在他作品的第四章中也对方法进行了类似的探讨，这可能是最早关于考古学和人种学素材的论述。沃姆提议将人造物分为十二个等级：土制品／琥珀制品／石制品／金银制品／青铜和铁制品／钱币／玻璃及类似材料／植物材料制品／木制品／果实／动物材料制品／不可归类物品。

沃姆拥有系统的知识结构，但他并不提倡彻底改革，他对传统的坚持有时会给他带来奇怪的麻烦。他对闪电石这种被米凯莱·梅卡蒂多年前就有理有据地反驳的东西坚信不疑。沃姆既没有梅卡蒂那样的表达天赋，也没有如遵循马夏克传统的德国史前

175

图 2-34 《圣热纳维耶芙图书馆的收藏室》(Le cabinet de Sainte-Geneviève，1692 年的版画)。这是 17 世纪法国最有名的珍奇屋之一。

史学者强烈的挖掘兴趣。但他展示了此前部分学者们欠缺的品质。他既是一位观察者，也能够完成项目的组织，负责从信息收集到著作出版的所有工作。他丰富的学识和对众多科学的涉足，使他成为"理性时代"名副其实的考古学之父。沃姆死后，他的藏品被弗雷德里克三世（Frédéric III）国王纳入了哥本哈根的皇家博物馆。沃姆给后人留下的除了考古景观分析法和一些当时最高规格的藏品，还有一种重要的理念：考古学可以在需要时提供文字资料未能记录的信息。对残骸的细致研究、对发现物的详细描绘，以及对遗迹的调查，都促进了这门结合了历史和自然史的新学科的诞生。布赫和沃姆的工作让斯堪的纳维亚的统治者和学者们发现，挖地三尺确实会寻找到某些问题的答案。了解到这一点后，1622 年，丹麦国王克里斯蒂安四世（Christian IV）通过了第一个

图 2-35　阿塔纳修斯·基歇尔（Athanase Kircher）的收藏室（1678 年的版画）。在著名的耶稣会士阿塔纳修斯·基歇尔的影响下，埃及在收藏中开始占有一席之地：方尖碑成为陈设中的一部分。

关于古物保护的法令，古斯塔夫·阿道夫也于1630年5月20日公布了一项关于瑞典古物的法令。这些举措让考古学第一次在罗马以外的地方受到公众的关注，成为极其珍稀的财富。

从文艺复兴时期的罗马古物学家到斯堪的纳维亚学者，从弗拉维奥·比翁多到沃姆，人们在同样的兴趣、同样的好奇心驱使下越来越看重古代遗留下来的东西。多年来，对古物的观察、发掘和调查已成为获取历史知识的一种手段。与这场历史上的唯物主义革命同时发生的还有颠覆科学界的两件大事——实验科学的出现和新大陆的发现：

> 在我们这个时代发展起来的远洋航行和探索揭露和解释了自然界的许多东西，也为哲学点亮了新的曙光，这一点不容忽视。在物质世界的陆地、海洋和星辰被大面积探索和揭露之际，如果知识世界仍限制在古人划定的狭小范围内，我们这个时代的人应当感到羞耻。[53]

古代历史的神话领域中，耐心地酝酿着恶魔和精灵的故事。培根曾说过，人文主义学者们构建的知识不止是一种探索，而是努力成为一种解释。斯堪的纳维亚的古物学家也许是因为比其他同行更渴望使用新的历史资料，所以率先尝试将收集和解释结合起来。他们以新手的热情投入这些新资料中，写出与古希腊人和古罗马人不同的历史——一部耐心从土壤和景观中提取的历史。到17世纪下半叶，新的一代人将承担起这个任务。沃姆的作品既是文艺复兴的最后一声回响，也是考古指南这种文学体裁的前奏。

图 2-36　威廉·斯图克利笔下的德鲁伊（1723）。斯图克利身上完美体现了 18 世纪古物学家们的多重性：医生、牧师、画家、实地考察员。他用出色的想象力展示了巨石阵的建造者——德鲁伊的神奇世界。他对发现的热情也让他成为当时最好的景观和土壤观察者之一。

第三章

从古物学家到考古学家

179
    他们的大话令人嗤之以鼻

    他们的文字只剩荒诞离奇。

    你给他们的打击如此凶戾

    鸟兽散时没有苦笑

    只有哭泣……

    你们必须保证

    害人之人心存悔改之意

    伤害如此之深

    变本加厉，

    他们将死无葬身之地。

    尼古拉·阿比戈（Nicolas Habicot），《驳巨人说，关于巨人体格的反驳》，巴黎，1618 年。

    17 世纪中叶，欧洲学术界出现新的一类学者——古物学家。诚然在文艺复兴时期，尤其是在意大利，出现了像皮尔罗·利戈里奥和巴托洛梅奥·马里亚诺（Bartolomeo Marliano）这样的学者，虽然他们为考古研究倾尽了毕生的精力，但无法完全代表一种学者类别。文艺复兴时期的学者一般都涉足多个研究领域，对知识强烈的渴望让他们无法只专注单一的知识。这样看来，佩雷斯克和沃姆都可以归为文艺复兴时期的学者。他们对考古情有独钟，同时也对医学、天文和地理也有着同样的兴趣。相比之下，到了17世纪下半叶，出现了一批明确想要将古物学作为一门独立学科来构建的学者。发现者的时代过去后，建设者的时代紧接着到来。16世纪人们曾试图构筑一个历史体系[1]，而欧洲各地的学者们则努力建立古物学的理论：在对古迹进行简单描述的基础上，还增加了对其用途和功能的解释。

　　作为考古先驱者的沃姆就曾说过，通过对土壤的挖掘和研究足以为那些没有文字的民族重现历史[2]。求知欲是重现过去不可或缺的品质，对一个北欧人来说，它意味着挣脱古典历史的束缚并摆脱古希腊-罗马历史的诱惑。正如我们前面所看到的，沃姆为了构筑丹麦的历史，深入乡野审视景观，探索土壤去找出被人们遗忘的东西。历史学家们从来没有在古城遗址之外的地方找到过古代的年鉴。没有文字便没有记忆，但对于那些有能力解读古代遗留的人来说，埋藏地下的古物也可以被视作另类的历史语言。如果地下的一切都被看作人类历史的组成部分，那么古物学家的工作就是想尽办法对潜在的古物进行分类和解释，它们的数量和种类大到无法估量[3]。相比沃姆，尼古拉·贝热（Nicolas Bergier）更进一步，他在1622年出版于巴黎的著作《罗马帝国大道史》中解释了为什么要为道路建立一种描述性类型学：

第三章　从古物学家到考古学家

因此，我们必须讨论质料因和形式因……，并让人们看到世界上没有任何工作用到了如此多的材料：整理它们消耗了如此多的耐心、力量和技术。这个问题之所以更难处理，是因为历史对它的描述十分模糊：很少有作者准确且清楚地讨论过建造道路所用材料的多样性。[4]

道路的历史首先是一部技术的历史，同时也是一部关于交通的社会史。贝热和沃姆，通过各自不同的工作方式，尝试解读、阐明和整理他们的材料。这就引发了一个根本性的问题：古物学者的知识属于什么性质？换句话说，他们撰写的作品成色如何？历史知识的发展导致人文主义者对历史研究方法产生疑问，并对历史证据的概念进行反思。不久之后，古物学家们也思考了同样的问题，但他们给出了不同的答案。对文本的解读与对遗迹的评估所遵循的规则是不一样的。考古层面的剖析比文献分析更加依赖感官（视觉、触觉）。古物学家也同意皮浪主义者[5]提出的实物的可靠性高于文本的论断：

> 只有古币和古代大理石能给我们带来确实的帮助。我们没有被错误的判断或事件带入歧途。这是因为我们其他的支持依靠的是一直不确定的经常被复写的文本，而这些古币和古代大理石则拥有最初版本的纯净性。[6]

在斯潘海姆（Ezechiel Spanheim）这位杰出的外交家和钱币学家眼中，物品是比文本更可靠、更有说服力的证据：当然不是所有物件都如此，这里专指真实性毋庸置疑的物品。与传统相比，铭文难道不是更值得信赖的资料吗？钱币和铭文对于古典世界的意义就如同斯堪的纳维亚人眼中的卢恩文，是一种比传统更直接的获取历史知识的渠道。此外，这些物件还向古物学家揭示了此前被掩盖的景观。钱币的收集固然可以借助强大的信息网络和捐客的帮助来完成，但铭文的要求更高，必须通过实地走访、勘察土壤和遗迹，让它们重见天日。通过提供在性质上区别于文学传统的文献，考古学为自己赢得了独立性。简而言之，对于17世纪的人来说（我们这个时代的某些人亦是如此），只有把物品当传统文献看待甚至破译，才能展现出它们的历史价值。在古物学家们一丝不苟的工作背后，可以清楚地看到他们用隐喻方式表达的将物件系统纳入语言系统的意愿。

大地是一部历史书

按照整理文献的方法来整理物品，让历史像文字一样被阅读。
斯彭、斯潘海姆与古币学的发明。比安基尼与比较图像学

古物研究是一项文字工作，雅克·斯彭（Jacques Spon）就这一观点给出了最清楚的解释：

> 不要效仿那些只专注于书本且鄙视其他科学之人的偏见，我们只需要专注于自己的研究主题，让大家看到铭文和书籍中都有值得学习的奇妙知识。如果人们只想读书，其实古物也是一种书，纸张由石头和大理石制成，文字用铁器和凿子写成。[7]

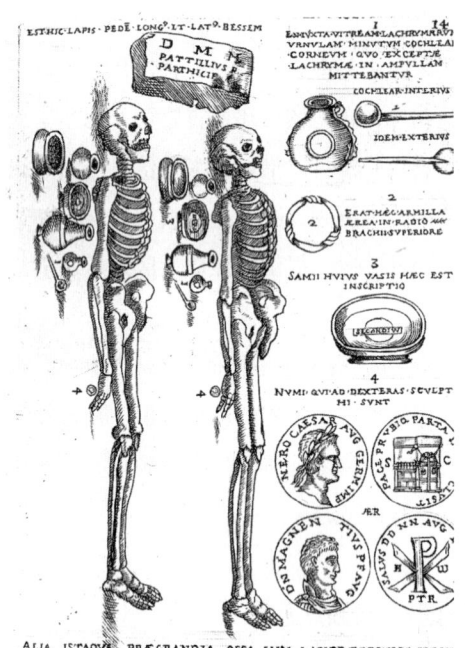

图 3-1 保罗·佩托（Paul Petau）于 1612 年编纂的古物名录。这里介绍的物品来自前安茹王宫施工过程中发现的两座高卢－罗马时期的墓葬。很明显，图中的所有古物并非出自同一时期，但至少可以看出还原挖掘现场的意愿。

与斯潘海姆一样，斯彭也对一个生动且不加任何滤镜的古代全景有着强烈的好奇和兴趣，而钱币和铭文完全可以如实还原古代的场景。在斯潘海姆看来，钱币是唯一得到完整保存的古物，其他遗留古物的状况无法与之相比：

> 有许多辉煌的雕刻和建筑，包括那些著名且历史悠久的作品，都可能因材料的腐朽和时间的侵蚀迅速消失。西塞罗的话也是对此观点最好的证明，他曾说纪念碑是为那些为共和国捐躯的公民而建造的："一座宏伟的陵墓将为你而建，镌

图 3-2　保罗·佩托所著《古代小器物》(Antiquariae supellectilis portiuncula，1612)的封面。这本版画册是在法国出版的第一本插图版古物汇编。在这张封面图的边缘，佩托绘制了一座埃及石棺的正、反面图。下方有一只铜制的石棺脚（被误认为是伊西斯铜像）。在上方一对厄洛特斯中间的圆牌上有佩托的头像，其上写着一句箴言：我想要的只有古物。

第三章　从古物学家到考古学家

刻的铭文是你神圣美德的永恒见证,你用你的凡人肉身换来了不朽。"(《斥腓力》,I,XIV)。但最终它还是被后人忽视、破坏、遗忘和拆除。寺庙、剧院、拱门和战利品等,有多少能保存到现在?它们如今的状况又如何?那些幻想着千古不朽的建筑命运几何?例如普林尼提到过的为后世修建的雄伟建筑——斯卡洛斯剧院,是否成功摆脱同时期其他建筑所遭遇的厄运?他们想要成就永恒的愿望实现了,这些建筑的废

图3-3 里昂的古罗马圆形剧场遗迹[摘录自雅克·斯彭1673年的著作《找寻里昂的古物和珍品》(Recherche des antiquités et curiosités de la ville de Lyon)]。斯彭还在图下方作了图例说明:"A是剧场外围住人的地方。B是可以站人或坐人的小屋,或是长廊或楼梯的末端。C是拱门房间,用于囚禁参加斗兽的动物。D是正厅前座,达官显贵们的座位。E是角斗场,当时的平地如今已是一片葡萄田。"

墟或遗迹经历了几个世纪仍依稀可见。而古籍在历史上更是遭遇了残酷的"虐待"，人们常常对古书的毁坏感到惋惜，面对这样的悲剧，即使不识字的文盲也会扼腕叹息。[8]

人类的每一件作品都注定会以某种方式消失，每一件物品都携带着自我毁灭的基因，但钱币"由于其优质的材料和简洁的艺术设计，从某种程度上来说更加坚固，难以被破坏；由于分布广泛且数量和种类繁多，古币比其他古物有大得多的先天优势"[9]。

钱币的质量不仅与它们的物理和艺术属性有关，还取决于它们的保存和被发现时的条件。严肃的考古学批评使我们有可能对它们进行鉴定和确定日期。通过细致的考古分析就可以鉴别出钱币的"身世"。这种想法说明古物学家已经取得了不小的进步。古物学家通过文献分析的模式构建了新的评论方法，与人文主义者在处理手稿时采用的方法一样准确和细致。文献的真实性基于证据，斯彭认为相比手稿或书籍，铭文的真实性更容易被确定，因为书稿是很容易被篡改的：

> 而且伪造古代铭文并不容易，而篡改一本书的内容或作者则相对容易：要识别出一位冒名顶替的书籍作者需要非常高的敏感性。但要确认后期伪造碑文，我认为没有那么复杂，稍加研究就可以做到。古人所选择的石材、切割的形状、字母的确切样式以及刻凿的深度都不是普通的工匠能轻易模仿的。此外，风格、表达方式甚至句号（通常为三角形而非圆形）都可以让伪造者露馅，比鉴别古书中的篡改更容易。[10]

图 3-4 这幅图是弗朗切斯科·比安基尼（Francesco Bianchini）于 1697 年完成的一部著作的封面，展现了宗教历史的不同时代。在埃及方尖碑旁，圣约翰手持一支笔和一张写有 A 和 Ω 的羊皮纸。他的脚下有一只鹰，喙中吐出生命之泉。一位头戴绘有凯乐符号头盔的罗马将军为真理女神（戴面纱的女人）戴上同样绘有凯乐符号的冠，女神为四块大陆洗礼：头上插着羽毛的印第安人、非洲人、亚洲人和欧洲人向女神献上万神殿，下面有地球、一顶基督冠和一顶荆棘冠。罗马将军倚靠在印有 SPQR（"罗马元老院与人民"的首字母）的盾牌上，左手拿着一个倒置的火炬。他的左脚踩在一本象形文字书写的药典上，右脚放在一个异教徒的篮子上。打翻的篮子里可以看到以弗所的阿尔忒弥斯、埃斯库拉庇俄斯的蛇杖、德墨忒尔的麦穗和一些古钱币。左边的背景是罗马景观，右边是拉特朗圣若望大殿。

202 征服过去：考古学的起源

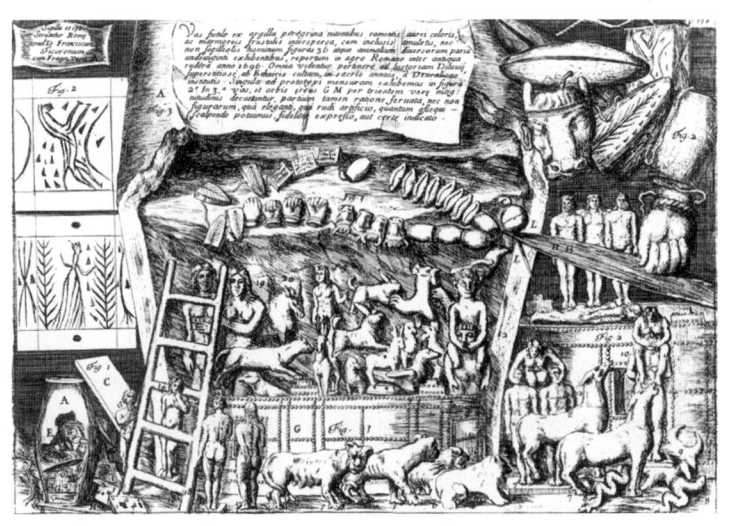

图 3-5 大洪水［图片出自弗朗切斯科·比安切尼的《遗迹证实的普遍史和象征符号证实的图像史》(*La istoria universale provota con monumenti, e figurata, con simboli*，1697)］。比安基尼向我们展示了在一个古罗马村镇遗迹处发现的罐子中的物件。这一考古发现证实了大洪水后人们对丢卡利翁（Deucalion）的崇拜："如果我们考虑一般意义上的情结，几乎可以肯定此情景是通过迷信手法呈现的大洪水场景。人们按照希腊传统举行仪式，献上的祭品既是为了纪念那次灭顶之灾中逝去的人们，也是为那些侥幸逃脱、被神指定在地球上繁衍后代的人们祈福。"

斯潘海姆和斯彭将钱币学和文献学发展成为实证科学，因为他们所做的不只是收集原始资料并将其呈现给爱好者，而是成功将它们应用于分析工作中。

二三十年后，弗朗切斯科·比安基尼将尝试对图像如法炮制。他曾这样说过，让我们承认世俗的历史（作为一个虔诚的基督教教士，他对宗教的历史还是十分谨慎）是知识，这种知识的丰富程度取决于人类理智所能接触到的纯粹的自然资源。如此一来，历史学家就不得不再去深挖传统和文献资料。但这些资料仍然不够，因为除了口头和文字传统之外，古代世界还为我们留下了图画，而分析图画与分析语言采用的方法是不同的：

在相关的章节添加图片和符号并不是简单地为了给这部作品增光添彩，而是打算通过这样的方式让书中的历史能够以更直观的方式被阅读，方便记忆。……一个理念的力量来自它展现出的坚定形象，人们在理解该理念的过程中会把这种形象印在脑中。而这种形象的效果可以得到加强，这和人的大脑可以增强想象力、证据可以加强理解力是一个道理。图画确实能刺激感官，但并不总能够增强理解力。如果想让人信服，一些能支撑真理的证据是必不可少的……在描绘提图斯（Titus）凯旋的场面时，拉斐尔或提香（Titien）的画作能够增强我的想象力。而如果我看到凯旋门浮雕中驾驭战车驰骋的提图斯，读到元老院成员留在建筑上的铭文，观察古代的勋章上他身穿胜利者服装的形象，就会发现这些图像给我留下的印象会更深刻。这是因为不只我的眼睛被绘画的纹理所吸引，画中那些明显的古代标志也会增加主体人物的真实感，直击心扉。[11]

通过这个项目，比安基尼开辟了一条新的原创考古路线——比较图像学。图像让历史更加有血有肉，但文艺复兴时期甚至稍后的考古学却大都忽视了它们的重要性。古物指南类图书中的插图既有古代作品的真实描绘，也有纯粹的想象图，二者被赋予了同样的地位。作为梵蒂冈古物委员会的主席和教皇的内廷天文学家的比安基尼，一直尝试整理复杂的图像领域，在此过程中，他提倡使用原版作品，认为原始的文字与其他类型的文献、硬币、铭文和遗迹同样重要：

我们在坚持这些原则的同时，试图让历史理念更加鲜活和充满力量，这就是我们为什么选择用图像来表达。图像主要是作为证据来支撑论点，而不是为被描绘的对象平添感官刺激。为了达到这样的效果，我们必须借用古罗马人的作品中的图像……同时希望能够限制图像的类别，并根据图像的特点为每个章节配上一幅。[12]

比安基尼的方法不仅是涉足图像学，还关注象征物。大洪水之

图 3-6 弗朗切斯科·比安基尼《遗迹证实的普遍史和象征符号证实的图像史》一个章节开头的版画（1697）。比安基尼在画的说明中写道：1 和 2 来自皮埃特罗·桑蒂·巴托里的浮雕；3 来自菲利普（Philippe）纪念章，4 来自卢奇拉（Lucilla）纪念章，5 为安敦宁·毕尤柱上描绘的雨神朱庇特；6 为一位日本神灵。

第三章　从古物学家到考古学家　205

后的每个历史时期都可以用一个或一组遗迹来呈现，包括用传统方式划分的"白银时代"或"青铜时代"等。虽说比安基尼最早预见了古迹插图在古代知识中发挥的决定性作用，但他得出的结论和他看待历史问题的僵化方式，使他将图像与符号、符号与动机这些概念混淆了。尽管如此，他的作品仍然具有开创性，因为他证明了图像学与钱币学和文献学一样是考古学的必要分支之一。

历史的测量员。约翰·奥布里和比较考古学。托马斯·布朗与历史的重生

如我们所见，与卡姆登和沃姆这些田野考古学家相比，碑铭学家、钱币学家和图像学家所专注的问题有很大不同。具体来说，他们的工作不是发现一个前人还不太了解的世界，而是在面对那些逼迫他们接受某些文学规则的文献学家和历史学家提出的质疑时进行回驳，采用的方法一般是介绍来源、对文献的内容进行评论并提供证据。为了推动考古学的发展，必须将文献研究与景观分析，文献知识与当地习俗，以及地名学、方言与传统联系起来。一位英国人即将通过这种融合带领古物学步入新的世界。约翰·奥布里 1626 年生于威尔特郡，1697 年去世。他是一位拮据的绅士，一位寻找庇护所的流浪者，但这位弗朗西斯·培根和笛卡尔的崇拜者是伦敦皇家学会的活跃分子，是托马斯·霍布斯（Thomas Hobbes）和威廉·哈维（William Harvey，血液循环现象的发现者）的朋友，是牛顿和洛克（John Locke）的同事，总之，他一直身处英国学术界的中心。有着与文艺复兴时期人们相似的兴趣点的他是田野考古学家、民俗学家、古物学家、医生、自然学家，文学家和优秀的绘图员。作为一个充满好奇心和拥有一定影响力的学者，他的主要古物学作品《英国古迹》（*Monumenta Britannica*）遭遇了与佩雷斯克的作品相似的命运。并不是由于书稿未最终完成，而是因为他没能找到愿意接手的出版商。不过这份书稿作为17世纪考古学最重要的作品之一，被广为流传、阅读和欣赏。奥布里暮年扩充的详尽版本由三个部分组成：第一部分介绍"德鲁伊的宗教和习俗"，第二部分关于建筑，第三部分

图3-7 插图选自钱币学家路易·约伯特（Louis Jobert）1739年的作品《硬币的科学》（*La Science des médailles*）。房间内奢华且方便使用的柜子见证了人们对钱币收藏的喜爱。

第三章 从古物学家到考古学家

按今天的话说是介绍考古学结构，即古冢、骨灰盒、陵寝、墓穴等。整部作品还包含《杂录》部分，这种"附录"对于书中内容的理解不可或缺，按照时间类型学分为四个部分：

——建筑学等级分类（chronologia architectonica）
——文字系统分类（chronologia graphica）
——墓碑上的武器分类（chronologia aspidoligica）
——服饰分类（chronologia vestiara）

可以看出约翰·奥布里比他的前辈们（包括沃姆）更想尝试建立一套同时基于描述和明确规则的古物体系。他的目标显然是建立一套理论，正如让–路易·格兹·德·巴尔扎克（Jean-Louis Guez de Balzac）在《与朗布耶侯爵夫人的对话》中的这段话所展现的：

> 不是所有用文字记录下的内容都能永远留存，书籍可能被销毁，就像传统也可能被遗忘。时间能够征服钢铁和石头，更脆弱的材质自然也不在话下。北方民族向所有的文字载体宣战，似乎是为了让时间快点走，让世界末日早些到来。字母没有完全消失这件事与这帮人无关。[13]

奥布里设想的古物学专业能够回答的正是这类问题。编年史中的缺陷只能通过对景观、土壤和物件的仔细观察来弥补。正如迈克尔·亨特（Michael Hunter）在一篇精彩的论文中所强调的，奥布里的原创性体现在他对过去的高度敏感上。一个经历过内战并目睹了战后惨状的人，对景观破坏的理解不可能比卡姆登更浅显：即便石头和名字也难逃死亡（*Mors etiam saxis, nominibusque venit*）[14]。因为让古物学家着迷的不仅是物件本身的独特性，还有古物具备的将过去呈现于现世的能力。这里引用梅利克·卡索邦（Méric Casaubon）的一段话：

> 古物学家之所以被古物吸引，并不是因为他们对其形状或材质着迷（尽管不少古物在这两个方面确实出类拔萃），而是因为这些见证古代的实物能在他们脑海中产生强烈的刺激，在他们眼前呈现古代的画面。[15]

以前从来没有一个古物学家如此坚定地表达说：必须将观察和想象结合，才能深入了解过去并实现对古代面貌的重构。奥布里和卡索邦一样没有忽视情感的力量，而是将其作为一种学术手段善加利用在分析中。他的方法包括将过去和现在的观察、人种学和文字传统、景观分析和遗迹解剖相结合。他与沃姆的不同之处在于，他的兴趣和方法范围更广，也不会为了描述而描述，以及他希望让阐述规范化，以便让观察有序开展：

> 我不得不承认这项调查就是在黑暗中的摸索：尽管我还没能将它完全辨明，但可以肯定的是，我已经把它从黑暗的深渊带到了朦胧的境地，而且这篇论文中的研究比之前任何人都要深刻。这些古物的年代是如此久远，以至于找不到任何相关的书面记载，因此只能通过我自创的古物比较法才能将其真身重现。无论如何描绘，历史永远存在（*historia quoque modo scripta est*）。[16]

第三章　从古物学家到考古学家

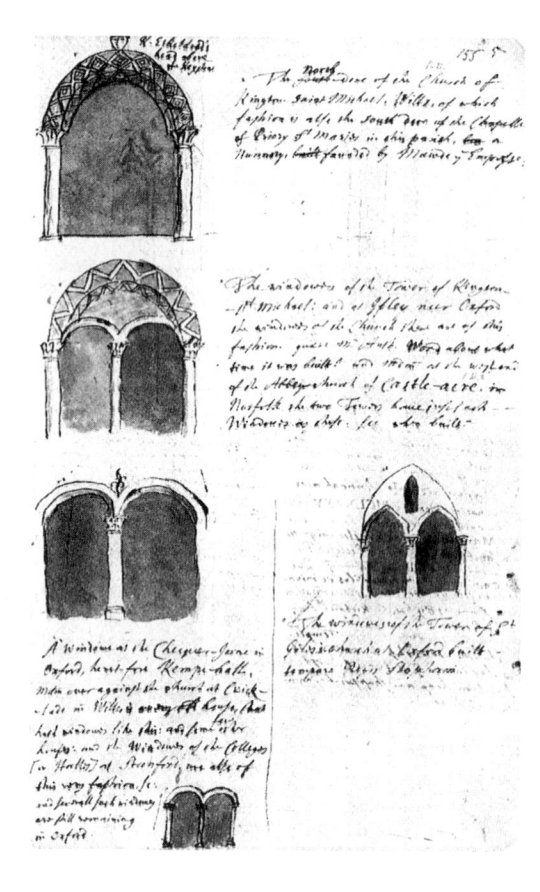

图3-8 中世纪窗户分类法，图片选自约翰·奥布里1670年撰写的《英国古迹》。奥布里在他的书中对建筑种类的划分是中世纪最早的考古类型学范例之一。

比较考古：奥布里对独创性有清楚的认识，他提出的这一特殊的表述也像一面旗帜一样高高飘扬。他当然不是第一个考虑通过比较的方法来识别古迹的人，但他确实发明了类型学＋年代学方法，即对考古类别进行系统的划分，就像他在《杂录》中做的那样。古文字学家们长期以来一直在研究按年代对文字进行分类，而让·马比荣（Jean Mabillon）当时正致力于为官方文件的研究建立一个理论和实践框架。奥布里的重大贡献在于提出建筑特征、纹章和服装也可以按同样的方法进行分类。他提出的方法是按时间顺序对古物和古迹进行整理，确定整理过程中参考的各项标准，并相互比较整理出的各个类型，这是一种颇具新科学特征的方法。他的志向并不局限于填满一间古物爱好者的收藏室，不是为了建立一个类似沃姆的博物馆的宏观世界的缩影，而是通过融合自然学家的严谨和历史学家的情感将古代世界以一种看得见摸得着的方式重现。当然，奥布里对能够在古物学中以小见大的"索引范式"思维十分敏感：

> 正如毕达哥拉斯定理可以通过脚的长度来计算赫拉克勒斯雕像的高度……，在废墟是否潜藏着足够的碎片让我们了解古代建筑的规模？[17]

但他并不满足于从古生物学的角度来重现过去；他向古物学家们说自己的终极目标是了解古人的生活方式、行为举止乃至心

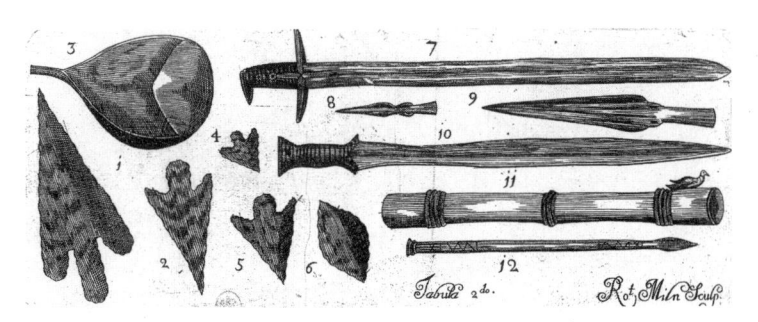

图3-9 罗伯特·锡博尔德（Robert Sibbald）1710年发表的著作《古物学杂集》(*Miscellanea quaedam eruditae antiquitatis*) 中描述的武器分类。长期以来被视为"闪电石"的燧石在这里终于有了正确的解读。被打磨成箭头的燧石被归为武器类。

理活动。作为一位走遍英国乡村的旅人,奥布里看到了村民们对古物的漠不关心,甚至有时候在狂热的驱使下做出有损于古物的举动,他用幽默的口吻写道:

> 经过了这么多年的革命和政权更迭,这些废墟就像沉船的残骸(培根也曾有过非常类似的描述)成功躲过了时间侵蚀和(更危险的)笨拙之人勤劳的双手。重新找回那些消失在记忆中的东西,就如同魔法师施法让那些在坟墓里沉睡了数百年的人复活一般。[18]

古物学者不是受自身想象力驱使的巫师,他们的工作是发掘古物件和遗迹,同时找到解读发现物的规则。"比较考古"是一

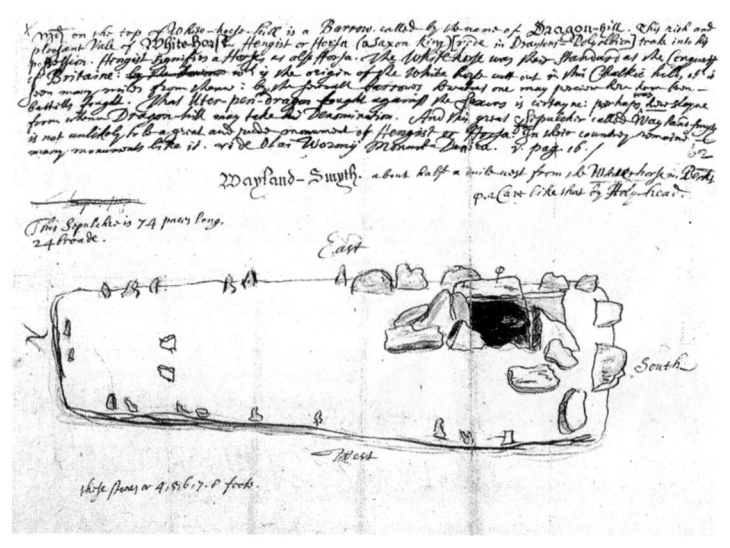

图 3-10　约翰·奥布里 1670 年所著《英国古迹》中的插图,描绘了伯克郡的一座狭长古墓——韦兰铁匠(Wayland's Smithy)墓。

种用于破译遗迹语言的思辨方法。像奥布里这样懂数学的人可以借助代数的类比法：

> 在那场历史的洪流中（蛮族入侵），大多数英国古迹都被毁坏殆尽。由于缺乏文字记录，我尝试使用代数的方法，通过逐个对比发现物并将它们转化为方程的方法，来完成分析和复原。（由于本人不善言辞）我把话语权交给石头。我将按照以知名度递减（*a notorioribus ad minus nota*）和完好程度递增的顺序来处理古代遗迹。[19]

除了创建一个严谨的古迹类型学，奥布里还使用了一些代数方法得来的数据来支撑自己的推论。换句话说，他创建了如今被称为"理论考古学"的学科。奥布里拥有非凡的直觉，虽然他并没有严格按照自己所设立的模式工作，但这一点无伤大雅。人们很难期望他能正确地判定巨石阵的年代［虽然他对著名建筑师伊尼戈·琼斯（Inigo Jones）的理论（将巨石阵视为罗马神庙）的反驳也可以说明一些问题］。他通过对方形和圆形罗马军营进行对比，提出了防御工事类型学，再次印证了他的观察天赋。尽管他对将石阵的建造者认定为古布列塔尼人或丹麦人持保留意见，但他已经为一种新的论证方式奠定了基础。考古学领域绘制鸟瞰图的先驱们此后也经历了同样的过程。个人生活遭遇的不幸和在著作出版方面的屡屡受挫让奥布里没能在考古学界获得应有的地位，然而，英国考古学界最近的研究成果让我们重新认识了这位在重要性和创新性上都不亚于佩雷斯克的人物。奥布里无疑是考古学的第一位真正的形式主义者。尽管他想要传达的理念并不为

图3-11 约阿希姆·奥丹斯（Joachim Oudaans）于1644年在阿姆斯特丹出版著作的封面。图中同时展现了人们对硬币的喜好和对挖掘工作的好奇。在豪宅左侧，收藏家们在观看一幅建筑的测量图或翻修图。右侧阳台之外，人们在进行挖掘工作。

大多数人熟知，但他为非常务实的英国考古学界创建了一个理论架构。奥布里与斯潘海姆和斯彭一样对古物学方法充满信心，他认为了解最古老的历史必须借助原始材料而非人文主义传统的手抄本。与这两位不同的是，他意识到必须研究比钱币更不起眼的物品，而且铭文对于了解英国最早历史的帮助微乎其微。他工作的动力不像布赫和沃姆那样来源于破译未知文字，而是来源于文字中记录的景观和遗迹，以及深埋土中的那些随时可能遭到破坏的历史证物。相比那些博学的斯堪的纳维亚前辈们所处的时代，奥布里那个时代的科学更注重实践。这也是他为什么在描述方面未下太多功夫，而更专注于解释。

在英国，关于古物的论述到了17世纪下半叶成为一种文学体裁，最有代表性的作品是由当时最好的散文作家之一托马斯·布朗撰写。布朗是一名医生，1605年出生在伦敦，1682年去世。与沃姆一样，他曾前往帕多瓦和蒙彼利埃学习医学；1637年他在诺里奇定居。1658年，他出版了一本关于诺福克周边田间发现的骨灰瓮的小册子，名为《瓮葬，关于近期在诺福克发现的骨灰瓮的论述》。托马斯·布朗爵士无意呈现一份现代意义上的发掘报告，而是一篇关于死亡的小品文，内容包含对人类生命的脆弱性的哲学思考。带给作者生动想象的过去似乎是一个难以定义的时间概念，他以为那是一座罗马时期的墓葬，而我们现已知道其实是撒克逊时期的。布朗作品的风格时而博人眼球，时而丰富多样，内容饱含学术和情感之间的互动，他的著作拥有着洛克和霍布斯那个时代的人独有的考古敏感性：

几个月前，在老沃尔辛厄姆的一块田地里挖出了四五十个骨灰瓮。它们被埋藏在一尺多深的干燥沙土中，摆放也比较紧凑。并非所有的骨灰瓮形状都一致，但大多数都符合这样的描述：有些含有两磅的骨头，可以分辨出头骨、肋骨、颌股、股骨和牙齿，都带有明显的燃烧痕迹。此外还有一些不相干的小物件，如小盒子或梳子的碎片、小铜器的把手、铜钳，以及蛋白石。

在周边大约六英尺的范围内出土了木炭和焚烧物，证明这里是火葬之地（*Ustrina*）……根据埋藏的地点和丧葬的习

图 3-12　托马斯·布朗 1658 年所著《瓮葬》（*Hydriotaphia*）中描绘骨灰瓮的插图。如今已经确认这些是撒克逊人留下的，当时托马斯·布朗以为是罗马时期的物品。

俗，不难推断这些是罗马时期的骨灰瓮。[20]

作为一名细致的医生，布朗对墓葬的位置和性质更感兴趣，而非陪葬的物件。他采用的是典型的古物学家的分析方法。他不仅将此处的遗迹与该地区发现的其他遗迹进行比较，还将他的描述写入了该地区考古发现的地形学和年代学研究。在确定了当地的历史和各个移民阶段后，他便继续研究丧葬习俗，显然他已经阅读了以安东尼奥·博西奥（Antonio Bosio）为代表的意大利古

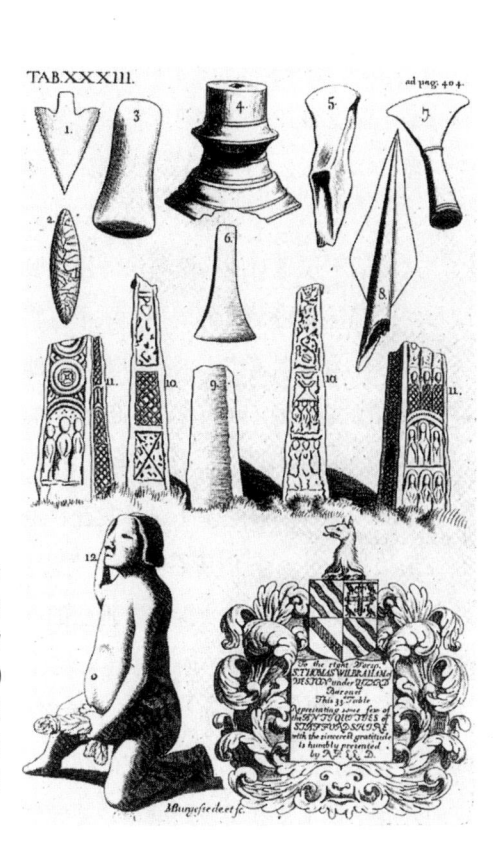

图3-13 罗伯特·普洛特（Robert Plot）所著《斯塔福德郡自然史》（*Natural History of Staffordshire*）中的版画，描绘了包括燧石、铜斧、小雕像、西元初期的十字架和古代的石头建筑在内的不同物品。

第三章 从古物学家到考古学家　217

物学家以及斯堪的纳维亚学者（沃姆）的著作。事实上，他的评论是关于火葬技术的概括性论述，其中援引了古典传统和各个时代古物学家们的作品，但核心内容是对丧葬习俗的思考：

> 那些被高高供奉的金色骨灰瓮，其主人的遗骸几乎不可能享受死后的安宁，它们大都被粗鄙的盗宝贼所毁坏……由于利益的驱使，历朝历代都不乏这样的盗墓者，他们中最野蛮的人也能够用最文明的借口为自己辩解："从地下挖出的金子不能再回归地下"，"错误埋入地下的东西，要以正确的方式取出"，"用丝绢布匹来给死者的骨灰添彩吧，别用财宝"，"活人的财富不能留给死人"，"死者不会抱怨，夺取他们的东西合情合理"，"死者没有财产权，拿他们的东西无须内疚"。[21]

这段话不仅是对罗马殡葬法的强烈驳斥，也是对狄奥多里克颁布的挖掘宝藏法令[22]的辩护，赋予古物学家随心所欲挖掘古物的权利。作为斯多葛主义的拥护者，布朗和其他古物学家一道嘲笑人类的虚荣心和奢华的墓葬。此文的特殊之处体现在两个方面：一方面，考古发现让人们可以对死亡和肉身的稍纵即逝进行反思；另一方面，这种反思是基于对骨灰瓮、地质状况以及殡葬区勘测的细致描述。正如我们所看到的，文艺复兴时期的人们对史前、罗马和中世纪的墓葬一直保持着强烈的好奇心，托马斯·布朗在著作中通过大量的解释（而非描述）将这种好奇心转化为知识。

奥布里和布朗等人的突破性工作展现了17世纪下半叶出现的诸多变化。在前人积累的知识的基础上，新一代古物学家们坚定地开展挖掘工作和年表的编写，并尝试通过对土壤和遗迹的精准观察来重新构建历史。像罗伯特·普洛特和爱德华·吕伊德（Edward Lhuyd）这样的新一代学者将古物研究视为自然史的一部分。

普洛特是牛津大学阿什莫林博物馆的首位馆长，吕伊德是他的继任者。普洛特的著作《牛津郡自然史》（1677）和《斯塔福德郡自然史》（1686）中也讲到了古物，但他也曾解释说这些古物不能与"家世、血统、宗教器物或遗迹相混淆"[23]。普洛特所做的并非是对传统的查究，而是对文物和遗迹的调研——"古代钱币、道路、坟冢、铺路材料、骨灰瓮、古代石碑、防御工事等"[24]。

土地解剖者。"解剖式分析"与希尔德里克之墓的发掘

自从卡姆登和首批斯堪的纳维亚古物学家取得重大发现以来，考古学在土地勘察方法、原始材料评估、植物学与地质学知识应用等方面都取得了进展。但主要的进展还是来源于挖掘。在这个领域绝对领先的是斯堪的纳维亚人，尤其是瑞典人，他们最早建立了国家文物机构。1662年，瑞典财政大臣马格努斯·加布里埃尔·德·拉·加尔迪（Magnus Gabriel de La Gardie）在乌普萨拉为古物学家奥洛夫·韦雷利乌斯（Olof Verelius）设立了考古学教席，并于1666年在乌普萨拉大学建立了考古学院。在乌普萨拉大学秘书约瑟夫·哈多夫（Joseph Hadorph）的支持下，该组织到1675年就聚集了一批了不起的合作者：一位研究冰岛传奇的专家、两位助手、两位绘图员、一位管理员、一位秘书、一位印刷师、两位版画家、一位校对员、一位专递员和一位勤杂人员。收集、鉴定、编纂和调查结果的出版费用都由皇家财政直接承担。哈多夫不仅是一位杰出的组织者，还是一位田野考古学家。他一

有机会就进行实地挖掘,并公布了他在比尔卡(Birka)的发现成果。大约在同一时期,韦雷利乌斯完成了对布罗比(Broby)附近挖掘的坟冢的描述:

> 这就是为什么我不太相信在冰岛的火焰时代(Brunaold),所有的人都像圣奥拉夫(saint Olaf)传奇和斯诺里·斯蒂德吕松(Snorri Sturluson)的作品中所描述的那样被火化。相反,国王和英雄们会在葬礼仪式中牺牲陪葬的奴隶。我完全有理由判定这是在焚烧过的柴堆上搭建起的坟冢。这些坟墓

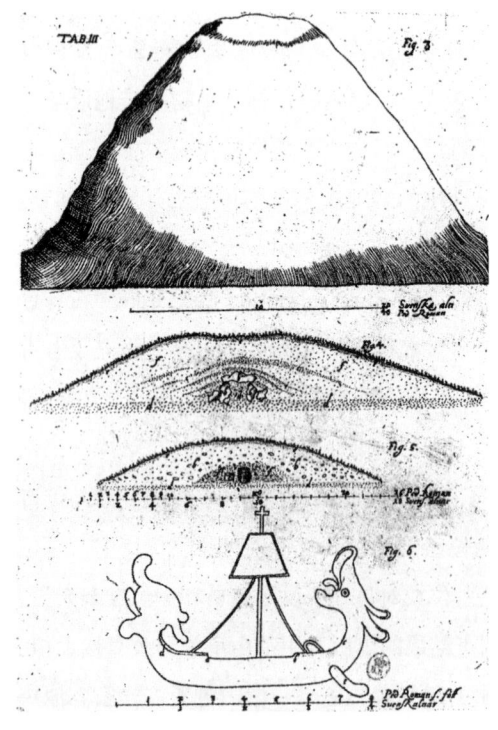

图 3-14 坟冢的地层剖面图,图摘自奥洛夫·鲁德贝克的《亚特兰蒂斯》(*Atlantica*,1697)。这可能是最早发表的坟冢地层剖面图。

很有可能是在火焰时代建造的，当时焚烧留下的骨灰都用土和石头覆盖，防止其散落或遭受其他不敬的行为。为了验证这一假设，我在去年夏天便着手相关工作，在乌勒拉克斯（Ullerakers）地区布罗比庄园附近打开了一个巨大的墓穴。拆除整个坟冢需要耗费大量的时间，而且我不希望打扰逝者的灵魂，于是我在坟冢的中间开了一条向底部延伸的小道。挖掘过程中我很快就发现了一些从北向南延伸的石头结构，上面似乎还放置了一些橡木，有些木材还没有被完全烧尽。在灰烬中有一具被火化的尸体，应该是朝南摆放。火焰燃尽，尸体被火化之后，人们会就地建造一座坟墓，盖上土并放置成排的石头，以防死者的遗骸受到侵犯。坟冢北部放置死者头部的地方有一些非常破损的容器，我没办法将收集到的残片重新黏合，而且容器内除了土之外什么都没有。其他地方没有发现骨头或骨灰，只有一些为神灵和死者准备的食物和祭品。在这个墓穴中我发现了五个层层叠加摆放的结构。最令我惊奇的是，在底部、顶部和中部的骨灰和烧毁的骨头残骸中，竟然发现了一些没有被烧过的骨头，一碰即碎：这肯定证明在同一家庭中有些人被火葬，有些人被土葬。[25]

考古学的进步并不完全体现在利用挖掘物来佐证推理，而是体现在对细节、地层组成和地下残骸状况分析的关注。总而言之，基本思想是，地下埋藏着不同种类的遗迹，通过它们可以重现历史。韦雷利乌斯无意中就用到了地层学的概念。

同时代斯堪的纳维亚学者中最著名、最杰出的奥洛夫·鲁德贝克也支持这一想法。鲁德贝克在历史、比较研究和人类学方面

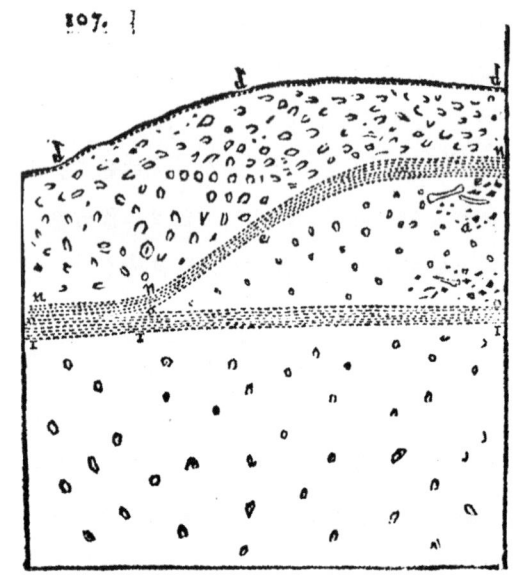

图 3-15 奥洛夫·鲁德贝克的著作《亚特兰蒂斯》中的地层分析（1697）。

的成就被广为谈论，但他在古物学方面所做的贡献却常常被忽视。鲁德贝克1630年出生于瑞典的韦斯特罗斯，1653年获得乌普萨拉大学教授一职。他很早就放弃了对植物学和医学的研究并专注于遥远的史前史，目的是证明斯堪的纳维亚半岛就是亚特兰蒂斯，让北方人高人一等。在考古学方法的设计上，鲁德贝克与他的前辈们沃姆或哈多夫没有什么不同。和他们一样，他认为旅行考察十分重要，能够对景观有直观的理解，同时他将地名学与传说、中世纪资料和卢恩字母书写的铭文研究联系起来。但毫无疑问，他是最早以解剖学的眼光来完成挖掘工作的人之一，挖掘不是简单地从土壤中取出物品，还需要了解古物残余与它们所处地层之间的关系。这种实地考察的观念指导他绘制出自己负责挖掘的乌普萨拉古墓的剖面图[26]。图中细致描绘了墓室的样子，且各层次之间的关系也得到了清楚的呈现。鲁德贝克以解剖学家的热情来观察地形，并将沃姆创造的经典俯视视角与比例图结合起来，让细节得到最精准的展示，乌普萨拉老城的平面图便是一例[27]。长期对土壤的观察让他提出建立以地层厚度为参照的绝对地层学[28]。作为虔诚的路德教徒，他的年表以大洪水为起始年份，不可否认的是，鲁德贝克用手中有限的资源奠定了地层法的基础。事实上他曾大胆设想通过对连续地层的观察来建立一个绝对时标。

土壤被视为放置古物的容器，但更重要的是，其自身也是由沉淀物石化而成，这种想法并非斯堪的纳维亚古物学家首创的。16世纪末的罗马古物学家弗拉米尼奥·瓦卡（Flaminio Vacca）和17世纪初的尼古拉·贝热都曾表达过相似的观点。瓦卡甚至将台伯河的沉积物视为发生洪水的罪魁祸首：

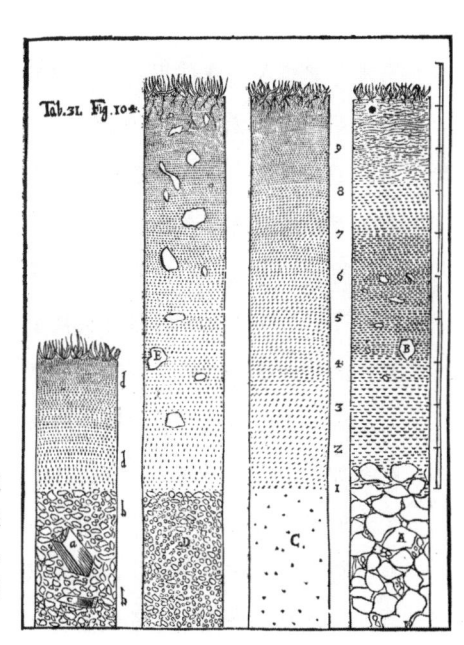

图3-16　奥洛夫·鲁德贝克的著作《亚特兰蒂斯》中关于沉积原理的研究（1697）。这里鲁德贝克想要按照时间顺序测量沉积物。

> 我记得在梵蒂冈圣彼得教堂的地基中，朝向圣母大殿方向的白土层中发现了一些四掌长、一掌宽的木片，是用斧头或其他铁制工具切割而成的。这些一定是挪亚方舟之前的东西，因为这些木头位于大洪水时期形成的白土层之下，而且没有任何挖掘的痕迹。这些木头就像石头一样又重又黑又硬，我听说它们已经被存放在教皇的藏衣室里了。[29]

瓦卡只是作为一个饶有兴趣的旁观者去看待这一奇特的自然现象，与鲁德贝克的系统方法相去甚远。不过贝热会以工程师一样的实证眼光来看待古代遗迹，或许从这位行家的文字中可以读到鲁德贝克理论的雏形：

> 因此，我再次拿起普林尼和维特鲁威的书，脑海中浮现出那些建筑师习惯使用的各种材料：并注意到这些材料是按一定顺序分层放置的，建筑师们按照时间顺序为每一层命名……在此之后我决定亲自在主干道上进行挖掘……以了解它们与国内的道路在材料种类和铺设顺序方面是否有相似之处。挖掘的结果没有让我失望，深入基岩后我们将土从上到下刨开，发现不同的铺路材料被清楚地层叠摆放。这三条道路中的第一条，材料层数和铺设顺序与现在国内的路基本相同。第二条路的材料层的顺序略有变化，而第三条的材料层数增加了一倍。实际上，古代房子的铺地材料和我们建造主干道使用的材料非常相似，通过考察一间间古屋，了解其地面材料的名称和铺设顺序，就可以知道古代筑路材料的放置顺序，以及至今还无可考的每个材料层的名称。我期待能够

幸运地找到为我指引具体研究方向的书籍。[30]

虽然尼古拉·贝热与鲁德贝克一样对土壤有着浓厚兴趣，但他采取的观察视角截然不同，并将实地勘探视为对书面资料的补充。通过调查，他成功将个人住宅与道路的建筑词汇联系起来。挖掘工作的初衷是对文字资料进行补充和验证，其主要目的不在于发现古物和遗迹。土壤的各个地层将被视为一个整体，每一层的组成部分都被视为个体来分析和比较。朝着这个方向工作的古物学家们必须借助斯堪的纳维亚考古学传统和资源，或者拥有贝热那样强烈的好奇心才能研究这些遗迹。当然，这并不是当时主流的考古模式，看看当时最著名的考古发现——希尔德里克古墓（tombeau de Childéric）——就可以体会到这一事实。

1653年5月27日，人们在图尔奈发现了一座满是珍宝的墓地，里面有金币、金蜜蜂、一把镶金珐琅剑，以及一枚刻有墓主人名字"国王希尔德里克"（Childirici Regis）的戒指。这一发现在欧洲引起了轰动和关注，因为这个希尔德里克是墨洛维（Mérovée）的儿子和克洛维斯（Clovis）的父亲，于481年在图尔奈去世。比利时总督利奥波德大公（Léopold）的私人医生之子让-雅各布·希夫莱（Jean-Jacob Chifflet）很快就在1655年通过著名的普朗坦出版社发表了一些考古发现的研究成果。作品中介绍了从圣经时代到希尔德里克墓被发现这段时期内一些宝藏的发现过程，虽然文字优美，但对墓葬本身的描述却不多。书中漂亮的版画呈现了一些重要的发现物，但由于缺少平面图和俯视图，无法从细节上了解此次发现的考古背景。并非要对希夫莱医生吹毛求疵，但与同时代的斯堪的纳维亚学者不同，他对地形没有任

第三章　从古物学家到考古学家

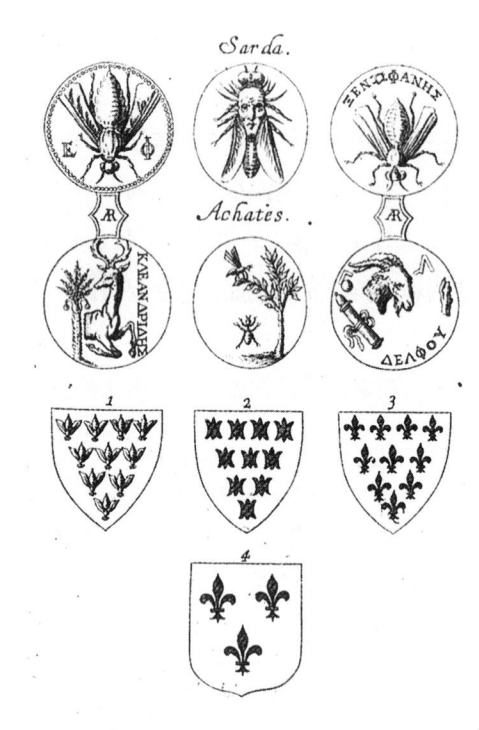

图 3-17 蜜蜂变身百合花的过程，选自让-雅各布·希夫莱 1655 年的著作《希尔德里克的复活》(*Anastasis Childerici*)。希尔德里克墓中发现的金蜜蜂被视为百合图案的原型。希夫莱乐意用这种艺术的方式来对待考古发现。

何兴趣或好奇心。在法国和意大利（尽管安东尼奥·博西奥对罗马的地下遗迹的研究堪称前无古人），考古学工作仍集中在搜寻古物或遗迹而非对土壤历史的了解。

系统描述的时代

重现历史。寻根德意志

相比同时代的法国人和意大利人，北欧的古物学家们对古物再次表现出更多的关注。这首先是出于考古学的原因。文艺复兴时期的古物学家对史前墓葬的浓厚兴趣一直持续到17世纪甚至18世纪初。王公贵族和中产阶级常常以建立与众不同的博物馆为借口，继续收集原始时代的物件来填充自己的珍奇屋，正如约翰·克里斯托弗·奥勒留斯（Johann Christoph Olearius）的珍奇屋版画和莱昂哈德·大卫·赫尔曼（Leonhard David Hermann）的金字塔博物馆所呈现的那样。与收藏家们举办的叹为观止的展览相比，皮卡特绘制的那些关于巨人和日耳曼小物件的荒诞图画似乎来自另一个时代。

由一大批德国学者发起的系统描述的时代已经到来。打开约翰·丹尼尔·梅杰（Johann Daniel Major）的《辛布里居民》（*Bevölkertes Cimbrien*，1692）和努宁（J. H. Nünningh）的《高贵的葬礼》（*Sepulchretum gentile*，1714）等作品就能够看到时代的转变。在努宁作品的封面上，丰满的历史女神高举着笔，而手持镰枪的赫尔墨斯在长着翅膀的时间老人的注视下翻动着女神即将完成的书稿，他脚下还有一个沙漏。在历史女神的旁边，一个丘比特坐在一个打开的古钱币柜上。这种古典传统的景象与前景中女神王座下的另一个丘比特的形象形成鲜明对比：他手中拿着一个"骨灰盒"，地上是新史学常用的工具，包括铜（石）斧、灯、箭头、陶瓷、钱币。这幅图清楚地表明，一些新品类的古物将有助于书写一部不逊于古典历史的历史。为了展现两者之间的差异，作者加入了容器、斧头、钱币、矛头等物品并按照类型学顺序予以展示。此外，还有一张专门描绘挖掘工作的插图：前景中的两个人物正在从一个古墓中拿出一个罐子；他们身后的背景中有墓冢和巨石阵列。

考古学性质的深刻变化是在德国，尤其是在德国北部地区发生的，这点并不令人惊讶。文艺复兴以来的所有学者都意识到古典文献关于地方历史记录的空白必须借助古物来填补。因此，在德国（以及中、北欧其他国家），从文艺复兴到启蒙时代的过渡对应着人们对历史的关注点从世界转到地方。莱布尼茨（Leibniz）本人也曾号召自己的同胞们通过观察土壤来重建日耳曼尼亚古代史[31]。他的朋友和学生埃克哈特（J. G. Ecard）延续了这一计划并撰写了名为《日耳曼人起源》（*De origine Germanorum*）的论文，1750年由谢伊迪乌斯（L.W.Scheidius）在哥廷根出版。

在日耳曼人追根溯源的运动中，神职人员是撰写新历史的主

图3-18 努宁所著《高贵的葬礼》（*Sepulchretum gentile*）的封面（1714年出版）。作者在画中呈现了古典历史与地方考古学遭遇的场景。

力军，他们对文献和景观给予了同等的重视。虽然他们继续着人文主义者的研究方向，但同时表示要通过亲自观察和实验来验证其理论的合理性。克里斯蒂安·德特列夫·罗德（Christian Detlev Rhode，1653—1717）和安德雷亚斯·阿尔伯特·罗德（Andreas Albert Rhode，1682—1724）是新一代古物学家的代表，他们甚至敢于下马徒手挖掘。这对父子来自汉堡，二人皆为牧师。他们接受过良好的古典教育并对景观十分感兴趣，这使得他们的研究方法非常接近英国古物学家。德国学术界在挖掘方面具有丰富的经验，这一点是欧洲其他国家无法比拟的，而罗德父子也因此受益匪浅。1699—1700 年，克里斯蒂安·罗德就

图 3-19 工作中的考古学家（努宁所著《高贵的葬礼》中的版画插图）。画中考古学家的形象更倾向于寻宝人而非挖掘者，而其身后的坟冢和巨石阵则被描绘得非常细致。

图 3-20 约翰·克里斯托弗·奥勒留斯 1701 年所著《博物馆中的陵墓》(Mausoleum in Museo)的封面,图中古典形象的金字塔与叠放在金字塔底座上象征新古物的三只瓮融为一体。

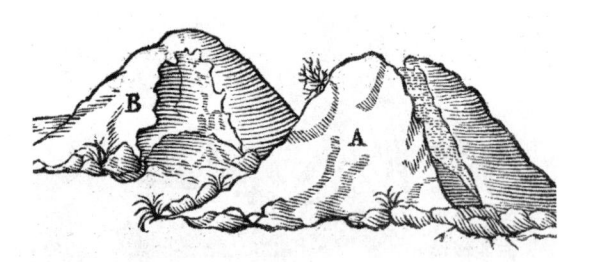

图 3-21 约翰·丹尼尔·梅杰 1692 年完成的著作《辛布里居民》中的插图。他对探寻古墓的最佳方案进行了分析:A)横切面图,B)局部剖面图。

230 征服过去:考古学的起源

在《波罗的海新文学》(*Nouvelles littéraires de la mer Baltique*)中发表了他的探查报告，他在报告中推测了放置在墓穴中的武器的功能。安德雷亚斯·罗德从1717年开始沿着他父亲的路继续从事收集和挖掘活动，但他的志向更加远大。他希望与收藏家们分享考古的具体经验，并将挖掘成果作为了解地区历史的突破口。为此，他编订了一份名为《辛布里－荷尔斯泰因古物评注》(*Cimbrisch-Holsteinische Antiquitäten Remarques*)的刊物，这是考古学史上最受欢迎的出版物之一。每份杂志只有8页，每页的正面都有一幅版画，画上有拉丁文诗句及其德语翻译。每张版画都描绘了挖掘中发现的一处遗迹或一件物品。杂志的风格独特，内容包含趣闻、简单的考古描述和对考古方法的评论，用掺杂有法语和拉丁语词汇的德语编写而成。这是一本信息非常丰富的杂志，读者通过它能够每周了解一位18世纪考古学家的发现。从第一期的副标题"入土为安是自然规律"可以看出，这是一本关于墓葬考古的杂志。罗德看待发现物的眼光独到，既有新人的兴致和天真，也不乏专业人士亲临现场的精确性。挖掘不是下等的手工作业，而是一种基于规则的探索技术。梅杰就曾提出过挖掘古墓的不同技巧，包括挖掘探沟和分段挖掘，以避免对各种墓葬的各种结构造成破坏。罗德对土壤的观察也非常上心：

> 当我们挖掘到8~9英尺深时，终于出现了绿色的土，似乎预示着很快就会有发现；因此我让工人们停止了工作，使用一把刀和一把专门准备的小铲子亲自完成了剩下的工作。[32]

像鲁德贝克和梅杰一样，罗德也很注重观察，并会在开工前到现场耐心调查。他对细节十分敏感，这种一丝不苟的精神使他和其他人一道发明了最早的挖掘技术。强烈的好奇心并没有将他限制在观察工作上，而是带动他开展古物的诠释工作。当他对燧石在古日耳曼人日常生活中的用途感兴趣时，就亲自找来燧石切割，希望重现古人的制造技术[33]。虽然注解有些混乱，但这位牧师终于还是完成了关于荷尔斯泰因地区原始时代墓葬的论著。包括火葬和土葬仪式、陪葬物的解读、明器与制造者的关系等有关史前考古的重要主题，在文中都以巧妙且诙谐的方式进行了探讨。从年代学的角度来看，他的记述显然还

图 3-22　莱昂哈德·大卫·赫尔曼的著作《泥土记》(*Maslographia*，布里格，1711）是最早将发现物的所有信息关联起来介绍的书籍：每一件发现物都与它所处的背景，甚至地下的埋藏状态息息相关。此图展现了作者对地层解剖的兴趣。

是相当模糊。虽然他承认青铜器比铁器更古老，但并不了解石器—青铜器—铁器这样重要的进化范式。罗德不像奥布里那样对类型学有敏锐直觉，也不像鲁德贝克那样重视挖掘现场的地形，但他涉足的领域更加广泛，因此比上述两人更好地代表了启蒙时代的田野考古学家。他完成了约翰·阿尔伯特·法布里修斯（Johann Albert Fabricius，曾为罗德的书作序）为他制订的计划：

> 一段时间以来，各界爱国人士都已意识到，关于我们的祖先——古日耳曼人的事迹、历史、礼仪和习俗的研究不应

图 3-23 《戈尔托夫艺术屋》（Gottorfische Kunstkammer）的封面（1666）。飞翔的鹰和身着典型服装的人物构筑了一幅田园风光，这是一种按民族特征介绍藏品的方式。

第三章 从古物学家到考古学家

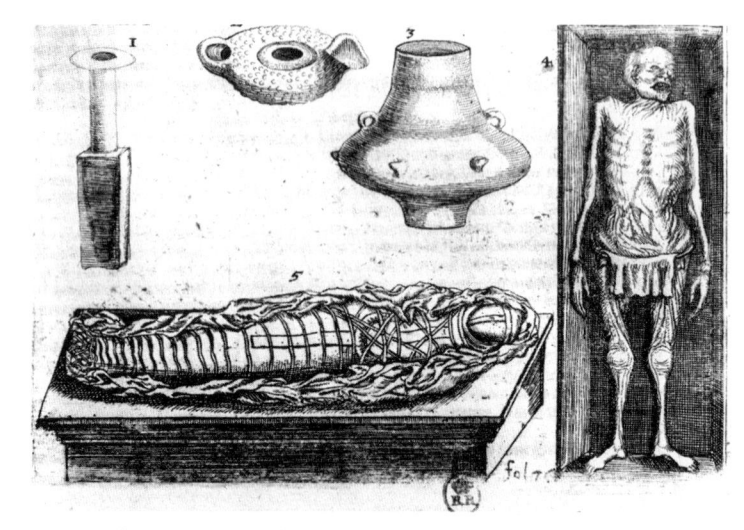

图3-24 《戈尔托夫艺术屋》中的插图。在德国，考古发现和民族志对于物品的选择和展示有着同等重要的影响：1.古罗马泪壶，2.古罗马灯，3.卢萨蒂亚瓮，4.印度木乃伊，5.埃及木乃伊。

再被压抑甚至遗忘。考虑到古日耳曼人为死者和葬礼所做的事情和相关习俗的烦琐程度，就会对观察到如此丰富细节的人们所付出的努力感到惊讶。有多少人为了填补古代文献的空白，不惜耗费大量人力和财力亲自去寻找坟墓，并尽可能详细地将发现的一切公之于众。[34]

得益于对细节的关注，对重现遗迹的热情，以及想要呈现与传统文献同样不容置疑的事实之意愿，这部作品展现了爱国主义和宗教虔诚；在启蒙时期的人们眼中，历史知识与宗教信仰密不可分。德国北部的牧师们对知识的渴望与他们将理性用于宗教的意愿息息相关，在这一点上，他们可以与英国那些寻找德鲁伊以

图 3-25 《曾经在斯米格兰肆虐的阿里乌教派史》(*Historia de Arianismo olim Smiglan infestante*) 的卷首插图，由 M. 阿德尔特（M. Adelta）撰写，发表于 1741 年。前景中的花瓶和武器象征着过去被铭刻在土地中。

图 3-26　阿尔伯特·罗德 1720 年编辑的杂志《辛布里－荷尔斯泰因古物评注》其中一册里的插图。在描绘坟冢的画旁，罗德留下了奥维德的诗句："这片树林多年来鲜有人光顾，人们可以在此感知到神的存在。"

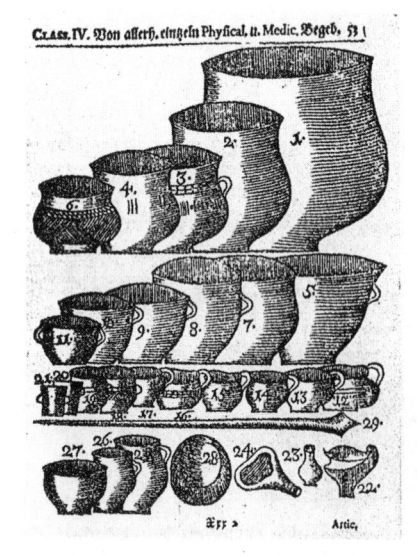

图 3-27　骨灰瓮的分类。恩格哈德·古尔（Engelhard Guhr）1722 年发表的著作中的插图。类型学的方法在瓮的摆放上得到了清楚的体现。

建立新盎格鲁式教会的人相提并论。

远古的德鲁伊人。威廉·斯图克利与凯尔特人对欧洲起源的影响

1687年，在一片祥和的实证主义氛围中，威廉·斯图克利出生于英国最偏僻的地区之一（其传记作者皮戈特语）——林肯郡的一个中产阶级家庭，年纪不大就开始在剑桥学医。他在剑桥和随后工作的伦敦圣托马斯医院里，结识了许多英国当时受人尊敬的学者：艾萨克·牛顿、天文学家艾德蒙·哈雷（Edmund Halley）、院长也是当时最杰出的医生之一——理查德·米德（Richard Mead）。在科学界中，人们对古物的兴趣与对植物学、天文学和数学的热情交织在一起，而在绘画方面极具天赋的斯图克利也展现了他无与伦比的观察能力。1717年，在林肯郡当医生的他进行了一系列考古探索，这一经历对他的科学生涯产生了决定性影响。在撰写了一系列英国考古指南后［《家乡之旅》(*iter domesticum*)、《猎奇之旅》(*iter curiosum*)、《西部之旅》(*iter cimbricum*)］，斯图克利成功继承了英国考古学家卡姆登的衣钵。与精通挖掘的德国人相比，英国在传统上更倾向于田野考古。尽管斯图克利不是巨石阵的首位发现者，但他的描述和勘测图却具有开创性意义，他对附近的埃夫伯里原史遗址的描述也将载入英国考古学的史册。结合景观知识与对地形状况的细致观察，斯图克利在巨石阵发现了通往埃文河的"大道"；在埃夫伯里遗址，他前所未有地绘制了一份完整的遗址平面图，并附有精确的地形解读。除了对景观的描述，他还能通过挖掘对土壤进行考察，对地层位置的重视让他拥有与现代考古学家颇为相似的观察视角。以下是他对巨石阵附近一处青铜时代坟冢发掘情况的描写："整座

坟由优质的土壤堆成，草下方铺有一层约两英尺厚的白垩，将坟完全覆盖。由此可见，坟的建造方法是首先拨开草皮，然后按照需要挖掘圆形的墓穴，最后用从周围的沟渠中挖出的白垩将其覆盖。"[35]

17世纪末和18世纪初的新一代古物学的特点体现在对景观的兴趣和对土壤的关注上，他们认为土壤不但是藏宝箱，还是具有解读价值的细节。斯图克利能够通过精准的绘画让发现物更加完整，他无疑是田野考古学的主要奠基人之一。他的贡献并不只是对地形分析的推动，或将挖掘定义为一种对古物学家有用的科学验证手段。年代学的分析使巨石建筑是由古罗马或

图 3-28　巨石阵立视图。插图选自乔治·欧文（George Owen）1603年出版的著作《彭布罗克郡的历史》(History of Pembrokeshire)。这一早期的巨石资料展现了对剖析巨石建筑的兴趣。欧文不仅是一位田野考古学家，还是地层地质学的先驱之一。

撒克逊人建造的说法不攻自破，证明它们是凯尔特人留下的遗迹。由于缺乏"史前史"的记录，古罗马时期前的所有英国遗迹都被认为是凯尔特人所建。如果斯图克利没有将德鲁伊人视为腓尼基殖民者、不列颠文明的开化者、一种早在《圣经》的启示之前就试图将文明引入欧洲的沉默的信仰者，那么这一观点对科学的影响就不会如此剧烈。因为核心问题在于，虽然文艺复兴时期的学者们成功将特洛伊起源的神话从欧洲史中删除，但 17 世纪的神学家们却没有摆脱从《圣经》编年的桎梏。因此，他们不得不将欧洲历史的起源与宗教历史结合起来。当时无数的学者和神学家进行了这样的尝试，如西蒙·博查特（Simon

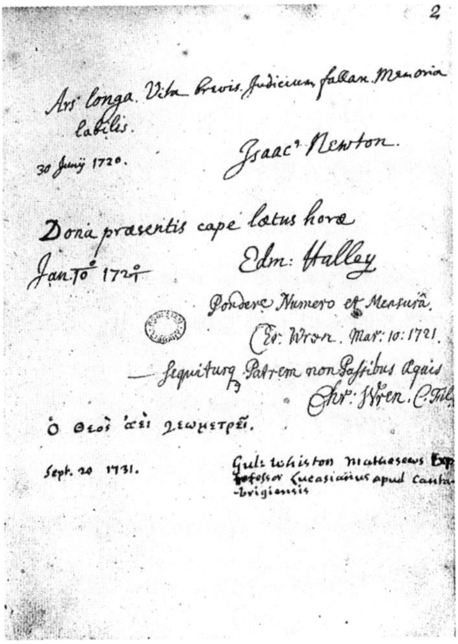

图 3-29 斯图克利的《友人之书》（Liber amicorum）。斯图克利所处的朋友圈云集了最前沿的学者。图中展示了他的朋友们的签名和祝词，其中就包括牛顿和哈雷。

第三章 从古物学家到考古学家

Bochart）在他的《神圣地理》(Geographia Sacra, 1646) 中所做的那样。在当时的背景下，斯图克利将自己的发现建立在此类信息源上也就不足为奇。1728 年，斯图克利医生皈依英格兰教会，成为斯坦福德（Stamford）诸圣堂的牧师。他的到来不仅解决了教堂内部资金问题，还为英格兰教会带来了威廉·韦克（William Wake）主教眼中最重要的礼物：重新将古代英国史融入神圣历史。斯图克利的同事兼好友罗杰·盖尔（Roger Gale）在一封信中这样写道："你将柏拉图、摩西、德鲁伊人和宗教关联在一起的尝试可能会为你赢得赞誉甚至资助，但如果有比启迪世人更好的动机来募集资金就好了。"[36]

老朋友对他所选择的道路持怀疑态度，而身边的其他人也对自称大德鲁伊的斯图克利另辟蹊径的做法多有批评。此后他将把发明才能、好奇心、知识和绘画天赋都用于重建想象中的德鲁伊世界。鲁德贝克的学术作品和斯图克利的神话作品在某些方面居然惊人地相似。这两位都是医生，都具有批判性精神，也都是长期在野外观察的实干家，而他们的方法都毁于对过去高度诗意化和充满想象的解读。除了年代和国家的区别，造成如此结果的原因是相同的；在探索人类起源的过程中，启蒙时代的学者们不得不参考神圣历史，而这一举动让他们的研究功亏一篑，因为他们在基于观察和理论构建的复杂网络中插入了一条独立的线，而这条线的唯一参考资料是《圣经》。这些实证学者的确遭遇了奇怪的命运，他们最初专注于挖掘，而最终都沉溺于威廉·库珀（William Cooper）略带同情和讽刺的诗句中描述的那种疯狂梦想：

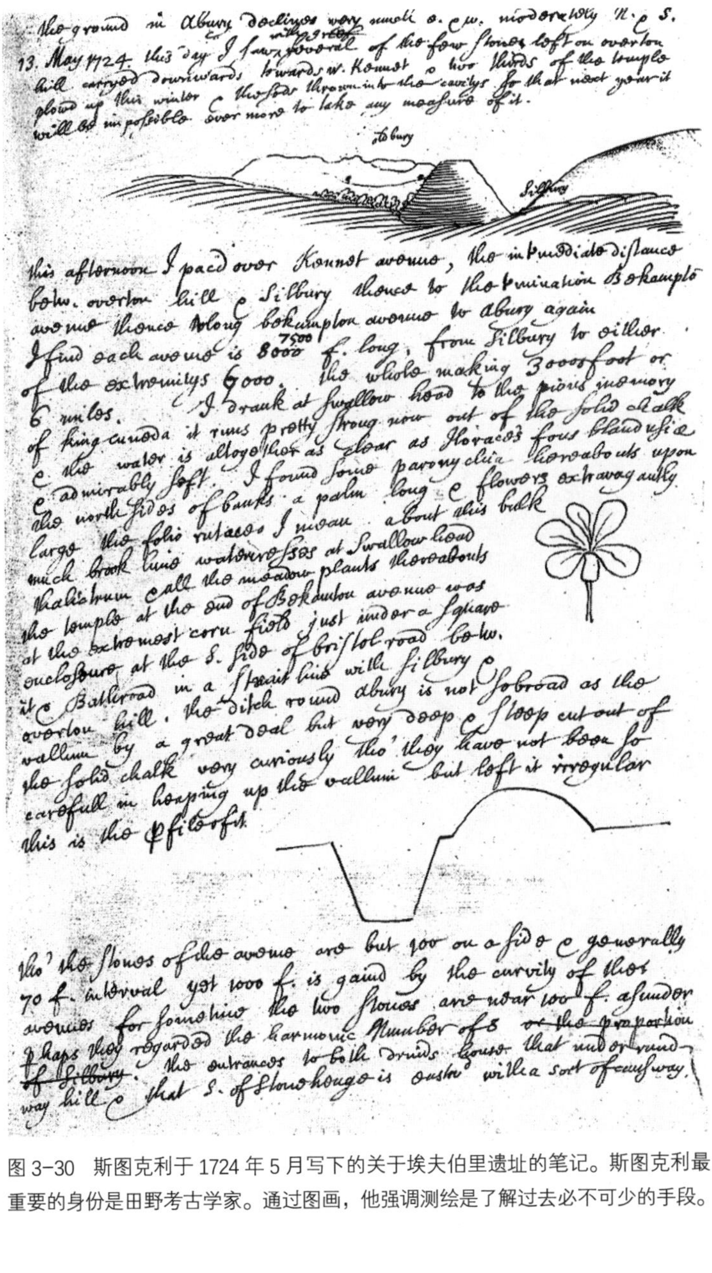

the ground in Abury declines very small e. & w. moderately N. & S.
13. May 1724. this day I saw several of the few stones left on overton hill carryed downwards towards W. Kennet & two thirds of the temple plowd up this winter & the sods thrown into the cavitys so that next year it will be impossible ever more to take any measure of it.

Abury
Silbury

this afternoon I pacd over Kennet avenue, the intermediate distance betw. overton hill & Silbury thence to the termination Bekampton avenue thence along bekampton avenue to Abury again I find each avenue is 8000 7500 f. long, from Silbury to either of the extremitys 6000. the whole making 30000 foot or 6 miles. I drank at swallow head to the pious memory of King Cunoda it runs pretty strong now out of the solid chalk & the water is altogether as clear as Horaces fons blandusiae & admirably soft. I found some paronychia hereabouts upon the north sides of banks a palm long & flowers extravagantly large the folio rutaceo I mean. about this brook much brook lime watercresses at Swallow head thalictrum call the meadow plants thereabouts the temple at the end of Bekamton avenue was at the extremest corn field just under a square enclosure at the S. side of bristol road betw. it & Bathroad in a strait line with Silbury & overton hill. the ditch round abury is not so broad as the vallum by a great deal but very deep & steep cut out of the solid chalk very curiously tho' they have not been so carefull in heaping up the vallum but left it irregular this is the profile

tho' the stones of the avenue are but 100 on a side & generally 70 f. interval yet 1000 f. is gaind by the curvity of the avenues for sometimes the two stones are near 100 f. asunder p'haps they regarded the harmonic Number of 8 ~~or the proportion of Silbury~~. the entrances to both druids house that under rundway hill & that S. of Stonehenge is ouste with a sort of causway.

图 3-30　斯图克利于 1724 年 5 月写下的关于埃夫伯里遗址的笔记。斯图克利最重要的身份是田野考古学家。通过图画，他强调测绘是了解过去必不可少的手段。

博学的文献学家们

穿越时间和空间找寻一个跳动的音节

在家中研究，在黑暗中挖掘

然后前往高卢、希腊和挪亚方舟寻找答案。[37]

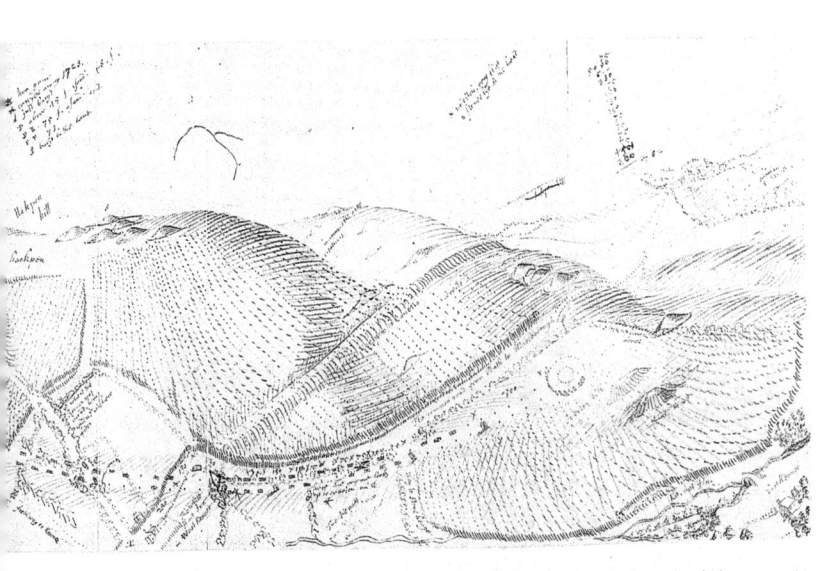

图 3-31　斯图克利 1723 年绘制的埃夫伯里遗址俯瞰图。斯图克利绘制了一份埃夫伯里遗址的全景图,并附上了地形测绘的细节。除了高度的准确性,图纸的绘画水平也非常出众。

图 3-32 凯吕斯伯爵 1762 年搜集的普瓦图省奥里耶村（Aurillé）巨石阵图。凯吕斯伯爵是自佩雷斯克以来最具热情、最有条理，也最富有的古物学家。他对高卢古迹十分着迷，并收集桥梁和道路的工程师们的测绘图。

第四章

对人类自然历史的否定

去年寒冬一个周四夜晚
数位古物爱好者
在皇家特许状的号召下
齐聚米特芮（Mitre）
威严主人神态似官相
拿起一把贵族椅坐下
言行举止颇得体
前方放着金权杖
桌上散落着
一把未开刃的英国刀
一把盎格鲁撒克逊钢打造的梳
阿佛列大帝盖印的公文
两把生锈且残破的叉
据说这是圣邓斯坦之钳
圣人正是用它夹住了恶魔的鼻。

詹姆斯·考索恩（James Cawthorn，1721—1761）

为什么古典时代的人们难以摆脱圣经纪年？为什么神圣启示是如此重要，以至于人们一直被它封闭在一个短暂的时期内，导致他们在构想人类的古代史和大地的历史时陷入复杂扭曲的状态？

古代的人和世界

对《圣经》历史的质疑。伊萨克·拉培伊埃尔和犹大·哈列维

从一位具有代表性的学者的故事中，我们可以部分回答上述问题。虽然他不是同时期学者中最博学的，但肯定是长时段理论最坚定的捍卫者，布丰（Buffon）在诗中将他形容为"时间的黑色深渊"。1656 年 2 月，一位通缉犯逃到了宽容之城布鲁塞尔，但他很快就被一个由三十人组成的小队抓获并关押在特勒伦塔（Treurenberg）中，等待教会审问。被捕人伊萨克·拉培伊埃尔并非拦路抢劫的盗贼，而是孔代亲王（Prince de Condé）的医生，法国驻丹麦宫廷大使馆曾经的随员，瑞典女王克里斯蒂娜（Christine）的心腹，不过他的一部著作却同时遭到新教和天主教人士的强烈谴责：《前亚当假说，论关于数字 12、13、14……的诗篇和〈使徒保罗致罗马人书〉》（*Preadamitae, sive exercitatio super versibus duodecimo, decimotertio et decimoquarto, capitis quinti Epistolae D. Pauli ad Romanos*）。对于学术界来说，这本书无甚惊奇，但作者的名声以及论述主题的敏感性使其成为备受追捧和期待的作品。这本书前后共发布了五个版本，其中三个由阿姆斯特丹的爱思维尔（Elzevier）出版社出版。拉培伊埃尔 1597

年出生于波尔多,"他的父亲既担当国王的顾问,还是一位拥有阿基坦地区战争特别指挥权的省级执政官(三年制任期)。拉培伊埃尔来自一个备受尊敬的新教徒家庭,他博览群书、对奇物展现出强烈的好奇心,自创了语音拼写体系。同时还是一位历史学家、工程师和心思缜密的人种学家,他为研究投入了如此多的热忱和原创性,似乎只有在悖论或异端中才能寻求满足"[1]。勒内·平达尔(Rene Pintard)用生动的笔触向我们展现的这个人并不是学术和评论领域的新锐。早在1643年他就发表过一份名为《犹太人的回忆》(*Du rappel des juifs*)的小册子,内容是主张犹太教、新教和天主教的融合;1647年又在巴黎发表了《格陵兰综述》(*Relation du Groenland*),被人们视为介绍格陵兰岛地理和人种信息的精品。游走在新教和天主教〔甚至是犹太教,因为有些作家把他视作马拉诺人(生活在伊比利亚半岛的犹太人)〕边缘的拉培伊埃尔似乎真的痴迷于犹太教经典划定的狭窄的历史和地理边界。他想要实施培根的方案,像那些取得重大发现的探险家和科学家那样满怀热情地对待学术和宗教问题。在《犹太人的回忆》、《冰岛游记》(*Relation de l'Islande*,1663年发表的关于地理和人种的评论)和《前亚当假说》这些作品中贯穿着一条主线,将对神学的质疑、地理探索和对原始资料的评论联系起来。然而,他的评论生涯还是撞到了南墙,因为面对的是一本在17世纪无人可以肆无忌惮探究的书——《圣经》。许多对他的指责(和支持)其实毫无根据,因为拉培伊埃尔无意动摇《圣经》的根基。他虚心地尝试将《圣经》文本中的人事和圣事区分开来,但这样做同样危险:他通过对圣保罗所写篇章的引用来确保自己的计划符合基督教的正统。但这样做的同时他也恢复了一个更早的传统,即

第四章 对人类自然历史的否定　　247

图 4-1 伊萨克·拉培伊埃尔 1647 年所著《格陵兰综述》的封面。这本书对地理和人种学进行了深刻的论述，是拉培伊埃尔的重量级作品。

承认人类的历史比《圣经》中描述的历史更长：

> 任何拥有刨根问底精神甚至普通常识的人都会对世界起源于亚当这件事产生怀疑，这再正常不过。迦勒底人的古老学说，埃及人、埃塞俄比亚人和斯基泰人留下的古迹，最近在世界各地完成的考古发现，以及荷兰人不久前航行抵达的未知国度都说明人类可能在更早之前诞生于一个遥远的地方，可能并不是亚当的后代。[2]

虽然这段话没有什么特别之处，但其形式无疑大于内容。长久以来，有识之士们对《圣经》中描绘的古代世界固然有质疑之声，但在拉培伊埃尔之前没有一个人对这个敏感的问题进行过系统论述。

希腊人普遍认为人类的历史长达上万年之久，此前的古埃及和亚述-巴比伦人对此也有相似的想法。但在希腊人和罗马人读过七十士译本的《圣经》之后，人类的年表便缩短了，而且《圣经》中关于世界起源的描述成为基督教正统观念的核心。公元5世纪，圣奥古斯丁已将"埃及人可恶的谎言（自诩其智慧来源于十万年历史的结晶）"[3]从西方基督教世界清除，他还在著作《上帝之城》中用整章来证明"世界有数千年历史的说法是虚假的"[4]。无论异教作家是否出于善意，科学的明证如何，任何与《圣经》内容相悖的表述都是谎言。西方在希波主教权威禁令的重压之下生活了1300多年。

不过这种史学定论在基督教会和犹太教会势力较弱的地区遭到了质疑和批评。11世纪初，犹大·哈列维（Judah Halevi）在完成于西班牙的知名作品《可萨人之书》（*Kuzari*；居住在黑海之滨的可萨人选择皈依的宗教时，在犹太教、基督教和伊斯兰教这三个一神教之间犹豫了很久）中写道，国王问拉比："印度人认为自己的民族拥有上百万年历史的古物和古迹，这难道不会动摇你对（圣经传统）的信仰吗？"拉比骄傲地回答："如果印度人有一种完整的宗教构建，或者一本受到多民族广泛认可且不包含任何伪史的书籍，我的信念确实会被削弱。不过这样的书并不存在。除此之外，这群人生性懒散、说谎成性，他们崇尚的偶像和使用的护符和巫术会激怒信徒们。"[5]

拉比的回答与罗马帝国后期犹太教－基督教在与异教徒论战中采用的措辞完全相同，但谨慎地规避了深层的辩论。圣奥古斯丁曾经采取的方法于此处用在了印度人身上：这些不信《圣经》启示之人的历史毫无可信度。对人类漫长历史的否定是一神教教义的核心，是异教徒和一神教教徒传统辩论中颇具代表性的主题。尽管各种正统派派别的人士都极力否认，但每当小股异端势力开始质疑关于人类起源的比较历史时，这个问题都会反复出现。哈列维本人比这位不知名的拉比更谨慎；他建议读者在没有完全被正统宗教教义说服前，应该至少接受这样的观点，即《圣经》中描绘的是诸多世界中的一个，在这个世界中人类的祖先叫作亚当[6]。中世纪的犹太－阿拉伯世界深受亚述－巴比伦、埃及和印度的影响，在这一地区捍卫《圣经》中记载的简陋年表比在基督教世界更加困难。《纳巴泰农业》(Agriculture nabatéenne) 这本于公元10世纪初用阿拉伯语撰写的奇书中就已经提到，塞巴人（古阿拉伯地区居民）相信人类历史可以追溯到数十万年前，一些卡巴拉学者很快就猜测存在其他世界，甚至比我们所处的世界古老得多。到了12世纪，迈蒙尼德（Maïmonide）也就这一问题发表了自己的意见："塞巴人认为世界是永恒的，因为在他们眼中天空就是上帝。他们相信亚当和普通人一样，也是由一男一女所生。亚当被赞颂为月亮的先知和使徒，他鼓励月亮崇拜并书写了关于农业的书籍。"[7]

几个世纪以来，一些比神圣启示中所描述的历史要长得多的野史还是被保留了下来。犹太和基督教会当然对此极力否认，而且人们只能通过正统派信徒驳斥异端的言论才能窥见。这类似乎与"三个冒充者"（摩西、耶稣和穆罕默德）的主题并行不悖的野史为所有的地下文学提供了素材，相应的思潮在教会和政府眼中则是为颠覆以《圣经》为经典的各路宗教为目的的诡计。整个14—15世纪实施的异端审判证明了存在对神圣启示的批判，而批判的要点之一就是否认《圣经》中的人类起源说。

美洲的发现让人们从两个角度重新审视这种批评。首先，如何解释美洲居民的起源；其次，有大量的证据表明当地人使用的年表比《圣经》的传统年表还要长得多。虽然哥伦布从未想过美洲原住民并不是在前往亚洲的途中遇到印度人，但他的直接继承人们很快就不得不面对原住民的民族和种族特征问题。传教士和征服者可能花了一番力气才承认原住民是人类，但他们的灵魂是需要被征服的。然而一旦美洲印第安人的种族身份得到认同，人们就会对他们的起源进行大胆的猜测：为了合理解释首次美洲殖民，人们将当地居民描绘成以色列的失落部落、腓尼基人、阿拉伯人甚至挪威人移民。当时的确有一个声音提出要保护美洲印第安人的民族特征，它来自化学药理学派的创始人，奥勒·沃姆的精神导师德奥弗拉斯特·博姆巴斯茨·冯·霍恩海姆（Theophrastus Bombastus von Hohenheim），即帕拉塞尔苏斯（Paracelse）：

> 所以我们是亚当的后裔。我忍不住要简单提一下那些刚被我们发现的岛民，他们的一切我们还一无所知。我们很难将他们视为亚当的后裔，他们在偏远的岛屿上做什么呢？我认为把他们看作另一个亚当的后裔是更为聪明的做法，因为很难进一步推测他们与我们有血缘关系。[8]

正如波普金（Popkin）所说，这种理论并不是对人类多元起源说简单而纯粹的肯定，而是开辟了一条道路，一条乔尔丹诺·布鲁诺（Giordano Bruno）在火刑柱上就义之前所走的道路。在他1584年完成的著作《驱逐趾高气扬的野兽》(*Spaccio della bestia trionfante*)中就将年代学问题视为批评《圣经》的要点之一。如果人们将新大陆原住民视作人类，那么就必须接受他们的年表以及世界拥有长达2万多年历史的说法。布鲁诺所指的应该是1551年发现的阿兹特克石历，由于丑闻原因，西班牙教会在1558年将其掩埋[9]。布鲁诺的批评几乎和帕拉塞尔苏斯的观点一模一样：

因为人有各种颜色，埃塞俄比亚人的黑人后裔、来自美洲的红皮肤部落、隐居山洞里的水族部落尼普顿、卑躬屈膝了几个世纪的俾格米人、地下居民、矿山守护者和奥地利的怪物不可能拥有同一个祖先。[10]

自由思想沙龙的秘密。关于人类在历史中的地位的思考

乔尔丹诺·布鲁诺采取的立场结合了文艺复兴式的好奇心和中世纪自然主义者的空想传统，并反映了当时人们的强烈好奇心。对《圣经》的字面解读和盲从已无法满足地理学和年代学发展的需要。要研究人类就必须勇于将研究对象置于其历史背景之中：这就是文艺复兴时期的自由思想家们留下的遗产，是布鲁诺和他的英国朋友——著名探险家沃尔特·雷利爵士（Sir Walter Raleigh）、托马斯·哈里奥特（Thomas Harriot）和诗人克里斯托弗·马洛（Christopher Marlowe，时常出入伊丽莎白一世宫廷的无神论

者）——传达的信息。被认定为异端的布鲁诺被烧死在火刑架上，他与同样具有批判精神的朱利奥·切萨雷·瓦尼尼（Giulio Cesare Vanini）和著名哲学家托马索·康帕内拉（Tommaso Campanella）此后共同影响了拉培伊埃尔。平达尔对17世纪自由思想界进行了细致的描述，他们给拉培伊埃尔的著作提供了必要的参考、支持和灵感。以下是平达尔对瓦尼尼的描写，后者的好奇心和胆量扰得整个欧洲不得安宁：

> 这位无神论者多年来对神灵的亵渎在路易十四统治时期达到了巅峰，教徒们的信仰为之动摇，信仰的捍卫者们心中充满恐惧，懦弱者的内心防线更是节节败退——这个无神论者游历世界，前往那不勒斯和帕多瓦求学，到德国和荷兰游览，在法国宫廷和坎特伯雷大主教的宅邸大出风头，航行于大西洋和地中海之中；他拥有的身份包括司铎、加尔默罗会僧侣、瑞士近卫队的牧师。在皈依英国圣公会后，他曾在巴黎的教区布道并随后宣布改变自己的信仰。他还是一位哲学家。即使他的舌头被割下，沾满鲜血的身躯在火刑架上抽搐时，索邦大学的学者们仍对他在哲学方面的成就予以高度认可，这一点确实令人惊讶。[11]

自由思想家们遭受的威胁显然不是单纯的虚张声势，有鉴于此，拉培伊埃尔被捕后的行为也就不难理解了。1657年3月11日，当着枢机主教弗朗切斯科·巴尔贝里尼（Francesco Barberini）和阿尔比齐（Albizzi）的面，拉培伊埃尔发誓弃绝自己的理论。这一行为对于考古史来说也具有重大意义，因为当时在场的巴尔贝

第四章　对人类自然历史的否定　253

里尼主教是著名的古物学家，他的秘书正是伽利略的朋友、纸上博物馆（musée de papier）的创始人、佩雷斯克的笔友、意大利当时最博学、最执着的古物学家——卡西亚诺·达尔·波佐。波佐在1640年写信给皮埃尔·布尔德洛（Pierre Bourdelot）时还提到了让拉培伊埃尔皈依的想法[12]。

拉培伊埃尔没有伽利略那么幸运，学术界花了很长时间才接受人类历史起源于亚当之前这一事实。究其原因可能是当时读过这本书的古物学家们（奥布里、斯图克利或罗德可能都读过这本涉及他们研究领域的书）在人类起源于亚当之前这一命题中只看到了哲学观点。但通过《冰岛游记》，拉培伊埃尔让人们看到自己虽然并非职业古物学家，但对地理和历史论证还是非常在行。他在旅居哥本哈根时，与斯堪的纳维亚考古学大师沃姆进行了交流并参观他的博物馆。正是沃姆向他介绍了格陵兰和冰岛最早的居民。也是在沃姆的帮助下拉培伊埃尔才能够驳斥格劳秀斯（Hugo Grotius）的理论，即美洲原住民是来自格陵兰岛的维京人。美洲最早的居民当然不是斯堪的纳维亚人："我来告诉你们，北欧最著名的学者沃姆当面和通过书信向我透露的信息。格陵兰岛的原住民是一群野蛮人……沃姆先生认为戴维斯湾附近的斯卡林人（Skrelingres）可能是美洲的原住民。"[13] 通过与这位丹麦学者的交谈，拉培伊埃尔不仅了解到事实，还学会了能够明确反驳格劳秀斯理论的比较法，为解释美洲原住民的多元起源奠定了基础："我发现那些关于美洲人起源的论文中有错误。作者认为美洲人来自格陵兰，而格陵兰最早的居民来自挪威。为了证明自己的观点，他臆想了一些以'兰'（Lan）结尾的美洲词汇与德语、伦巴第语和挪威语中常见的以land结尾的词汇之间的关系。而且美洲人和被视为日耳曼人的挪威人的生活方式在他看来也很相似。"[14]

拉培伊埃尔采用讽刺的方式回击了格劳秀斯傲慢的言论，同时也系统介绍了人种志的研究方法。沃姆对前亚当假说十分看重，他在写给拉培伊埃尔的信中说："我还以为你从西班牙回来后会消失一阵子，启程前往冰岛、格陵兰甚至直接到美洲大陆去调查那些让你着迷的当地人……我在面见君主时曾于不同场合多次提到你所推崇的前亚当主义，我将你的论据解释给他听，他也被这种新奇的观点深深吸引。由于我经常和他谈起你我之间交流的内容，他也很遗憾在你上次来丹麦时没能和你见面。"[15]在法国、意大利

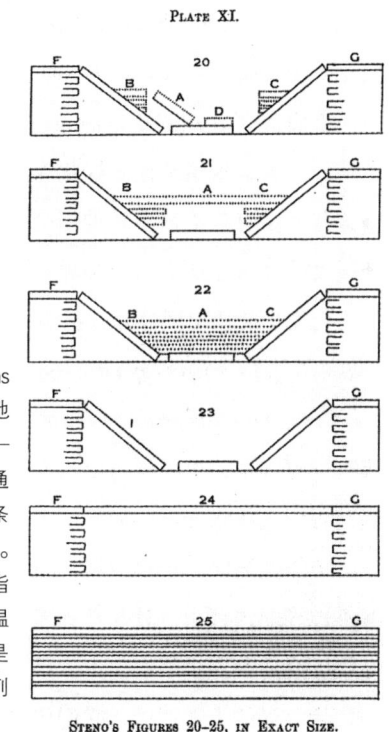

图 4-2 尼古拉斯·斯坦诺（Nicolas Sténon）1669 年绘制的托斯卡纳地质地层图。丹麦人斯坦诺（1638—1689）一生长居法国和意大利，他通过解剖 1666 年在利沃诺发现的一条角鲨，证明了舌状石是鲨鱼的牙齿。史蒂芬·古尔德（Stephen Gould）指出地质图由斯坦诺作品的英文译者温特（J. G. Winter）重新整理，目的是通过图解的方式说明时间是由一系列事件串联组成（古尔德，1990）。

第四章　对人类自然历史的否定

和英国，拉培伊埃尔理论只能在自由思想派沙龙中秘密讨论，但丹麦人却并未将其视为禁忌，沃姆和他的学生，即1648年成为丹麦国王的弗雷德里克经常在一起讨论这个问题。不幸的是，当时沃姆的考古工作已接近尾声，他开始致力于撰写和出版他的珍品集——《沃姆博物馆》。拉培伊埃尔向斯堪的纳维亚和英国的田野考古学家、德国考古发掘者以及意大利、法国的收藏家们提出了关于人类起源的新理论，但接受者寥寥；在将人类起源问题从描述转向解读的过程中，他已将一个年代学问题转变为一个哲学问题。诚然在他之前，吉罗拉莫·弗拉卡斯托罗（Girolamo Fracastoro）、列奥纳多·达·芬奇和伯纳德·帕利西（Bernard Palissy）都曾说过：世界比它看起来要古老得多。化石不是由于某种突发的自然现象让矿物变成了动物的形状，而是深埋地下的动物尸体石化而成。另一方面，乔治·欧文（George Owen）和之后的斯坦诺提出了关于地球形成的地层理论（据此理论，地球的形成需要很长时间），但这些人没有攻击基督教神创论的基本教条。即便仍有人谨慎地怀疑大洪水的必要性[16]，但他们的初衷也只是为了更好地把人类的历史与世界的历史区分开，正如罗伯特·胡克（Robert Hooke）在《微物图志》（*Micrographia*，1665）和《关于地震的课程和演讲》（*Lectures and Discourses on Earthquakes*，1668）中所做的那样。在博物学家眼里，世界的历史与人类的历史是平行的，在不同的发展过程中也从未交汇。如果从古物学家那里借鉴人类历史的考察方法，自然史的一切问题都将得到解决。自然界的贝壳和化石"类似考古界的古钱币、骨灰瓮和遗迹。贝壳和化石在数量和保存完好度上要远胜过金字塔、方尖碑、木乃伊、象形文字和硬币这些年代最久远的人类遗产，它们包含的自然历史信息也要比上述这些古物蕴藏的人类历史信息更丰富"[17]。

胡克留下的这些生动的句子很好地呈现了当时的悖论：博物学家们邀请他们的同行利用古代史的模式建立一部自然史，但他们从来没有反过来思考古代史对自然史是否有帮助。像斯坦诺和被誉为17世纪的伯纳德·帕利西的意大利画家阿戈斯蒂诺·斯奇拉（Agostino Scilla，1670年出版了《被意识压制的虚妄猜测。关于陆地上发现的各种海洋生物化石的答复函》）仍然在努力向《圣经》的年表靠拢，这一点也可以理解。多数人开始意识到自然和人类历史的浩瀚久远。拉培伊埃尔把这个想法大张旗鼓地说了出来，于是便遭遇了周围所有人怀疑的目光。荷兰加尔文教徒、

图4-3 阿戈斯蒂诺·斯奇拉1670年出版的著作《被意识压制的虚妄猜测》（*La Vana speculazione disingannata del senso*）的封面。人称"变色大师"（Lo scolorito）的斯奇拉（1629—1700）是一位来自西西里的画家，他积极倡导对古生物化石展开分析，同时对自然科学有着浓厚的兴趣，而且他十分热衷于古币学。

第四章　对人类自然历史的否定

德国路德教徒、英国圣公会教徒和各国的天主教徒都对这位无神论者予以坚决的驳斥。11年中，这些教徒们先后出版了至少17部书来回怼拉培伊埃尔的言论。

拉培伊埃尔提出了一个基本的历史问题，但直到两个世纪后，他的理论才随着漫长史前时代的发现在古物学家中产生了共鸣。虽然还有达·芬奇、帕利西和梅卡蒂这些有识之士，但当时的大部分学者依然对化石的自发形成和闪电石的存在深信不疑。不过他在学术界表述的观点此后却在自由思想家的圈子里以另一种方式被接纳。在热那亚人乔瓦尼·保罗·马拉纳（J.-P. Marana）翻译的一本名为《基督教诸王廷中的间谍，或1637年至1697年历史记事》（*L'Espion dans les cours des princes chrétiens, ou Mémoires pour servir à l'histoire de ce siècle depuis 1637 jusqu'en 1697*）的书中可以找到相关的蛛丝马迹[18]，原著用阿拉伯语撰写，内容相当奇怪。

这些伪作是17世纪下半叶的一种经典文学体裁，善良的野蛮人、智慧的埃及人（马拉纳还专门写过一部"埃及"作品）、作为书中主要人物的土耳其人和波斯人，以及后来出现的中国人，俨然是耶稣会的梦魇。在叙述时，作者刻意与书中的内容保持距离，从而规避一些传统教条，自由地针砭时弊，比直接抨击的效果更好且更安全。按照保罗·阿扎尔（Paul Hazard）的说法，这些书中说："耶稣降临的故事有太多不合理的地方，因此肯定不是真的；《圣经》中有太多模糊的片段，因此也是伪作；只认可显而易见的事实才是明智的做法。"[19]

至于当时古物学家们谨慎对待的人类起源的理论，书中这位间谍毫不犹豫地展示出对这个主题的兴趣。此外，从序言中我们也了解到作者是一位历史爱好者：

> 虽然他难称古物学家，但他对古物有着无与伦比的热爱，对重要的、值得关注的新发现也崇拜有加；但他却并不欣赏收集钱币、绘画、肖像这类无意义的琐事，因为它们对重现历史和修正年表毫无帮助，也无法解决因年代久远而引发的问题。这些物品只是因为其古老的历史、模糊的字迹和奇特的外形而备受推崇……他只对那些能够揭露早期历史、展示创世之初景象的古物感兴趣，这也是他执着于参考印度和中国史料的原因。[20]

我们已经知道，土耳其间谍就是一位追随拉培伊埃尔的古物学家，他并没有受崇古之风（佩雷斯克曾回应这种批评[21]）的影响，对知识充满渴望，也善于利用批评和比较的权利。"大领主的间谍"提出的历史和古生物学说是前亚当假说的完美拓展，与《圣经》彻底摆脱了关联：

> 普天之下的所有种族中，犹太人似乎罪孽最为深重，因为他们不仅将自己的历史观强加给世界，而且吹嘘自己的血统比亚当的其他后裔更为高贵。这种错误随后被基督徒继承，出于对希伯来历史学家不自觉的盲目崇敬，人类的历史被缩短到6000年。但如果其他民族的年表是真实的，那么人类的历史就可能长达60多万年。[22]

这位"大领主的间谍"并不满足于谨慎批评同时代的古物学家和年代学者，还抨击了他们所有人（包括那些最富有探索精神的人）共同信仰的基督教。于是我们就顺着逻辑来到了拉培伊埃尔的结论，他在"史前时代"这个词被发明之前就已经发现了史前时代。确实，这位在奥拉托利教派里走到生命尽头的加尔文主义者，是启蒙时代之前的启蒙者，他将他的信念置于他的宗教信仰之上：

> 拉培伊埃尔长眠于此，
> 这位善良的以色列人，
> 胡格诺派，天主教徒，
> 最后是前亚当假说派。
> 四个宗教同时为他哭泣，
> 他却表现出惊人的不屑一顾，
> 80年后，在被迫做出选择之际，
> 这个善良的人到最后离世都没有选择其中的一个。[23]

启蒙时代的人们由此获得了考古观察所需的工具，包括钱币学、碑铭学、田野考古学、地形学、对景观的感知以及对露出地表的古物与地层之间关系的研究。此外还有各个地区和国家的传统。斯堪的纳维亚人对废墟和探索的兴趣，中欧古物学家对化石形成学的狂热，英国人对当地古物的描述的钟情，以及法国和意大利人长期从事的古希腊、古罗马古物收集活动，共同勾勒出一幅与文艺复兴时期截然不同的考古学景象。对数量不断扩大的古物和古迹进行整理势在必行。"古物全集"显然不是启蒙时期的首创，罗西努斯（Rosinus）等学者在16世纪末就已经在这方面进行了尝试[24]。相比格罗诺维乌斯（J. Gronovius）和约翰·格奥尔格·格雷维斯（Johann Georg Graevius）这些在17世纪末试图汇总当时所有希腊和罗马文献的学者，贝尔纳·德·蒙福孔

（Bernard de Montfaucon）和凯吕斯伯爵等人的野心要大得多，采取的方法也更系统[25]。

考古学的建立

收集古物和遗迹的图片。贝尔纳·德·蒙福孔

贝尔纳·德·蒙福孔（1655—1741）代表圣莫尔本笃会的伟大传统：他与让·马比荣一样，也是一位古文字学者和文献学家，但在一次意大利之行（1698—1701）途中他萌生了一个想法，在编纂教会圣师著作之余将部分精力用于古物研究：

> 《金口约翰》的编辑工作被频繁打断，甚至在第一卷的处理过程中，我出版了一部策划许久的作品《图说古代》（*L'Antiquité expliquée et représentée en figures*）；在古迹数量首屈一指的意大利，我收集了各种类型的古迹绘画。在法国，我继续遍访珍奇屋以及城市和乡村的各类遗迹，并让人将其绘制成图，同时收集欧洲其他国家发现的珍品，并委托朋友帮忙搜罗印刷书籍。全书共分10卷，印刷版将于1719年出版。[26]

从标题可以清楚地看出，蒙福孔的作品旨在借助插图来对古代遗迹进行阐释。图片固然重要，但其作用依然是对文本进行补充，本身并没有独立形成知识分支的价值，这与比安基尼的方法形成鲜明对比。该著作的主要目的是在文本和古物实体之间建立一种严格且清晰可见的关系，在文献学层面作用很大："古代文物

图4-4 贝尔纳·德·蒙福孔所著，1722年出版的《图说古代》的封面。这幅图展现了18世纪初古物学家的理想。

分为两类，一类是古文献，另一类则包含雕像、浮雕、铭文和钱币，两种类型相辅相成。"[27]

为了使插图的效果最佳化，全书的结构必须对应一种精心构思的叙述方法。蒙福孔在杂记和条理性叙述这两种体裁之间犹豫了一段时间："一段时间以来，我一直在思考写作的方式：把古代的方方面面集中呈现似乎非常困难；但如果只拿出一些独立且相互之间毫无关联的资料，这会给那些想要了解古代全貌的人造成困难，因为他们还得阅读大量其他冷门书籍。"[28]

该书的出版并不完全出于科学目的。如此完整和翔实的文献集对教学也大有裨益，《图说古代》的每一卷都能够作为教材使用（蒙福孔建议读者用两年时间对其作品进行系统研究）。整部作品的结构依据古代文物的功能来搭建。首先是用于敬神的文物（和瓦罗作品的顺序一样）；其次是与宗教信仰相关的物件；再次是日常生活（个人习惯）中的东西，涉及公共习俗、战争、车马、

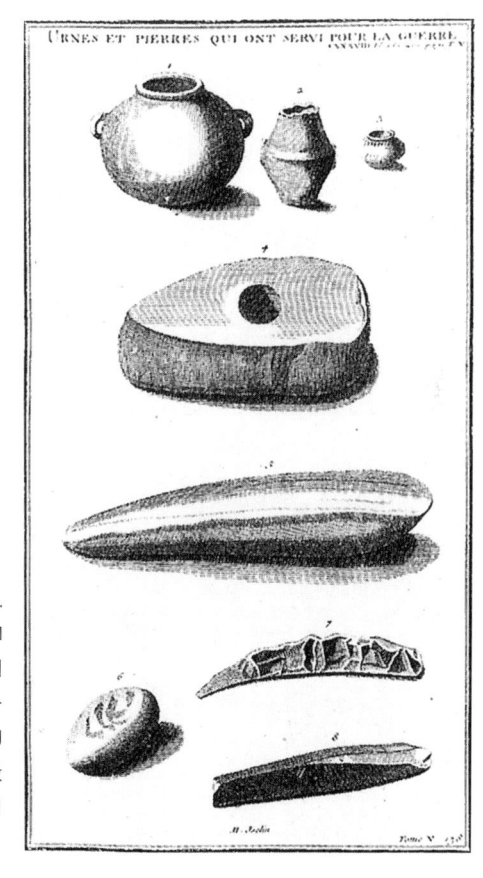

图 4-5 伊斯林（J.C. Iselin）在黑森找到的瓮和石器，收录在蒙福孔的《图说古代》中。在古希腊-罗马古物中出现了一些切割过的燧石，在很长一段时间内燧石被视为"闪电石"。

第四章 对人类自然历史的否定　263

公路、桥梁、水渠、航海；最后一部分内容则关于丧葬、坟冢和陵墓。蒙福孔在本书中选用的结构非同寻常。插图、习俗、个人习惯、群体习俗、物质文化、社会学、丧葬习俗，作者对某些内容从主观上比较侧重。他对考古学的定义是逐步建立起来的。第一组插图（诸神）之后是关于宗教信仰的章节，而宗教信仰又是基于物件的摆设（小到日常生活用具，大到公共设施），最后在总结中再回到社会万象。从这点上看，蒙福孔并没能避开考古学的核心——对殡葬的痴迷。最后一卷书中专门讨论了这一主题，包括土葬、火化和陈列这些处理死者的方式，以及立石、圆柱、墓碑这些象征性纪念设施。蒙福孔的考古事业与其说是单纯出于对遗迹的兴趣，不如说是被重塑过去的宏愿所驱动。虽然古希腊 - 罗马文明时期的古物是他的作品的核心，蒙福孔并没有忽视对东方甚至"高卢"或"日耳曼"地区的探究；他对"地中海是历史的中心"的设想预示着19世纪考古学的核心——古物科学（*Altertumswissenschaft*）概念的形成：

> 希望这部作品能够按照计划圆满完成，并且受到大众的喜爱。书的内容涉及古代世界的方方面面，每个领域都配上了大量的插图，我都尽力对每幅图给出了恰当和精确的解释。至于那些没有插图的主题，我也会不遗余力地提供文字解释，让书的内容连贯且完整……。我努力编纂的是一个包含所有古物的大全，这里的古物是指能够用眼看见、用图画展示的物品，其范围不可谓不广。[29]

从文献中古物学家们可以提炼出思想、理论和事物的运作方式。

但古物和遗迹包含着完全不同类型的知识，物件将以何种方式得到解读取决于专家的眼和画师的手。早年柏拉图定义的理念世界和感官世界间的区别让蒙福孔认为考古学即图像，而历史即文本。在一个无法机械地复制图像的社会中，视觉艺术起到了举足轻重的作用。绘制插图这种古物学家所掌握的卓越技能能够呈现古物、景观以及行家眼中可观察到的各种痕迹。《图说古代》系统性地为每件古物，准确说是每一幅古物图画（因为很多时候蒙福孔并没有检查过他的出版所涉及的遗迹）都配上文字解释，赋予图画以意义。在这个方面，这位博学的本笃会成员是一位理论家，他提出了文献和图像之间的关系和相互影响，这种想法自此一直保留在考古学的话语中。

身为本笃会优秀成员的蒙福孔是一个注重书面文字的人。他试图在古籍研究中建立的秩序是以对传统的深刻理解为基础的，这一点也符合瓦罗时代一直沿用的对"古代"的定义。经过卡姆登、沃姆、奥布里和罗德等人的努力，部分古物学家另辟蹊径，按照功用而非传统文献赋予的意义来收集、研究和描述古物，用"以物为本"取代了"以文为本"。随着古文献数量的日趋减少，新发现的文物与古希腊-罗马样式的差别越来越大，这类古物学家的出现也就不足为奇。

创立一门关于古物和古迹的科学。安娜·克洛德·菲利普·德·图尔比埃·德·格里莫阿尔德·德·佩斯戴尔·德·莱维，凯吕斯伯爵

正如我们所见[30]，凯吕斯伯爵反对传统的描述和阐释方法，提议用实验取代文献研究，将古物学家转变为研究过去的物理学家。凯吕斯伯爵［安娜·克洛德·菲利普·德·图尔比埃·德·格

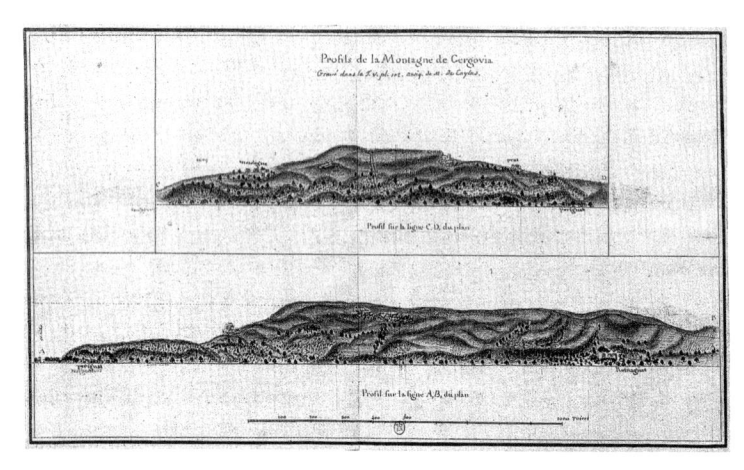

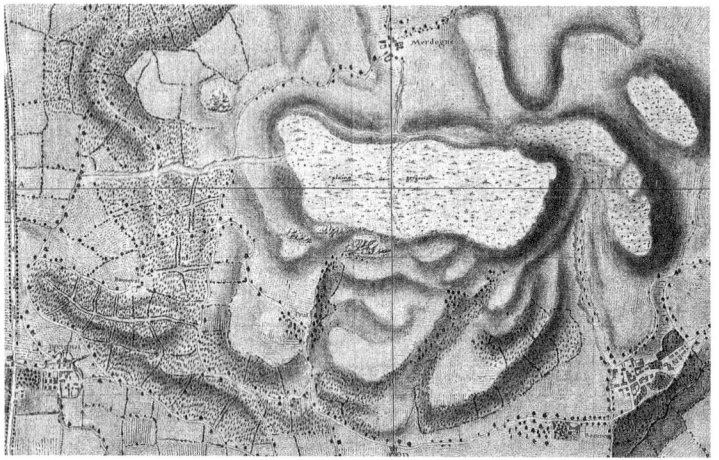

图4-6 奥弗涅省工程师第戎（Dijon）为凯吕斯伯爵绘制的日哥维山（Gergovie）的剖面图和平面图。桥梁和道路的工程师们受托完成的地形测量十分精确，展示了凯吕斯伯爵严谨的工作态度。

里莫阿尔德·德·佩斯戴尔·德·莱维（Anne Claude Philippe de Turbières de Grimoard de Pestels de Lévis）］与本笃会学者蒙福孔并非生活在同一时代，在对古物产生兴趣之前也没有埋头研究过晦

266 征服过去：考古学的起源

涩难懂的书籍。1692年生于高级贵族之家的凯吕斯伯爵（和蒙福孔一样）在军队开启了自己的职业生涯，但热衷于冒险的他随后陪同法国大使前往君士坦丁堡并遍访了小亚细亚沿岸地区。1718年开始，作为艺术爱好者的他开始资助一些艺术活动，后来又在美术学院、铭文学院和文学院就职。不过凯吕斯伯爵并非狭义上的收藏家。他所关注的是古代和当代艺术的发展方式以及绘画技术（他本人就是一位出色的版画家）。家财万贯的他有能力资助巴黎的艺术家们，并通过延伸到亚历山大和叙利亚的关系网获得古物。新一代的佩雷斯克横空出世，当然比起那位杰出的前辈，他受教育程度稍低，也没有百科全书般的知识储备，但对知识却拥有不逊于前辈的好奇和渴望。他周围不乏像皮埃尔·玛丽特（Pierre Mariette）、让-雅克·巴泰勒米（Jean-Jacques Barthélemy）和夏尔·勒·博（Charles le Beau）这样居住在巴黎且爱好历史或艺术的朋友。这位见多识广的贵族很晚才涉足古物圈，但却投入了巨大的热情。他很快就与意大利的古物学家们建立起联系，尤其是在这个领域里最活跃的帕奇奥迪（Paciaudi）神父。与其说是收藏家，凯吕斯伯爵更像是一只"追踪古物的猎犬"："我不做珍奇屋，不追求虚荣，也对华而不实的东西没有兴趣。我关心的是玛瑙、石头、青铜、陶器、玻璃制品，它们能帮助我们发现一种习俗或制造者留下的痕迹。"[31]他曾经说过，相比完整的物品、大师的杰作以及"保存完好的古物、冰冷的阿波罗和被称为维纳斯的美丽雕塑"[32]，他对"破铜烂铁"和碎片更感兴趣。他打开古物箱后唯一的想法就是尽快将里面的东西展示给学术界："收到古物后我立马展开研究，让年轻的学徒们将它们画下来，同时培养他们的品位。这些年轻人既赚取了生活费，又学到了知识。"[33]简而言之，凯吕斯伯

第四章 对人类自然历史的否定　267

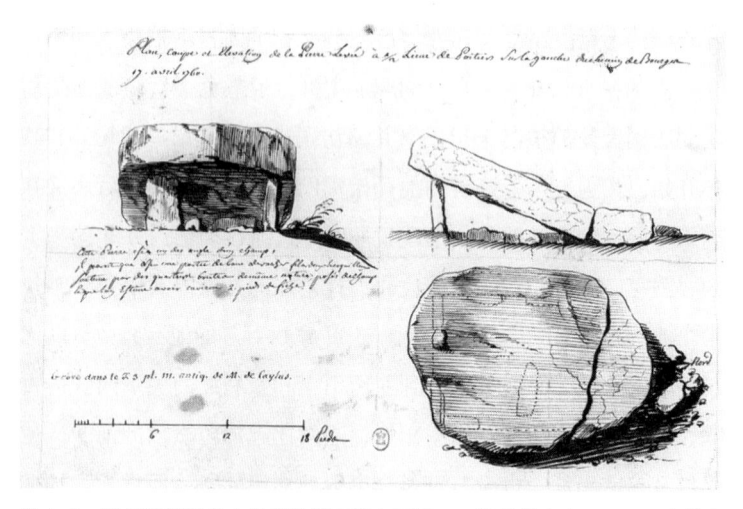

图 4-7　凯吕斯伯爵令人绘制的普瓦捷立石图。工程师杜申（Duchesne）绘制的这幅图与布劳恩和霍根伯格 1600 年出版的地图集中的插图（见本书第 4 页）有很大差别。通过对比可发现两个世纪期间绘画技术上的进步。

爵的收藏室与其他古物爱好者的完全不同，更像是一间实验室。其用途不是为了展示物品，而是做实验。凯吕斯伯爵对考古学的贡献体现在法兰西文学院（Académie des Inscriptions）为其发表的多篇论文中，而他的代表作是《埃及、伊特鲁里亚、希腊、罗马、高卢古物集》(*Recueil d'antiquités égyptiennes, étrusques, grecques, romaines et gauloises*)。整套书共分七卷，1752 至 1768 年间在巴黎陆续出版，书中呈现的全都是原始资料，这就是它与此前所有同类型书籍的区别：

> 这套书中只收录了属于我的或曾经属于我的那些物品。我采用最精确的绘图将它们呈现，并且我敢说描述也同样准

确。偶得之物和不大的花销不能动摇一个人的自尊心，让他背离事实。我对艺术的热爱并没有让我产生将其据为己有的想法。……古代遗迹有助于扩充我们的知识。它们解释了独特的习俗，阐明了作家们没记录或细节不详的事实，它们把艺术的进步展示在我们眼前，并为那些研究它们的人提供了典范。但必须承认的是，古物学家们几乎从未从这最后一个视角来看待他们：他们只把它们看作是历史的补充和证据，或者是能够产生长篇大论的孤立文本。[34]

在凯吕斯伯爵之前，没有任何古物学家如此明确地表达过探寻知识比拥有物品更重要这一观点，或者如此深刻地强调"眼见为实"对考古学知识的决定性作用。在他之前没有人（在他之后也很少有人）如此直接地批评文艺复兴时期人们通过古文献解读古迹的模式。如果采用实验的方法研究古物，仅参考文字资料是不够的，考古学家的解读如同物理学家的推理一样，应该是可以被论证的。为了达到这样的效果，必须总结一些定律："绘图提供了原理，而比较则是应用这些原理的方法，这种习惯将一个民族的癖好深深植入脑海中，以至于人们在发现任何未知风格的遗迹时，都会武断地认为该遗迹是出自外国艺术家之手。"[35]

比安基尼已经强调过图像在定义一种文化和一个时期时所起的关键作用，凯吕斯伯爵则进一步使对古物的图像记录成为古物学家必须遵守的一项准则。每件物品都展现出固定的特征，用于确定其文化和地理的起源。凯吕斯伯爵提出了一个类型学理论，为此后各种考古学推理打下基础。该理论的适用范围并不限于对起源的判断。他特意解释了建立演化类型学（typologie évolutive）

所必需的历时维度："一个国家的风格一旦确立，我们所能做的只有跟随它的发展或变化……。改变一种风格的确比确立一种风格更难。一个民族与另一个民族在品位上的差异如同三原色之间的区别那样一目了然，而同一民族在不同时期品位的变化可以类比一种颜色在不同亮度下的色差。"[36]

如果任何物品都能根据可见且可量化的文化决定论被指定归属某地和某个时代，那么古物学家就有了一个强大的逻辑工具，能够将那些按理说各不相同，但事实上确有共同之处的一些物品进行整理。通过突出演变和文化差异的双重原则，凯吕斯伯爵为现代考古学的核心——描述性类型学奠定了基础。尽管他那本《古物集》的内容有些凌乱，但它预示了考古学新时代的来临，在这个时代中，人们将对物品本身更加关注，对古物种类的描述和定义更有把握，对技术和制造过程的还原也更加重视。无论研究的是古画、器皿制作还是铸币技术，凯吕斯伯爵都非常重视对物件的观察和对原有制造工艺的分析。他多次对当时的古物学家们强调，对古迹的研究不能满足于对古代文献的反复考证，历史

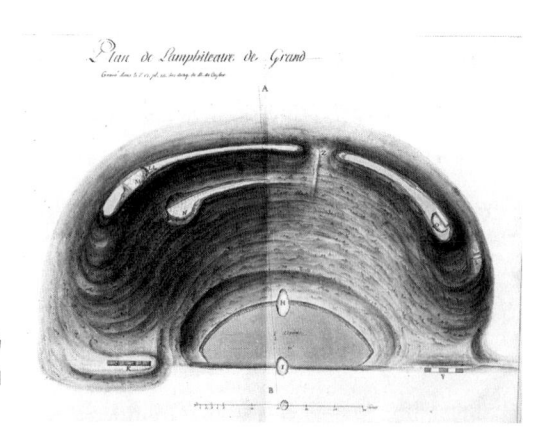

图4-8 洛林大剧场平面图，为凯吕斯伯爵绘制。

细节隐藏在物品中，只要方法对了，古物是会"说话"的："书读得越多，我越无法毫无保留地认同作家们的艺术见解。在谈论作品之前，你必须首先进行仔细的观察，还要有扎实的和系统性的知识。"[37]

维苏威火山灰烬下的古城

在蒙福孔 1711 年完成《图说古代》之际，奥地利上校埃尔伯夫公爵（Prince d'Elbeuf）在自己位于意大利波蒂奇庄园附近的一口井中发现了一些保存完好的雕像和铭文。上校将挖掘到的三座几乎完好无损的雕像送给了帝国最高统帅欧根亲王（Eugène de Savoie）。亲王死后，这些雕像被萨克森选帝侯兼波兰国王克里斯蒂安－奥古斯特（Christian-Auguste）获得，他的女儿阿玛利亚（Amalia）后来嫁给了成为西班牙和那不勒斯国王的卡洛斯三世。17 世纪的考古学家试图找到这次联姻与 1738 年重启挖掘活动之间的联系。总之，负责挖掘工作的西班牙工程师罗克·华金·阿尔库别雷（Rocco Joachin Alcubierre）声称，在波蒂奇皇家庄园建造工程期间是自己主动下令进行挖掘的。挖掘工作从埃尔伯夫公爵庄园的水井和长廊（很幸运，下方正对应赫库兰尼姆剧院中心）开始，人们很快发现了梦寐以求的东西：铭文、青铜和大理石雕像，尤其是古希腊－罗马时期的绘画，这些独一无二的艺术品在城市遭到灭顶之灾时被迅速掩埋，也因此得以完好保存。到了十年后的 1748 年，同样在阿尔库别雷的指挥下，国王下令在庞贝古城开启了同样大规模的挖掘工作。当时人们对此次挖掘工作投入的热情和关注是难以想象的，事实上这里是全欧洲唯一的皇家考古遗址［几年后帕尔马公爵便任命凯吕斯伯爵的挚友帕奇奥

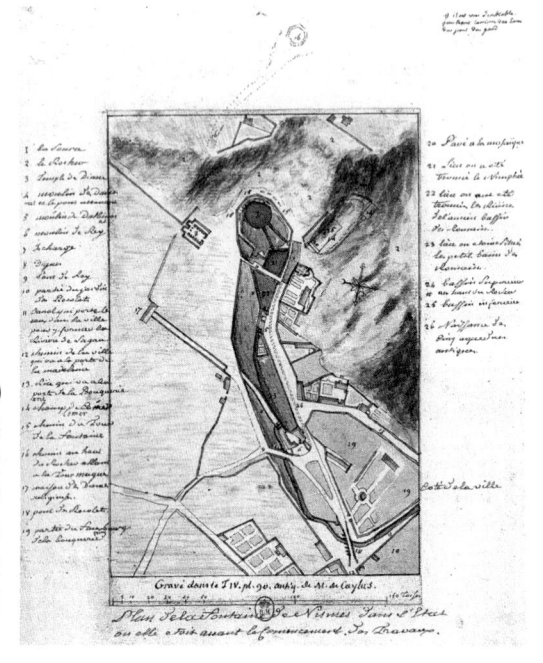

图4-9 达穆（Damun）为凯吕斯伯爵绘制的尼姆喷泉的平面图。这座被称为尼姆"喷泉"的环水遗迹在1738年被发现。它的改造曾引起广泛争议。

迪来指导维莱亚（Veleia）的挖掘工作，他这样做明显是为了与那不勒斯人竞争]。赫库兰尼姆和庞贝有一项特征是世界上任何考古遗迹都不具备的。在被喷发的维苏威火山灰掩埋前，两座城市处于正常活动状态，由于事发突然，居民们没能带走最宝贵的财物，此后附近的居民也没有在该地区建造提供建筑材料的采石场。在大学者穆拉托里（Muratori）的弟子、博学多识的大臣贝尔纳多·塔努奇（Bernardo Tanucci）的帮助下，卡洛斯三世以私人工程的名义对被埋葬的古城进行了挖掘，最终的成功为王国赢得了全世界的赞誉。只可惜国王和他的大臣所仰仗的阿尔库别雷无法与鲁德贝克或奥布里这样的大师相提并论。这位西班牙工程师及其同伴与传统的寻宝人无异，只想着快速挖出尽可能多的古物。

他们没有通过在地表开挖探沟的方式来清理古迹，而是沿用了埃尔伯夫公爵提出的地道技术，开工前也没有考察两处遗迹周边的地形。此处独特的挖掘景象吸引了一些知识渊博的旅行者，霍勒

图 4-10　赫库兰尼姆的发掘和庞贝古城主街道［图片选自圣农修道院院长（abbé de Saint-Non）1782 年出版的《游历那不勒斯和西西里的美景》（*Voyage pittoresque de Naples et de Sicile*）］。18 世纪上半叶，赫库兰尼姆和庞贝遗址的发现掀起了人们对挖掘工作的热情。但图中展示的挖掘技术还相当简陋。

第四章　对人类自然历史的否定　273

斯·沃波尔（Horace Walpole）在挖掘工作伊始就留下了这样的记录："如果有一位学者能够参与其中，指导挖掘工作并把发现的点点滴滴记录下来，那么我们肯定能从这个巨大的宝库中获益良多。在我看来任命此人负责这项工作并非明智之举。"[38]

夏尔·德·布罗斯（Charles de Brosses）在几年后的旅行日记中也写下了类似的观点[39]。阿尔库别雷确有组织才能，但在处理相比赫库兰尼姆更容易清理的沉积物时，这位工程师出身的官员更相信军事上所应用的井巷式挖掘技术，而不是依照考古学标准采用近地表开挖。赫库兰尼姆和庞贝古城向18世纪的古物学家摆出了三个问题：如何探索这样一个如此巨大且密集的地区？如何在不毁坏遗址的前提下组织展示活动？以何种方式公布研究成果？在这三个问题上，国王和参事们似乎做出了错误的选择。这样的结果并不是由于他们无能或愚蠢，而是因为自文艺复兴以来，意大利的古物学家们（除了在罗马的比安基尼）一直未能开发出清理、记录和展示发掘物所需的现场实操技术。此类问题在斯堪的纳维亚是不存在的，那里的挖掘和古物学工作同时进行，挖掘者是服务于国家的。赫库兰尼姆和庞贝的挖掘工作主要是为君主服务的，出土的奇珍异宝用于装饰波蒂奇宫。由于这些地方出土的文物和驰名的遗迹一样备受追捧，用来防止盗窃和倒卖文物的措施也随即出台。此外，对藏于博物馆中的文物进行临摹或描述也是严令禁止的，相关的出版物只能由皇家创办的埃尔科拉诺学院（l'Academia Ercolanese）推出。虽然学院出版了内容非常详尽的书籍，但大部分学者无法接触到非公开发行的资料。因此我们就不难理解为什么欧洲各地前来参观的学者都抨击过挖掘工作的管理，包括夏尔·德·布罗斯、柯升（Cochin）、沃波尔、温克尔曼（Winckelmann）。维罗纳人西皮奥尼·马菲（Scipione Maffei）都曾批评过愚蠢的井巷系统和不走心的物品分类，那些不太起眼的物品竟然被直接扔掉了。温克尔曼则痛斥了对绘画的处理方式，凯吕斯伯爵曾对此表现出担心。保护工作甚至比挖掘工作问题更多。由于画廊的存在，人们需要将壁画切割才能挖出，这就使得壁画被视为架上油画。在这些技术问题背后，有一项工作正在进行，即将遗迹当作现代物品来对待：如果壁画变成了可以挂在波蒂奇宫墙上的架上绘画，那么陶瓶就被视为塞夫尔或迈森的瓷器。所有的这些批评，以及由公众巨大的好奇心所带来的出版物的激增（大部分未经授权），在后期促成了一些迟来的改进：从1763年开始，庞贝的挖掘在露天进行，负责出版工作的修道院院长拜亚尔迪（Baiardi）是个不错的学者，但作为古物学家却不尽如人意，于是他将工作移交给了更实事求是的学者们。历史的变迁，使得人们需要再等待很长时间，才能满足欧洲所有古物学家的期待，以及那些最杰出的旅行家的期待，从歌德到夏多布里昂，都被维苏威火山下被埋葬的城市的诗意所吸引。无论如何，赫库兰尼姆和庞贝古城的发现改变了人们对古代世界的看法。欧洲各地的建筑师、学者和旅行者通过参观这两座古城的挖掘现场对古罗马有了更加完整的印象，凯吕斯伯爵珍视的古代日常生活细节和寻常器物进入了人们的脑海中。

系统性挖掘。观察、记录、解读

17世纪初以来，在凯吕斯伯爵的推动下，古物学家们与古代遗迹的关系发生了深刻的变化，他们在科学领域里的视野也很快得到根本性的拓展。虽然没能像北欧国家那样通过政府的支持，或像英国那样借助学者们的好奇心在地区探索上取得系统性进展，但到了17世纪末，法国的情况发生了变化，这一点在弗朗索瓦·豪日·德·盖涅[40]（François Roger de Gaignières）的作品中得到证明。盖涅起初担任吉斯公爵（Duc de Guise）的侍从，1671年后又服侍他的姨妈吉斯夫人，随后当上了茹安维尔公国（Joinville）的总督。由于拥有极高的学术声望，他被委以教导王位继承人勃艮第公爵的重任。虽说盖涅是巴黎人，但他一生中大部分时间都在王国各处游历，收集奇珍异宝并用画笔记录下值得关注的东西。在他的"贴身男仆"雷米（Rémy）和绘图师路易·布尔东（Louis Bourdan）的帮助下，他复制了能够接触到的各个时期的手稿、墓碑和遗迹。盖涅的与众不同之处在于对中世纪和近代的重视。文艺复兴时期的收藏家们的藏品大都以古物为主。17

图4-11 朗格勒城的凯旋门［图片出自弗朗索瓦·豪日·德·盖涅1700年完成的画集《高卢古物》（Antiquité des Gaules）］。盖涅是最早尝试绘制法国古代文物的人之一。

世纪末人们的注意力转向了离自己更近的时期，仿佛历史的边界已经扩展到了当代世界。盖涅对肖像画、风景、风俗和节日都展现出兴趣："盖涅编纂的关于人类世界的百科巨著形成了对珍宝屋的某种呼应或补充。珍宝屋就是自然界的微观体现，人作为动物之首生活在其中。盖涅对自然界的珍品和古代历史抱有同样浓厚的兴趣，而前者是被严格排除在收藏之外的。"[41]

施纳珀（Schnapper）指出盖涅的计划和执行方式确实非常特别，但他对古代的判断似乎有点苛刻，这样的说法不无道理。与佩雷斯克不同，盖涅关注的重点并非古代，但这并不妨碍他成为一个优秀的发现者。他为我们留下了大量的遗迹图片，让它们不至于从人们的记忆中消失。对他来说，绘画既是学术工

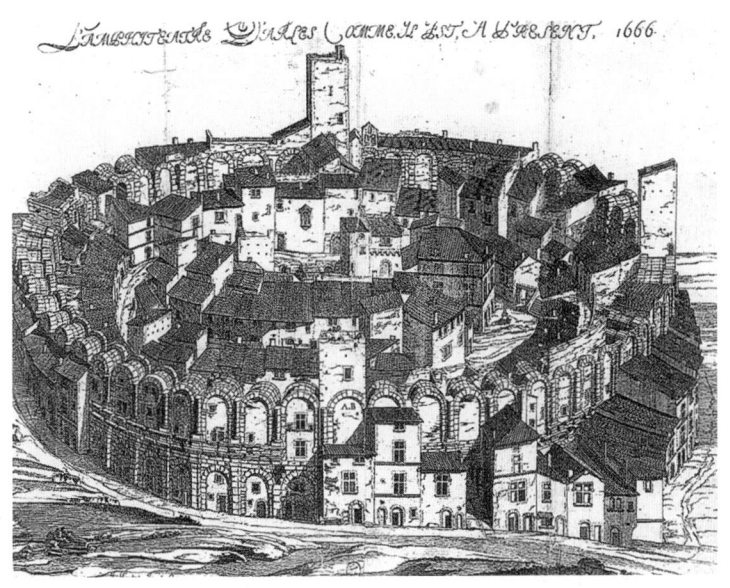

图4-12 阿尔勒竞技场（图片出自弗朗索瓦·豪日·德·盖涅的画集《高卢古物》）。此图展现出了文艺复兴时期而非18世纪工程师们惯用的风格。

具，也是保护古代遗迹的一种手段。在他看来，记录古迹势在必行，我们在他的笔下发现了一个与卡姆登和奥布里的想法非常接近，但在法国前所未有的新颖想法——对古迹进行系统的清查。1703年，盖涅向法兰西文学院的奠基人蓬查特兰伯爵（Comte de Pontchartrain）提交了一份报告，希望对法国古物进行一次清点：

> 国王希望保留一切有用的遗迹，这样做既有益于王室和杰出世家大族，也能整体展现法国的历史。与很多其他国家相比，法国直到如今在阐述历史方面都做得非常不足。国王陛下听说这种情况是由于对遗迹的清查和保护的不重视造成的，尤其皇家遗迹更是被严重忽视，每天都有无数重要的遗迹被毁，能够抢修遗迹是他的荣幸。因此，陛下打算用绘画将它们记录下来并附上描述。[42]

盖涅为了延缓古迹的消失，立志为它们留下记录，此举使他成为当时最进步的收藏家之一。他的兴趣之广泛不亚于佩雷斯克，并且明白对遗迹的严格清查可以为认识过去做出大的贡献。尽管国王或刚成立不久的法兰西文学院对他的计划回应寥寥，但相关工作却被负责在各地从事土建的工程师们完成了。大型的治理工程、道路和防御工事的建设都需要挖掘，好奇的人们就这样发现了不少被埋藏的古迹。沃邦（Vauban）就是在梅斯和贝桑松筑造防御工事时发现了以前鲜为人知，甚至完全被遗忘的古罗马竞技场[43]。桥梁工人们在路桥总监特鲁丹（Trudaine）的鼓励下发挥自身的专业技术和观察天赋，给凯吕斯伯爵寄去了大量的图画和发现物，为《古物集》第三卷的插图和注释提供了大量的素材。清查高卢古物

图 4-13　加亚尔·德·隆瑞莫（Gaillard de Lonjumeau）1760 年绘制的位于艾克斯的遗迹。对细节的关注和精确性展现了在古迹的绘画和渲染方面取得的进步。

第四章　对人类自然历史的否定　　279

的想法终于实现。一位才华横溢的绘图师皮埃尔·德·博梅尼勒（Pierre de Beaumesnil）在法兰西文学院的支持和内克尔（Necker）的资助下开始对法国的遗迹展开调查，他打算出版名为《法国古物、古迹和各类传统的概括性研究》（*Recherches générales sur les antiquités et monuments de la France avec les diverses traditions*）的专著。拥有极高热情和名望的博梅尼勒在各地总督的支持下完成了对法国中、南部几乎所有省份古迹的调查。在高卢南部的古罗马城市，考古发现数量剧增。学者们在对1651年在阿尔勒发现的一尊罗马雕像（阿尔勒的维纳斯）进行鉴定时爆发了激烈的争论，促使在当地开启了挖掘工作。尼姆市政府于1689年出资启动了狄安娜神庙的挖掘工作。1738年，尼姆泉水精灵神庙的发现直接促成了"喷泉花园"这一大型公园项目的实施，温克尔曼对此愤怒不已[44]。

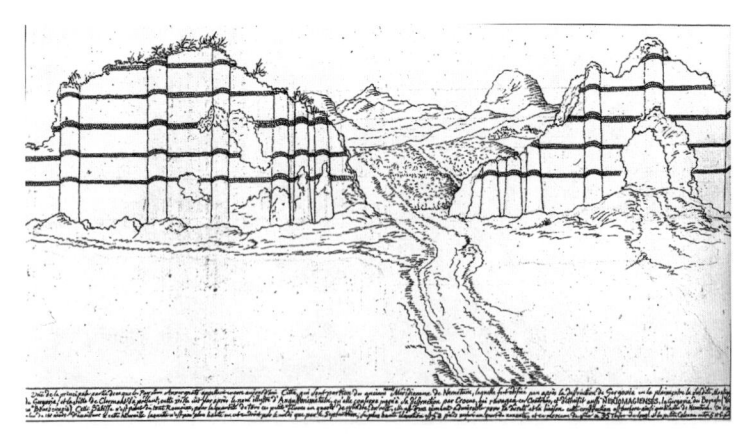

图4-14 位于克莱蒙－费朗、人称"瓦索神庙"的古罗马建筑[皮埃尔·德·博梅尼勒在1780年前后创作的《奥弗涅古迹》（*Antiquités d'Auvergne*）中的插图]。博梅尼勒把对古物的喜好和对景观的感知结合在一起，他的画比那些工程师的作品更优美。

各地官员都开始对考古学产生兴趣：例如著名收藏家、蒙福孔的好友诺曼底总督参事福柯（Foucault）；例如奥弗涅总督沙泽拉（Chazerat），与博梅尼勒一起在勒祖（Lezoux）地区组织挖掘工作并发现了古罗马时期高卢最大的瓷器坊。一位名叫菲利克斯·勒华耶·德·拉·索瓦热尔（Félix Le Royer de La Sauvagère）的皇家工程师和工程队负责人对布列塔尼的古物很感兴趣，他将卡纳

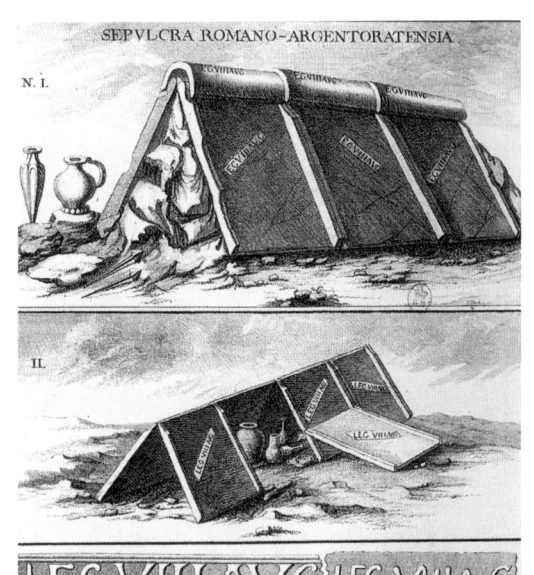

图4-15 古罗马军团之墓（图片出自让-丹尼尔·肖普夫林1751年完成的汇编集）。图中呈现了在斯特拉斯堡老城门外发现的这处罗马时期墓葬现场的诸多细节。

第四章 对人类自然历史的否定

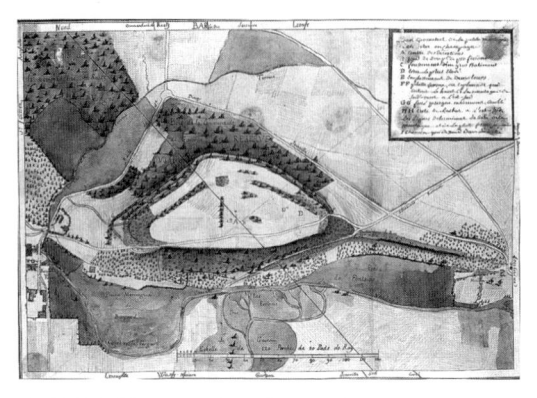

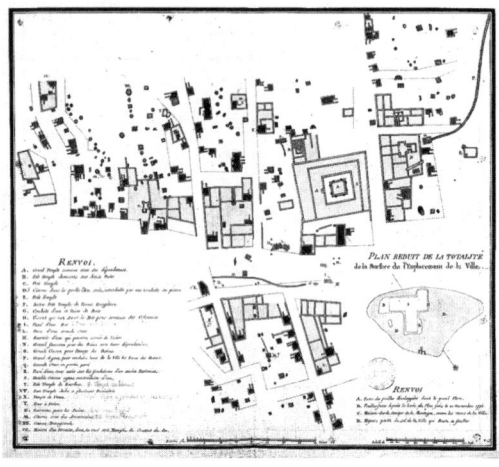

图4-16 皮埃尔·克莱芒·格里尼翁1774年绘制的沙特莱挖掘现场的地形图和整体平面图。格里尼翁父子采用的绘图和挖方技术预示了19世纪的挖掘方法。

克巨石林认定为罗马人的营地[45],该论断遭到布列塔尼议会官员克里斯托弗-保罗·德·罗比恩（Christophe-Paul de Robien）的反驳。罗比恩在工作之余认真研究过布列塔尼巨石林并认为这是蛮族入侵时期的产物。这些错误说明了启蒙时期的人们在判断史前遗迹的年代时会遇到困难，即使蒙福孔和凯吕斯伯爵这样"专业"的古物学家也无法避免此类错误。然而这并不能磨灭他们的功绩，那些高质量的图画以及对发现物的关注逐步构建了考古学的传统。人们只需翻阅当时学者们完成的古物汇编〔例如斯特拉斯堡最著名的古物学家让－丹尼尔·肖普夫林（Jean-Daniel Schoepflin）的作品〕就可以了解到他们取得的成就有多么了不起。这位在斯特拉斯堡教授演讲的杰出教授是蒙福孔的学生，也是大法官德·阿格索（Henri François d'Aguesseau）的门徒；1751年，他出版了《阿尔萨斯图解，凯尔特时期、罗马时期和法兰克时期》，一部通过多年来对阿尔萨斯各地的走访和对当地文献的研究完成的呕心沥血之作。与凯吕斯伯爵相比，身为文学家和人文主义者的肖普夫林肯定与蒙福孔更为类似，但他对古物高质量的描述和绘图使他的书成为地方历史地理学的典范。他在书中介绍了古罗马城市遗址奥格斯特〔即奥古斯塔·劳里卡（*Augusta Raurica*）〕的发掘结果，以及在斯特拉斯堡老城外发现的罗马墓葬。他还在皇家的资助下完成了系统性的挖掘工作。1750年，桥梁工程师勒让德（Legendre）在位于香槟地区的圣迪济耶（Saint-Dizier）和茹安维尔之间的沙特莱（Châtelet）发现了一处重要的高卢－罗马遗址。1772年，邻村巴亚尔（Bayard）的一位铁匠格里尼翁（Grignon）决定对该遗址进行挖掘，这一想法很快就赢得了法兰西文学院的好感和国王的支持。随着挖掘的进展，发现的文物也越来越多，格里尼翁在1774年出版了两期《奉国王之命挖掘沙特莱山脚罗马古城的简报》（*Bulletin des fouilles faites par ordre du roi d'une ville romaine, sur la petite montagne du Châtelet*）。像格里尼翁这样有实证精神的实地工作者为考古学的研究提供了所需的技术，包括地形测量和分析、发现物的绘制和描述、土壤变化和挖掘环境的观察：

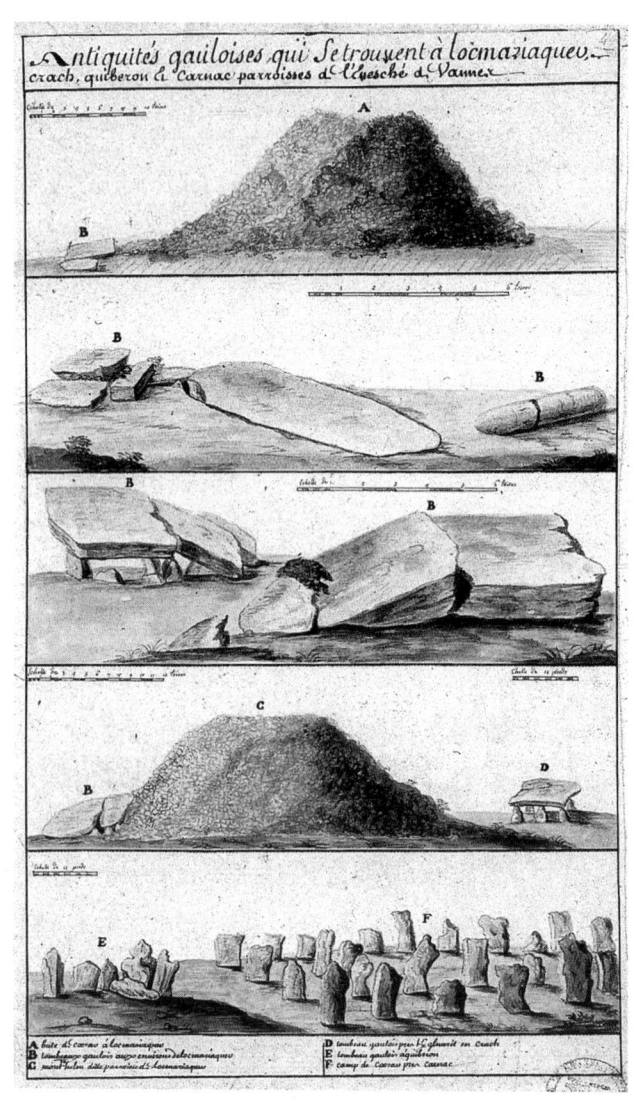

图 4-17 对开页展示的是克里斯托弗－保罗·德·罗比恩所著汇编集中的插图,描绘了布列塔尼的巨石阵。身为布列塔尼议会官员、洛克马里亚凯(Locmariaquer)领主的罗比恩是布列塔尼考古的奠基人,他在布列塔尼最著名的一处巨石遗址展开了挖掘并认定这些立石是高卢人的墓碑。

284 征服过去:考古学的起源

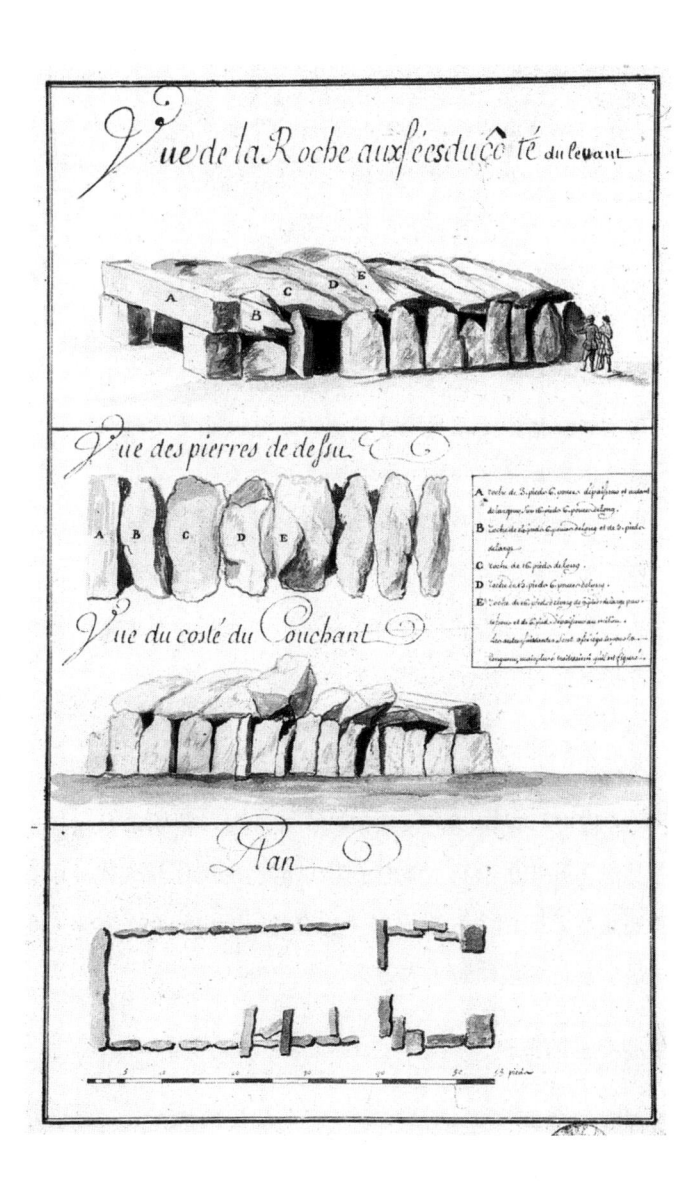

第四章　对人类自然历史的否定　　285

陛下命令继续实施这些挖掘工作……。经此授权，我们开始挖掘两条沟，一条宽三英尺、深度不一，另一条与之呈直角交叉且更细。这次挖掘行动让我们了解到，整个沙特莱地区曾经遍布居民，甚至在半山腰都建有房屋……。到目前为止，所进行的挖掘总范围为 8573 平方土瓦兹（1 土瓦兹约等于 1.949 米），估计搬动土方 4654 立方土瓦兹。我们对整片区域实施了深度直达岩层的彻底挖掘，山的平面图和剖面图已经以插图的形式附在简报中。在一张大的地形图上，挖掘的范围被清楚地标注。这两张图是我儿子的作品，除了完成艰苦的绘图工作，他还满怀热情，积极并巧妙地带领大家完成了主要的挖掘工作。而我们主要负责现场管理、清理古物、鉴定碎片、在博物馆里将它们分类、绘制大部分发掘物并撰写它们的历史。[46]

这位巴亚尔的铁匠在工作中完全照搬了前辈凯吕斯伯爵的方案：对古物进行观察、记录和解读，并通过一些明确且可控的手段使其成为知识的载体。当然，格里尼翁的工作与现代地层挖掘之间还是有差距的，在皮埃尔·皮农（Pierre Pinon）看来，他是法国最早制订完整田野考古方案的人之一。

254 **地中海考古的危机**。约翰·约阿希姆·温克尔曼

如我们所见，整个 18 世纪，聪明的人们都在竭尽所能地解读数量越来越多的古物（有时甚至遭到狄德罗或伏尔泰等同时代学者的嘲笑）。而一位来自普鲁士施滕达尔的鞋匠之子彻底改变了西方对古希腊–罗马作品的态度。18 世纪中期的德意志还沉

浸在对希腊艺术顶礼膜拜的氛围中，深受古代艺术启发的温克尔曼通过一种新式散文诠释了希腊艺术独一无二的特点。在他之前肯定也有不少关于古代艺术的学术著作，但温克尔曼建议对杂乱无章的知识进行整理。他的前辈们局限于对图像的评论，而他则敢于建立独立风格的历史年表。不过温克尔曼的决定性影响不仅体现在他的技术方法上，还在于他对古代作品的解析，相关的文章此后成为无法超越的新古典主义"圣言"。由此看来，希腊艺术并不是一种特殊的、由历史决定的感觉的载体，而是菲迪亚斯（Phidias）作品中体现的完美且绝对的美学范式。风格分析不像凯吕斯伯爵的理论那样是一种技术手段，而是读懂美学的关键步骤。温克尔曼精准的分析、优秀的文风和他前卫的审美观让考古学升华。业余爱好者、作家、艺术家和古物学家等社会各界的人都能在他的作品中找到参考标准和艺术哲学：这是一个具有现实意义和思想意义的重大事件。18世纪中叶以后，前往意大利以及此后赴希腊和土耳其开展考古旅行成为一种彰显社会地位和文化水平的手段：语言学、美学和旅行将古物学传统带入现代世界。温克尔曼说："我来罗马的目的是打开后来者的眼界。"[47]温克尔曼很快就在罗马的鉴赏家圈子中获得了举足轻重的影响力，这些人与他们在法国、德国、斯堪的纳维亚和英国的同行构建了通往欧洲文学和艺术的捷径。在枢机主教的宫殿里，在教皇和各国使节的周围聚集着一大批艺术家、贵族旅者和学者，他们为重新认识古代创造了非常有利的条件。这里所说的"古代"并不神秘，在辉煌的文艺复兴时期的人们眼中，那就是"雕塑民族"生活的时代。这个时代还与建筑、雕塑和陶器狂热有关，这一现象要归功于上个时代古物学家们学术研究的成果。到了18世纪末，人们可接

第四章　对人类自然历史的否定

图 4-18　工作中的考古学家［朱塞佩·安东尼奥·瓜塔尼（Guiseppe Antonio Guattani）1784 年完成的著作中的插图］。画中的挖掘者身处的环境十分浪漫。

图 4-19　詹姆斯·斯图尔特绘制的柱廊,位于塞萨洛尼基,人称女像柱廊（Las Incantadas）。这条科林斯式门廊建在阿提卡风格的石柱上（公元 2 世纪）。

图 4-20　菲洛帕波斯纪念碑（尼古拉斯·里维特和詹姆斯·斯图尔特 1761 年关于雅典古迹的著作中的插图）。两位作者的旅行经历和绘画向古物学家们展现了希腊的全新面貌。

第四章　对人类自然历史的否定　289

触的古物不仅来源于古罗马、帕埃斯图姆和西西里的希腊神庙，希腊和小亚细亚的遗迹都可以满足勇者们的好奇心。对古代的认识在空间和时间上都有所拓展。人们进行"壮游"（Grand Tour），既为了欣赏古代的景致，也为了从残存的废墟和建筑中汲取灵感，找到能够让大多数欧洲城市的面貌焕然一新的建筑风格概念。对古物的追捧可以从思想的发展和新社会的需求两方面来解释，而旅行文学激增的势头也在延续。巴泰勒米神父的《青年阿纳卡西斯希腊游记》（*Voyage du jeune Anacharsis en Grèce vers le milieu du IVe siècle avant l'ère vulgaire*）、尼古拉斯·里维特（Nicholas Revett）和詹姆斯·斯图尔特（James Stuart）的《雅典古迹》（*Antiquities of Athens*）、乔伊瑟尔-古斐耶（Choiseul-Gouffier）伯爵的《希腊风景游记》（*Le Voyage pittoresque de la Grèce*）都向人们展示了迄今为止不为大众熟知的景观和遗迹。此前学者们常用的百科全书式的描述被专题研究所取代。法国王室和英国王国都支持学术旅行，伦敦的业余爱好者协会也资助了一些探险活动。参观过希腊的建筑师斯图尔特和后来建造了大量房屋的柯克热尔（Cockerell）树立了一种新的品位。此类书籍的体裁也有变化，在描述古迹时除了附有传统的俯视图，往往还会添加剖面图和平面图，绘图的精度也有所提高，因此受到许多读者的青睐。

对古物的喜好不只是停留在理论层面。18世纪的旅行者和此前的古物学家一样从事收藏活动，但他们会对新技术表现出前所未有的兴趣和模仿的意愿。旅行可以改变社会地位和社交广度。大使们为了丰富自己的藏品，纷纷开始资助探险活动，其中包括英国驻威尼斯大使理查德·沃斯利（Richard Worsley）、法国和英国驻君士坦丁堡大使乔伊瑟尔-古斐耶和埃尔金伯爵

图 4-21　特洛伊古城遗址和特洛伊丘附近的一座神庙的废墟（图出自乔伊瑟尔－古斐耶伯爵 1782 年出版的著作《希腊风景游记》）。从这部作品可以看出相比古建筑，乔伊瑟尔－古斐耶伯爵对风景更加情有独钟。

（Lord Elgin），以及英国驻那不勒斯大使威廉·汉密尔顿爵士（Sir William Hamilton）：他们所有人都拥有自己的"古物学家"、绘图员、雕塑翻模工人，这些人有时常驻雅典，如乔伊瑟尔手下的法国人福韦尔（Fauvel），为埃尔金伯爵服务的意大利人卢西耶里（Lusieri）。1733 年在伦敦成立的业余爱好者协会是这些探险活动的主导机构，作为旅行者中最坚定且人数最多的群体，英国绅士们常常聚会于此。好奇心与筹措探险资金的需求往往与掠夺行为密不可分。谁能把帕特农神庙雕塑搞到手，法国人还是英国人？虽然福韦尔已经展开行动，但最终还是埃尔金伯爵获得了胜利。在这场事关名声的争夺中，双方都无所不用其极，乔伊瑟尔就曾在给福韦尔的信中这样写道："夺走一切可以夺走的东西，不放过任何在雅典或希腊境内掠夺东西的机会……。无论活人死人都不要放过。"[48]

温克尔曼于1768年在的里雅斯特英年早逝，他把对古希腊、古罗马古物的品位和相关知识植入欧洲文化的中心，他所取得的

图 4-22　法国领事福韦尔在他位于雅典卫城山脚下的家中［路易斯·迪普雷（Louis Dupré）1825 年完成的石版画］。

无与伦比的成就只能在这样的背景下才能被更好地理解。这种趋势从古典时代起就开始酝酿，而对遗迹和古物的疯狂追捧则是启蒙时代的文化特征之一。在当时的欧洲，希腊艺术只被当作一种风格，而温克尔曼则将其提升到了独特的美学高度。为了给希腊美学"站台"，他甚至推翻了实物为主、历史为辅的古物学模式。他所著的《古代艺术史》并非一系列评论性的作品，而是以一种独特的风格和系统性的论述方式呈现了历史上的作品。一代代的古物学家们所尝试的不过是对物品的解读；而温克尔曼追求的是通过物品来诠释一种文化。对学者和艺术家来说这都是一个巨大的变化。此外，他不只是向德国的君主、荷兰的学者和意大利的

图 4-23 用土耳其语和希腊语书写的苏丹诏书，它是正式授权将米罗的维纳斯搬运出国的文件（1821）。

第四章 对人类自然历史的否定　　293

图 4-24 威廉·阿尔伯恩（Wilhem Ahlborn）于 1836 年临摹的卡尔·弗里德里希·申克尔（Karl Friedrich Schinkel）1825 年的作品《希腊之巅》(*L'Apogée de la Grèce*)。这幅画用直观的方式呈现了温克尔曼和歌德关于希腊艺术的理论。

枢机主教们展现"崇高"（sublime）的魅力，还告诉启蒙时代的人们，希腊艺术已经达到了完美的水平，因为它是在人类有史以来最自由的社会中得到发展的，自由与美相辅相成：

> 组织结构和政体上的独立是希腊人在艺术方面取得如此成就的一个主要原因……。自由孕育了那些伟大的事件、

革命和希腊人之间的嫉妒心，并从那时起在这个民族的心中第一次播下高尚情感的种子。正如广阔的海面和巨浪冲击岩石的景象能够让我们的灵魂远离鸡毛蒜皮而变得豁然开朗，在如此伟大事件和杰出的人面前不可能产生无知的想法。[49]

狄德罗曾经说过，在温克尔曼身上可以看到卢梭的影子。温克尔曼除了拥有出色的笔力，还对鉴赏颇有研究，他无尽的好奇心让当时阅读他作品的人们心生发现历史新大陆般的惊喜。他不仅是一位散文家，还是一位田野考古学家，从罗马到赫库兰尼姆再到帕埃斯图姆，他一直在密切关注着当时所有的考古新发现。那是一个挖掘和探索并进的时代，赫库兰尼姆和庞贝的发现以及帕尔马公爵在维莱亚组织的"国家"挖掘活动都证明了这一点。在这位考古学家眼中，自己的作品是个人成功的受害者：他的希腊艺术史主要参考的是古罗马复制品，而相应的原作在19世纪随着在希腊的发掘工作的进展而浮出水面。这位模仿理论家在复制品的基础上建立了自己的美学和类型学观点。他对现实的恐惧和英年早逝让他没能实现去希腊旅行的夙愿。他的继任者、梵蒂冈博物馆负责人恩尼奥·奎里诺·维斯孔蒂（Ennio Quirino Visconti）向学术界宣布：埃尔金伯爵从雅典卫城带走的大理石雕塑确实是公元前5世纪的正宗阿提卡雕塑。温克尔曼实现了古物学家们梦寐以求的成就。他向当时的社会推广了古希腊新貌和此后的几十年内被认为是理解古代艺术之匙的古希腊美学。崇高和自由，作为温克尔曼思想两大核心，并没有得到相同程度的继承。在赫尔德、莱辛、洪堡和歌德等人眼中，神奇的古希腊艺术是温克尔曼最重要的遗产；但也有人（以革命者为主）认为，古人传达的自由信息在温克尔曼处得到现代体现。雅克-路易·大卫（Jacques-Louis David）的画作和托马斯·杰斐逊——美国总统，曾在法国大革命期间担任美国驻法国大使，在工作之余也从事考古——的建筑项目都可以被视为温克尔曼遗产的一部分。

艺术史和自然史。启蒙时代考古学的矛盾

随着学者们的热情和好奇心的不断高涨，古物学发展成为一门独立的科学。到了18世纪末，古物收藏不仅在数量上迅速增

加，且部分已成为（或正在成为）面向公众的博物馆。现场观察取得了巨大进展，具有敏锐洞察力的学者已经知道如何观察土壤并找出差异，预示着现代地层学技术的出现。在钱币学家和铭文专家的努力下，古物学家掌握了推定年代和解读古物的方法，从而能够实现对有文字记载的社会的深入了解。此外，按照奥布里、凯吕斯伯爵和温克尔曼等人的见解，类型学是对物品进行分门别类和年代推定的基本方法。然而颇具讽刺意味的是，像马菲和凯吕斯伯爵这样顶尖的古物学家也会将文艺复兴时期的作品误认为古代雕塑，我们还发现蒙福孔的父亲引用了"三期论"却没有展开讨论。凯吕斯伯爵猜测布列塔尼巨石群是古典时代之前建造的，但并未借助布丰的理论来支撑自己的论述，而德·拉·索瓦热尔则寻求伏尔泰的权威来否认贝壳化石的存在。

"闪电石"的例子让我们看到了启蒙时代古物学家们在试图将实验方法与传统古物学相结合时所遇到的困难。早在16世纪，米凯莱·梅卡蒂就证明了所谓的"闪电石"实际上是经欧洲古代居民打磨后用作工具的石头。然而他的著作在1719年[50]才得以出版，此后这个问题似乎仍有难度，1723年安托万·德·朱西厄（Antoine de Jussieu）在交给科学研究院的一篇论文中提到了这个问题，1734年，古物学家尼古拉·马胡德尔（Nicolas Mahudel）在法兰西文学院也做了同样的事[51]。当然，两位作者都支持梅卡蒂的观点，但提供的论据更为充分；朱西厄在结论中强调了人种学方面的比较以及加拿大和加勒比海地区"原住民"对这种石头的使用：

如果没有发明冶铁，法国、德国和北欧国家居民的情况会和其他地方的野蛮人类似。在使用铁器之前，他们也一样需要砍木头、剥树皮、削尖树枝、猎杀野兽、寻找食物并保护自己免受敌人侵害。如果没有这些工具，他们几乎无法完成这些任务。由于它们不会生锈，在地下还可以找到遗存至今的完整工具，最初的光泽仍依稀可见。[52]

朱西厄在结论中以浅显的方式阐述了考古学中的现实主义规则：任何古代物品，如同其采用的材料和制作工艺与现代类似，那么两者的功能也一定大致相同。正是基于这种推理，耶稣会

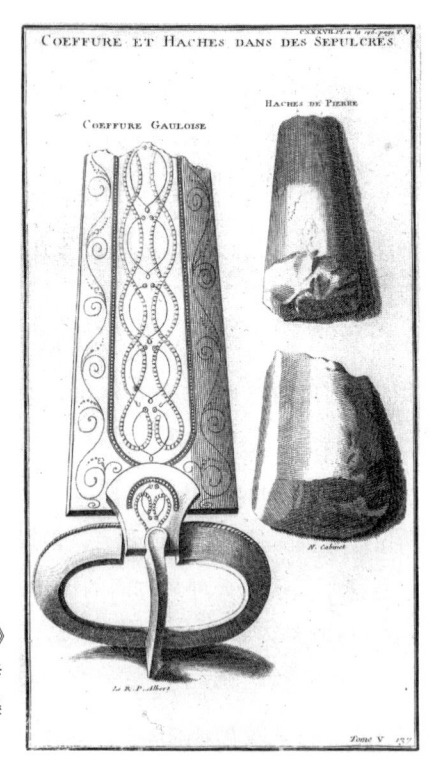

图4-25 蒙福孔《图说古代》中的插图（绘有史前时代的石斧以及被认为是"高卢头饰"的墨洛温王朝时期的腰带扣板）。

神父拉菲托（Lafitau）传教士在1724年发表了《美洲土著风俗与古代风俗比较》(*Mœurs des sauvages américains comparées aux mœurs des premiers temps*) 一书，认可了古代和现代民族之间的比较人种学。此外，在朱西厄提交的论文后面，法兰西科学院常任秘书给出的评论进一步支持了他的观点：

> 如果其他被琢磨过的石头是伟大物理变革的见证，那么这些石头则是所谓"精神"变革的纪念碑。新世界与旧世界之间的比较同样见证了这两场变革。

换句话说，燧石的发明之于人类历史的意义就如同某些化石

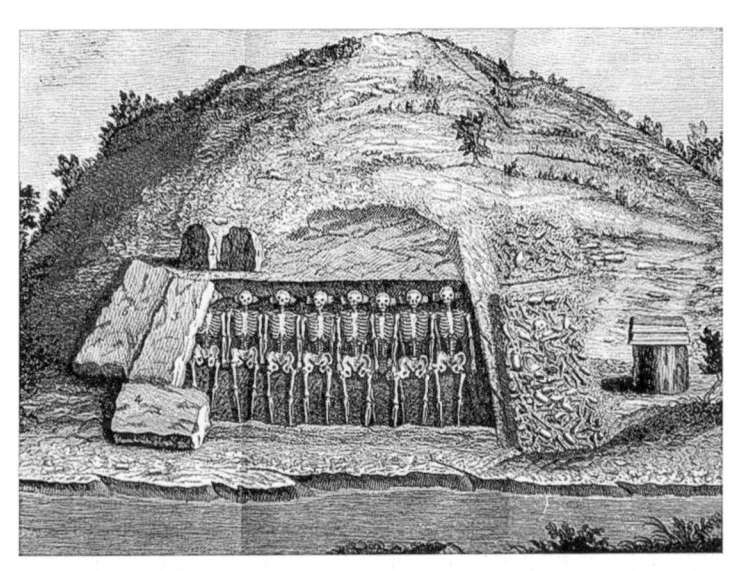

图4-26 科什雷勒墓地［图出自雅克·马丁（Jacques Martin）1727年所著《高卢人的宗教》(*La religions des Gaulois*)］。

第四章 对人类自然历史的否定　　299

之于自然历史：这两种历史类型拥有相同的归纳方式。在科学范畴内确立拉培伊埃尔在神学范畴内提出的观点是非常危险的。马胡德尔在他提交给法兰西文学院的论文中从技术角度给出了论据："闪电石"在功能方面与青铜或铁制工具非常相似，由此我们可以推断，在"黄铜和铁"被发现之前，燧石与金属工具的用途是相同的。马胡德尔坚持这种可称为类型学的论证，但从未给出实际的推理。为什么？可能是因为这样更容易得出一个符合教规的结论：人类先使用石器随后使用金属，这与圣经传统并不相悖。朱西厄所采用的是现实主义方法论和对比的手段，假设人类历史与自然历史之间存在等同性；而马胡德尔的古物学方法优先考虑原始资料和类型比较，因此无须借助自然历史中提取的信息。

1685年在科什雷勒（Cocherel）发现的墓穴无疑能够帮助18世纪的古物学家解决在解释不符合传统经典的遗迹时所遇到的困难。挖掘者对该巨石墓葬进行了细致的描述，墓葬只有一个墓室，里面有二十多具尸体和一些不寻常的物品：石斧、切割过的骨头和箭头。"这些野蛮人似乎不会使用铁、铜或其他任何金属"[53]。这座墓旁边"高出此处八英尺的地方"还有一个火葬坑，蒙福孔倾向于认为埋葬方式的不同是由于种族差异造成："毫无疑问，这是两个古老民族的坟墓。"[54] 然而，他十分谨慎地不从时间的角度做出任何解释，只是在自己的描述中附上一封来自巴塞尔古物学家伊斯林（Jacques Christophe Iselin）的信，信中提到了在德国和北欧国家发现的同类墓葬的一些细节。作为一位优秀的古物学家和肖普夫林的朋友，伊斯林只是建议将这些墓葬根据出土的武器和工具（按照石头、铜、铁的顺序）进行分类。没有一位古物学家明确使用这种从希腊和拉丁作家那里继承下来的思维方式对考古材料进行分类[55]。蒙福孔在伊斯林的信中没有留下任何评论，对他而言这封信只是一份关于"北方古迹"的有效信息源，他在增补篇中使用了这些信息以引起人们对布列塔尼和旺代巨石遗址的注意，并将它们与包括巨石阵在内的英国遗迹关联起来[56]。在他 1734 年提交给法兰西文学院的一篇名为《论古代高卢和邻国的武器》的未出版论文中，蒙福孔再次对石器时代的存在进行了讨论，不过对科什雷勒墓地的解读仍未改变。包括他的同事本笃会修士雅克·马丁在内的其他人曾经断言，科什雷勒石阵是一座高卢和日耳曼两个民族的墓葬，其年代可追溯到蛮族入侵时期；马丁修士论证中的一个非常有说服力的观点是"石斧并不一定出自遥远的古代"[57]。凯吕斯伯爵在专门讨论高卢古物的《古物集》第六卷中对巨石进行了全面的介绍。在包括德·拉·索瓦热尔和罗比恩在内的一批当地古物学家的帮助下，凯吕斯比他的前辈们更了解情况。至于那些将卡纳克巨石林视为高卢人的建筑、罗马人的营地或蛮族入侵时期的遗迹［甚至是像工程师德斯兰德斯（Deslandes）那样将其看作自然现象］的考古学前辈和线人，他会毫不犹豫地与他们的观点保持距离：

> 首先，数量如此庞大的石头所带来的工作量绝非短短几年所能完成，这说明我们对古代高卢几乎一无所知，我也绝不会认为这些遗迹是古代高卢人留下的。在这一点上我同意德·拉·索瓦热尔先生的看法；事实上，这些遗迹本身就撇开了其与高卢人的关系，因为占据内陆大片地区的高卢人按理说应该在大陆的许多地方都摆起石林，但事实上只有在沿

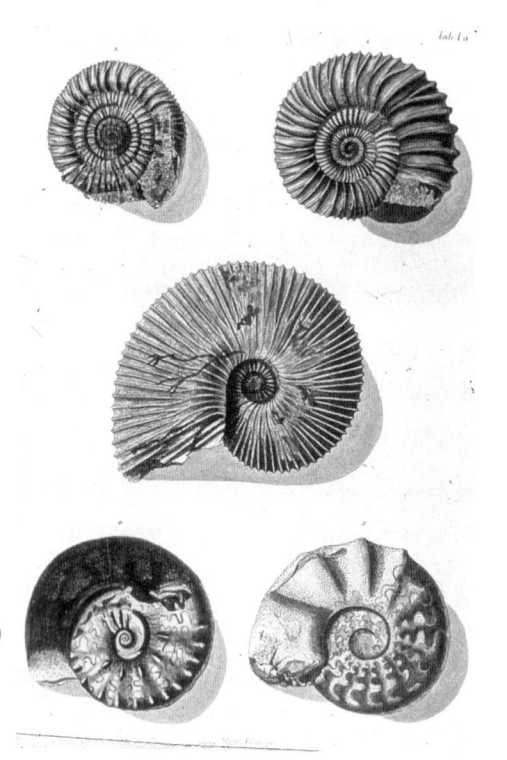

图 4-27 菊石化石［版画选自克诺尔（G. W. Knorr）和沃尔奇（J. E. Walch）于 1755 年完成的自然奇观录］。

海和临海的几个省份才能找到此类遗迹。其次，这些石头展现了一种非常确定的信仰；我们对高卢人的风俗和宗教已相当了解，因此不会将此类迷信活动与他们联系起来……

第三，这些石阵证明了这个民族（无论是哪一个）想要留下不朽之作；事实上，这些遗迹既难以搬动又没有任何实际用处，不会有人想要恶意破坏这些未经雕琢的石头；即便真的需要石材，从地下重新开挖也比推倒已经树立起来的石头更容易。看到这些遗迹我不禁想问：那些最先进的种族是否能够采用更优秀、更可靠的方法留下自己的印记……

第四，布列塔尼海岸附近的这些规模庞大的石阵表明，在高卢的这片土地上，曾经长期居住着一些（至少在此方面）思维方式一致的民族；但一种更简单，也具可能性的假设是此类遗迹全都出于同一民族之手。鉴于传统文献对这种再三再四的活动避而不谈，此类思考让这些遗迹显得更加特别。由此可以推断出一个比古罗马更遥远，所有痕迹都已被抹去的年代。[58]

如果没有半个世纪前发明的"史前"这一概念，凯吕斯伯爵的研究便很难更进一步。他和朱西厄一样，通过简单的比较和推理在脑海中萌生人类长历史的想法，而这段历史本身就是自然史的一部分。布丰在《自然时代》[59]中曾巧妙地表示自己没有解决人类历史和自然历史之间的接续问题：

图 4-28　1766 年发现的马斯特里赫特巨蜥［福贾斯·德·圣冯德（Faujas de Saint-Fond）于 1799 年所绘］。1795 年，法国博物学家福贾斯·德·圣冯德尝试用 600 瓶葡萄酒交换巨蜥，但没能成功。这是 19 世纪最伟大的考古发现之一。

第四章　对人类自然历史的否定

图 4-29　1799 年，约翰·马斯顿（John Masten）在一个泥炭沼泽中发现了巨大的动物骨骼化石。富有的自然珍品收藏家查尔斯·威尔逊·皮尔（Charles Wilson Peale）在此地安装了一个轮式排水系统，使一具乳齿象遗骸得以呈现。美国东海岸的所有收藏家们都慕名而来。

正如在人类历史上，我们查阅书籍、研究钱币和纪念章、破译古代铭文，以确定思想史中重要变革和重大事件的时间节点；对待自然史，我们也必须查阅世界各地的档案，从土壤深处找出古老的遗迹并收集它们的碎片，将所有物理变化留下的痕迹汇集到一个证据库中，以帮助我们追溯不同的自然时代。只有这样才能在浩瀚的空间中确定部分坐标，并在永恒的时间长河中配置一些指示标志。[60]

正如朱西厄在文中所述，物质事件与精神事件是统一的，人类发明了石器让人类历史和自然历史融为一体。深知神学禁令分量的布丰一贯采取谨慎的态度，他在这篇论文中暗示其他学者可以在人类历史领域展开类似自己在世界历史和动物历史方面所做的研究。毫无疑问，凯吕斯伯爵与布丰有着相同的信念，前者希望将古物学家转变为物理学家，后者则提出博物学家就应该是古物学家。尼古拉·安托万·布兰杰（Nicolas Antoine Boulanger）借助地质学观察，在重新按照拉培伊埃尔的方法论证人类的历史和多样性时展示了自己思维的独创性：

> 世界各地都有类似大洪水的传说，似乎意味着在世界各地都有在不同灾难中幸存下来的人，这与基督教徒采用的犹太传统大相径庭，他们认为现今世界的所有居民都是摩西所说的大洪水幸存者的后代。[61]

此外，如果德国社会学家沃尔夫·勒佩尼斯（Wolf Lepenies）最近的研究是可信的[62]，那么作为启蒙运动代表人物之一的温克尔曼应该不会否定这种观点；试图在自然主义和进化论模式的基础上建立一门艺术科学的温克尔曼和布丰一样，将风格视为思想的支撑之一。按照歌德的说法，温克尔曼是第一位提出可证伪假说的艺术史学家……布丰、温克尔曼和凯吕斯伯爵这些"独行侠"的悲剧在于，尽管他们能够感觉到将要发生的历史和自然主义革命（实际发生在19世纪）即将到来，但却没有能力亲手将其实现：也许这就是我们直到今天仍对他们的工作充满敬佩的原因。

图 4-30 巨石墓穴,由威廉·蒂施贝因(Wilhelm Tischbein,1751—1829)绘于 1820 年。这位才华横溢的画家是歌德的朋友。他与歌德一样,对古希腊-罗马的古物感兴趣,并绘制了威廉·汉密尔顿爵士收藏的希腊花瓶。他还创作了一些关于人类古代历史的画作,并对陵墓的测绘和发掘充满热情(见本书第 326 页)。

第五章

考古学的创立

请带来最后的供品，
让死者的哀鸣回荡！
请与他一同埋葬，
他所有的珍爱之物。
在他的头颅下放置斧头，
那是他勇敢挥舞过的武器，
准备好肥美的熊肉，
前路漫漫，道阻且长。
别忘了锋利的小刀，
它能够快速而精准地割下
敌人的头皮和毛发。
把颜料放入他手中，
让王者的灵魂，
在冥界闪耀红光。

《纳瓦松悼歌》（Nadowessische）

席勒，1797

两千多年来,"Archaiologia""antiquitates""antiquités"这些术语在西方用来描述对古代物品的研究,致力于此项研究的人被称为"古物学家"。到了 19 世纪上半叶,"考古学"(archaeology)

图 5-1 约翰·埃根(John Egan)1850 年完成的画作《密西西比河谷的风景》(*Vues de la vallée du Mississippi*)。自托马斯·杰斐逊任期以来,美国南部印第安文明的墓葬一直是美国考古学界最具争议的主题之一。基于密西西比墓葬的发现者和挖掘者蒙罗维尔·威尔逊·狄克逊(Montroville Wilson Dickeson)的研究,费城画家约翰·埃根于 1850 年完成了一系列画作,展现了密西西比河谷宏伟壮观的景色。狄克逊在自己的讲座上使用了这些绘制在细布上的画:他一边进行点评,工作人员一边将画布展开,挖掘过程就这样被真实地展现出来。画中对地层的出色渲染尤其值得称道。杰斐逊的影响在此似乎是决定性的。

308　征服过去:考古学的起源

这一新的术语被越来越多地使用，词汇上的转变意味着历史知识的作用和目的发生了改变。那些明确自称为考古学家的学者们雄心勃勃想要开创一片全新的知识领域，该领域不再单纯地依附文献学，而是涵盖了人类历史中所有物质方面的内容。为了实现这一宏愿，他们开始创造一种特殊的工具来完成对研究对象的分类，类型学由此诞生。但类型学本身并不能提供一个完整的框架来实现对过去的重建，因此必须将古物和遗迹按照年代分组，以便完成观察土壤、区分地层、识别古代活动的工作。为此，考古学家们借鉴了地质学家们总结的地层学思想。布丰建议自然科学家像古物学家一样行事，而考古学家也开始以地质学家的方式来研究土壤。他们也因此发现了布丰所担忧的问题：自然史和人类史是密不可分的。

对人类上古时期的推测

受困于浓雾与大洪水的古物学家们

在人文主义传统（即斯彭、马菲和蒙福孔等人倡导的传统）中，对古物和遗迹功能的分析的重要性仅排在第二位。在文本教育和古典文化的熏陶下，人文主义古物学家不用亲自解释遗迹本身的功能，因为只需参考传统文献就能了解浴室、圆形剧场或凯旋门的功能，在维特鲁威的作品中总能找到有用的信息。

同时我们也看到，沃姆和奥布里这样专注于相应地区的古物学家在面对中世纪前期或史前时期的遗迹时会遇到无史可查的窘境。即使是蒙福孔本人也曾费尽周折才公开了由一位名为科什雷勒（Cocherel）的诺曼底贵族于 1685 年在科什雷勒挖掘出的巨石墓葬[1]。虽然他在文集附录的信中提到了伊斯林对三个时代（石器、铜器和铁器）的评论，但内容也只是一笔带过，好像这个革命性假设对他来说并不太重要……总之，启蒙运动时期的人们还没有准备好接受凯吕斯激进的建议所带来的后果，即基于技术发展的文化历史。事实上，类型学方法只有在与地层学和技术研究相结合时才能发挥出全部优势。勒格朗·道西（Legrand d'Aussy）在共和历第七年（1799）提交给国家研究所的一份报告中，不仅建议清理古迹，还建议展开挖掘工作：

必须打开坟墓，因为对土壤挖掘感兴趣的不只有矿石学

图 5-2　卡斯帕·大卫·弗里德里希（Caspar David Friedrich，1774—1840）于 1803 年创作的《骸骨洞》（*La Grotte aux squelettes*）。这幅描绘了两具骸骨的洞穴图展现了卡斯帕·大卫·弗里德里希对考古景观的兴趣。他是歌德的朋友，也是德国浪漫主义的代表。

家而已……。对于考古和历史来说，那里也常常会发现值得观察的对象和值得收集的物件。[2]

安内特·拉明 – 昂珀雷尔（Annette Laming-Emperaire）如此评价勒格朗·道西：他不仅是一位土壤勘探者，还可能是18世纪最早从历史和地理的连续性角度审视墓葬问题的人之一。在尝试建立年表的过程中，他重拾了被沃姆遗忘的用于区分不同殡葬传统的观察方法。沃姆利用巨石和坟冢之间的差异建立了斯堪的纳维亚墓葬年代表。勒格朗·道西利用同样的方法区分（以科什雷勒坟冢为代表的）火葬时代和土冢时代：

> 我把第一个时期称为原始的火葬时代，第二个时期称为土冢时代。但由于部分土冢中的遗骸全部都被烧过……，还有部分土冢（稍后会提到）中全部是完整的骸骨，我认为我们可以将土冢时期进一步一分为二：前一个时期的土冢中遗体被火葬；后一个时期的土冢中埋葬的遗体未经焚烧。[3]

这项工作不仅是纯粹的类型学，对墓穴进行分类也是为了尝试建立一种年表。由于缺乏实地经验，勒格朗·道西在工作中可能无法像斯堪的纳维亚或德意志的前辈们那样游刃有余。他和凯吕斯一样意识到巨石是独一无二的。即使他没有像凯吕斯那样断言这并非高卢人留下的遗迹，但他仍将其称为"该民族最早的墓葬"，时间可追溯到"无法计量的遥远年代"。这样一句不起眼的评论却标志着巨大的进步。巨石阵不再被认为是生活在恺撒前几个世纪的高卢人留下的遗迹，勒格朗·道西认为其建造年份可能超出传统历史的范畴。他曾预感到历史可能会非常长,但由于他的方法完全停留在理论层面,故无法推断出史前时代的存在。他肯定清楚古物学家可以通过观察土壤获得信息,但他所做的仍只停留在一些既雄心勃勃又未脱离常规的思考上。他建议在公共教育部长的主持下,组织一个对国土进行监控的网络,以预防墓穴的破坏,并组织对其的挖掘和研究。他并非用寻宝者的眼光来看待现场,而是希望在挖掘之前先绘制出详细的建筑平面图。他甚至提出要仔细记录发现的物品和尺寸,并交给自然学家和解剖学家进行采样。他十分关心对古代文物的保护,同时也注重将其公开展示,并建议在亚历山大·勒努瓦(Alexandre Lenoir)的法国文物博物馆中创建一个考古学部门:这是一个前卫的博物馆项目,其中每种类型的建筑物在适当情况下都将由实物大小的模型来展示。

阅读了大量优秀前辈们(尤其是凯吕斯)的书稿的勒格朗·道西,为古物学专业的现代实践开辟了道路。考古遗迹的脆弱性首次成为关注的焦点。各方探讨的主题也不再局限于可搬运的文物以及古希腊、古罗马或东方的文化遗产,还包括了保护和勘测技术。古物学是对人类历史痕迹的全面观察。勒格朗·道西也强调保护和研究古迹所表现出的民族责任(这一举动再次表明他自己是凯吕斯的忠实追随者)。他强调了布列塔尼石阵的特殊性,甚至提议用布列塔尼语来给这些巨石命名。作为18世纪的最后一位古物学家,勒格朗·道西断言对土壤的观察是一门深刻的历史学科;作为19世纪的第一位考古学家,他为考古学科的规范化和专业化制订了方案。

在拿破仑和复辟时期的法国,勒格朗·道西颇具前瞻性的想法终成泡影。当权者似乎对在法国设立类似瑞典、丹麦甚至一些德意志地区的古迹管理机构反应冷淡，而且贵族收藏古物的传统也暂时止步于凯吕斯。当然，这项传统后来被吕伊内公爵（duc de Luynes）等人恢复，但吕伊内公爵与那个时代大多数法国考古学家一样专注于地中海世界，对高卢古物研究的贡献有限。不过勒格朗·道西并不缺少同道之人和继承者：奥古斯特·路易·米林（Aubin-Louis Millin）所著的《对法国通史与专史有用的遗迹汇编》（*Recueil de monuments pour servir à l'histoire générale et particulière de la France*，1790），亚历山大·德·拉博德（Alexandre de Laborde）所著的《各时期法国历史文化遗迹》（*Monuments de la France classés chronologiquement*，1816—1826）和格里沃德·德·拉·万塞勒（Grivaud de La Vincelle）编纂的《古迹汇编》（*Recueil des monuments antiques*，1817）从当时大批疯狂追逐凯尔特文化的法国古物学家的作品中脱颖而出[4]。但这些书籍的作者既没有勘察过土地，也没有与建筑和整治工程中出土的文物和古迹有过直接的接触。

19世纪上半叶的法国缺乏实地考察土壤的古物学家，或者说"老派"古物学家，因为那些人全家都居住在巴黎，不了解发掘现场的土地状况，无法扮演弗朗索瓦·朱安内（François Jouannet）、卡西米尔·皮卡尔（Casimir Picard）和雅克·布歇·德·彼尔特这些新一代学者所担当的角色。唯一改变了这种态度的著名古物学家是诺曼底人阿尔西斯·德·科蒙（Arcisse de Caumont），他就是那种"在学习考古学之前研究植物学和地质学的古物学家"[5]。这一转折点没有逃过儒勒·米什莱（Jules Michelet）的眼睛，他注意到在卡昂有人在同步研究古代史和自然史：

第五章 考古学的创立　313

图 5-3 由詹姆斯·道格拉斯（James Douglas）绘制的地层图（图片出自他 1793 年出版的著作《英国坟墓史》）。道格拉斯延续斯图克利的方法，将地形测量与景观地层图相结合。

在卡昂，让我吃惊的是科蒙、莱尔（Lair）、沃蒂尔（Vaultier），这些人既是古物学家又是自然学家。我的伙伴们一直在将历史融入自然史中。事实上，在卡昂不仅汇集了罗马和诺曼底的古物，还有史前文物和化石等。[6]

阿尔西斯·德·科蒙可能是法国 19 世纪最勤奋的考古学家之一，有其在 1830—1841 年出版的十二卷《古典建筑教程》（*Cours d'antiquités monumentales*）可以证明。但他的关注点更多集中在中世纪和迫切需要保护的历史文物上，而非更早的年代。他将大部分精力用于宣扬保护古迹的必要性，并创立了学术团体和历史遗迹署。基佐（Guizot）能在 1834 年创建历史工作委员会并建立公共古迹管理机构，很大程度上是受到他的影响，尽管这位坚定的地区主义者经常与巴黎的中央集权主义者，特别是梅里美（Mérimée）发生冲突。堪称艺术史百科全书的阿尔西斯·德·科蒙对当时所有科学潮流都持开放态度，这一特点让他成为传统古物学家与新一代考古学家之间的桥梁。作为卡尔瓦多斯省林奈学会的秘书，他代表了那些希望打破历史和自然史之间隔阂的古物学家：也许是因为他和布歇·德·彼尔特一样接受了德·拉·鲁神父（Abbé de La Rue）的教育，在这位从英国回来的教士的影响下一部分人对普遍历史产生了兴趣。

19世纪上半叶，与德国和英国相比，法国的土地挖掘工程还是非常少的。自斯图克利以来，英国人对土壤的观察和挖掘一直保持着浓厚的兴趣。牧师布莱恩·福赛特（Brian Fausset, 1720—1776）是18世纪掘墓的纪录保持者。充满对圣事热情的他在几年内成功地"打开"了位于肯特郡的数百座古墓[7]。以他为代表的一批特殊的古物学家，由于无法通过"壮游"来释放他们的激情，便专注于发现周边地区的古迹。福赛特的研究采用了一种当时任何考古学家都会反对的方法，虽然他的成果在很长一段时间内未获发表，但却为后继者们提供了一份涉及大部分撒克逊时期的卓越的比较材料。此后，詹姆斯·道格拉斯（James Douglas, 1753—1819）接过了传承的火炬。早期他作为皇家工兵部队的军官，开始在肯特郡测量防御工事，其间他发现了盎格鲁-撒克逊人的墓葬。凭借自己在地形学和绘图方面的经验，他为发现的众多墓葬绘制了平面图和剖面图。他很快就决定写一部专门介绍古代不列颠人丧葬习俗的作品，最终这部名为《英国坟墓史》（Nenia Britannica）的作品于1793年出版。他的作品和福赛特的作品一道预示着英国考古学浪漫时期的到来，那些热衷于挖掘古

图 5-4 威廉·坎宁顿和科尔特·霍尔参与土冢的挖掘（菲利普·克罗克 1807 年绘）。

墓的绅士们逐渐取代了启蒙时期的古物学家。

对考古学的热情将威廉·坎宁顿（William Cunnington，1754—1810）和理查德·科尔特·霍尔爵士（Sir Richard Colt Hoare，1758—1838）联系在一起，他俩也成为英国考古学界新的代表。出身中产布商家庭、讲究实际的坎宁顿和富有、浪漫的准男爵科尔特·霍尔共同展现了英国精神。他们招募了一位优秀的绘图员菲利普·克罗克（Philip Crocker）配合他们的工作，并在科尔特·霍尔的资助下组建了一支工人队伍。在他们的帮助下，挖掘古墓成为一项集体活动和专业工作，其目的是完成基于平面图和剖面图的高质量的文献记录。他们所关注的不只是殡葬考古：他们想要建立一种区域考古学。在实地开展工作前先进行了初步调查，随后的挖掘工作由坎宁顿和他的团队进行监督。科尔特·霍尔于1808年开始撰写一部综合性专著，该作品最终在 1810—1822 年出版。《古代威尔特郡史》(History of Ancient Wiltshire) 包含整个地区遗迹的精准的插图和测量数据，不是一份简单的挖掘手册，而是对一个地区考古学的理性研究。科尔特·霍尔常将自己视为实证历史学家，面对各种狂热的凯尔特文化爱好者他曾说："我们说的话是基于事实而不是理论。"他将对考古学的热情和对认知的渴望结合在了一起。对他来说，发掘工作能够回答一个实实在在的问题："史前古物应属于这个岛哪个年代的居民？"然而，经过十年的工作，他将不得不面对事实，承认他"完全不知道这些墓志铭的作者是谁。我们确信威尔特郡的土冢年代非常古老，但是并没有切实的证据证明它们属于某个部落"[8]。必须取得证据才能消除时间上的不确定性。在缺乏对发现物的详尽描述和比较分析的情况下无法得出有效的结论。和蒙福孔一样，科尔特·霍尔无法从他的笔友托马斯·勒曼（Thomas Leman）牧师给出的只言片语中得出任何确定的结论：

> 我认为我们可以通过在土冢中发现的武器来划分三个大时代。第一种是骨头和石制武器，肯定是早期原始人使用的，大概率应该属于凯尔特人。第二种是铜制武器，这种金属可能是比利其人用岛上出产的锡向非洲更发达国家换取的。第三种是铁制武器，年代可追溯到罗马入侵前夕。[9]

要充分利用这些创新思想就必须开发一种研究相关文物的技术，但坎宁顿和科尔特·霍尔对如何进行此项工作没什么头绪。此外，记录发现的过程也必不可少，勒曼牧师本人就是一位收藏家，他在给坎宁顿的信中强调了这一点的重要性：

图 5-5 由约翰·弗里尔（John Frere）于 1797 年发现的打磨过的燧石［图片摘自 1800 年出版的《考古学》（Archeologia）杂志］。

请允许我给您提个醒，在每个发现的陶器或硬币上贴一张小纸条，同时记录下其确切发现位置和发现者是有必要的。后继者们了解的情况可能比我们多一点儿（我肯定只是"多一点儿"），因此我们必须采用清晰明了的方法传递信息。[10]

如果科尔特·霍尔能够利用这些补充说明，他自己那些原本缺乏说服力的作品就会更令人信服。他是一位有勇气、有信念的绅士，他的结论似乎就是对古物学时代的总结：

这些土冢是多么伟大，多么美妙，多么令人不解啊！尽管

图 5-6　约翰·雅各布·修伊兹勒（Johann Jacob Scheuchzer，1672—1733）于 1731 年发表的著作《神圣的物理》（Physica sacra）中的版画——《洪水的痕迹》。修伊兹勒在化石浮雕分析方面的贡献引起了地质学家的注意。1708 年，修伊兹勒以为自己在瑞士的阿尔特多夫村发现了一具人类化石，但居维叶（Cuvier）在 1812 年证明这只是一条蝾螈。

第五章　考古学的创立

图 5-7 在卡洛的一个矿洞中发现的犀牛骨架［图片摘自巴克兰（Buckland）1823 年出版的《洪水遗迹》(Reliquae diluvianae)］。图中介绍的挖掘方法对那个时代来说是相当准确的。

图 5-8 1822 年发现的帕威兰洞的剖面图（图片摘自巴克兰 1823 年出版的《洪水遗迹》）。这个精确绘制的图中显示的人称"红夫人"的人类骨骸，是在满是动物化石的沉积层中发现的。但巴克兰认为这是一个侵入性的沉积物，并拒绝将其视为人类化石存在的证据。

它们是如此神奇，我们仍对其年代、类型、时序一无所知。[11]

拥有综合思维的勒格朗·道西曾满怀热情地试图对杂乱无章的古物进行整理，而具备敏锐观察力的科尔特·霍尔和坎宁顿则对土壤更加情有独钟。但是上述三人都缺乏将物件与土层联系起来所需的方法。为了让对过去的研究摆脱因宗教短年表的限制造成的恶性循环，就必须如拉斯穆斯·尼厄鲁普（Rasmus Nyerup）所说"穿透时间的浓雾"。当采用地层学的方法去研究人类起源的问题时，会发现一段时间跨度非常大的时期，人们不得不将其称为"史前时代"。以拉培伊埃尔为代表的一些17世纪的先驱者对人类的悠久历史深信不疑。毕竟梅卡蒂早在16世纪末就认定"闪电石"是工具，是古代人类生产的证据。"古老"和"非常古老"之间以什么为界呢？最早的化石研究者如尼古拉斯·斯坦诺、阿戈斯蒂诺·斯奇拉早就证明地球的历史呈现了一个漫长的地质形成过程。而梅卡蒂的想法于17世纪中期得到了威廉·杜格代尔（William Dugdale）的支持[12]。罗伯特·普洛特在1686年出版《斯塔福德郡自然史》时就声称发现了远古时期的燧石。几年后，杰出的神学家和地质学家约翰·伍德沃德（John Woodward）也曾嘲笑那些仍然相信"闪电石"是自然界产物的人。像安托万－伊夫·戈盖（Antoine-Yves Goguet）和德·堡（Cornelius de Pauw）这样的风俗史理论家[13]毫不犹豫地求助于启蒙时代的思想家，期待能绘制出一幅描绘早期人类历史的演化的画卷，其中打制燧石占据了重要地位。

好奇心旺盛的古物学家们不会对像科什雷勒遗迹这样能够证明远古人类石器工业之推断的发现视而不见。1715年，伦敦一位书商约翰·巴格福德（John Bagford）将在伦敦的一处沙砾场中发现的燧石尖头描述为"布列塔尼人的一种长柄武器上的燧石尖头"[14]。

在邻接的地层中发现大象（可能是猛犸象）的遗骸，使得古物学家们认为燧石和大象都源于罗马征服时代。这个取巧的结论避免了与同时代学者的一些更大胆的假说（例如将大象骨架视为《圣经》中所载大洪水的证据）相悖。1797年，时任萨福克郡的高级治安官，后来成为英国议会议员的约翰·弗里尔（John Frere）在萨福克一个制砖场发现了一些动物遗骸和打磨的燧石，并毫不犹豫地将其归于一个"远早于现在世界的远古时期"[15]。弗里尔在评论中还准确描述了发现物的地层情况并附加了一幅剖面图。

尽管弗里尔展示了证据并在伦敦古物学会的杂志上发表了文章，这项惊人的发现在当时并没有引起轩然大波。总之，在不直接质疑圣经年表的情况下，从18世纪开始就有许多伟大的思想家一直试图鉴定大洪水时期人类的身份。1708年，一位瑞士医生约翰·雅各布·修伊兹勒（Johann Jacob Scheuchzer）发表了一篇奇怪的讽刺短文，文中鱼代替人类成了大洪水的受害者，后来却被人类视为石头。他还拿出一副人类骨架作为大洪水的证据之一，但在一个世纪后，居维叶（Cuvier）确认它实际上是一只蝾螈[16]。更为严重的是，1774年，来自埃尔朗根的牧师约翰·弗里德里希·埃斯珀（Johann Friedrich Esper）探索了拜罗伊特洞穴，在那里他发现了大量动物化石以及打磨过的燧石和人类遗骸[17]。他认为这些足以让他相信找到了大洪水发生过的痕迹。埃斯珀意识到这是一个全新的发现，但他没有可用于确定物品年代的手段，也没有任何参考体系帮助他分析动物遗骸。唐纳德·格雷森（Donald Grayson）就曾说过：化石动物与人类遗骸关联在一起没有问题，因为这些动物所属的年代是无法确定的。

尽管越来越多的证据表明人类远古时代确实存在，但学术界还没有准备好承认这一点。为了建立起人类历史和自然历史是一脉相承的这一概念，不仅需要古物学家在观察方面下更多的功夫，还需要他们能将观察的结果与地质学家和古生物学家在世纪之交着手编写的通史和物种演化史联系起来。法国的居维叶和英国的巴克兰（Buckland）为地质学提供了必要的年代手段。他们两人的工作都提供了证据，证明可以将人类历史视为地球历史的一部分。居维叶借用布丰的说法，将地质学家比作自然界中的古物学家：

> 为了发现自然历史的遗迹，他们在地球的废墟中搜寻，就像考古学家为了发现艺术史和民俗史在城市遗址中搜寻一样。[18]

这位充满热情的古物学家专注于收集和描述大量的动物化石，以便确定它们所属的地层，并为专门用于已灭绝物种的一般地层学奠定基础。居维叶在解剖学和地层学方面做出的了不起的工作为古生物学家提供了时间参照，让各个地质遗迹及特殊岩相之间的相互比较变得更容易。居维叶在动物化石类型与其所属地层之间建立了紧密的联系：每种类型都可以被归入特定的地质层。居维叶通过不懈的努力和系统性的方法为自然学家提供了他们梦寐以求的东西：一架能够确定宇宙年龄的时钟。与此同时，英国地质学家兼神学家威廉·巴克兰加强了对洞穴年代学和地层学的研究以及对古生物学、地层学和年代学方面的观察。居维叶和巴克兰就这样开辟了一条准确研究人类遗迹和动物化石之间关系的道路，但是具有讽刺意味的是，他们都否认人类曾与已灭绝哺乳动物生活在同一时代：

> 据我们所知，一般地层中只发现过四足动物的骨骼，而从未找到人类的骨骼。已经发现的人类遗骸要么存在于松散土壤中，要么位于洞穴中（可能是被食肉动物拖动到此），抑或是（因山崩或其他意外跌落）在岩石裂缝或山区裂隙中。因此可以合理地推测人类是在其他哺乳动物出现之后才来到地球上，这与《摩西五经》的表达相符。[19]

在这两位伟大地质学家总结出的原理的基础上，人类的古老历史在过了不到二十年后终于得到承认。

连续性概念艰难浮出水面。类型、技术、地层

居维叶不愿接受人类的古老历史的概念，因为他对"灾变论"深信不疑，坚信变成化石的物种是在洪水灾害中突然消失。然而，就在巴黎，拉马克（Lamarck）提出动物物种的历史完全适合另一种假设。如果我们在土壤中发现已经灭绝的动物物种的遗迹，那可能是因为这些物种逐渐进化了：生物的演化论似乎比灾变论更可靠，也更容易验证。对于那些主张人类是自然的延续的人来说，拉马克的思想提供了一个取之不尽的灵感源泉。居维叶和艾蒂安·若弗鲁瓦·圣伊莱尔（Étienne Geoffroy Saint-Hilaire）于1830年7月在巴黎科学院展开辩论时，歌德的反应也证明了这一点。同年8月2日，魏玛王子的导师之一索雷特（Soret）受到了

歌德的提问："你对这个大事件有什么看法？火山爆发……"索雷特回答说："这是一个可怕的故事。但在这种情况下，人们能期望政府做些什么呢？难道不是流放皇室成员吗？"但歌德对查理十世的退位并不感兴趣："我们彼此不了解，亲爱的朋友，我谈论的不是这些人；而是一个完全不同的主题。我说的是居维叶和若弗鲁瓦·圣伊莱尔之间的公开辩论，这是科学界的重要事件。"[20]

没有人会指责歌德缺乏历史敏感性，但当时正值1830年7月末，灾变论和演化论之间的冲突在他眼里比查理十世的不幸遭遇更具决定意义[21]。身为温克尔曼的崇拜者的歌德拥有一种不寻常的好奇心，体现在对古代艺术的热忱和对揭示自然秘密的执念上。他在地质学和解剖学方面的发现使他对所有关于进化论的讨论都予以关注。作为一名实地工作者，他参与了许多在魏玛大公国实施的挖掘工作[22]。他公开支持进化论，因为他和赫尔德一样，认为"动物是人类的兄长"。这位天才的博物学家承载着一个拥有无尽好奇心的灵魂，他以实际行动诠释了什么是完美的古物学家，与他的朋友海涅（Heyne）和迈耶（Meyer）一起追随温克尔曼的脚步，为重新发现古代艺术铺平了道路，而他对自然史的热情使他成为人类古生物学的先驱之一。歌德对人类和动物解剖学孜孜不倦的探究、对古典或史前文物的兴趣完美定义了19世纪初古物知识范围的极限。像科尔特·霍尔和坎宁顿一样，他也面临着年代学方面的困扰，在缺乏类型学方法的情况下无法将大量相互关联的遗迹划分到相应的时期。要打破这一僵局，就必须将地质数据和文物比较研究结合起来。18世纪古物研究学者的传统没有为这种工作提供任何准备。来自西里西亚勤奋的探险家约翰·古斯塔夫·毕兴（Johann Gustav Büsching, 1783—1829）就

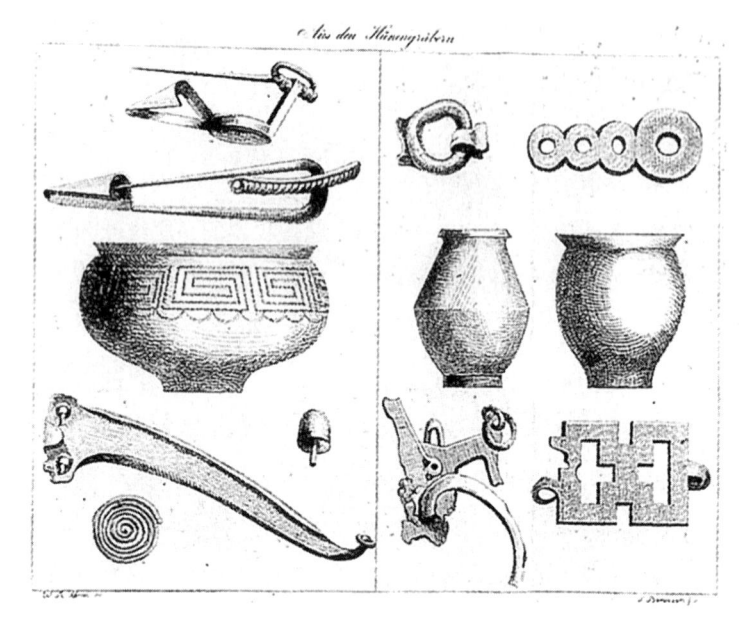

图 5-9　德国收藏的原史时期的古物（由威廉·蒂施贝因于 1808 年绘制）。1808 年，受奥尔登堡公爵彼得（Peter von Oldenburg）的邀请，蒂施贝因在奥伊廷参观了一个私人收藏，他绘制的藏品于 1816 年由迈耶（F. J. L. Meyer）出版。

是一个很好的例子。尽管他渴望对发现的每座土冢进行剖析，非常小心地进行挖掘并使用筛子清理杂物[23]，还是无法看透"异教徒时期"的时间线。和 19 世纪初的英国一样，浪漫主义时期的德国涌现出了不少满怀热情的古物学者。也许正是 17 世纪由神职人员发展起来的民族历史意识，在拿破仑征服后转化成为遭受重创的中产阶级心中的民族情怀。恩斯特·莫里茨·阿恩特（Ernst Moritz Arndt）曾说过："心存怀旧情感的德国人就像春天里蓄势待发的驯鹿一样，渴望出发寻找本民族历史的源头。"[24] 这种热情导致了考古挖掘和博物馆数量的大幅增加，同时促进了新的土壤调查技术的发展。和在英国的情形相似，这股热潮也遭遇了宗教信仰和异教徒迷雾的阻碍。

与科尔特·霍尔和勒格朗·道西一样，歌德、武尔皮乌斯（Vulpius）、毕兴，当然还有美因茨罗马－日耳曼中央博物馆的创始人林登施密特（Lindenschmidt）都为创建一种描述性方法的框架（即我们今天所说的"考古学"）做出了贡献。但由于没有类型学的工具和地质－历史关联性的概念，他们仍无法完全步入考古学的时代。

在地质学和古生物学经历这种快速发展的同时，越来越多的发现丰富和改变了关于人类起源的讨论。身为出版商和文学教授的弗朗索瓦·朱安内从一大批细心而坚定的观察者中脱颖而出，成为第一个提出史前史概念的人。1810年，他在佩里格（Périgueux）附近的牛角山上发现了一处史前遗址，在那里他收集到了打磨过的燧石、青铜和高卢钱币[25]。这一发现的意义在于证明了洞穴之外存在有古老的工业。朱安内是一位古典学者，他自然会更多关注人工制品而不是动物。几年后，他完成了该地区的巴德古勒（Badegoule）洞穴的挖掘工作。他在《多尔多涅日历》（*Calendrier de la Dordogne*）上发表的挖掘成果中，提出了切割的石头和打磨过的石头之间的文化和年代差异。1814年，特罗莱（Traullé）和蒙热（Mongez）提议建立一门地层学，用于研究远古时期的考古学遗迹[26]。1835年，阿布维尔（Abbeville）的医生卡西米尔·皮卡尔发表了在阿布维尔出土的一些"凯尔特人的鹿角工具"。他借此机会对燧石进行了系统的研究，以证明"片状的石头"不是燧石打磨过程中的半成品，二者加工所采用的技术截然不同。最重要的是，皮卡尔为了确定发现物的来源，写了

图 5-10 威廉·蒂施贝因 1787 年绘制的《罗马平原上的歌德》(Goethe dans la campagne romaine)。在这幅著名的画作中有一些明显的考古学的影射，但只展现了歌德和蒂施贝因的兴趣的一方面。

一份关于其沉积方式的详细描述并推测了其地层年代：

> 根据这些图案我们可以得出以下结论：
> 1. 在凯尔特人用鹿角制作斧鞘和其他物品的时期，一些如今在我们的国家已不复存在的物种（如原牛和海狸等）还没有灭绝或迁徙离开；
> 2. 因此，燧石斧和这些动物是同时代的；
> 3. 泥炭的形成时间至少在很大程度上与这两个历史事件相重合；
> 4. 在我们的山谷中，至少部分泥炭的形成可以追溯到那

328　征服过去：考古学的起源

个历史时期。[27]

我们可以看到皮卡尔已经取得了很大进展。他并不满足于对所发现物品和动物的简单描述，他整合了地质数据、类型学的思考和地层分析来支持他的年表。

在威廉·巴克兰 1823 年出版的《洪水遗迹》中列出了当时已知的更新世哺乳动物和人类遗骸之间的九个关联。在对所有遗迹现场进行仔细分析并参观了其中的几处之后，他得出结论："出现在同一洞穴中的人类骨骼与史前动物的遗骸不属于同一时代，动物遗骸的年代要更久远。"[28] 似乎只能用地质入侵来解释这种情况。总能找到一个墓穴、一条裂缝或一种地质构造运动来解释洞穴中的灭绝物种和人类遗骸共存的现象。几年后在德文郡肯特洞穴进行挖掘时，约翰·麦克内里（John McEnnery）神父发现了

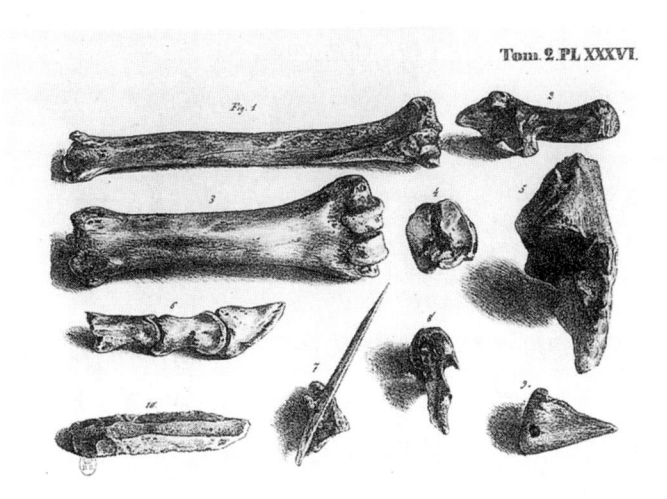

图 5-11　在列日附近的洞穴中发现的化石骨骼和工具，图为菲利普－夏尔·施梅林（Philippe-Charles Schmerling）1833—1834 年绘制的版画。

一个被角砾岩包裹的地层，里面满是已灭绝哺乳动物和燧石。在巴克兰的影响和喝止下，他选择相信这些加工过的燧石是地质入侵带来的，并很快放弃了对这个肯定蕴藏着重大发现的洞穴进行探索[29]。

与此同时，三位来自法国南部的学者却得出了与他们的英国同行完全相反的结论。来自蒙彼利埃的自然学家、在蒙彼利埃科学院任教的马塞尔·德·塞尔（Marcel de Serres）曾在巴黎与居维叶和拉马克一起求学，他也是巴克兰的好友；于勒·德·克里斯托尔（Jules de Christol）和曾在巴黎求学过的蒙彼利埃的药剂师保罗·图尔纳（Paul Tournal）则为他提供了帮助。三人结合各自的专业知识在几年内发现并发表了关于数个包含动物化石和人类活动遗迹的洞穴的研究成果。来自蒙彼利埃的三人组无疑是第一个致力于确认人类远古时代的学者团体。这三位好友公布了他们挖掘的结果，并将重点放在了动物化石的鉴定和燧石分析上[30]，而且勇敢而明确地表达了他们的结论：

> 地质学扩展了我们短暂的历史，它通过展示种族的古老历史来唤醒人类心中的自豪感。因为只有地质学才能让我们对人类出现在地球上的年代有所了解。[31]

尽管马塞尔·德·塞尔名声在外，这种预言性的信仰宣言并没有被大多数地质学家和古生物学家所接受，特别是居维叶对此表现出强烈反对。图尔纳在提出必须"着眼于当下"并从当代地质现象观察入手时，也大体预见了查尔斯·莱尔（Charles Lyell）的地质均变说和布歇·德·彼尔特的史前史理论。在摒弃了第一批史前学家所珍视的大洪水概念后，他为古代与现代、史前人类与现代人类之间的承袭理论打下了基础[32]。来自列日的医生施梅林博士（docteur Schmerling）在1833年出版了一本名为《列日省洞穴中发现的化石骨骼研究》(*Recherches sur les ossements fossiles découverts dans les cavernes de la province de Liège*) 的书，得出了与蒙彼利埃的前辈们相同的结论。然而，远古人类的说法仍未能让学术界信服。

三时代系统和比较考古学的基础

一个多世纪以来，尤其在奥布里和凯吕斯之后，聪明的学者

图5-12　普罗坦（Protain）1798年绘制的埃及研究院的大殿。拿破仑·波拿巴为研究院举行落成典礼。

们已经意识到可以利用古物和古迹的内在特征对其进行分类，并将它们按时间顺序排列。这种古物学家和地质学家常用的方法不仅在19世纪初期彻底改变了地质学，并在历史考古、古典考古学和不久后的东方考古领域带来了巨大的进步。

在19世纪初，并不只有地质学家和古生物学家对考古学充满兴趣，整个东地中海地区都兴起了考古热潮，希腊当然也不例外。那里的独立斗争激起了欧洲的舆论，旅行者们因受到温克尔曼的思想以及歌德、荷尔德林（Hölderlin）和拜伦等人诗歌的启发蜂拥而至。此外，在欧洲大型博物馆的大厅里也可以欣赏到人们心目中理想化的希腊。大英博物馆通过从埃尔金伯爵手中购买帕特农神庙的三角楣并将其公开展示，引领了这一潮流。在经历了长时间的争论后，行家们才认定这些是希腊原作而非罗马复制品，尘埃落定后，欧洲资产阶级对希腊艺术的热情被真正点燃了。这种对于希腊艺术的喜好并没有被更具异域风情的"埃及热"冲淡。自希罗多德以来，神秘的埃及在数千年的时间里一直引起欧洲人的兴趣。然而在7世纪被阿拉伯人入侵后，埃及与欧洲的关系就疏远了。在希腊人和罗马人眼中，埃及帝国是文化和宗教的中心，是外族智慧的典范，也是成就古典世界不可或缺的因素。古埃及以金字塔、象形文字（1420年布隆戴蒙提发现的文字吸引了学术界所有人）和木乃伊而闻名。拿破仑对埃及的远征以及随行的数十名学者让埃及的吸引力变得不逊于希腊。各种出版物，尤其是才华横溢的埃德姆·若马尔（Edme Jomard）推出的豪华版书籍《远征埃及》掀起了"埃及风格"的潮流，在建筑和造型艺术领域产生了不小的影响。与此同时，埃及在改革派统治者穆罕默德·阿里（Méhémet Ali）的领导下也开始接纳西方思想。几个世纪以

图 5-13 若马尔所著《法国远征埃及期间完成的观察和研究汇编》(*Recueil des observations et des recherches qui ont été faites en Égypte pendant l'expédition de l'armée française*，1809—1822) 的封面。

来前往埃及的欧洲人只有独立的探险家和勇敢的商人们，现在时代变了。工程师、外交官以及为埃及和英、法两个殖民势力服务的冒险家纷至沓来。虽然遭遇了军事上的失败，但法国仍在埃及留下不少人员驻守。由拿破仑任命的法国总领事贝尔纳迪诺·德罗韦蒂（Bernardino Drovetti）深受当局的青睐，他利用自己大部分闲暇时间进行挖掘，并收集了大量的文物伺机运往欧洲。在祖国的强大影响力和物资帮助下，英国领事亨利·萨尔特（Henry Salt）也在致力于同样的事情。他很快就争取到乔瓦尼·贝尔佐尼（Giovanni Belzoni）的帮助。职业生涯起步阶段在马戏团扮演壮汉的贝尔佐尼的经历可谓丰富多彩，他不仅是冒险家、承包人，而且后来成为最厉害的埃及文物收藏家之一。这些大规模挖掘者不可能像18世纪的田野古物学家那样拥有精确的挖掘技术和知识品位。这些人的行为与埃尔金伯爵和乔伊瑟尔－古斐耶别无二致，他们是福韦尔和卢西耶里的便捷方法的继承者。他们将大批的埃及文物倒卖到欧洲博物馆中。德罗韦蒂就至少出售过三套

图5-14 维旺·德农（Vivant Denon）所绘《测量斯芬克斯》[图片来自1802年出版的《维旺·德农在埃及的风景之旅》(*Voyage pittoresque dans la Basse et Haute Égypte*)]。

物品，被都灵、巴黎和柏林的博物馆购得。贝尔佐尼想要成为埃及文物的承揽人。1821年，他在伦敦开设了埃及厅并举办了一次埃及文物展览，大获成功。除了政府的热情和冒险家的胆识，又出现了第三个影响公众舆论的因素：一位年轻的浪漫主义科学家刚刚找到了破译象形文字的钥匙。在长达四个世纪的时间里，象形文字一直都被视为符号学领域的不解之谜。让－弗朗索瓦·商博良（Jean-François Champollion）通过证明象形文字是一种书写系统，并确立从该系统到字母世俗体的转换规则，以及确认了古埃及语是当地基督徒的语言，向欧洲人揭开了一个全新的知识领域。这一发现虽与楔形文字的破译发生在同一时期，但其影响力更大，因为它解决了困扰学者们长达数十年的问题。也正是由于这一及时的学术突破，后来的埃及探险者取得了重大发现。从科学史的角度来看，古埃及语的破译将古典文献学的新方法推向巅峰。在奠定了比较文献学的基础并让文艺复兴遗产焕发新生的同时，语言学家们成功地攻克了古代东方的语言。商博良的成功无疑是依靠一次灵光乍现，但这也是由于文献学分析方法已经发展成熟，早已在东方语言中得以应用：研究帕尔米拉文的巴泰勒米神父（Abbé Barthélemy）和研究古波斯语的西尔维斯特·德·萨西（Sylvestre de Sacy）都是这条路上的先行者。事实证明，文献学家们的知识能够破译象形文字，商博良让东方学成为一个独立的科学分支。从那时起，整个近东地区都为考古探索敞开大门。

然而此时，一个将彻底颠覆考古学和象形文字解读的模式在北欧出现。克里斯蒂安·于恩森·汤姆森（Christian Jürgensen Thomsen）是首位（于1819年）按照石器、青铜器、铁器对博物馆的展品进行分类的考古学家；他坚定提倡在考古对象和文化语言学对象之间既要进行类型上的比较，还要进行技术方面的比较。

路易·亨内平（Louis Hennepin）神父在1683年写下的对路易斯安那州的描述中就已经借鉴了这一观察方法[33]，而来自丹麦的人文学者约翰·拉维伦岑（Johann Laverentzen）提出了民族志在解释考古对象方面的作用[34]。但直到汤姆森才将这些建议应用到实践中："经验表明，同样的条件尤其是同等的文化水平会催生同样的生产方式。"[35] 汤姆森通过简单描述文化相似性法则，为凯吕斯的类型学规则增添了一种分析方法。这种摆脱了单纯的描述、从技术着手的方法为研究没有文字记载的史前时期奠定了基础：

> 显而易见，早期整个北欧地区居住着相似的原始族群。他们似乎与北美土著人在几个方面很相似，例如好战，在丛林中生活且几乎没有金属用具。[36]

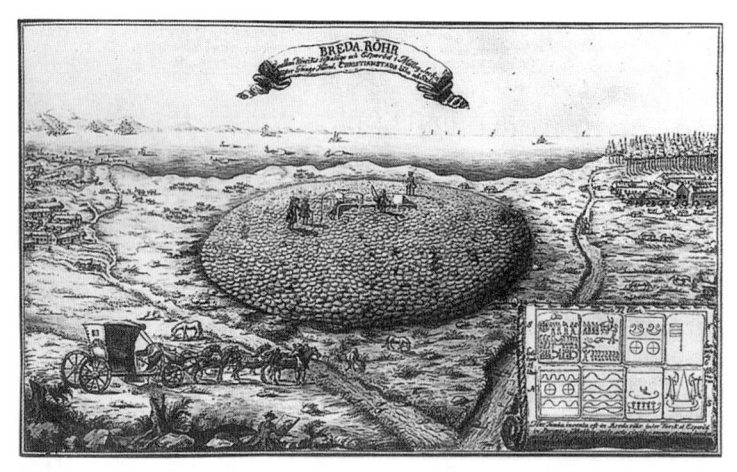

图 5-15　位于瑞典奇维克（Kivik）的青铜时代墓。图片右下方是墓室上的雕刻图案。这是斯堪的纳维亚最著名的巨石文化遗址之一。

这些对史前欧洲最早的描述恰好揭示了人类极其悠久的历史。汤姆森的独创性不仅在于他对自古以来一直启发着哲学家、历史学家和古物学家们的三时代系统进行了论证，而且体现在他借助这个系统完成的实际成果，即建立一个所有人都能看懂的年表。他提出的方法的优点可以在哥本哈根新博物馆的展厅中凭借经验来验证。欧洲考古学的年代学革命的诞生地正是当时全面了解欧洲史前史的最佳地点——博物馆。凭借其悠久传统，斯堪的纳维亚古物学家比英国、德国和中欧同行更早意识到，探索过去需要的不是珍奇屋或艺术博物馆，而是比较考古学博物馆这种截然不同的新型工具。当时像哥本哈根博物馆的藏品之丰富，放眼欧洲也是数一数二。汤姆森在1836年出版了他的《北欧古迹指南》（*Guide des antiquités nordiques*），但早在十年前整理藏品期间他就已经确定并采用了自己独特的方法。

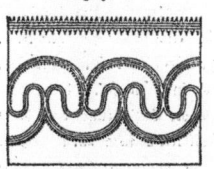

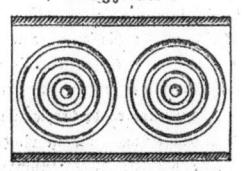

图 5-16　1836 年出版的《北欧古迹指南》中展示的青铜时期斯堪的纳维亚装饰的演变。

作为博物馆工作者的汤姆森与他的同时代学者的不同之处在于，他试图整理的不是单个物件，而是他作为丹麦王国古物委员会秘书所能观察到的所有文物。在年轻的合作者和军队的帮助下，他曾在博恩霍尔姆岛上进行挖掘。此后他还组织了一次在西兰岛（Sjaelland）海维高德（Hvidegaard）遗址的挖掘工作。这是一座保存完好的青铜时代墓葬，他详细清理了每一处细节，并委托专业的博物学家对有机残留物进行分析。高水平的挖掘和几年后发表的准确报告展现了他优秀的洞察力[37]。汤姆森采用的方法不是基于凭直觉产生的理论模型，而是通过对各种成套物件进行细致描述和系统比较总结而出。青铜时代—铁器时代的承袭关系之所以难以定义，主要是由于铁器时代的出土物件中同时发现了青铜

图 5-17 雅各布·科纳鲁普（Jacob Kornerup）笔下的一群在耶灵工作的丹麦考古学家（1861）："经过一番讨论后，大家认为最早发现的物品是一个拨火棒，但当地的老妇人们却信誓旦旦地说那是一把剑。"

338　征服过去：考古学的起源

和铁器。汤姆森观察到，铁器时代发现物的特点体现在对切割铁器工具的使用。在从对单个对象分析转到对成套物件分析后，汤姆森发明了组合方法，这种方法让他通过研究数量巨大的对象总结出了一个年代总表：

> 大型石室墓似乎是在斯堪的纳维亚地区开始逐渐过渡到金属时期时建造的。在大部分墓室中我们只发现未经火葬的尸体，旁边经常有粗陋的骨灰盒。金属制品却十分少见，即便有也只是少量的青铜或黄金，没有铁或银，大多数情况下仅有石器和简单的琥珀装饰品。[38]

构建这样的年表不仅要关注不同类型的物品，还应建立必要的关联，同时把握观察的质量。在汤姆森之前，能够对物件进行组合观察并从中建立可靠关联的古物学家少之又少。通过对成套物件的整理和对地形的关注，他发现了考古年代学的一个基本原则。汤姆森在斯堪的纳维亚史前时期研究中扮演的角色不仅是一个了不起的创新思想家，还经常从事挖掘组织工作和实地考古活动。凭借自己积累的商业经验，他坚定地组织、动员和说服其他人共同参与自己的事业。当时的丹麦社会试图勾勒出连贯的历史，而汤姆森知道如何以令人信服的方式呈现关于国家起源的图景。公众大批涌向他的博物馆，他也始终热情地组织接待。汤姆森善于激发人们的职业精神，因此还赢得了一位年轻人的支持与合作，这个年轻人后来成为其备受推崇的继任者：耶恩·雅各布·沃尔塞（Jens Jacob Worsaae）。沃尔塞在 15 岁时就开始频繁参观博物馆并参与挖掘。20 岁时，他发表了自己的第一份挖掘报告，证实了汤姆森方法的可行性；三年后，他将研究成果汇集在《古代丹麦》(Danmarks Oldtid)中，该书后来成为关于斯堪的纳维亚史前史最了不起的指南。他基于新的考古发现和更为准确的年表，用比自己的导师更加精炼的风格向成千上万读者展示了写一部拥有真凭实据且通俗易懂的史前史是完全可能的。此外，沃尔塞也没有止步于斯堪的纳维亚考古领域。他很快将开始在英格兰和爱尔兰旅行，随后便出版了第二本关于北欧文明在英格兰、苏格兰和爱尔兰的书。这是首部对史前时代北欧民族进行全面比较分析的著作。沃尔塞的三代论让人们在探寻过去时可以摆脱传统的束缚。如果文字资料无法提供足够的信息，这位考古学家就会去动物学家和地质学家那里寻求帮助，从而能够及时对最新的发现进行整理。沃尔塞通过比较法来解决斯堪的纳维亚史前时期的谜题，并以此证明了自己创建的体系确有价值。1848年，在日德兰半岛海岸上的施工过程中发现了大量混合着燧石和骨头碎片的牡蛎壳堆。在动物学家史汀史翠普(Steenstrup)和地质学家福尔哈默(Forchhammer)的帮助下，沃尔塞开始了研究并很快证明这些是石器时代的厨房垃圾：

> 除了我描述的那一片堆积物，在梅尔高德(Mejlgaard)周边的区域中没有发现牡蛎。而且在堆积物中还发现了古物、动物骨头和木炭，这让人不禁设想在遥远的史前时期，这个靠近海岸的场所也许是当地人储存食品的仓库。这可以解释厨房用具、木炭、动物骨头和（用于打开牡蛎的）燧石刀的存在。[39]

在识别"厨房垃圾"(Kjøkkenmøddinger)的过程中，沃尔塞不仅回答了一个考古学问题，还证明了跨学科的分析方法和正确的挖掘工作可以让史前史学者在不借助文字资料的情况下解决考古方面的问题。采用这样的方法就可以解决石器时代相对年表的问题。如何将"厨房垃圾"与斯堪的纳维亚地区的巨石文明联系起来？

> 在牡蛎堆中发现的燧石非常粗糙，陶器也类似，此外，人们还能发现大量特别的骨制品。相比之下，巨石墓中的燧石、石器、陶器、琥珀装饰品等物更加精致，采用的制造方法明显不同。[40]

斯堪的纳维亚的考古学家们（瑞典人很快就加入了丹麦人开启的史前研究）以他们特有的沉着坚韧，一步一步地夯实基础，为探索人类的起源做出了贡献。他们采用的方法是将对景观的细致观察和进化图表的绘制结合起来，为从整体上思考最早的人类社会历史开辟了道路。他们比同时代的英、法学者们更早地取得了成功，这可能是因为他们是通过考古学来公布自己的发现。由于这门学科自17世纪以来就被视为民族历史的组成部分，因此公众对它的接受程度也更佳。此外，他们还确信三代论诞生于古物学知识领域，这个领域虽然宽泛却拥有明确的定义。在欧洲其他地方，古物学家下定决心并借用自然科学的方法来确定一门将自然和人文两种文化融合在一起的新学科。即使在斯堪的纳维亚半岛，汤姆森也受过批评，但与那些在法国和英国探寻人类古迹的学者所遭遇的冷嘲热骂相比就显得微不足道了。但凡事都有其两面性。激烈的辩论让科学界分崩离析，由于发现物需要精确无误的观察来确定，史前史学者们拾起前辈们提出的所有论点，并从地层学、类型学和技术的角度对古物进行分析：

> 古物的年代不仅可以通过其形状和材质来判断……。它所处的位置、埋藏深度、上方地层以及地层中的其他残骸都可以作为判断依据。最终需要确认它的原始土壤，也就是制造它的工人踏过的土地。[41]

史前史的诸奠基人为现代考古学所做出的贡献体现在构筑了类型、技术和地层组成的三角关系。从这三个概念中应运而生了考古实证主义，为考古学奠定了科学基础。

将考古学视为一门自然科学

文献学方法。爱德华·格哈德与考古通信协会

19 世纪的史前史学者们坚持人类自然史的思想。通过与地质学家和动物学家的交流以及达尔文的引导，他们成功奠定了现代考古学的基础。不过安东尼奥·阿戈斯蒂诺在 16 世纪开启的争论仍在继续。在整个 19 世纪上半叶，古典考古学家不断尝试摆脱收藏家和艺术家的影响，并让学术机构认可考古学这门与文献学同源异流的独立学科。1850 年，爱德华·格哈德（Eduard Gerhard）在《考古学报》上发表了他在考古学上的基本原则，这位理性和历史考古学的积极倡导者既主张考古学的独立性，也强调它具有文献学的特点：

> 对古典时期建筑的研究必须基于文学知识，即所谓的狭义文献学。考古学家从文献学证据着手研究古迹。各种古董

爱好者为他们提供了研究材料，艺术家则给予他们指导建议和启发。考古学家对古董爱好者和艺术家的依赖经常导致很多外行人涉猎古物学领域……，从而引发许多问题。[42]

自文艺复兴以来，随着收藏活动的发展和在温克尔曼启发之下的工作的完成，希腊罗马古物不仅成为研究对象和地位象征，实际上还是一种致富手段。甚至出现了一种美学流派，将希腊罗马文明捧到了至高无上的地位。要摆脱存在于18世纪人们身上

图5-18 热衷于伊特鲁里亚的画家乔瓦尼·巴蒂斯塔·帕塞里（Giovan Battista Passeri）1767年的作品，描绘了工作中的古物学家。

的古物学素养不足、哲学象征主义和谄媚美学等负面特质，格哈德必须坚定地接受德国文献学规则，也就是用一种理性且同样绝对的崇拜来取代对古代的盲目崇拜：

> 和文献学同等的考古学的发展所采用的方法并不需要去迎合古董爱好者或艺术家的需求（但建议让他们参与），但其基础必须与整个文献学教学密切相关……。如果文献学家由于自己的审美倾向而与古代艺术保持距离，他们会忘记古代文物不仅与个人兴趣相关，还是了解古代不可或缺的原始资料。[43]

格哈德不得不进行双线作战：一方面应对那些更关注物体外形而非其变化的老派古物学家，另一方面则对抗那些像特奥多尔·蒙森（Théodor Mommsen）一样的文献学家，他们眼中的考古学家都是历史盲。这种社会悖论试图缩小古典考古学研究的学术和技术范畴，让其在创造同等水准的学术体系层面上陷入与文献学不平等的竞争。格哈德和他同时代的学者计划将古物学家的知识发展成为研究古代的科学，其意义不仅体现在词义的转变上，还会引发新型机制的建立。

潮流再一次从罗马这座学者齐聚的城市掀起。在希腊有许多英国旅行者，而德国教授们却在罗马感到宾至如归。这条道路是由丹麦人尤尔根·佐加（Georg Zoëga）开辟的，他于1784年成为考古学家，并在不久之后当上了丹麦总领事。随后在普鲁士驻罗马外交代表处中，德国知识界的头面人物接踵而至：威廉·冯·洪堡（Wilhelm von Humboldt, 1802—1808），罗马历史学家巴特霍尔德·尼布尔（Barthold Niebuhr, 1816—1823），旅行家和收藏家雅各布·巴托尔迪（Jacob Bartholdy，1818），还有外交家、神学家和考古学家克里斯蒂安·冯·本森（Christian von Bunsen）。本森的交际才能、丰富的文化知识以及与谢林（Schelling）、克鲁泽（Friedrich Creuzer）、拉赫曼（Lachmann）等人的关系，使他在罗马的住所成为各国艺术家、考古学家和学者的集会所，雕塑家托瓦尔森（Thorwaldsen）、夏多布里昂（Chateaubriand）、商博良和莱奥帕尔迪（Leopardi）都是这里的常客[44]。本森的周围很快就聚集了一大批考古学家，其中包括波恩的教授、当时最著名的文献学家之一弗里德里希·戈特利布·威尔克（F.G.Welcker），以及希奥多·帕诺夫卡（Theodor Panofka）和爱德华·格哈德这样的年轻学者。格哈德甚至终其一生掌管着一座特殊机构，即1828年在本森的倡议下成立的考古通信协会（Instituto di Corrispondenza Archaeologica）。

这是一个负责定期出版最重要考古发现的国际机构，由位于罗马的总部和位于德国、法国和英国等地的分部组成。总部负责协调不同国家的考古学家的工作。在本森的帮助下，协会最终得以在大使馆内设立，普鲁士王储（未来的弗里德里希·威廉四世国王）以及法国年轻贵族、考古学爱好者吕伊内公爵也为此提供了资金支持。当时最杰出的学者们都聚集于此——在德国有奥古斯特·博克（August Bock）、弗里德里希·克鲁泽和卡尔·奥特弗里德·穆勒（Carl Ottfried Müller）；在法国有卡特勒梅尔·德·坎西（Quatremère de Quincy）和夏尔·勒诺曼（Charles Lenormand）；在意大利则有卡洛·费亚（Carlo Fea）和巴托罗缪·博尔格西（Bartolomeo Borghesi）等。此外，著名收藏家们也会来访，如英国人詹姆斯·米林根（James Millingen）、吕伊内公爵和布拉卡公爵（ducs de Blacas），以及像梅特涅（Metternich）和洪堡这样一流的外交官。随着协会的出现，方法（文献学）、美学（温克尔曼的遗产）和壮游传统相结合，一门新的事业就此诞生。从那时候起，古物不再被视为收藏和占有的对象，而更多是用于满足人们的好奇心；对知识的渴望胜过个人的感受。为了达到这些目的就必须有相应的出版物来回答一些特定问题。协会也是一个出版机构，出版物的类型也很多样，有刊登快讯的《公报》（*Bulletin*）、发表科学报告的《年鉴》（*Annali*），以及收录专著的《专刊》（*Monumenti*）。出版社雄心勃勃想要编纂一套不断更新的考古百科全书，其中包含不同体裁和涉及各类主题的文章：博物馆目录、地形描述、铭文学、陶瓷学和肖像学。

1828 年在武尔奇（Vulci）发现的墓穴为这个自信且有吸引力的考古学开辟了新的领域。19 世纪初的意大利正经历着"伊特鲁里亚梦"时期。早在 16 世纪，伊特鲁里亚人在意大利人（尤其是托斯卡纳人）的溯源思想中扮演着至关重要的角色；到了 18 世纪，意大利历史中的伊特鲁里亚人与法国历史中的高卢人扮演着相同的角色。不过直到 19 世纪 20 年代前后，伊特鲁里亚学才受到狂热追捧，人们开始对托斯卡纳的墓穴进行系统性探索。在卡尼诺君主（prince de Canino）吕西安·波拿巴（Lucien Bonaparte）的领地上，格哈德惊叹地见证了世界上最大的传统古墓之一。古代的花瓶和骨灰盒有如雕像般令人垂涎。在英国驻那不勒斯大使将收藏的彩绘花瓶出售给大英博物馆后，这类器物俨然成为古代艺术品位的标志。很快，吕西安·波拿巴等人就通过挖掘伊特鲁里亚的墓地获得了巨大的收益，比耕种土地的回报高得多。由此引发了人们对"伊特鲁里亚"花瓶的热情（之所以称为伊特鲁里亚是因为这是其发现地，温克尔曼是少数几个认为这些器物该隶属于希腊文化的人之一）。当第一批彩绘墓被发现后，这种热情就升级成了一种狂热。

格哈德的考古论文以无与伦比的精准手法总结了19世纪上半叶古典考古学的成果。对于那些希望成为真正意义上的古物学家（而非冒险主义者）的人来说，随意收集文物和纯粹追求美学的时代已经一去不复返。

正如德国文献学派从神学中解放出来一样，考古学派也必须独立。但有一个保留条件，即考古学的独立仅限于"古代科学"的框架内。考古学与文献学追求相同的目标，但两者采取的方法各不相同。为此，考古学家们在与艺术家和旅行者的竞争中必须变得更加专业，同时还要面对自诩不凡的文献学家们的挑战。在为考古学知识的独立奔走了三十多年后，格哈德终于能够大声明言。1848年革命后，在德国各地涌现出许多考古学学派。当时的德国有十多所大学设有考古学教授职位，同时期英国和法国各只有一所。这样的成功可以归功于德国文献派规划的正确道路，以及格哈德及其同时代学者经过深思熟虑建立的意识形态模板。面对交通越来越便捷的地中海地区，欧洲文化不能再满足于迄今为止占主导地位的信息搜集和寻宝。考古学可以成为一门建立在具体成果基础上的实证科学。实际使用的新方法不仅要在理论层面产生影响，还必须揭开"古代生活"的面纱。古代成为创新的源泉，而不再是模仿的对象。从古代可以学到迄今仍不过时的技术和实用知识。建筑师们的作品以及雕塑家和画家们的经验都可以通过考古学得到丰富，正如考古学也从艺术中汲取营养一样。18世纪遗留下来的对古代的解读让那段时期变得不再遥远和模糊，方便人们对当时各种技术和地区的多样性进行分析。

格哈德知道如何利用考古学的神秘性和它所煽动起来的情感来回应文献学家。他同时要求那些通过与外交官、旅行者交流或实地考察获得的成绩得到认可。跟随文献学家的步伐走进大学任教的考古学家们必须通过他们的关系并利用上层社会和皇室对考古的兴趣来让自己脱颖而出，单纯依靠学术范围内取得的成绩是不够的。

然而格哈德全面且雄心勃勃的计划却因一处细节尽毁。他的观点除了隐晦地将考古学视为一种收集活动外，没有提供任何关于挖掘方面的实质性参考。虽然参与庞贝或卡尼诺挖掘的工人为这门科学做出了贡献，但那只是纯粹的巧合。真正意义上的考古工作在文物被纳入收藏或陈列在博物馆时便开始了。在格哈德同时代的人看来，挖掘与测量或编目没什么不同，都是从土壤中提取古物的手段。然而仅仅过了十年，法国或德国的学者在希腊进行挖掘时以一种完全不同的方式提出了这个问题，尤其是海因里希·施里曼（Heinrich Schliemann）曾提醒大学机构，它并不是唯一能够对古代形象进行描述的机构。

在与文献学一步步对抗的过程中，格哈德的考古学逐渐失去了所有历史学层面的抱负。如果按照弗里德里希·奥古斯特·沃尔夫（Friedrich August Wolf）的划分方法，历史的特点是"正在发生"（*das Werdende*），而考古学则是"已经发生"（*das Gewordene*）[45]。这不是一场公平的斗争，因为语言学家接触活生生的资料，而考古学家只能处理死去的资料。如果考古学最终目标是在不解读过去（即创造历史）的情况下无限制地进行分组和分类，那么类型学中枯燥乏味的细枝末节又有何意义？由于美学家的偏执和文献学家的刻薄，留给实证考古学发展的空间十分狭

348　征服过去：考古学的起源

窄。文献学范式确实在技术进步和社会认知方面为考古学提供了不错的方法，但最后看来，这种范式也不过是一种累赘。从根本上看，格哈德更接近蒙福孔而不是布歇·德·彼尔特，洪堡也曾在写给梅特涅的信中为考古通信协会说话，对抗教廷的质疑：

> 来自世界各地且都怀揣着纯粹的艺术之心的考古学协会成员为艺术的进步做出了巨大贡献。协会没有其他政治倾向，只为将所有具有共同审美的人汇聚在同一屋檐下；也没有传播信仰，只是将灵魂升华到高尚而伟大的境界。46

总之，格哈德是一个坚定的改革者，但也难掩其在某些方面的狭隘。他仍受限于洪堡和博克在柏林大学定义的古典古代的概念。编排各类目录、关注新发现、与艺术和收藏界交流花费了他大量的时间，格哈德没有太过关心古典考古学范围外的事情。然而正是那个还没有被称为史前时代的遥远古代为学科的发展提供了决定性的助力。

远古人类史的凯旋。布歇·德·彼尔特

格哈德和图尔纳或施梅林之间有什么共同点呢？前者在位于卡尼诺君主吕西安·波拿巴领地内的武尔奇发现了令他惊叹的伊特鲁里亚古墓；而后两位学者带着惊诧和不安的心情深入挖掘土壤，只为找到一些动物骨头或切割的燧石。他们有着相同的信念：只要方式得当，物品是能够"说话"的。将古物知识升华到考古科学的高度需要十分仔细地对古物、遗迹以及它们埋藏的条件进行观察。要达到这种严谨的要求就必须制定一系列观察、采样和

出版规则。丹麦考古学家发现了类型学的主要作用并率先构建了系统性规则。古典时期的考古学家通过不同的途径得出了相同的结论，但是要将这些方法应用于人类化石，首先必须承认这些人类曾经存在过……所有"史前先驱"的发现都不得不面临这个持续了数百年之久的障碍。在 19 世纪的前 30 年中，地质学和古生物学已经取得了巨大的进展。但如果考古学家们想要从中受益，他们就必须推翻布丰的主张，将金属片和铭文转变为贝壳和化石。把考古学看作自然历史意味着土壤观察者必须利用所有"破烂"和可收集的残骸，必须更注重整体而非局部，这与古物学的传统形成了鲜明的对比。

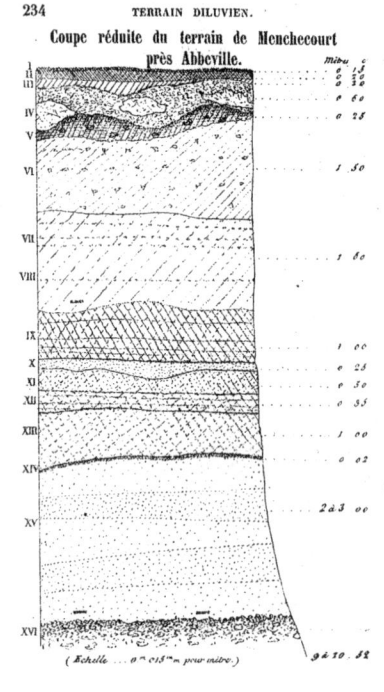

图 5-19　阿布维尔附近的门舍库尔（Menchecourt）遗址的缩略图（图取自布歇·德·彼尔特 1847 年的著作《凯尔特和史前文物》）。布歇·德·彼尔特的独创性在于他将 19 世纪初地质学家们使用的地层学方法应用于考古文化层上。

350　征服过去：考古学的起源

这个摆渡人的角色最终落在了布歇·德·彼尔特身上，在这位来自阿布维尔的海关官员同时也是才华横溢的文学家身上似乎没有展现出能够调和人文科学和自然科学的能力。他很明显从索姆（Somme）河谷考古勘探和挖掘的发起者卡西米尔·皮卡尔医生那里继承了很多成果。但布歇·德·彼尔特在垂暮之年致力于人类历史事业这一"科学工作"（他于1837年49岁时开始研究土壤）。这位表面看起来与不少前辈都有差距的人最终成为该学科创始人，不得不说确实让人惊讶。

作为当时众多地区学会的主席之一，他开始在物质和学术上协助他的朋友皮卡尔做研究。很快他就被探险的热情所感染并着

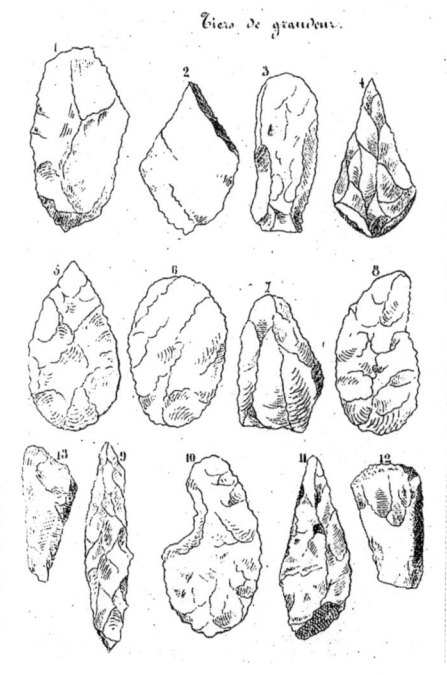

图 5-20 阿布维尔遗址的"史前石器"（图取自布歇·德·彼尔特1847年的著作《凯尔特和史前文物》）。布歇·德·彼尔特将地层学方法与对所发现物的类型学描述结合起来。

第五章 考古学的创立　　351

手继续1841年英年早逝的皮卡尔的未竟之事。于是到了1837年，布歇·德·彼尔特就在阿布维尔城墙下开始了自己的工作。他在七米多深的地方发现了一个残存大量动物残骸、陶器和石制工具的考古层。这些最初的发现并没有引起广泛的关注（但还是被自然历史博物馆收为藏品），在这些发现的鼓舞下，他在门舍库尔遗址开展工作，居维叶曾经在那里发现过大象和犀牛骨。在那里他第一次接触到他的"史前"工具。随后，新的发现接踵而至，但都是些打磨过的斧头（新石器时代），这些东西在布歇·德·彼尔特的通信协会会员们眼里似乎有些突兀。他自己也因为这些怀疑而变得谨慎，坚持要对古物进行就地收集。1842年6月，他如愿以偿地在原地找到了一个旧石器时代两面石器。从此以后，他开始系统性地观察阿布维尔地区的工程和采石场。随着发现物的累积，他开始着手撰写相关书籍，即《凯尔特和史前文物》的第一卷。1846年，他在完成这部巨著后将其送到法兰西科学院审批，却未获得通过。委员会成员对作者的大多数论断提出异议，而且该作品在1847年最终出版时没有得到这个备受布歇·德·彼尔特推崇的学术机构的认可。

虽然布歇·德·彼尔特目标明确，但其行事却有些杂乱无章，为自己制造了不少麻烦。例如他的地质学解释常常不够细致，他对燧石的绘图模糊不清，他对功能的解读有些幼稚，而他的理论又十分激进。毫无疑问，他的部分版画描绘了一些值得怀疑的物件，甚至赝品。所有这一切激怒了一个对考古研究者怀有敌意而在专业方面颇为差劲的团体。

布歇·德·彼尔特的工作固然有不少值得批评的地方，但不可否认其前瞻性和创新性的确令人称道。这也是人们第一次对应用于考古的地层学知识进行全面思考。如何确定遗迹的年代？

> 关于材料、工艺，尤其是古物的埋藏位置。从现在开始，我们承认不同世代的残留物品组成了不同的文化层，而这些文化层叠加形成了生命阶梯，可以在各个文化层中寻找相应年代的痕迹。因此埋藏最深的文化层将对应最古老的人类生活的世代。[47]

在他之前，虽然不少人对地层学都有直观的了解，但没有人像他那样坚定地强调：基于测量和一定规程的地层观察肯定有可论证的价值。布歇·德·彼尔特绘制剖面图并像地质学家一样仔细描述和研究岩层的位置和组成，他的工作已经可以被纳入地层考古学的范畴。他没有忽视同样重要的类型学研究，但与斯堪的纳维亚考古学家不同的是，他让类型学为地层学服务。半个多世纪以来，总有人以工具可能会侵入更早期地层为由怀疑人类产品与动物之间的联系，而布歇·德·彼尔彻底打消了这方面的疑虑。他呼吁对动植物和文物采取同等方式对待。此外他还批评了拒绝建立横向关联的前人们，认为只有依靠这种关联才能准确推测出发现物的年代：

> 对泥炭沼泽和冲积层的研究都没有被推进到应有的程度……在泥炭萃取过程中就可以辨别出它所包含的部分植被。地下的植物物种，也就是各个泥炭中的植物类型，可展现出该地区千百年来物种不断更替的情况，由此可了解当地的土壤和气候变化。[48]

第五章 考古学的创立

这里明确表达了融合自然科学和人文科学的综合方案，使考古学摆脱了古物学传统的束缚。虽然还存在不少失准、草率甚至幼稚的地方，但布歇·德·彼尔特的书确立了全新的、敢于对抗所有学术偏见的考古学宣言。

即使布歇·德·彼尔特的书在当时的学术界中仍属于小众，但优秀的学者们［例如歌德的偶像之子伊西多尔·若弗鲁瓦·圣伊莱尔（Isidore Geoffroy Saint-Hilaire）］接受了他的发现，同时也批评了他的理论。自从巴克兰和居维叶傲慢地谴责了人类化石的发现后，情况已经有了显著改变。威廉·朋格利（William Pengelly）继续了麦克内里开启的肯特洞穴的挖掘，并证实动物化石和人类工具确实属于同时代。了不起的英国博物学家休·法康纳（Hugh Falconer）在伦敦皇家学会的支持下对布里克瑟姆（Brixham）洞穴进行了发掘，得出了与朋格利相同的结论。巴克兰的地质学现在被更倾向于进化论原理和均变论（即土壤地质学发展的均一性）的查尔斯·莱尔的地质学所取代。1857年，在德国的尼安德特山谷发现了一具人类化石。1858年，法康纳到达阿布维尔时，立刻意识到这些发现的重要性，并邀请著名的地质学家，也即布里克瑟姆挖掘活动的赞助人普雷斯特威奇（Prestwich）前往阿布维尔参观。在地质学家和钱币学家约翰·埃文斯（John Evans）的陪同下，普雷斯特威奇前往阿布维尔，不久之后伦敦地质学会考古委员会的全体会员以及莱尔本人也跟随而来。布歇·德·彼尔特在国际上被广泛认可离不开这些英国学者们的贡献，虽然查尔斯·达尔文在阅读该书后仍对其中观点保持着极度怀疑的态度[49]。1859年5月26日，普雷斯特威奇向伦敦皇家学会提交了一份报告。这份基于他在英国和法国的经验编写的报告

图 5-21 当时人们创作了大量的漫画讽刺达尔文的伟大作品。

支持"燧石是人类设计和制作的工具"的观点,并认为这种工具与许多已灭绝动物有关[50]。同年 9 月 26 日和 10 月 3 日,曾前往阿布维尔做过调查的博物馆古生物学家阿尔伯特·高德里(Albert Gaudry)在法兰西科学院也宣称布歇·德·彼尔特的发现是极具价值的。对于布歇·德·彼尔特而言,1859 年是"获得认可的一年",而对于考古学来说,这种官方认可意味着学术界在历经千年后终于承认了人类的古老历史。这一年人们还见证了达尔文的著作《物种起源》的出版。

第五章 考古学的创立　355

总　结

古物学家的三大矛盾

313　　人类和过去之间不断进行着交流，有时甚至是在不知不觉中发生。按照人类的理解，过去是时间长河中一股延绵不断的水流，而不是荡然的鸿沟。在追溯历史的过程中，我们都会发现将古物与文献、遗迹与文学作品、神话与景观进行比较的古物学家。我们无法采用与研究宗教或法律起源一样的方法探寻古物研究的起源（即萌芽期的考古学），即使借助雄心勃勃的认知考古学，我们仍然难以了解史前人类的思想。我们只知道古人也对过去充满好奇，否定这一点就像不承认他们的神本思想或语言实践一样荒谬。我们仍需要一些"剧透"才能深入了解人类所创造的文化，而近代史前史研究的成果还非常有限[1]。洞穴中的生活、简易居

314　所的建造和石制武器的使用都是古今中外学者们共同探讨的话题。当我们从爱奥尼亚的哲学家那里发现化石的概念，或者在古代传统中了解到石器—青铜器—铁器这一演进原则时，我们不仅确证了希腊-罗马史前时期确实存在，还说明近代人们对进化的表述漏洞百出。

　　考古学在历史上经历了曲折的发展过程。尽管由于各个年代

和地区的古物学理论有所差异，但一个相对稳定的思想体系已经得到建立。首先，古物学家们需要为自己的言论提供论据。埃及、亚述和中国的书吏像希腊人一样对材料的连贯性进行了探讨。这个问题困扰着所有从事古物收集、铭文解读和古物挖掘的人们。创世故事中包含了很多关于艺术和技术起源的信息。当最早的古物学家将地下挖掘出的或保存在寺庙中的物品与故事中的描述进行对比时，有些信息是可以吻合的。尽管希腊－罗马与中国在文化遗产方面存在巨大差异，但仍不乏一些共同点。"中国智慧"与"希腊智慧"两相对照，东西方两大文明以一种同中有异的方式思考人类的起源。正当卢克莱修重提人类三个时代这一陈旧的概念时，中国传统则给出了如下观点，哲学家风胡子这样说道：

> 轩辕、神农、赫胥之时，以石为兵，断树木为宫室，死而龙臧。夫神圣主使然。至黄帝之时，以玉为兵，以伐树木为宫室，凿地。夫玉，亦神物也，又遇圣主使然，死而龙臧。禹穴之时，以铜为兵，以凿伊阙，通龙门，决江导河，东注于东海。天下通平，治为宫室，岂非圣主之力哉？当此之时，作铁兵，威服三军。[2]

玉器的位置在石器和青铜器之间，这样的排列顺序放在中国的历史背景下便不难理解，整个思路与卢克莱修是相同的。人类的时代可以由从简单到复杂不断进化的技术阶段来定义。在文献或传统的背后，古物学家发现了可以分类和解读的对象并从中汲取历史信息；过去的遗迹不再只是象征物，而是成为知识工具。

古物学的研究范围非常广，涵盖石器、青铜器、容器、工具

图总结-1　18世纪罗马最活跃的学者之一、画家兼古物学家皮尔·莱昂·盖齐（Pier Leone Ghezzi，1674—1755）1728年绘制的漫画《罗马最杰出的古物学家大会》（*Congrès des meilleurs antiquaires de Rome*）。在前景中可以看到当时最著名的收藏家之一冯·斯托施男爵（Baron von Stosch）坐在一张扶手椅上。在他身后是手握羽毛笔做着笔记的盖齐。

和遗迹等，必须对这些象征物进行分类，以便将其归纳在一个清晰的系统中。希腊人相信赫菲斯托斯的三足器能够自行移动。古代中国也有关于鼎的神话故事，这些青铜鼎可以不用火烹饪食物，无须人抬就可自行移动[3]。不少东西方的古物学家都会有超自然的想法。在17世纪的欧洲，我们看到一些有识之士开始思考如何收集暴露于地表的陶器以及矮人和巨人在巨石阵建设中扮演的角色。"闪电石"的概念在东方和西方都早已有之。直到18世纪，宝石鉴定家和百科全书编者们仍赋予它们特殊的属性。然而在世界各地，像梅卡蒂以及后来的朱西厄和马胡德尔这样爱刨根问底的学者已经将它们认定为石制工具。同时期（18世纪初）的中国皇帝康熙则解释说：

> （大意）闪电石的形状和材质因地而异。蒙古游牧民族使用它们代替铜或钢……一部唐朝时期的小说中曾提到在玉门寺有一个供奉雷神的大庙，当地居民为了得到这种石头会献上各种物品。这则寓言十分荒谬，闪电石是金属、石头和卵石在雷电火花的作用下融化并随后冷却形成的混合物质。[4]

这位精通古物的皇帝没有否认关于闪电石起源的古老理论，同时认可它们在早期金属冶炼发明之前作为工具的文化价值。同时，日本历史学家、诗人和政治家新井白石（1657—1725）也在古代编年史中提到箭头状的闪电石的存在并认为它们并非日本民族留下的器物[5]。人类对过去的印象并非源于某些小范围内流传的理论，而是当社会群体从知识层面整理遗迹时出现的一些非系统性观察和推断。如此看来，古物研究在远东和西方似乎在以相同的方式发展。这种印象可能部分源于各种资料的纷乱混杂，但如果不采用决定论的方法来研究思想史，则必须对这些令人困惑的巧合进行解释。处于时间探索机制核心的古物学家们将文本与物体进行比较，然后尝试确定古物是归为自然序还是文化序。由此推断，即使在不同的环境背景下，古物学家通过研究具有相同特点的物件也可以得出类似的结论。第三种方法通过地方史和世界史之间的对比完善了古代研究的机制。古物爱好者们尽心且耐心地收集、分类和解读那些被视为历史证据的古物，但这个"历史"具体指的是什么？是各个城市的地方史，还是王朝、国家或帝国的历史，抑或是世界史？西方的学者从中世纪开始就不得不在普遍史的基础上打造各民族的地方史，而普遍史本身又是基于《圣经》和古希腊-罗马材料构建的。中国的学者们不得不将自己的叙述写进各个朝代的历史中。崔瑞德（Denis Twitchett）在新书中就举例展现了唐朝（7—9世纪）历史在编纂时如何将特殊历史融入普遍历史的过程：

记录工作从"起居注"和"时政记"开始，相应的材料陆续被编入每年的"日历"和每个统治时期的"实录"，成为统治王朝的"国史"。王朝更替后，前朝的这些记录便成为相应时期的"正史"。[6]

任何情况下都必须将客观的史前史与政治人物主导的历史区分开。因此，古代历史的书写与学者对长时段（奠基、发明创造的时期）和短时段（政治时期，可见、可验事件发生的时期）进行协调的方法息息相关。在西方，瓦罗提出的"神事"（res divinae）和"人事"（res humanae）的概念为分工提供了实用的论据。人类的事务留给他们自己处理就可以了，历史学家将神事留给神学家去操心。在中国，人们并没有采用这种分工方式，但古物的收集和分类仍然为皇家学者们提供了历史信息，这对理解和协调国家制度是十分重要的。这就是为什么中国学者能够在西方学者之前编写出最早的古物手册，此类书籍的出现主要是为了满足宫廷官员、鉴赏家和收藏家们的需求。在中国和希腊，地方历史与普遍历史就是融为一体的，无须学者们通过扭曲的哲学演绎将遥远的古代和现在联系起来。即便如享誉中国的耶稣会传教士利玛窦（Matteo Ricci, 1552—1610）这样拥有强烈历史意识的人也对中国人在这件事上的表现感到惊讶：

> 这个王国里的人们对古董非常感兴趣：这里的古董并不包含雕像或纪念章，而是价值连城的各种青铜器皿。特殊的纹饰对青铜器至关重要，没有纹饰的青铜器不值一钱。其他古代陶瓷制品或日本石（玉）制的花瓶也备受推崇。但相比这些，他们更追求著名艺术家的水墨画（只用墨水绘制的画，没有色彩）；或者是古代名家在纸张或织物上留下的墨宝，作品的真伪是通过作者的印章来确定。[7]

中国人的兴趣与欧洲古物学家不同，因为他们对过去的看法是基于不同的价值体系。在这个价值体系中，中国人将历史视为连续的而不是间断的。这位耶稣会学者因此暗示，在中国人眼中古今之间并不存在彻底的断裂：形式、传统和制度似乎是一脉相承。这解释了人们对那些赋予物品时间地位的细节所赋予的价值：古董必须通过形式特征来证明它们存在的合理性，这使得它们可以被归入正确的时间段。这就是为什么那些能够用来确定物品年代的细节是如此重要：古物必须拥有外形上的特点，这样考古学家们才能确定其所属的年代。

考古学三大工具

凭借古物学家们广博的知识，考古学在一个独立模式上被建立起来。它创立的初衷是以独立科学身份，通过可核验的收集和分类程序将过去的遗迹整理归入一个有序的系统中。19世纪下半叶的学者们惊讶地发现了人类久远的历史；在自然科学发展的触动下，他们明确希望摆脱传统古物学的沉重枷锁并为考古学的建立奠定科学的基础。类型学使考古学摆脱了文本的桎梏；技术使其从自然/文化困境中解放出来；而地层学则让其避开了局部/普遍悖论。类型学将物品置于清晰的时间框架内，使其成为有用的历史证据。通过关注技术特征，通过分析古物的"自然"和"文化"成分，可以确定其特有的功能。地层学提供了另一种构建体系的方法：物体掩埋的沉积过程又有实地具体的特点，又反映着普遍的规律。任何古物和遗迹都可以在与地球历史紧密关联的一般地质分层中找到自己的一席之地。这三个原则的发展方式不尽相同，也没有得到相同程度的认可。从沃姆到温克尔曼和格哈德，再到加布里埃尔·德·莫尔蒂耶（Gabriel de Mortillet）或奥斯卡·蒙特柳斯（Oscar Montelius），不同方面（风格或分类）的"类型"概念构成了对物质进行描述性分析的基础。如果不借助类型学，那就只剩下美学这条唯一的道路。瑞典的奥斯卡·蒙特柳斯、英国的奥古斯都·皮特-里弗斯（Augustus Pitt-Rivers）和法国的加布里埃尔·德·莫尔蒂耶这些深受达尔文影响的理论家都采用了进化类型学[8]。令人惊讶的是，他们的主张与早期的奥布里或凯吕斯的主张是一致的。在1872年的布鲁塞尔国际会议上，德·莫尔蒂耶提议用一种基于类型学的分类法来取代以动物群为基础的史前时代命名法：

> 借用地质学中的一种非常好用的方法，我用一个典型、广为人知且经过深入研究的地点为每个时期命名。但我不会说"谢勒时期""穆斯捷时期""索吕特雷时期"和"拉马德莱娜时期"，而是将这些地名改成了形容词。[9]

德·莫尔蒂耶的工作不仅仅是用地形学命名法代替古生物学命名法。他将每一段史前时期都视为一个可识别和可定义的类型的集合，并着手建立一个基于地层观察的文化年表。这是一项决定性的进步，为史前史提供了一个统一且可调整的分类系统。德·莫尔蒂耶的三大定律精确地概括了19世纪自然主义理论和进化论对史前时期的理解。蒙特柳斯在后来被奉为现代史前学圣经的著作中，更加向形式类型学靠拢：

> 这些系列可能在敏感程度上存在差异。但它们拥有一个共同点，即链条中的每一环都与后面的环之间的差别十分细微。接近的两个环可能会非常相似，非专业人士难以发现其中的差异。但系列中的第一个和最后一个类型却往往是天壤之别，乍一看似乎它俩毫无关系。[10]

凯吕斯用颜色的比喻来表达类型的变化，而蒙特柳斯则采用更符合进化论的链条比喻来描述类型之间的关系，不过他们的灵感来源显然是一样的。从凯吕斯到蒙特柳斯，类型学方法被定义为揭示特殊属性的过程："不得不说，通常情况下，开明的眼睛……会察觉到显著的差异，而普通人只能看到两个一模一样的东西。"[11] 按照自然主义范式，不仅物品类型被当作动物物种来考虑，物品本身也被视为是有生命的：

> 令人吃惊的是，人类的工作一直受制于进化法则，至今仍是如此。人类的自由难道不允许我们随心所欲创造形式吗？我们是否被迫逐步从一种形式演变到另一种形式，不管它们

总　结　古物学家的三大矛盾　363

之间多么相似？进化的速度或快或慢，但人类在创造新的形式时也不得不遵守自然界其他事物所奉行的进化法则。[12]

在凯吕斯发现原理的领域，蒙特柳斯很快就察觉到了决定类型发展的基本规律。几年前，皮特-里弗斯以一种比蒙特柳斯更直接的方式肯定了类型的自主进化：

> 通过各种工业产品所呈现的人类的思想与植物界和动物界的产物一样，也能够按照属、种、变种进行分类。在从同质到异质的发展中，它们都遵循相同的规律。[13]

斯德哥尔摩的类型学家与热衷于类型学的英国将军的成果实现了完美的契合[14]。一个试图通过类型组合的方式构建欧洲史前时期的分析表，另一个则通过对工具及其用途进行细致分析来追溯人类文化的起源[15]。蒙特柳斯的类型学方法和皮特-里弗斯的分类原则之间当然也存在轻微差异。前者的基础是物体属性、分组和汇聚，而后者则更注重物件的使用、功能和制造技术，而不是外形所象征的意义。除了这些差异之外，两人的观点大致相同，即人类不是作为文明的创造者，而是不自知地成为搭建文明基础的工具[16]。这种对物体的专注所演变成的类型古生物学，其特点是会忽视生产的社会层面并通过减小环境变量为形式分析提供便利。蒙特柳斯的丹麦同行索弗斯·穆勒（Sophus Müller）以理应更注重史前背景为由，严厉批评了同行们的某些推论：

> 有一点必须牢记，任何物品都无法与自身相比较，只能

与其他的事物、考古材料、发现条件和（最重要的）发现地点进行比较。借助单纯类比推断出物质的年份和起源并不是一种好的方法，只能在极少数情况下使用。[17]

从那时起，考古学中的主要争论不再来自文献学模式和自然主义模式的对抗，而是表现为对这种自然主义模式的应用、拓展和影响的思考。与其将考古学的历史视为这两种模式之间的对抗，不如看作是两条不同的发展道路：一条是形式分类学的，代表人物有专注史前时期的德·莫尔蒂耶、蒙特柳斯和亨利·步日耶（Henri Breuil），研究原史时期的格罗·冯·莫哈特（Gero von Merhart），致力于古典考古学的阿道夫·富特文格勒（Adolph Furtwängler）和约翰·比斯利（John Beazley）；另一条则是更关注工艺过程甚至社会生产方式的功能主义道路，代表人物包括皮特－里弗斯、穆勒以及后来的维尔·戈登·柴尔德（Vere Gordon Childe）和安德烈·勒罗伊－古汉。早在1939年，具有远见卓识但鲜为人知的芬兰理论家塔尔格伦（Tallgren）就说过，考古学不能继续作为基于物体和形式研究之上的自然科学而存在，而应该成为一门经济、社会和历史科学[18]。当代考古学从未停止思考人文科学和自然科学之间的矛盾。在此过程中它虽已脱离了古物研究的范畴，但要成为一门完整的社会科学还任重而道远。作为批判运动不可或缺的组成部分，现代史前史倾向于否认自20世纪初以来流行的生理和自然决定论，发现它们大都与自古以来人们熟知的一些思想十分相似[19]。

注 释

新版前言

1. Demoule, Garcia, Schnapp 2018.
2. Leroi-Gourhan 1971.
3. Herklotz 1999.
4. Leroi-Gourhan 1965, 212–215.
5. Lévi-Strauss 1962, 315–316.
6. Momigliano 1983, 244–293.
7. Schnapp et *alii* 2013.
8. Browne 1650.
9. Borges 1999, 271.
10. Séféris 1963, 127–136.

导言

1. Dombrovski 1979.
2. Abdel Salam 1970.
3. Nora 1984.
4. Michell 1982, p. 24.
5. Michell 1982, p. 25.
6. Michell 1982, p. 10 *sq*.
7. Michell 1982, p. 41.
8. Michell 1982, p. 122.
9. "人类"（L'humanité）。根据丹尼尔·阿诺（D. Arnaud）的翻译。
10. 建造工程被中断了。
11. 拉尔萨锥形塔的名字。
12. 纳波尼德在大英博物馆的拉尔萨石柱上的铭文，见 Schaudig 2001，398 页。翻译者为丹尼尔·阿诺。拉尔萨的发掘工作中发现了一块尼布甲尼撒的地基砖，纳波尼德的文本对此有所提及。见 Huot 1983。
13. 鲸鱼的油脂。
14. 司马迁，《史记》，法文版见 E. Chavannes, Paris, 1967, p. 193–195。
15. Cheng Young et Li Tong 1983.
16. 同上。
17. Borges 1964, p. 129–130.
18. Borges 1986, p. 13.
19. Svenbro 1976.
20. Pindare *VIe Pythique*, p. 5–18，见 Svenbro 1976, p. 189。
21. Garanger 1980.
22. 牧羊人群岛的传奇殖民者。
23. Garanger 1980, p. 196–197.
24. Boucher de Perthes 1847, p. 16.
25. Platon, *Protagoras*, 322 a–b.
26. Platon, *Lois III*, 677 e–678 a.
27. 同上，678 c。
28. Thucydide, I, VIII.
29. Strabon, VIII, 6, 23.

30. Borges 1957, p. 44. 需要把博尔赫斯的定义和圣奥古斯丁的定义（*Confessions*, XIV, 17）比较一下，见 Pomian 1984, p. 246–250。
31. 同上，《特隆大百科》（*De l'encyclopédie de Tlön*）。
32. 同上，p. 48–49。
33. 同上，p. 49。
34. Labat 1970, p. 115–116.
35. Cassin 1969, p. 243，也见 Glassner 1993, p. 24。
36. Sollberger 1967.
37. Unger 1931.
38. Hilprecht 1903.
39. Lackenbacher 1990, chap. v, p. 151–173.
40. Borges 1957.
41. Soucek 1974.
42. Klindt-Jensen 1975, p. 30–31.
43. Momigliano 1983.
44. Klindt-Jensen 1975, p. 20.
45. Caylus 1752, III–IV.

第一章

1. Reiner 1985, p. 3.
2. Heeren-Diekhoff 1981, p. 222.
3. Hérodote, I, 1.
4. Pausanias, II, XVI, p. 6.
5. Pausanias, III, III, p. 8.
6. Thucydide, I, 10, p. 1–3.
7. Thucydide, I, p. 3.
8. 参见本书第 21 页。
9. Snodgrass, 1987.
10. Plutarque, *Vie de Thésée*, 36, p. 2–3.
11. Hérodote, I, p. 68.
12. Plutarque, *Moralia*, p. 578, A.
13. Hérodote, V, p. 59.
14. Pausanias, I, XXIV, p. 3.
15. Tacite, *Annales*, XVI, p. 1–3.
16. Platon, *Hippias majeur*, 2.85 e.
17. Momigliano 1983, p. 247.
18. Cicéron, *Nouveaux livres académiques* I, III，由 C. Appuhn 翻译并做轻微修改。
19. Saint Augustin, *La Cité de Dieu*, VI, p. 3，由 Combes 翻译并做轻微修改。
20. 同上，VI, p. 4。
21. 同上。
22. Polybe IX, I.
23. Varron, *De Re rustica* I, II, 1, p. 3.
24. Diodore de Sicile, I, VIII.
25. Finley 1981, p. 25.
26. Rudolph 1962–1963, p. 170.
27. 赵明诚，《金石录·序》，根据 Rudolph 1962–1963, p. 169。
28. Jacoby 1957, p. 47; 也见 Mazzarino 的评论（1989, p. 61, p. 547）。
29. 司马迁，《史记·孝武本纪》，法文版见 E. Chavannes, Paris, 1967, p. 464–465。
30. Shaugnessy 1991.
31. Thierry 1993.
32. Owen 1986, p. 80–98.
33. 同上，p. 86–87。

34. Rudolph 1962-1963, p. 175.
35. 同上，p. 170。
36. Bourdier 1993, p. 85.
37. Kendrick 1950, p. 1.
38. Rodocanachi 1914, p. 17.
39. 同上，p. 18。
40. Cassiodore, *Variae*, IV, 34.
41. Photius, *Epistolai*, 由 I.N. Valettas 编辑，Londres, 1864, n° 81, p. 409，由 Morrisson（1981, p. 328-329）引用并翻译。
42. Grégoire de Tours, *Hist. Franc.*, V, 14, p. 237.
43. Patrologie latine, LXXVII, 120.
44. Zappert 1850, p. 759.
45. 同上，p. 788。
46. Le Gall 1973, p. 140
47. 同上，p. 140。
48. Abramowicz 1983, p. 17-18.
49. Adhémar 1937, p. 79.
50. 同上，p. 18。
51. 同上，p. 94。
52. Mortet 1911, I.
53. 同上，I, p. 53-54。
54. 同上，I, p. 280-281。
55. 同上，I, p. 181。
56. Guibert de Nogent 1981, p. 211-213.
57. Armitage Robinson 1926, p. 8-9 ; Kendrick 1950, p. 15.
58. Kendrick 1950, p. 14-15.
59. Stubbs 1865, p. 159.
60. Adhémar 1937, p. 311-312.
61. 同上，p. 81。

62. Wright 1844, p. 440.
63. Adhémar 1937, p. 99.
64. Weiss 1988, p. 12.
65. 同上，p. 13。
66. Adhémar 1937, p. 112.
67. Weiss 1988, p. 18.
68. 同上，p. 23, pl.5。
69. 同上，p. 43-47。
70. Settis 1984, III, p. 455.
71. Weiss 1988, p. 51-53.
72. Reinsch 1983, p. 170.
73. Piccolomini 1551, lettre CXXXI, p. 685.
74. Ridé 1977, p. 168.
75. Piccolomini 1551, p. 681.

第二章

1. Olender 1989.
2. Beaune 1985, p. 19.
3. Duchesne, «Les Commentaires de César en français», *BNFR*, 38.
4. Momigliano 1983, p. 250.
5. Mandowsky 1963, p. 14.
6. Lanciani 1902, 1, p. 166.
7. Wataghin 1984, p. 197.
8. Manuscrit de Naples XIII B 7, pl. 引自 Mandowsky 1963, p. 49-50。
9. Golzio 1936, p. 82-92 ; Mandowsky 1963, p. 16-17。
10. Mandowsky 1963, p. 8.
11. 同上，p. 5。
12. 同上，p. 35-51。
13. Agostino 1587, p. 377.

14. 同上，p. 117。
15. Beaune 1985, p. 33.
16. Dubois 1972, p. 92.
17. Ramus 1587 ; Hotman 1583.
18. Taillepied 1585.
19. Gassendi 1641.
20. 同上。
21. 同上，p. 235。
22. Levy 1964.
23. *New Year Gift to King Henry VIII*, Londres, 1546.
24. Long 1888, p. 199.
25. 同上，p. 117-118。
26. 参见本书第一章。
27. Gummel 1938, p. 10-11; Stemmermann 1934, p. 18-22.
28. Gummel 1938, p. 11.
29. 同上。
30. 同上，p. 11。
31. 同上。
32. 同上，p. 12, 注释 4。
33. 同上，p. 16。
34. Sklenar 1983, p. 36.
35. Stemmermann 1934, p. 77 ; Gummel 1938, p. 21.
36. Piggott 1990, p. 75.
37. 参见本书第 68 页。
38. *Metallotheca*, XII, chap. 16.
39. Piggott 1976, p. 111.
40. 同上。
41. Saxo Grammaticus 1911, p. 23.
42. Klindt-Jensen 1975, p. 11 ; Svennung 1967, p. 34.
43. Magnus 1567, p. 41.
44. Petri 1917.
45. Klindt-Jensen 1975, p. 15; Schück 1932, p. 68.
46. Worm 1643, introduction, p. 2.
47. 参见本书第 70 页。
48. Worm 1643, p. 7.
49. 培根："古物是被割裂的历史，或者是一些历史的碎片，它们偶然地从时间的沉船中逃脱出来。" 见 *Advancement of learning*, II, 2, p. 1。沃修斯："古物是古代的遗迹，就像沉船的残骸。" 见 *De philologia liber*（引自 Momigliano 1983, p. 255）。
50. Bacon 1627.
51. Pomian 1987, p. 48.
52. Taylor 1948, p. 126 ; Schlosser 1908, p. 79.
53. Bacon 1840, LXXXIV, p. 90.

第三章

1. Huppert 1973, p. 93-109.
2. Worm 1643, introduction.
3. 同上，p. 2。
4. Bergier 1622, p. 113.
5. 皮浪派哲学家（以希腊哲学家皮浪命名）对所有历史话语提出反驳，他们认为历史是不可知的，因为它建立在一连串的虚假和错误解释之上。
6. Spanheim 1664, p. 44.
7. Spon 1673, introduction.

8. Spanheim 1664, p. 11.
9. 同上，p. 14。
10. Spon 1673, p. 7.
11. Bianchini 1697，引自 1747 版本，p. 20–21。
12. 同上，p. 21。
13. *Monumenta Britannica*, manuscrit Oxford, Bodleian library, 手稿编号 Top. gen. c24, p. 43.
14. Hunter 1975, p. 166.
15. 同上，p. 171（引自 Méric Casaubon）。
16. Aubrey 1980–1982, p. 275.
17. Hunter 1975, p. 178.
18. 同上，p. 179。
19. Aubrey 1980–1982, p. 30.
20. Browne 1650，由 D. Aury 翻译，1970。
21. 同上，p. 68–69。
22. Browne 明确引用了 Cassiodore, var. I, p. 4；也见本书第 88 页。
23. Plot 1686, p. 392.
24. Plot 1677, p. 315；Piggott 1990, p. 90–93.
25. Verelius 1664, p. 81–82.
26. Rudbeck 1937, tome III, fig. 3.
27. 同上，tome III, fig. 27。
28. 同上，tome I, p. 85–91。
29. Vacca 1704.
30. Bergier 1622, p. 141–142.
31. 莱布尼茨致乔治·弗里德里希·米索夫（Georg Friedrich Mithof）的信，日期为 1691 年 5 月 17 日，摘自 Gummel 1938, p. 101；Leibniz 1717, p. 335。
32. Rhode 1720, p. 40.
33. 同上，p. 320。
34. 同上，préface, p. 2.
35. Piggott 1985, p. 93；Stukeley 1740, p. 44.
36. Piggott 1985, p. 98, 盖尔致斯图克利的信，日期为 1729 年 6 月 14 日。
37. Cooper, *Retirement* 691–4，摘自 Slotkin 1965, p. 235。

第四章

1. Pintard 1983, p. 358–359.
2. Lapeyrère 1655, Proemium.
3. Saint Augustin, *Cité de Dieu*, XVI-II, p. 40.
4. 同上，XII, p. 10。
5. Kauzari, I, p. 60–61, 引自 Popkin 1987, p. 27–28。
6. 同上，I, p. 67。
7. Maïmonide 1970, III, XXIX, p. 222.
8. Hohenheim 1929, p. 42.
9. Popkin 1987, p. 35.
10. Bruno 1879, I, 2, p. 282.
11. Pintard 1983, p. 20.
12. 同上，p. 359。
13. Lapeyrère 1647, p. 45, p. 48.
14. 同上，p. 273–274。
15. Worm 1751, "法国驻基督教堡大使的顾问佩雷尔先生"（Monsieur Peyrère, conseiller de M.

l'ambassadeur de France à Christianopol），p. 945-946。
16. Hooke 1705, p. 408, p. 412.
17. 同上，p. 335。
18. 这个文本有多个版本，各种形式，长度不一。最早的版本名为 *L'Espion du Grand Seigneur et ses relation secrètes envoyées au divan de Constantinople découvertes à Paris pendant le règne de Louis le Grand*，由 Jean-Paul Marana 从阿拉伯文翻译成意大利文，然后从意大利文翻译成法文（Paris, 1680）。我使用的是更完整的版本，于 1756 年在阿姆斯特丹出版。
19. Hazard 1961, p. 24.
20. Marana 1756, préface, p. XXVI-XXVII.
21. 参见本书第 146—147 页。
22. Marana 1756, tome VIII, 第 XXVI 封信, 1681 年, 致尊敬的穆夫提（Mufti），p. 200。
23. Ménage 1694, II, p. 69.
24. 参见本书第 137 页。
25. Gronovius 1694-1703, 13 volumes et *Thesaurus antiquitatum romanarum*, de J.-G. Graevius, 1694-1699, 12 volumes.
26. Montfaucon 对其自己著作的参考文献说明，见 Broglie 1891, p. 321。
27. Montfaucon 1719, supplément, introduction, tome I.
28. 同上，tome III。
29. 同上，tome I。
30. 参见本书第 33 页。
31. Nisard 1878, I, p. 4.
32. 同上，p. 9。
33. 同上，XXXVIII。
34. Caylus 1752, Avertissement, I-II.
35. 同上，VII-VIII。
36. 同上，VIII。
37. Rocheblave 1889, p. 274.
38. 霍勒斯·沃波尔（Horace Walpole）的信，日期为 1740 年 6 月 14 日，载于 Zevi 1981, p. 15。
39. 同上。
40. 关于这个人物，可以参阅 Antoine Schnapper 最近的研究成果，见 Schnapper 1988, p. 291 *sq*.
41. Schnapper 1988, p. 294.
42. 引自 Schnapper 1988, p. 295。
43. Pinon 1991, p. 42.
44. 同上，p. 85。
45. La Sauvagère 1758.
46. Grignon, 1774, p. 96-98.
47. 贝伦迪斯（Berendis）的信，载于 Holtzauer, 1969, p. 86, 第 17 封。
48. 乔伊瑟尔·古斐耶致福韦尔的信，载于 Legrand, 1897, p. 57。
49. Winckelmann 1781, II, p. 8, p. 13.
50. Mercati 1719, 也见本书图 2-22。
51. Hamy 1906.
52. Jussieu *in* Hamy 1906, p. 248. 在 1728 年出版的 *Fossiles of All*

Kinds Digested into a Method 中，J. Woodward 得出了同样的结论，见 seconde partie, lettre 39–40。
53. Montfaucon 1719, V, 2.
54. 同上。
55. 然而，铜器时代早于铁器时代这一观点在 17 世纪末的德国考古学家中是一个常见的主题：J. D. Major，Jacob a Mellen，当然包括 J. G. Eccard，都明确提到了这一点。见 Stemmermann 1934, p. 122–129。
56. Montfaucon 1719, supplément V, livre VII, chap. 3, p. 145 *sq*.
57. Martin 1727, p. 317.
58. Caylus 1752, tome VI, p. 386–387.
59. Buffon 1776.
60. 同上，p. 3。
61. Boulanger 1756, VI, I, p. 296.
62. Lepenies 1986.

第五章

1. Montfaucon 1719, V, 2, p. 194.
2. Legrand d'Aussy 1799, p. 3.
3. 同上，p. 56。
4. Laming-Emperaire 1964, p. 106–114; Pinon 1991, p. 84 *sq*.
5. Bercé 1986, p. 536.
6. Michelet 1959, p. 84.
7. Marsden 1983, p. 8–9.
8. Daniel 1978, p. 31.
9. Marsden 1983, p. 18.
10. Chippindale，1983，p.119，致坎宁顿的信，日期为 1802 年 9 月 24 日。
11. Coalt Hoare 1810–1812, 1, p. 153.
12. 见 Piggott（1976, p. 138），也见 Daniel et Renfrew 1986, p. 30。
13. Grayson 1983, p. 7.
14. Laming-Emperaire 1964, p. 115；Grayson 1983, p. 7–8.
15. Grayson 1983, p. 57–58；Frere 1800, p. 204–205.
16. Grayson 1983, p. 87–89；Laming-Emperaire 1964, p. 141.
17. Esper 1774.
18. Cuvier 1801, p. 2.
19. Cuvier 1841, I, p. 62–63.
20. Kühn 1976, p. 44，也见 Biedermann 1890, p. 320。
21. 见 Goethe 关于谈论 Cuvier 与 Geoffroy Saint-Hilaire 冲突的版本，以及他对当代解剖学历史的观点，Goethe 1832。
22. Kühn 1976, p. 42–43；Gummel 1938, p. 102.
23. Gummel 1938, p. 125.
24. Gummel 1938, p. 112.
25. Laming-Emperaire 1964, p. 116–117.
26. Mongez 1815.
27. Laming-Emperaire 1964, p. 121–122；Aufrère 1936.
28. Buckland 1823, pl, p. 69.
29. Grayson 1983, p. 75–76. 格雷森

强调，麦克内里并不同意巴克兰对于燧石年代的看法，他认为这些燧石应归于洪水之后的古代。
30. Laming-Emperaire 1964, p. 144–146；Grayson 1983, p. 99–108.
31. Tournai 1834.
32. Stoczkowski 1993，Stoczkowski 强调了图尔纳对于"史前"概念的前瞻性思考。
33. 在欧洲人来到美洲之前，原住民就已经在使用，而现今路易斯安那的所有人口仍然在使用陶罐代替大锅，使用没有柄的尖石代替刀具。（亨内平引自 Klindt-Jensen 1975, p. 15）
34. Klindt-Jensen 1981, p. 15.
35. 同上。
36. 引自 Roden 1981, p. 58–59。
37. Herbst 1848.
38. Gräslund 1987, p. 23；Thomsen 1836, p. 32, p. 58.
39. Klindt-Jensen 1975, p. 72.
40. 同上，p. 73。
41. Boucher de Perthes 1847, I, p. 36，引自 Laming-Emperaire 1964, p. 162。
42. Gerhard 1850, p. 204.
43. 同上。
44. Stark 1880, p. 280–284.
45. Momigliano 1983, p. 283.
46. Weickert 1955, p. 143.
47. Boucher de Perthes 1847, I, p. 34.
48. 同上，547, note 24。
49. Darwin 1887, 3, p. 15–16："布歇·德·彼尔特的整本书都是垃圾。"
50. Cohen et Hublin 1989, p. 186.

总结

1. Stoczkowski 1993.
2. 袁康，《越绝书》，引自 Chang 1986, p. 4–5。
3. 墨子，引自 Chang 1986, p. 96。
4. *Mémoires* 1779, p. 86.
5. Bourdier 1993, p. 86.
6. Twichett 1992, p. 33.
7. Clunas 1991, p. 93–94.
8. Kunst 1982.
9. Mortillet 1872. 这个问题请参见 N. Richard 的著作（1991, p. 328–348）。
10. Montelius 1903, p. 17.
11. Caylus 1752, VIII.
12. Montelius 1903, p. 20.
13. Pitt-Rivers 1874, p. 18.
14. Sigaut 1989.
15. Pitt-Rivers 1875.
16. Pitt-Rivers 1868, p. 92.
17. Müller 1885，引自 Klindt-Jensen 1975, p. 93。
18. Tallgren 1936.
19. Stoczkowski 1993.

附　录

第一章　古代与中世纪的材料

孟菲斯的重建者——卡埃莫伊斯（Khaemois）

法老拉美西斯二世的儿子卡埃莫伊斯（公元前1290—1224），在孟菲斯发现了一块带有奉献铭文的石碑，认为这是法老胡夫的儿子——王子卡瓦布（Kaouab，约公元前2600年左右）的。

> 工匠们的伟大总监、祭司和王子卡埃莫伊斯……[他的心]……因为在找到王子卡瓦布的雕像时，它就在废墟里[？]他的父亲、埃及的国王胡夫宠爱他，使其保持好的状态[？]……要让他[？]能得到诸神的眷顾，与罗赛陶（Ro-Sétaou）神庙中那些伟大的英灵为伴，他是如此热爱那些高贵的祖先，他们创造的丰功伟绩值得赞颂千篇。让这片土地上的秩序、力量和生命[……]延续下去……祭司兼王子卡埃莫伊斯在神庙中重新演绎了早已被人遗忘的仪式后，他在一座受人尊敬的神殿前挖掘了一个水池，这是他期望完成的一项工作，在来回往返的过程中，并且为了净化从卡夫拉（Khéphren）的卡奈带来水，以赋予它生命。
>
> [《拉美西斯二世之子、孟菲斯高级祭司——卡埃莫伊斯》(*Chaemwese, Sohn Ramses II und Hoher Priester von Memphis*)，法鲁克·戈马阿出版社，威斯巴登，1973，68页，多米尼克·瓦尔贝勒（Dominique Valbelle）译。]

卡埃莫伊斯并不只是单纯的祭师，他还肩负维护和重建孟菲斯的任务。他为孟菲斯的重建所做的努力我们从日后的许多铭文中可以知晓。卡瓦布雕像及其所刻铭文证明了神职人员具备解读和识别一千多年前的铭文的历史知识。但是，卡埃莫伊斯的故事并没有在公元前13世纪结束。罗马时期的几份用世俗体撰写的手稿中叙述了一位名叫卡埃莫伊斯的大祭司

（Satni）的故事，他是一位魔法师和古书探寻者。虔诚的古物学家的故事就这样成了巫师卡埃莫伊斯的故事。[见加斯顿·马伯乐（Gaston Maspero）所著《古埃及故事集》（*Les Contes populaires de l'Égypte ancienne*），巴黎，1882。]

那普－阿普拉－伊地那神殿的发现

巴比伦国王那普-阿普拉-伊地那（Nabu-apal-iddina，公元前9世纪中叶）发现了沙玛什（Shamash，太阳神）的雕像并重启对这位神祇的崇拜。

来自西帕尔埃巴巴尔神殿（Ebabbar）的太阳神沙玛什啊，这里在阿卡德地区陷入动荡和混乱期间曾被邪恶的敌人苏图人（Soutéens）摧毁，你的形象被销毁，崇拜你的仪式被遗忘，神的画像和标志再也无人使用，没有人能再想象出它们曾经的样子。

巴比伦国王西姆巴尔－什帕克（Simmash-Shihou，公元前1024—1007）询问[神]的外貌，但后者并没有展现出自己的脸庞。他虽然没有找到任何画像或徽章，……但他会定期向神献上一些贡品。在卡什舒－那丁－阿海（Kashshou-nadin-ahhê，公元前1006—1004）统治时期，这些上贡活动曾被饥荒和劫掠中断。随后，巴比伦国王那普－阿普拉－伊地那赶走了这些可恶的敌人苏图人……在他的统治下，长期以来拒绝眷顾阿卡德的太阳神沙玛什重新变得友善，并转身面向[阿卡德]。随扈在幼发拉底河西岸找到了一块用火烧制的黏土浮雕，上面描绘了这位神明的形象和标志。[找到浮雕的]西帕尔祭司将它交给了国王。国王将雕像视为神的暗示，于是重新绘制了神的形象。凭借埃亚（Ea）的智慧，以及宁－伊吉－南迦尔－布（Nin-ildou）、古什金－巴纳（Goushkin-banda）、宁库纳（Nin-kourra）和宁－扎丁（Ninzadim）这些神的技术，他精心制作了这个伟大主神沙玛什的神像，并用深金色耀眼的青金石来加以点缀。在幼发拉底河畔，面对太阳，他按照智慧之神埃亚和雷神马尔杜克（Mardouk）的净化仪式"洗涤"了雕像的嘴，并将它安放自己的王位上。

[选自勒内·拉巴特（René Labat）的著作《近东宗教、神圣文本和传统，巴比伦－乌加里特－赫梯》，巴黎，1970，115—116页。]

对于美索不达米亚的君主们来说，古物学家的知识对于恢复崇拜和正确进行仪式是不可或缺的。正确传承仪式需要有一尊基于古代模型建造的神像。考古发现的浮雕因此成为神明的暗示的不容置疑的标志。

祭古冢文

这是一篇关于古墓发掘的文章。公元5世纪，亭侯朱林实施了发掘工作，到了6世纪初，谢惠连撰写了此文。

东府掘城北堑，入丈余，得古冢，……以木为椁，中有二棺，正方，两头无和……多异形，不可尽识。刻木为人，长三尺，可有二十余头。初开见，悉是人形；以物枨拨之，应手灰灭。棺上有五铢钱百余枚，水中有甘蔗节，及梅李核、瓜瓣，皆浮出不甚烂坏。铭志不存，世代不可得而知也。公命城者改埋于东冈，祭之以豚酒，既不知其名字远近，故假为之号曰"冥漠君"云尔。

元嘉七年，九月十四日，司徒御属领直兵令史统作城录事临漳令亭侯朱林，具豚醪之祭，敬荐冥漠君之灵：

粤总徒旅，板筑是司。穷泉为堑，聚壤成基。一椁既启，双棺在兹。舍畚凄怆，纵锸涟而。刍灵已毁，涂车既摧。几筵糜腐，俎豆倾低。盘或梅李，盆或醯醢。……为寿为夭，宁显宁晦；铭志湮灭，姓字不传。今谁子后？曩谁子先？功名美恶，如何蔑然？

百堵皆作，十仞斯齐。墉不可转，堑不可回。黄肠既毁，便房已颓，循题兴念，抚俑增哀。射声垂仁，广汉流渥。祠骸府阿，掩骼城曲。仰羡古风，为君改卜。轮移北隍，窀穸东麓。圹即新营，棺仍旧术。合葬非古，周公所存[1]。敬遵昔义，还祔双魂。酒以两壶，牲以特豚。幽灵仿佛，歆我牺樽。呜呼哀哉！

[斯蒂芬·欧文（S. Owen），《中国古典文学中对过去的追忆》（*Remembrances, the Experiment of the Past in Classical Chinese Literature*），哈佛出版社，1986，39—40页。]

在中国，发现古墓是常有的事。由梁武帝之子萧统整理的谢惠连的这篇祭文十分特别，因为其内容融合了对发现的理性描述和对未知墓主人的祈祷，在某种程度上也预言了托马斯·布朗所描述的瓮葬（见本书第402页）。文中极其精确的描述以及对物品和植物保护的关切都值得注意：这份发掘报告展现出了对具体细节的自然主义关注。

希庇阿斯教"历史"

柏拉图心中的"考古学"。

苏格拉底（以下简称"苏"）：那么拉栖代梦人违反了法律，因为他们不把儿子托付给你，不向你支付学费。

希庇阿斯（以下简称"希"）：我同意。你看起来好像是在帮我论证，我看不出自己有什么必要去持相反的观点。

苏：我的朋友，那么我们已经证明了拉栖代梦人是违法者，他们在最重要的问题上违反了法律，而拉栖代梦人向来以守法著称。希庇阿斯，我以上苍的名义起誓，请你告诉我，他们在听你讲什么课程的时候感到快乐，为你鼓掌？是讲星辰和天象吗？在这方面你显然是最大的权威之一。

希：根本不是。这种内容他们是听不进去的。

苏：那么他们喜欢听几何学，是吗？

希：根本不是。他们中有许多人甚至连数都不会数。

苏：那么当你给他们讲算术时，也一定不受欢迎，是吗？

希：确实如此。

苏：那么，讲讲你们这些人最擅长的对字母、音节、节奏、和音的性质的分析，怎么样？

希：我亲爱的先生，你竟然还要我对他们讲和音与字母！

苏：那么听你讲什么内容，他们会感到快乐，给你鼓掌？请你告诉我，我实在不明白！

希：能使他们感到高兴的是英雄和人的谱系、古代城邦建立的故事，简单说来也就是那些古代传说，为了满足他们的要求，我不得不去彻底了解各门学问。

苏：我的天哪，你确实太幸运了！拉栖代梦人肯定不会想要听你讲述我们的历任执政官，从梭伦开始。要掌握它，你肯定会遇到麻烦。

希：为什么？我只要听一遍，就能讲出五十个名字。

苏：对不起，我差点忘了你的记忆术。现在我明白了拉栖代梦人为什么会喜欢你渊博的知识，他们在利用你讲好听的故事，就像孩子们要老奶奶讲故事一样。

希：是的，确实如此。还有呢，苏格拉底，我最近名声更大了，因为我在那里详细地提出了一项青年们必须为之献身的光荣而又美好的工作。

我就这个主题创作了一篇讲演辞，文风优雅，格调高尚。它的背景和绪论是这样的：特洛伊城失陷以后，涅俄普托勒摩问涅斯托耳，值得一个人在年轻时就全身心投入以获取最高声望的这项光荣而又美好的工作是什么？轮到涅斯托耳回答的时候，他向涅俄普托勒摩解释了一系列良好的生活规范。这篇讲演辞我是在拉栖代梦发表的，现在应阿培曼图之子欧狄库的邀请，后天我要在本地发表，很值得一听，地点在菲多斯拉图的学校。你一定要来，到时候也请你提出批评意见。

（柏拉图，《大希庇阿斯篇》，285b—286c，译文出自人民出版社的《柏拉图全集（增订版）》，29—30页，王晓朝译。）

"*archaiologia*" 一词正是在这段文字中第一次出现，意为关于过去的知识和言论。它揭示了在公元5世纪末和4世纪初，历史文体在希腊已经赢得了特殊的地位。

卢克莱修

关于人类起源。

1. 原始人类
但那时候陆地上的人是结实得多[2]，
也应该这样，因为生长他的
是一个[更]结实的大地，
在体内他是由更大更坚实的骨骼构成，
在肉体里面和粗壮的肌肉结合着。
他也不容易受不习惯的食物
或寒热或身体的病痛所伤害。
在天空中绕行的太阳又经过了
许多个五年，人们却还过着
一种像野兽那样到处漫游的生活。
那时候没有壮健的人驾着弯曲的犁，
也没有人知道用铁器去耕作田地，
或把鲜苗种植在挖开了的泥土里，
或用弯曲的刀从高高的树木上砍掉
去年的旧枝。凡是太阳和雨水

所给他们的，大地当时自动地
创造出来的，已经是足够的礼物
来使他们的心快乐。他们大半都是
在橡实累累的橡树间养息身体[3]；
而杨榛树的野生的莓子，现在在冬天
你看见紫红红地成熟了的那种莓子，
当时的土地会产生出更多更硕大。
此外，那时候大地的繁茂的青春
还产生出许多别的粗糙的食物，
足够满足当时那些可怜的野人。
河流和水泉会召唤这些人去解渴，
正如现在从大山上倾泻下来的瀑布
会大声地远远就召唤着口渴的野兽。
他们居住在山林水泽女神所居之处，
他们在流浪中所发现的那种地方，
他们知道从这些地方有小溪流水
满满地涌溅出来，流过湿润的石块，
是的，湿溜的石块，并且从上面
滴到绿色的苔藓上。这里那里，
还有水泉涌出来在平地上溢流。
他们当时还不懂得在生活中利用火，
也不懂得利用毛皮，不懂得
用所猎得的兽的皮来遮蔽身体；
他们缩作一团躲在树林里和山洞里，
把他们污秽的身体在树丛间藏起来，
当他们被迫必须逃开风的鞭挞
和大雨的袭击。他们也不能够
注意共同福利，他们也不懂得
采用任何共同的习惯或法律；
运气给谁送来了什么礼物，
谁就自己把它拿走，因为每个人
都被教训只为自己去自力生活和奋斗。

2. 文明的起源
此后,当他们获得了茅舍、皮毛和火,
当一个女人和一个男人结合之后
就和他一起住进一个〔地方,……〕
已被认识;当他们看见他们自己
生出一个孩子,这时候,人们就
开始变温和。因为正是在这时候,
火的利用使他们瑟缩的身体变得
再也不是那么能忍受露天的寒冷;
维娜丝也消耗了他们身体的精力;
孩子们又以讨人喜爱的样子摧毁了
父母的高傲性情;也是在那时候
邻居们开始结成朋友,大家全都
愿意不再损害别人也不受人损害,
并且代孩子和妇人们向人求情,
他们吃吃地用叫声和手势指出:
对于弱者大家都应该有恻隐之心[4]。
虽然当时完全的和谐还不能得到,
但是很大的一部分人都遵守信约,
要不然,人类早就该已经完全绝灭,
生育也应该不能使人类延续到现在。

3. 火的发现
为了使你在这些问题上面
不至沉默地思问着,让我说:
最初把火带到地上给人类的
是闪电;并且,从那里开始,
热焰就散布到所有的地方。
因为就是现在我们也看见许多东西
一被天上的火焰触到,就着起火来。
但还有,当一株茂盛的大树
在风的吹打之下摇来摇去,
压迫着邻近的树的枝杈的时候,

380　征服过去:考古学的起源

火就被强烈的摩擦压挤出来，
有时候，火焰的炎热冒出来了，
当树枝和树干互相击打的时候。
可能是其中之一将火给了人类。
其次，用火来煮熟食物使它变软，
是太阳教人做的，因为人常常看见
在各处旷野里许多东西如何变软熟，
当它们为太阳光线的照射打击
和它的热所征服的时候。

（卢克莱修，《物性论》，第五卷：1=925—962行，2=1011—1027行，3=1091—1104行。译文出自方书春译本，商务印书馆，1981。）

这段来自公元前1世纪上半叶的文字是古人描绘人类起源最著名的篇章。与黄金时代传统相反，字里行间一幅原始人类的历史画面跃然纸上，影响了从文艺复兴到现如今的所有传统，甚至包括现代的一些关于史前时期的言论。此类文字的最大特点在于展现了自然和物质力量在原始人类历史发展过程中的作用。

异教崇拜的延续

出于对异教的痴迷，准皇帝尤利安（Julien）参观特洛伊。

早期当他还是加利利主教时，他就明白如何尊崇神灵，否则我不会毫不犹豫地支持佩加修斯（Pégase）。我这么说并不是基于那些习惯主观臆断之人所说的话语。我也经常听到有关他的流言蜚语[5]，而且我向众神发誓，我曾以为应该像对待坏人一样憎恨他。君士坦提乌斯陛下想要召见我[6]，于是我马上从特罗亚（Troas）[7]出发，在清晨市场逐渐变得拥挤时到达了伊利昂。然后他来迎接我，由于我想参观这个城市（其实我是想参观神庙），他充当了我的向导，带着我到处游览。从他的行为和言语我们可以断定他对神的真挚情感。那里有一个供奉着赫克托耳的英雄祠，其青铜雕像就立在一个小堂中。在对面的院子中安放着伟大的阿喀琉斯的雕像。如果你去过这个地方，你就知道我在描述什么。至于为什么把伟大的阿喀琉斯放在赫克托耳对面并占据了几乎整个庭院，你可以从导游那里了解其中的原委。我发现还有些祭坛仍有余火，仍在熊熊燃烧着，涂了油膏的赫克托耳雕塑也发出耀眼的光芒。我双眼凝视着佩加修斯说:"嘿,伊利昂的居民难道也会献祭吗?"我想谨慎地窥探他的想法。"他们崇拜一位善良的同胞,就像我们对待本国的烈士一样,这有什么奇怪的?"虽然这种类比不公平,但考虑到当时的情况,我认为其中蕴含了一种微妙的意图。接下来发生了什么?我说:"我们去伊利昂的雅典神殿吧。"于是,他以最大的热情把我领到那里,打开神殿[8]大门让我见证了这些保存完好的雕像。

我答应告诉你两件事,但现在我又想到第三件不得不提的事情。佩加修斯还带我去了阿喀琉斯(Achilléion)神庙[9],并向我展示了保存完好的坟墓;然而,我之前听人说这个坟墓被拆毁了。我怀着崇敬的心情向那里靠近,亲眼观察了这座坟墓。而且,我从他的对头那里听说他崇拜太阳神并秘密地向他祈祷。

[尤利安,《文学》(*Lettres*),79,约瑟夫·拜德兹(Joseph Bidez)译,美文出版社,巴黎,1960。]

人称"叛教者"的尤利安(332—363)因试图恢复帝国的异教传统(他在 360 年登基成为皇帝)而成为古代最有魅力的人物之一。这位博学多才、接受过基督教教育的学者对异教非常痴迷,认为异教是帝国支柱之一。从这封信的内容可以看出,尽管在 312 年基督教已被定为国教,但他仍忠于旧信仰,并且对于最负盛名的古代遗址也有关注和了解,这些地方可以供游客参观,同时在某种程度上也得到了保护。

奥古斯都时期对遗迹的保护

赫库兰尼姆的铜板表达了对公元 1 世纪的帝国内的古迹保护的关注。

得益于伟大君主的远见卓识,我们能够把目光投向我们城市的住宅并开始考虑让整个意大利建筑不朽。为此他不仅实施了最严格的法规,还以身作则。对私人和公共遗迹进行维护可以为人们带来长期的福祉。所有人都应该避免毁坏房屋和城镇这种野蛮行为,因为这会在和平时期给人以战争来临的感觉。因此颁布如下规定:如果有人出于赚钱目的购买一座房屋,并随后通过拆毁它来获利,那么他必须向国库支付买价两倍的罚款,还可能被带到元老院进行紧急审讯。虽然购买行为比售卖行为更恶劣,但卖家也应该受到相应的惩罚。所有故意违背元老院意愿的房屋售卖活动将被依法取消。此外元老院还宣布,对于那些打算保留财产所有权并变更部分财产所有权的行为不予干涉，只要不涉及财产交易。

［特奥多尔·蒙森（Theodor Mommsen），奥托·格拉登维茨（Otto Gradenwitz），《罗马法源》（*Fontes Juris Romani*），弗莱堡，1893。］

这项元老院法令是当公元44—56年格涅乌斯·候斯迪乌斯·盖塔（Gnaeus Hosidius Geta）和卢修斯·瓦杰卢斯（Lucius Vagellus）担任执政官期间，于罗马历十月的第十天颁布的。该法令很好地表达了皇帝对遗产保护的关注：法令不是出于考古学上的焦虑，而是为了防止城市中心被投机者破坏。

敬畏过去

卡西奥多罗斯（Cassiodore）笔下重视遗迹的外族国王。

众所周知，我们的宫殿是由技艺高超的建筑师设计建造的，因此聪明人必须对其加以善待。如果不及时采取措施，宫殿的美将随着时间的流逝而凋零。我们的权力、帝国的荣光和王国的赞誉都体现在宫殿之上。同时宫殿也是为了供各国大使欣赏，毕竟人们常常会根据宅邸的档次来评价其主人的地位。那些最明智的人之所以能感到愉悦，是因为他们既能享受居所的美感，又能通过建筑的安逸和谐让疲于工作的精神得到休息。据说在波吕斐摩斯被尤利西斯无情地剜去了他唯一的一只眼后，独眼巨人们率先在西西里岛上树起了巨大的纪念建筑，其规模堪比他们居住的巨大洞穴。传说建筑艺术正是从西西里传到了意大利，以方便那些想要比肩伟大而高贵的先祖们的子孙后代能够保留和继续使用那些杰作。有鉴于此，我们决定推选您来负责宫殿的维护，既要维护古老遗迹原本的状态，也要建造与之相配的新建筑。就像穿着同色的衣服才显得得体一样，一座富丽堂皇的宫殿的各个场所都必须美观。为此你需要勤奋地学习几何学家欧几里得的知识，并研究那些多样的图表以获得必要的技能，在需要时可以为你所用。还有聪明的学者阿基米德和梅特罗比乌斯（Métrobe）的知识也应该能够帮助你，让你在设计和创造中发挥最好的水平，比肩古籍中的贤者。［……］

（卡西奥多罗斯，《杂录集》，日耳曼历史遗迹，第七卷第七章，柏林，1894，204页）

东哥特国王狄奥多里克（公元493—526）令人修复宫殿，以保持古人杰作得以延续。这段由大学者卡西奥多罗斯收集的文字明显表达了这样一种观点：今天的宏伟能够体现过去的辉煌，故维护古代遗迹是建筑师工作的一部分。

公元 10 世纪布列塔尼的巨石阵

测量师和法务官在布列塔尼地区丈量土地，认为巨石阵只是简单的石堆。

瓦纳主教大欧斯康（Orscand le Grand）[10]之子鲁达勒（Rudalt）将一座位于海边且有埃泰勒（Étel）河流经的村庄，连同所有的收入永久赠与圣卡多（Saint-Cado）[11]。注入埃泰勒河的溢洪道位于这个村庄和梅洛努克村（Mellionuc）[12]之间，其中一半的沼泽也一并归属圣卡多。[……]
在沼泽的尽头，一条地沟穿过海尔戈雷（Haelgoret）山脉，向正东方向径直延伸；随后在一堆石头之前[13]向三点钟方向略微弯曲，随后地沟再次变向，朝石灰岩地上一块倾斜的石头[14]延伸到村庄边缘；不远处它再次向左转弯并延伸到一个小池塘，然后从池塘右侧延伸出来并继续前进与另外两条支流组成交叉口；在离开注入井口的河道后，它继续在三点钟方向沿着另一条水道和斜沟流淌，直到与其他三条支流汇合。此后圣卡多的地沟沿九点钟方向继续延伸，穿过一片崎岖的土地后到达一片浸水草甸。在击穿一块石头[15]后，地沟穿过沼泽，直奔大海。

其他圣卡多宪章

欧斯康[16]在他父亲鲁达勒去世后，将四分之一个罗马人小镇[17]、四分之一个花园和克普拉特（Kerprat）的四分之一授予了圣卡多。这片土地的边界按以下方法划定：从连接修道院和圣日耳曼的道路上的立石[18]开始延伸到草地；然后沿着草地和地沟直到小镇。地沟从小镇向南延伸，在到达秃地（Chauve）水井之前，边界线与地沟和修道院教堂与立石之间的路同向，这就是上文中开始划界的那条路。

[维克多·莫莱（V. Mortet），《法国中世纪建筑史和建筑师总集》（Recueil de textes relatifs à l'histoire de l'architecture et à la condition des architectes en France au Moyen Age），巴黎，1911，53—55 页。]

鉴于这类法律行为的要求，土地测量师和法务官必须十分了解各种地形特点并揭示历史景观的显著特征。这里所用的词汇都是描述性的,没有提到传说中遗迹的建造者——巨人或魔法师。

寻宝

12世纪的历史学家马姆斯伯里的威廉(Guillaume de Malmesbury)讲述千禧年教皇西尔维斯特二世[即欧里亚克的热尔贝(Gerbert d'Aurillac)]如何发现了屋大维的宝藏。

奥托[19]从他父亲手中继承了意大利,热尔贝随即被任命为拉文纳大主教,并在不久后成为罗马教皇。在魔鬼的蛊惑下,热尔贝铤而走险,想尽办法实现自己的私欲。最终,他的目标锁定在宝藏上。他借助招魂术发现了这些被异教徒隐藏起来的宝藏,并马上去除了外层的遮挡。

热尔贝如何发现屋大维的宝藏?
在罗马附近的马尔兹广场上有一座雕像,不知道是铜还是铁铸造的。它右手伸出食指,在头上刻着"朝这里打"。过去许多人用斧头敲击这个无辜的雕像,以为那几个字是寻找宝藏的线索。但热尔贝意识到这些人的错误,并以一种不同寻常的手段破译了这个谜。中午烈日当空时,他观察手指的影子投射的位置并在那里打了一根木桩;夜幕降临后,他带上自己的仆人,提着灯笼回到雕像处,熟练地敲开地面,并挖了一个足够人进入的口子。他们发现了一座巨大的宫殿,金色墙壁、金色屋顶,所有器物都是黄金制成:玩着黄金代币的黄金士兵、黄金制成的国王与躺在其身旁的皇后、摆在他们面前的美食、站立在一旁的仆从,还有厚重且价值连城的圆花饰,展现出了超越自然界的艺术价值。宫殿最深处有一颗质地完美的红宝石,发出的光芒驱散了黑暗。在对面的角落里,有一个孩子拿着一张弓,拉紧了弦并瞄准了箭。尽管这些珍贵的艺术品惊世骇俗,但却是无法触碰的。事实上,只要试图用手去触碰它们,所有这些形象似乎都会跳动起来攻击那个自以为是的人。感到恐惧的热尔贝抑制住自己的欲望;但他的侍从却忍不住拿起桌子上放置的一把精美刻刀。他肯定认为面对如此多的宝物,自己微不足道的盗窃行为不会被发现。但随后所有画像都动了起来,男孩手中的箭射向红宝石,两人迅速被黑暗淹没。如果仆人没有按照主人的话迅速把刀扔回去,他俩的后果不堪设想。最终他们带着自己的贪婪,打着灯笼逃离了。

[马姆斯伯里的威廉所著《英国奇闻》(*De Gestis Regum Anglorum*)的第二卷，168—169，威廉·斯塔布斯出版社，伦敦，1887，196—197页。]

马姆斯伯里的威廉是12世纪的一位英国僧侣。他并不是崇拜热尔贝，后者是欧里亚克一位农民之子，并在999—1003年担任罗马教皇，称西尔维斯特二世。作为他那个时代最伟大的思想家之一，他曾在离科尔多瓦哈里发国不远的加泰罗尼亚的比克市（Vich）求学。他擅长法律和数学，并在罗马完成了学业。他卷入到当时戏剧性的政治和王室冲突中，并与在12世纪编造了魔法师教皇传说的人为敌。这些故事中最受欢迎的主题之一自然是寻宝，所描述的内容都属于奇观、幻想和怪谈故事，类似教士卢皮奇努斯的冒险（见本书第92页）。

14世纪的文物保护

罗马古建筑保护条约。

为了不让遗迹影响和破坏城市面貌，并让古建筑能够展现城市的高贵，严禁任何人在罗马城墙内自行或令人摧毁任何古代建筑。违者将面临100普罗万币的罚款，其中一半归国库所有，另一半归指控者所有。此外，元老会成员也有义务调查此类事件，但任何人都不得授予违反此规定的许可，否则将被处以100弗罗林金币的罚款。罚金归元老院所有，所给予的许可也不具有任何效力。

[1363年的罗马章程，出自埃马纽埃尔·罗多卡纳齐（E. Rodocanachi）的著作《帝国崩塌后罗马的遗迹》（*Les Monuments de Rome après la chute de l'Empire*），巴黎，1914，62—63页。]

自罗马帝国晚期以来，罗马古迹保护的问题在长达九个世纪内几乎没有改变，只不过14世纪的城市比帝国时期更加贫穷。

第二章 古物学家们的欧洲

对古代遗迹的沉思

菲利切·费里西亚诺（Felice Feliciano）的考古学欢庆。

1464年9月24日，我们从托斯科拉诺出发去找点乐子，在有趣的萨穆埃尔·达·特拉达特爵士（Samuele da Tradate）的总指挥下，在来自帕多瓦的安德雷亚·曼特格纳（Andrea Mantegna）和乔瓦尼·安特诺雷奥（Giovanni Antenoreo）这两位了不起的先生们的参谋下，本人菲利切·费里西亚诺负责让工作能够顺利进行。一群高贵的参与者跟着我们穿过黑暗的月桂树林。我们戴着爱神木、常青藤和各种树叶做成的冠，在萨穆埃尔的带领下进入了圣多米尼克老教堂，在那里发现了虔诚的萨马提亚人皇帝马可·奥勒留（Marcus Aurelius）留下的重要铭文。然后我们走向圣初殉道者教堂[20]，不远处在一座门廊下我们发现了曾居住于此的圣哈德良（Hadrien）的之孙安敦宁·毕尤（Antoninus Pius）所留下的优美铭文。随后我们到达第一任教皇的居所，不远处我们还发现了马可·奥勒留的铭文并将其内容完整地记录了下来。我不会错过那些值得记录的事：我们找到了供奉着狄安娜（Diana，狩猎女神）和其他女神的神庙。我们有很多证据证明这座神庙不可能是为其他神祇所修建。在仔细观察完这一切后，我们登上了一艘装饰有挂毯和各种饰品的大船，并在船上撒下月桂叶和其他高贵的植物，驶过皎洁如白色田野的贝纳库斯（Bénacus）湖。萨穆埃尔领队沿途弹着齐特拉琴唱歌。最终，我们在一次辉煌的航行后到达了港口并上了岸。一行人走进了守护圣母教堂，虔诚且卖力地唱着赞美诗来颂扬至高无上、荣耀万世的天神[21]和他光荣的母亲。他点亮了我们的心灵，让我们相聚，让我们的心灵去渴望和寻找神奇的地方，使我们享受如此有价值和多样化的娱乐活动，并以饱满的热情欣赏古代遗迹；他给予了一个如此幸福而繁荣的日子，一路顺风的航程和安全港口，并实现了我们所有愿望。任何伟大人物都应该自发踏上这条路程，来欣赏了不起的古代奇迹。

［朱塞佩·菲奥科（G. Fiocco），《威尼托－特伦托档案》（*Archivio Veneto-Tridentino*），第九卷，1926，191—192页。］

1464年9月23日，四位代表了意大利文艺复兴精神的好友在加尔达（Garde）湖远足：安德雷亚·曼特格纳是画家，菲利切·费里西亚诺是碑铭学家和插图画家，乔瓦尼（安特诺雷奥）·马卡诺瓦和名气不大的萨穆埃尔·达·特拉达特是收藏家和古物学家。这些人对碑铭学如此着迷，以至于对已经被证实的伪造品津津乐道。他们还是安科纳的西里亚库斯的崇拜者、读者和继承者，费里西亚诺为他三个同伴撰写的三篇手稿中的一篇就是安科纳的西里亚库斯的传记。

罗马城的描述

地图绘制者——莱昂·巴蒂斯塔·阿尔贝蒂。

罗马城的城墙、河流、街道的走向和排列,以及神庙、公共建筑、居民建筑和纪念性建筑的位置和布局,丘陵的范围,甚至住宅区的面积,我借助我的数学仪器详细地将今天的美好记录下来:我设计这些工具是为了让没那么有天赋的普通人能够方便且随时绘制出各种尺寸的图。我的学者朋友们希望我通过这件事情来帮助他们进行研究。以下是我搜集到的信息:旧城墙的痕迹已完全看不见,保存完整的路也很少。此外,没有任何一个城门距离市中心(国会)的距离超过146肘(1肘约0.5米),而重建后的城墙总长度不超过75斯塔达(1斯塔达约等于200米),各种构件的尺寸和设计图本身揭示了这些特征。

[罗伯托·瓦伦蒂尼(R. Valentini)和朱塞佩·祖凯蒂(G. Zucchetti),《罗马城市地形码》(*Codice Topografico della Città di Roma*),罗马,1953,第四章,212页。]

莱昂·巴蒂斯塔·阿尔贝蒂是15世纪的通才学者,不仅对绘画、雕塑和建筑颇有研究,同时也是一位哲学家和数学家。这位与弗拉维奥·比翁多、波吉奥·布拉乔利尼(Poggio Bracciolini)和安科纳的西里亚库斯等人生活在同时代的学者与罗马教廷保持着密切的合作。正是在这个学术圈子的推动下,他于1432—1434年开启了绘制罗马古迹的项目。这段方法论构成了介绍文艺复兴时期考古调查技术应用的第一份原始文件。遗憾的是,我们不知道阿尔贝蒂是否能成功执行他的计划,即便他执行了,其成果也没能流传下来。不过他所采用的技术成为大多数城市进行地形测量和调查的基础。

过去的力量

1462年,教皇庇护二世重申了罗马古迹保护法,颁布公文呼吁不要破坏城市及领土上的古建筑。

庇护主教,上帝仆人的仆人,永远牢记此事。
我们希望母城的尊严和辉煌得以延续,因此必须时刻保持高度警惕,确保城市的教堂能得到维护,让众多圣物能够在辉煌的建筑中完好保留。不仅如此,还必须保证古老建筑及其文物能够流传给子孙后代,这些建筑不仅是城市最绚丽的装饰,能为城市赢得尊严,同时还能让古代的荣耀和美德永世流传。此外我们更要意识到这些建筑和遗迹能让人体会到人类作品的脆弱性。不要对人类的作品盲目信任,我们的祖先曾经认为这些兴师动众建造的大型建筑能够永垂不朽,但如我们所见,它们大都已经破败甚至倒塌。由于各种原因,我们效仿前任罗马教皇的做法,明确禁止拆除或破坏这些建筑。……本条例规定,任何违反者将立即被处以罚金甚至开除教籍。任何教会及世俗团体,无论其地位、身份、阶级或条件如何(教皇或任何其他宗教或世俗权贵都不例外),严禁以直接或间接、公开或秘密的方式拆除、毁坏、卸下、凿穿或切割位于市区内的任何古代公共建筑物或位于乡村的私人建筑遗址。如果有人胆敢违反本禁令,我们将授权不久前设立的文物保护机构的官员们对事件进行彻底调查,并且根据该禁令的内容和所赋予的权力逮捕实施拆除或毁坏建筑的工匠或工人,扣押并没收他们的牲畜和工具等物品,并强制负责人及其雇员支付全部罚款。

[让-巴蒂斯特·菲尼兹尼奥(Jean-Baptiste Fenzonio),《罗马城市法规汇编》(Compilation ou droit municipal de la ville de Rome),罗马,1636。]

恩尼亚·席维欧·皮可洛米尼(1405—1464)在1458年成为教皇,称庇护二世。正是他向德国人透露了意大利学者重新发现塔西佗撰写的关于日耳曼尼亚的文本。君士坦丁堡陷落后,他于1454年在法兰克福举行的德国君主大会上发表了著名演讲,呼吁他们联合起来对抗突厥人。不同于穆罕默德二世引用克立托波洛斯(见本书第122页)和荷马的话语,皮可洛米尼借用了塔西佗所说的德国人的力量和勇气。这位学者在这份公告中清楚地表达了教廷希望继承罗马帝国传统的愿望,但他依据的是一种更具历史意义的城市演变概念。这种规定的反复出现不仅证明了古迹保护成效不足,同时还说明破坏古迹的活动一直存在:教皇庇护二世在位期间,屋大维的柱廊甚至也被拆除用作梵蒂冈工地。

拉斐尔写给利奥十世的信

保护罗马古物和实施城市规划的必要性。

致教皇利奥十世

尊敬的教皇，有不少人用自己可怜的判断力去衡量伟大事物，认为书中所描写的罗马人的武器、罗马城市的奇妙艺术、丰富的装饰和宏伟建筑都只是夸夸其谈而非现实。但对我来说，情况却不是这样，以后也不会改变。因为如果在研究残存的罗马遗迹的同时，仔细思考古代的精神，那么在我看来，今天我们眼中的困难工程对当时的人来说肯定也不会简单。通过对古迹的深入研究、细致的搜寻和测量，并不断阅读优秀的文献，而后将其中的描述与实物相比较，我认为自己已经了解了一些古代建筑方面的知识。能够了解如此高贵的知识自然让我非常高兴，但与此同时，当看到这座曾经不可一世的城市如今被撕裂得支离破碎[22]，心中难免泛起悲伤之情。……

敬爱的教皇，有多少位担任您这一职位的人没有您这样的智慧、力量和胸襟？有多少教皇任由古老的庙宇、雕像、拱门和其他象征祖先荣耀的建筑物崩坏？有多少人仅仅为了获取白榴火山灰而挖掘至地基深处，导致建筑物的坍塌？又用古代雕像和其他装饰品制作了多少石灰？我甚至可以说，今天我们看到的新罗马城，无论它多么多美，拥有多少华丽的宫殿、教堂和其他建筑物，都是用古代大理石磨成的石灰建成。我难以抑制自己的激动，我在罗马的短短十二年里，许多美丽的建筑惨遭毁坏。例如亚历山大路上曾经耸立着的金字塔、戴克里先浴场入口处的拱门以及神圣之路上的克瑞斯神庙，当然还包括几天前被火焰吞噬的教堂和前面广场上的大部分建筑（其大理石已经被用于制作石灰）。数不胜数的石柱已经裂开甚至折断，许多梁柱和精美雕刻也都支离破碎。发生这样的事情，我们这个时代的人应为此感到羞愧。坦白说，即使像汉尼拔那样的人来过，留下的烂摊子也不见得比这个更糟糕。……

［文琴佐·戈尔齐奥（V. Golzio），《拉斐尔：当时的文献、证言和文学作品》(*Raffaello nei Documenti, nelle testimonianze dei contemporanei e nella letteratura del suo secolo*)，梵蒂冈，1936，78—92 页。］

这里发布的文本是慕尼黑 A 版本，同时列出了与 B 版本的主要差异。其中一些修改参考了万舍尔（V. Wanscher）的文本。这里呈现的是 1519 年致教皇利奥十世信函的第一部分。第二部分涉及绘图方法，相关技巧与阿尔贝蒂所使用的（见本书第 131 页）非常相似。拉斐尔完成的绘图无一留存。

拉伯雷的序言

弗朗索瓦·拉伯雷对罗马古迹很感兴趣，他为马里亚诺的《罗马城地形图》(*Topographie de la ville de Rome*) 作序并进行了"修正"，该书1534年在里昂出版。

弗朗索瓦·拉伯雷医生向卓越和博学的贵族、巴黎主教和国王御用忏悔导师让·杜·贝莱（Jean du Bellay）致以问候。

……在了解了一些文学知识后，我最大的愿望就是能够游历意大利并参观世界之都——罗马；你无与伦比的善意让我实现了这个愿望。我不仅可以参观意大利（这本身已经是一个巨大的收获），还可以有你这样的饱学之士陪同（我还没有衡量这趟旅程的价值）……

在我们到达罗马之前，我经过反复思考已经想到了意大利的哪些东西对我产生了吸引力。我最初计划会见那些沿途举行辩论活动的学者，并与他们就一些困扰我很久的棘手问题进行亲切交谈。然后我决定观察（这也属于我工作的范畴）一些据说在高卢很罕见但在这些地区普遍存在的植物、动物和药物。最后，我计划用我的文笔和画笔来描绘这座城市，然后带着记载着所有信息的笔记回到自己的国家。为此，我带了一些用法语和拉丁语记录的观察资料。尽管第一个项目的结果没有达到我的预期，但还算相当成功了。至于植物和动物，在意大利并未发现此前未观察或描述过的物种，只在迪亚诺·阿里奇诺（Diane Aricine）湖边发现了一棵悬铃木。我满怀热忱地完成了最后一个项目，我想没有人比我更了解罗马城的各个角落。而你也是一样，在大使馆繁重工作的闲暇之余，你十分愿意参观这个城市的遗迹。你并不满足于欣赏那些已被发掘出的古迹，还对那些有待挖掘的古迹忧心忡忡，为此你甚至购买了一片相当漂亮的葡萄园。我们不得不比原计划停留得更久才能完成这项工作，而且我已经开始和你身边的两位非常有声望且热衷于古迹的年轻人尼古拉·勒桦（Nicolas Leroy）和克劳德·夏普伊（Claude Chappuis）进行城市地形描述，以便从我的研究中获取一些成果，现在马里亚诺已经开始撰写你委托给他的书。毫无疑问，这件事让我松了一口气，就像朱诺·卢西娜（Junon Lucine）为难产的女性所做的那样。我和马里亚诺怀了同一个"孩子"，但孩子的出生让我的思想和心灵备受折磨。尽管这个主题不需要艰苦的研究，但要通过明确、有序和精心安排的计划呈现不规则且紧凑的内容似乎并不容易。在米利都的泰勒斯（Thalès）的启发下，我用日晷将城市分成东西南北四个区域进行描写。而马里亚诺则选择从最高点开始实施他的计划。我不想批评他的表现方式，反而要祝贺他比我更早完成了工作。他单枪匹马做出的贡献，同代任何饱学之士都无法与之相提并论。在我看来，他处理问题的方式是如此出色，以至于我不得不承认，我本人的收获比所有学习博雅技艺的人加起来还要多。只可惜在他的作品还没完成的时候，你不得不响应国家和君主的召唤而回到罗马。我还是会密切关注书的动向，确保它在出版后被立即寄到里昂（我做研究的地方）。这也要归功于勤奋的让·塞万（Jean Servin）先生。但不知怎么回事，这本书没有附上致谢辞就被寄出了。为避免让它沦为一部不完整的、缺少"头部"的作品，我们恳请尊贵的阁下给予本书支持。相信仁慈的您会善待所有人，并对我们投以热情的关爱。敬礼！1534年9月前夕于里昂。

（巴托洛梅奥·马里亚诺，《罗马城地形图·第七卷》，拉伯雷编订，里昂，塞巴斯蒂安·格里菲乌斯印刷，1534。）

拉伯雷对罗马古迹的兴趣众所周知；理查德·库珀（Richard Cooper）甚至发现了拉伯雷在1534年旅居罗马的两个月里由枢机主教贝莱授予他的文物出口许可文件（库珀，1988，168—169页）。他的兴趣也符合里昂出版商的胃口，后者在16世纪上半叶出版了数篇意大利学者研究罗马古迹的论文。马里亚诺的书在里昂出版后，同年就在罗马的布拉度斯（Bladus）完成印刷，这并不寻常。我们不知道该书的印刷是否得到了作者的授权。拉伯雷对书中的细节做了许多更正，印刷商格里菲乌斯也制作了比意大利语原版更精致的版本。拉伯雷暗示马里亚诺的绘图方法没有阿尔贝蒂和拉斐尔惯用的日晷法精确，这一点应被视为一种隐晦的批评。1548年，拉伯雷在红衣主教和地理学家安德烈·特韦（André Thevet）的陪同下再次前往罗马，在1575年于巴黎出版的《宇宙学》（*Cosmographie universelle*）中也提到了罗马，足以证明他对罗马古迹的好奇（库珀，1977）。拉伯雷对巨石阵也很感兴趣，因为他认为普瓦捷郊区的悬石是由巨人建造的。

布法里尼的绘图

莱昂纳多·布法里尼（Leonardo Bufalini）于1551年完成罗马地形图。

致读者

无论你是谁，来自佛里乌利（Fréjus）的莱昂纳多·布法里尼请您不要严厉地评判他所呈现的东西，因为他认为古代罗马和现代罗马是世界上最美丽的事物之一。如果仅仅展示如今重建后的罗马，而没有通过辛勤的工作和长时间的钻研，以起死回生般的神奇手法重现古代罗马这座当时世界上最绚丽的城市，那么他是不会满意的。对罗马的描绘（无论是古代还是现代的罗马）是十分准确的，绘图过程中不仅使用了尺规和指南针，还考虑了天空、太阳的位置和距离。想想看，完成最伟大壮举的人（除了上帝）是教皇尤里乌斯三世。他非常慷慨地放弃了所有东西，只留下一座向全世界开放的城市。正因为有如此优秀的统治者，我们才可以感受到这个时代的幸福和红运。

［莱昂纳多·布法里尼，《尤里乌斯三世时期的罗马》（*Roma al tempo di Gulio III*），罗马，1551，摘自福卢塔兹（A.P. Fruttaz）的《罗马地图》（*le piante di Roma*），罗马，1962，189页。］

早期的罗马地图是由画家和艺术家绘制的。布法里尼计划中的地形测量工作是由工程师们完成的，由此可以确保地面的测量精度。按照弗朗茨·埃尔勒（F. Ehrle，1911）所说，该计划标志着工程师开始融入古物知识领域。

维泰博的伪造品

维泰博的安尼奥：安东尼奥·阿戈斯蒂诺眼中的伪造之王。

维泰博（Viterbo）的拉蒂诺·拉蒂尼（Latino Latini）是一个博学且值得信赖的人，他告诉我，乔瓦尼·安尼奥（Giovanni Annio）神父在一块石板上刻了一些字并将它埋在维泰博附近的一片葡萄园中，不久就会被挖出来。当他得知工人们在葡萄园工作后便安排他们将沟渠一直挖到埋藏石板的地方，并告诉他们书中记载此地曾经建有世界上最古老的寺庙。于是朝着石板方向挖掘的工人在发现石头后立马跑去通知他。随着石板慢慢出土，他逐渐对上面雕刻的铭文露出吃惊的表情。他将这段铭文呈交给镇子的负责人，并告诉他们应该将这块石头放置在重要的地方，如此可以大大提高城市的知名度。这块石板记录了维泰博建城的历史：这座城市是由伊西斯（Isis）和俄西里斯（Osiris）建造，其历史比罗慕路斯（Romulus）还要早两千年。为了达到自己的目的,他还添油加醋地编造了寓言故事,以"Ego sum Isis"(我乃伊西斯)开头的部分印刷文稿仍保留到现在。

弗洛里亚诺·德·奥坎波(Floriano d'Ocampo)在评论贝罗索斯(Bérose)时也提到了安尼奥,说如果石板不是被拥有十足荣耀感的天主教国王看到,肯定会被视为伪造品。

[安东尼奥·阿戈斯蒂诺,《纪念币、铭文和其他古物研究》(*Dialogos de Medallas, inscriciones y otras antiguedades*),塔拉戈纳,1587,447—448页。]

维泰博的乔瓦尼·纳尼·迪·安尼奥是文艺复兴时期最著名的赝造者。他留给学术界数百页伪经文本。阿戈斯蒂诺的批评很有趣,因为其内容包含了对考古领域中赝品的反思。15世纪末期安尼奥采用这种类型的物证是因为考古已在历史研究中占有了一席之地。

一座城市的诞生

西吉斯蒙德·迈斯特林眼中的奥格斯堡的起源。

关于奥格斯堡城的建设/人们最初是如何生活?斯瓦比亚人(Souabes)是如何建造这座城市?/关于城市选址,可以参考另一本书中的第一章/以下是另一本书的开头部分。

经历了大洪水/巴别塔的建造和语言混乱后,各族群被分开/各自拥有自己的区域/但挪亚的儿子雅弗的后裔受到惩罚/他们占据了世界的三分之一/在被称为欧洲的地方繁衍生息/从这个特殊的族群中分离出一个民族/即塞农人/在当时他们被称作"锐利者"(Schwenos)/德语称为Souabes/他们民风彪悍/但却拥有强壮的身体/和十足的勇气/超越了其他民族/他们占据了德意志的大部分地区/花费时间狩猎动物/以肉类、植物、水果和橡子为食/关于那个时代,诗人朱文纳尔(Juvénal)如下所述/在那个时代,人们居住在寒冷的洞穴中,那里有火且足够安全/在那里,一个壮实的女人会用草/和树枝铺成一张简陋的床/并在上面放上一张兽皮/这个女人用乳房哺育孩子/她往往比男人更可怕/男人的头上戴着橡子/在那个遥远的时代没有人担心小偷/因为人们以植物和苹果为食/这些植物和苹果生长在露天花园里/著名的异教徒奥维德也曾说过/居住的地方是洞穴,或用长短不一的树干和藤条搭建的房子/人们和睦相处/尽管当时城镇周围还没有大量的沟渠/波爱修斯也谈到了那一时代/哦,多么幸福的时代／满足于土地不断的馈赠／位于莱希（Lech）河和韦尔塔赫（Wertach）河之间的部分区域／被斯瓦比亚人占据／他们居住在那里／当每个民族都必须保护自己以对抗其他民族的时代来临／即奥维德所说！人们对外人产生了敌意／被城镇生活的设施所吸引／他们也打算效仿其他人／为此他们寻找一个合适的地方／在那里建立一个城镇／以保护自己并和本族人共同生活／于是住在莱希河和韦尔塔赫河流域的斯瓦比亚人／在一个城镇附近／找到了一个令他们满意的地方／此地位于莱希河和韦尔塔赫河交汇的地方／河流本身就可以为他们提供天然的保护／他们还发现了清新的空气／能提供淡水的泉／所以这个地方适合修建任何设施／于是他们开始在那儿建造房屋居住／曾经他们赤身裸体、赤手空拳，没有城堡附近的栖身之所／也没有住房／无法抵御寒冷和酷暑／他们即使聚集在一起也无法保障安全／但后来，他们凭借自己与生俱来的技能，用木板和芦苇建造了房子／走出了曾经居住过的森林／他们现在要住在一起／以便更好地保护自己／过上安静的生活／他们还在城市四周挖掘宽大的沟渠／同时在后方堆砌土堆／如此一举两得／一方面他们有了护城河／另一方面他们用坚固的木桩搭建了环城的篱笆／但还没有城墙／因为他们既没有材料也没有技术来建造／尽管他们的祖先在巴比伦看到过只用砖头和沥青建造的门／但他们的地区可能没有类似的设施／也许是因为那个国家没有人知道如何烧制石灰／以及其他的建筑技术和艺术／伊西多尔（Isidore）也说过／古人用木桩和土堆建造他们的城市和城堡／这些设施的作用和城墙类似。

［西吉斯蒙德·迈斯特林，《好看的编年史》(*Eine schöne Chronik*)，奥格斯堡，1522。］

这个在奥格斯堡印刷的版本与1457年手稿文字内容相同，但插图却完全不同。该版本很好地展示了人文主义对历史观的影响（见本书第116—117页）。

破土而出的陶罐

诺霍沃村的田野上，陶罐在自然力的作用下从地下"生长"出来。

国王离开弗斯霍瓦（Wschowa）前往希雷姆（Srzem）。他的亲戚奥地利公爵欧内斯特（Arnest）也和他一起想要亲眼看看波兰士兵约翰·沃舍夫斯基（Jean Warchewsky）所说的故事是否属实：在波兰某地，各种类型的罐子在没有任何人为干预的情况下，被大自然生生造了出来。奥地利公爵欧内斯特认为这个传闻不太可信，需要派人亲眼见证，于是便派遣了一名具有分辨真伪能力的士兵前往。为打消欧内斯特公爵的疑虑，国王瓦迪斯瓦夫（Wladislas）亲自前往位于波兰城市希雷姆和科希强（Kosten）之间的诺霍沃村（Nochow）的田间考察。他令人挖掘了许多地方，并发现了几个不同形状和大小的罐子，这些容器是由自然界神奇的力量创造出来的，与陶工的手艺不相上下。国王向欧内斯特公爵的使者展示了这个无与伦比的自然奇迹，这种现象在波兰多处（如开头所述）都出现过。国王为了证明此事的真实性，让使者带了各种类型的陶罐给欧内斯特。这些容器在出土时柔软易碎，在阳光照射下变硬后在各种场景下都适用。

第十一卷——主历 1416 年

［扬·德乌戈什（J. Dlugosz），《波兰王国编年史》（*Annales seu cronicae incliti regni Poloniae*），克拉科夫，1873—1878。］

以上是关于在波兰发现破土而出的陶罐的最早描述（见本书第 155 页）。

闪电石

米凯莱·梅卡蒂证明闪电石只是打磨过的燧石。

通常被称为"箭头"的闪电石在意大利很常见，它是打磨成三角形箭头形状的薄而坚硬的燧石。关于这种物件存在两种观点。大多数人认为它来自闪电。然而专业历史学家认为，在铁器使用前，人们通过敲击非常坚硬的燧石来制造用于战争的武器和工具。事实上，最早期的人类将燧石碎片当作刀使用。我们在《圣经》中读到过摩西的妻子西坡拉按照以色列人的习俗用一块锋利的石头为她的儿子行割礼；约书亚进入巴勒斯坦后，奉上帝之命准备了两把用于割礼的石刀，就这样以色列出现了用石头实施割礼的操作。那个时期的西方还没有发明冶铁技术；船只、房屋和其他所有建筑都是用锋利的石头建造的。事实上，"燧石"（silex）一词的起源（sicilex）似乎暗示着它就是用于切割的工具。Sicilices 是指箭和长矛的尖头，正如恩纽斯（Ennius）引用的费斯特斯（Festus）的诗句：步兵将标枪［sicilices］投掷出去后，［不再躲藏］向前发起冲锋。

闪电石与这些标枪头形状相似，古人在铁器时代之前就使用燧石作为样板制作箭头的观点有理有据。凡人心中的仇恨在起初很微弱，随后逐渐增长。非洲人用一种称为"phalangae"（杆）的短粗木棍与埃及人进行战斗。在他们之前，根据庞波尼乌斯·梅拉（Pomponius Mela）和普林尼的记载，首创战争的是腓尼基人。卢克莱修所描述的"原始武器是手、指甲和牙齿"也不对，因为它们的伤害性非常有限。古人运用自己的智慧创造出了非常适合双手操纵的杀戮工具。不能像野兽一样争斗的人们却能够利用资源以更为高级的方法进行杀戮。他们利用智慧想到了运用石头和棍子等武器远程打击敌人。最初的争斗仅限于个体，后来逐渐演变成民族和国家之间的战争。贪欲、贪婪、野心和对杀戮永无止境的渴求，促使人们发明了更加致命的武器。人们开始在长矛和各种箭头上装备角、骨头和燧石制成的尖锐物，用于对付坚固的盔甲，正如那些将闪电石视为武器尖头的人所想象的那样。从不规则外形和粗糙的边缘可以看出，这些武器并非由铁器或锉刀（当时还未发明）制成，而是用石头敲打成三角形、长方形以及尖头等形状，它们与长柄的连接处还残留了一截小树枝。外观粗糙的燧石由于其质地坚硬，还能散发出光泽：白色、淡黄色、淡红色、暗红色、绿色和黑色，有时甚至有深浅不一的斑纹。人们发现同样材料制成的薄刀片，有一个手掌长，半英寸宽甚至更窄，角上有凹槽，表面抛光，有些整体平整，有些则中间微微凸起。那些将燧石视为古人制作武器的工具的人认为，这种石刃也会用于弓的装饰。但人们在什么时代使用闪电石？铁器又是什么时候取代了它并传播到全世界？据《圣经》记载，早在人类被大洪水吞噬之前就已经开始使用铁器，而亚当之后作为第七代人类的土八该隐（Tubal-Caïn）是冶铁的鼻祖。历史学家约瑟夫斯（Josèphe）在他的《古代》（Antiquités）一书中将这位土八该隐描述成一位英勇的战士，发明了铁器和战争，似乎也是一小撮人之间骨肉相残的始作俑者。为了满足他们的渴求，他找到了冶炼铁制武器的秘诀。最早的武器也由此而来。

［米凯莱·梅卡蒂，《梵蒂冈冶金学，遗作》（*Metallotheca Vaticana, opus posthumum*），罗马，1719，胡格勒（M. Jugle）译，摘自安德烈·钱尼尔（André Cheynier）的著作《史前史之父——朱安内》（*Jouannet, grand-père de la préhistoire*），布里夫，1936。］

这篇文章是梵蒂冈医生米凯莱·梅卡蒂（1541—1593）在16世纪末写的，于1717年发表。文中列举了多个例证，使得18世纪的古物学家们最终接受了燧石是人为制造的这一观点。

鲁本斯写给佩雷斯克的信

鲁本斯对佩雷斯克关于三足器图解的评论。

我终于收到期待已久的包裹，里面有精确绘制的三足器绘图和许多其他的珍品，我对此向您表示由衷的感谢。我把雨神（Jupiter Pluvius）的画交给了吉瓦尔特（M. Gevaerts），并向他和刚好在安特卫普访问的学者文德林（M. Wendelinus）展示了其他物件。这些天我没有时间阅读你关于三足鼎的文章，但我确信其内容会涉及人类智慧的方方面面。尽管如此，我还是会习惯性地表达自己对该主题的看法，相信您会以一贯宽容的态度聆听。

首先，古人把三腿支撑的器具都称为"三足器"，无论其功能如何：桌子、凳子、烛台或炖锅。此外还有一种用于支撑煮肉大锅（法语称为chaudron）的三脚架，在欧洲仍广泛使用。后来人们将希腊大锅（lebes）和三脚架组合在一起，看起来非常像现在的三脚铁锅和青铜锅。但是古人用完美的比例塑造了它，我认为这才是荷马、其他希腊诗人和历史学家口中真正用于烹调肉类的三足器。由于内脏被用于祭祀，人们便将三足器与其他圣器归为一类（inter sacram supellectilem ad eun-dem useum）[23]。不过我不认为德尔斐三足器是这种类型，因为它更类似如今欧洲普遍使用的三条腿的底座。在一些古代遗迹中我们也曾发现像"朱庇特之椅"（Sella Jovis）这样的四条腿底座，和（与今天使用的椅子相似的）一些小凳子和三条腿椅子。这把椅子没有凹面；即便它预留了用于铺蟒蛇皮的凹面，那么它还应该有一个带孔的盖板供皮媞亚（Pythie）安坐。我认为她不可能在坐下时直接把大腿放在凹处，因为椅子的深度和粗糙边缘会让她感到非常不舒服。

可能这蟒蛇皮肤像鼓一样被蒙在椅子的凹陷处，这也是为什么它被称为"丝膜"（cortina），并且上面像花盆一样钻了一个孔。在罗马确实可以找到一些没有空洞的大理石三足架。正如您将在接下来的引文中看到的那样，人们经常在一个三足架上放置供奉给不同神灵的雕像，缺乏坚固和稳定的器物是无法支撑的。人们可以相信德尔菲的三足器曾经被仿制并用于其他神祇的供奉。类似马尔库斯·埃米利乌斯·雷必达（Marcus Lepidus）在他的哑剧中的道具，"三足器"这个词指的是不同形式的圣言和神圣秘仪。

我仔细陈述一下与本次主题关系最密切的点：古人使用了一种特殊的带柄炖锅炉灶，也称青铜暖锅，各个部位都是双层材料制成，以便直接在火上加热（巴黎也有类似的暖锅，不过是银质的）。这种三条腿的器具被用于祭祀活动和宴会。毫无疑问，优西比乌（Eusèbe）在他的《教会史》中经常提到的青铜三足器，以及其他作家笔下古人用来焚香供奉偶像的三足器应该就是这种。以下参考资料更具说服力。如果我根据其材质、尺寸和制作工艺判断的结果没错的话，您寄来的青铜三足器应该是一个用于焚香祭祀的器皿。中间的气孔保证煤炭燃烧得更充分，和现代暖锅中的开口用途一样。从图上看，容器底部已经裂开且有火烧的痕迹（该容器的容量和今天仍在使用的暖锅类似。它的形状与功能非常匹配，我其实也需要这样一个器具，很想制作一个类似的）。对于这个话题我只能说这么多，你们有足够的空间自由评论。不过既然吉瓦尔特先生和文德林先生都没有提出足够的论据来反驳我的观点，我倾向于认为他们会慢慢接受我的看法。

[摘自大卫·贾非（David Jaffé）的著作《聚焦鲁本斯的自画像》(*Ruben's self Portrait in Focus*)中鲁本斯写给佩雷斯克的信，澳洲国立美术馆，堪培拉。]

"鲁本斯在此对佩雷斯克的论文和刚刚收到的器物图纸做出了回应。吉瓦尔特正准备写一本关于马可·奥勒留的书，佩雷斯克在1628年曾答应为他找一幅位于罗马安东尼柱上的雨神图。佩雷斯克在使用古代文献方面展现了史无前例的严谨性，而鲁本斯恰如其分地提到了三足器图绘制的精准性。鲁本斯在谈到该器物时采取了一种更为务实的方法，尽管他对这个问题的见解与佩雷斯克相差无几。佩雷斯克倾向于将容器底部的孔视为隐蔽的进风口，而不是用于煽火的开口！很明显鲁本斯和佩雷斯克二人非常亲密：两个人都拥有相同的好奇心。鲁本斯欣赏佩雷斯克拥有广博的知识，而佩雷斯克则欣赏鲁本斯的洞察力和绘画技艺。"

大卫·贾非的这段评述深刻还原了这两位古典时代考古学界的代表人物在学术领域中的关系。

第三章　从古物学家到考古学家

人类的童年

弗朗西斯·培根和帕斯卡尔（Pascal）如何看待古代世界的青春与现代的古老。

说到所谓古,人们对它所怀抱的见解是很粗疏而且无当于这字眼本身的。因为只有世界的老迈年龄才算是真正的古,而这种高龄正为我们自己的时代所享有,并不属于古人所生活过的世界早期:那早期对于我们说来虽是较老,从世界自身说来却是较幼的,我们向老年人而不向青年人求教有关人类事物的更多的知识和较成熟的判断,因为老年人经验丰富,所见所闻所思想的事物都是多而且博,这是很对的;同样,我们也有理由希望从我们的这个年代——只要它知道自己的力量并愿奋发表现出来——得到远多于从古代所能得到的东西,因为它正是这个世界的较高年龄,其中已堆积和贮藏着许多实验和观察。

(培根,《新工具》,译文选自许宝骙译本,商务印书馆,1984,61—62页。)

人在他生命的初期是无知的;但他在成长中不断受教育:因为他不仅从他自身的经验中获得教益,而且还从他的前人那里获得教益,因为他总是在他的记忆中保留着他有一次已曾获得的知识,而且他总是在古人留给他的书中发现古人的知识。而既然他保留了这些知识,他也就能很容易地增加它们,因而人今天以某种方式与那些古代哲学家处于同样的状态,如果他们能一直活到现在,同时能在研究中随世代的迁延扩展他们已有的知识的话。因此,由于一种特权,不仅每个人在科学中天天有所进步,而且整个人类随着宇宙的变老也会在其中不断发展,因为在人类的延续中发生的和一个特殊个人在不同年龄中发生的是一回事。因而人类的整个延续,在所有世纪的流逝期间,应该被看作是同一个永远持存并不断学习的人;从这里看,我们因古代的哲学家们而尊敬古代有多么不公正;因为,既然老年是离童年最远的年龄,谁又不明白,这个普遍的人的老年不应该到接近他出生的年代,而应该到离出生最远的年代中去找呢?我们说的那些古人真正说来各方面都是新出生的,而点构成人本身的童年;而且由于我们把他们之后世纪的经验联结到他们的知识上,则人们正是在我们身上可以发现我们在别人身上梦想着的古老。

(节选自帕斯卡尔的《真空论》序,译文选自生活·读书·新知三联书店出版的《帕斯卡尔文选》,1991,28—29页,尘若、何怀宏译)

349 由培根发起并由帕斯卡尔采纳的时间评估理论,颠覆了自古代最早的史学家以来广泛接受的理论观点。它使得一部人类历史成为可能,从某种特别的角度来讲，这是一部关于人类进步的历史。它为整合人类和自然的普遍历史铺平了道路。

旅行的趣味

斯彭，铭文的收藏家，在希腊旅行

写游记的人常常会根据他们的天赋来处理他们的主题。有些人只谈论宫殿、教堂和公共广场。其他人只向他们的读者介绍城市的规划、人民、防御设施和治安。还有一些更具思辨性的人，他们专注于描述他们路过国家的宗教、风俗和习惯。还有一些人向我们描述他们去过的地方的植物、矿物和贸易。我承认，一个旅行者应该能回答在他归来后所有可能被询问的问题；但这更是一个愿望，而不是期待，除非能找到一个既健康又多金，且闲暇时间充足的全能者。至于我，我轻而易举地了解到这些细节，实际上也并没有忽视它们：但即便我没有真诚地承认，也不难看出，我最大的研究目标是了解我在这次旅行中看到的国家的古代遗址，这也是我最强烈的倾向。我从未急于去参加罗马最著名的仪式、意大利的音乐会或歌剧：但由于我的一个关于古代碑文的著作在出发前已经开笔并取得了一些进展，该著作是作为对格鲁特斯（Janus Gruterus）[24]的补充，我在罗马待了好几个月，几乎只是考虑雕像、浮雕和废墟，并复制所有的碑文，不仅是那些没有在格鲁特斯著作中出现的，而且还有很大一部分已经出现的，但我检查它们是否被准确地引用：因此，我在那里连续居住了五个月，并通过各种了解情况的人，收集了所有关于那不勒斯王国和我没有打算去的其他意大利地方的信息，我发现我有超过两千个对格鲁特斯来说未知的信息，其中很多是非常重要的：考虑到我将在希腊可以收集的丰富信息，那里的旅行者至今只是稍微涉及了这个话题，我有了强烈的愿望至少去雅典走走，那里曾经在希腊的地位是与罗马在意大利相当。要是我没有找到三位愿意加入我并与我分担旅行风险的英国绅士，我可能不会实施我的计划：但由于旅行的热情在行走中增长，我们刚刚看到希腊的海岸，就对彼此说道，不去看看现在在希腊占主导地位的伊斯坦布尔就不公平：我们在那个城市住了一个月后，发现自己离小亚细亚如此之近，我们觉得在返回前必须去那里拜访一下。在这整个旅程中，我找到了很多东西可以充分满足我的好奇心，我带回了大量尚未公开的希腊碑文。我在这里提供最有趣的并且对地理学有益的帮助。但是，因为这并不符合每个人的口味，我把它们放在了论述的最后,这样就不会中断。我尽可能精确和忠诚地呈现它们:我可能犯下的所有不忠诚之处在于,我不能总是按照原始的布局和行数排列碑文,因为我被卷册的小巧所限制,如果这个版本反响良好,可以在更大形式的拉丁语版本中修订。另一种可能被指责的不忠实之处,尽管对读者来说是有利的,在于我把这些希腊碑文中应该分开的词分开了,尽管在真实的情况下,在我所拓取的石头和大理石上它们大部分并没有任何区别,无论出于雕刻家的错误,还是我们未知的原因。这造成了如此的混乱并给破解带来了很大的麻烦,所以在题为"Marmora Oxoniensa graeca incisa"[25]的书中,为了让读者放松,首先根据原文放置它们,然后用小写字母区分和标记了单词和重音。

[摘自斯彭和惠勒(G. Wheeler),《意大利、达尔马提亚、希腊和黎凡特之旅》(*Voyage d'Italie, de Dalmatie, de Grèce et du Levant*),里昂,1678,序言。]

斯彭和惠勒并不是17世纪希腊的第一批访客,有一些更著名的人士,如路易十四驻"崇高之门"(与其他国家进行外交交流时奥斯曼帝国政府的代名词)大使诺恩戴尔(Nointel)侯爵就曾经前往过,但斯彭和惠勒的知识和好奇心使他们各自出版的两部游记成为该类型的典范。斯彭将他的古物学天赋结合进他的碑铭学研究中:他是第一个在法语中使用考古学这个概念的人。

论不朽

人类面对记忆
托马斯·布朗的《瓮葬》

致我尊贵的朋友——克罗斯特威克(Crostwick)地方的乡绅托马斯·莱·葛罗斯老爷。

当丧火的柴堆熄灭,最后的道别已过,人们向入土的亲友永诀,却未料到后来会有好事者就这些骨灰发表议论,骸骨能留存多久,他们并无过去的经验,故想不到后人的这一番评说。

可有谁知道自己尸骨的命运,或者说,自己要被埋葬几次?谁又能料见自己的骨灰是否会星离四散?许多人的骸骨,像庞倍父子的尸体那样,埋在地上的四面八方;当它们来到足下之左右,似是经过了迢迢万里,但假如据直而行,则它们于足下、于北极,是只有数里之遥的。

泰修斯的遗骨会再次出现于雅典,并不是杳不可测,或出人意料的事;而这些葬瓮恰巧出土于足下之左右,却是人不可逆料,而是命运之巧合、亡者之有幸。

我未尝不希望,这堆瓮有剧场之瓮的效果,能回荡起当归于足下的喝彩与荣耀;无奈它们只是惨淡的葬瓮,没有快乐的声响;只在默默地演述着古代的亡灵和那被遗忘的时代所留下的残迹,只能向活人谈起在这具可腐可坏的身体里,有一些东西是经久不坏的;甚至比起远未落生的骨肉比起我们身边最宏伟的殿堂,它们更能持久。

我将这些骨灰呈奉于足下,并非作为诡异之物,以图开足下之闻见;瓮中的佳品、各种最高贵的骨灰,足下已久有见识;足下于古物,信非浅学所能比,历代帝王的脸孔,足下每天都可以唤至前来,取为寓目之资。借助这些古物,足下神游于前言往行,撼怀旧之蓄念,发幽思于远古,在那个时代,即使活人也是古董,活人的数目要多于死人,当他们撒手尘寰,很难说他们是入了大群[26]。足下骋怀于天地之始,措意于邃古之初,与此相比,最老的遗物也是年轻的,大地只是黄口小儿,若不照埃及人的计算[27],则只是一道数千年的短促噪响。

这一件事,曾使我心有所动,却没有借机就古物有所撰述,或闯入古物收藏的话题。我如今谈论古代,是迫不得已的,因为我们来日无多,已没有时间理解新的事物,或领悟新奇的学问。然而眼见他们死而复出,在我们身边悄焉无语,虽然如白驹过隙,却也有一刻命数在,我真不忍心他们再一次死去,在我们身边被第二次掩埋。此外,保存生者,使死者得生,使人不入进瓮里,议论一下瓮中人的残片,对我们这职业来说,也非节外生枝。我们研究的是生与死,每天都能见到死的事例,我们最需要人为的象征物,或床边放一口棺材,来提醒我们坟墓的存在。

如今,该是我们探究这些事情的时候了,别让卓然之物逃逸过我们的眼睛;远古之人的懒惰,已经使许多事物沦于湮灭了;时间也用史料来殉葬自己,所以构建一部新的《不列颠志》,即使最勤奋的人[28],也断非易事。

追溯往古,默念先人,如今是得乎时宜的。伟大的典范日渐稀寡,故需求诸于往代。朴厚之风,高翔远引,浇漓之俗,阔步前来。取当今之则范、和前言往行,以为修美弃秽之资,我们尚有漫漫的长路。纵把万物当一出大戏来看,也不足给予我们教诲;缝缀一件完美的善德,需要取材于所有时代补钉成的百衲之衣,好比在古希腊,聚合众美,也仅是成就了一位美丽的维纳斯那样。

当初人们发掘出 [29] 亚瑟王的遗骨时,这个古老的种族会以为:他们多少在其中目睹了自己始祖的影子;而说起我们灰瓮里的遗骸,此地却没有人可以他们的遗属自居;他们所目睹的,是这样一些人的遗骸:在有生之年曾为其先人立法,湮没多年之后,如今却任由他们摆布。但假如我们想起他们为此地带来的礼乐之风,忘记那些逝如云烟的苦痛,那我们就该以仁厚为心,保留下他们的遗骨来,而不以便溺加诸他们的骨灰。

我无意将这些古物,奉献给世家旧族,与他们相比这些葬瓮更加年久岁深。以足下先人为梁柱,建足下之大名,是我所不取的;足下敷扬祖绪,德契古人,论家徽之贵盛,孰可愈此?久接咳唾,深知足下谈辞放达,摆落俗套,一言一语,信乎由衷,故以足下为荆山之玉璞[30];仆材朽身秽,土瓮骨灰,犹不足以喻其朽质也。

诺里奇

1658 年 5 月 1 日

托马斯·布朗谨拜

(托马斯·布朗,《瓮葬》。译文选自书海出版社的《瓮葬》,2021,179—181 页,缪哲译。)

布朗将一个观察者的天赋和作家的风格结合在一起。《瓮葬》无疑是在温克尔曼之前的古物研究中最深入详尽的文学杰作,其风格既没有影响描述的准确性,也没有影响思想的独创性。

考古地层学

17 世纪鲁德贝克描述和确定不同地层的年代

§.IV. 那么,自从挪亚大洪水以来,距今大约已经过去 4000 年,从那时起,所有积累在地球上的土壤,都来自分解的草和叶子、雾霾和雨水的残留,以及风吹来的灰尘,其厚度并未超过 8/10 或者极限 9/10 的 1/4 刻度(qwarter)。因此,我制作了一个分成 10 份的测量棒,并总是随身携带。按照这个划分,1000 年对应测量棒的 1/5,500 年对应 1/10,正如你们在图像 31、图像 104[31] 中看到的那样。

§.V. 为了验证这个想法,我试图比较了一些地方,一方面,我知道它们在 10 年、40 年、80 年、100 年、200 年甚至 800 年前就已经裸露出来,另一方面，我要看看这些地方沉积了多少土壤。10年前，我把城堡附近的水游戏场地剥露出来，我仍然找不到明显的土壤痕迹；准确地说，草已经长出来，但它的根深入到原来的沙子里。40年前，就像英格尔布雷特·斯文松（Ingelbrecht Svensson）先生告诉我的，人们重新修筑了通向桑达森（Sandåsen）和拉加登（Lagården）的路，他们在附近的森林里挖出沙子，用来填充路上太低的部分。在这些洞和沟里，你几乎看不到积累的土壤，就像一片叶子那样薄，还有上面稀疏的草。大约100年前，在古斯塔夫一世之子约翰王的统治期间，人们建造了城堡的一部分，它位于一个沙丘上，为了打地基，挖出的沙子被扔到西边一点的地方，我在那些沙子上找到了一层土壤，厚度不超过一个手指的1/5，上面长着草。当我在新园区的工作中移开它时，在地下一二甚至三英尺的地方，我发现了原来的土壤，它一直覆盖在沙丘的沙子上，厚度大约是1/4的1/8，这证实了我对土壤深度和时间之间关系的看法：根据我的计算，100年的时间里，土壤的厚度不会超过一个手指的1/5。

每个人都知道，大约在700或800年前，瑞典已经实现基督教化，从那时起，就再也没有火化和埋葬死者的土墩了。

观察最新的墩丘，我检查过16000个，上面的腐殖土不薄于2/10。在古代，乌普萨拉有最高的皇家墩丘，大约在公元900或1000年之后，基督教开始流行时，就没有后续的葬礼了。那里最高土墩上的腐殖土深度达到了2/10的1/4刻度。所有这些都证明了这个关于腐殖土的精确计算，即一个1/4的1/10相当于100年的一个指头。

§. VIII. ……在图31，图104上，首先是一幅大约半英尺，或1/4英尺的图画，被划分成10等份或10个手指长。旁边是一个在最深的泥土中找到的腐殖土层的图画（在那里，无论人类还是动物都很难到达），这个腐殖土层在围绕着A的小石头或鹅卵石上沉积下来；从那里，我们可以测量到被草覆盖的土堆的深度，大约等于9/10，但起点很难确定，因为腐殖土最初是在石头之间的空隙中开始沉积的。这个腐殖土稍微少一些；相反，中间（也就是在B附近）稍微更深一些，然后再次向上升，变得稍微浅一些；靠近草地的部分，再次变深并且有纹理，因为树的树皮和针叶在这里有的完好，有的只有一半或全部分解；然而，它们看起来就像一块被烧过的纸或布，烧过之后，看起来还是完好的，但一旦你触摸它或者吹一下，就会变成尘土。我在其他地方了解到，这种区别是由于当森林被燃烧后，腐殖土变浅，因为它由风吹过的灰尘和雨水、雪水的残渣组成；同样，在开阔的田野里，腐殖土永远不会像森林里堆积的那么黑。由于森林在火灾后恢复，腐殖土变得越来越黑。在中间的地方，这里或那里，可以看到一些沙粒，似乎是被鸟类或森林中的动物带来的，它们的爪子或蹄子里卡住了沙粒，然后在这里或那里掉下来。

在第二个图 C 中，只有硬硬的白色沙子，腐殖土在其上非常清晰地沉积，就像在白色背景上画了一条黑线。因此，我们可以确定它的起始点是确定和清晰的，也可以确定其厚度或深度；但是，这种腐殖土的颜色在下面较少，而在上面逐渐变黑，这表明，最初，树木和草在挪亚洪水后仍然很小，因此，空气中、雨中和雪中的尘土并不像现在那样肥沃、有营养、泥泞和美味，原因多种多样，我留给尊贵的读者来确定，以免我叙述过长。第三个图画显示出在字母 D 附近的砾石，上面是腐殖土，它在牲畜的牧场上随处可见，并且含有一些沙子 E，或小石子，人们或动物出于已经提到的原因将其丢弃或带走。最后一个小图画显示了一个墓丘，其中看到了砾石的顶部，其内在骨骼和死者烧焦的遗骸中间找到了 a 和剑片 c。这个墓丘的砾石位于 b 和 b 之间，而上面，位于 d 和 d 之间，我们看到了厚约 3 个手指的腐殖土，这相当于大约 1500 年。

§. IX. 在平原上发现的腐殖土大约是最高值的 8/10；在最荒野和人类难以到达的森林中找到的腐殖土，大约是 9/10。后者总是不太紧实，因此当人们重步走过时，它会压缩，只微微超过 8/10；但是在平原上、土丘上、山丘上和墓丘上的腐殖土总是更硬，以至于当人们走过时几乎不会压缩。因此，人们明白了，腐殖土的年龄计算方式会根据在森林还是平原略有不同；但当我们考虑我们所比较的东西时，差异并不重要：在这里，我们不是在寻找按年、月、日来计算的日期，而是区分墓丘中的几代人。

［奥洛夫·鲁德贝克，《大西洋国》(*Atland eller Manheim*，A. Nelson 版)，乌普萨拉，1937；原版，1697。］

鲁德贝克的确具有天才，他不仅提出地层学的观念，还大胆借鉴了地表形态的观察来进行年代的推算。当然，他的方法在我们看来可能过于简单，但它标志着在基于记录和准确描述土壤成分的地层观察协议制定中的一个重要时间节点。与尼古拉·贝热（见本书第 224 页）一起，鲁德贝克可以被视为地层学方法的先驱。他只是缺少对发现进行比较分析，这是将古物研究的实践与现代考古学的方法区分开来的关键。像后来的威廉·斯图克利（见本书第237页）一样，他的作品中准确的观察与宗教幻想的混合是令人着迷的。

寻宝

1653年希尔德里克之墓的发现。

图尔奈是一个大城市，其周长超过四千步，被埃斯考特（Escaut）河分为两部分，河流将属于卡姆布雷（Cambrai）的地区与属于阿尔图瓦（Artois）和图尔奈的地区分开。属于卡姆布雷辖区的部分有三个著名的教区：圣约翰、圣尼古拉斯和位于两者之间的圣布里斯——这是最大和最受尊敬的教区。该教区的神父兼长老吉尔斯·帕特（Gilles Patte），是一位杰出的人物。他看到紧挨着墓地和他的住所的圣布里斯的财务官的房子，是为低微之人提供的住所，现在正破败不堪。经过与教区长老们的商议，他决定拆掉屋顶和破旧的墙壁，从头到尾地建造一栋新房子，这栋房子比原来的房子明显要高。

在1653年5月27日下午三点，当人们挖掘到七英尺或更深的地方，直到达到岩石时，他们首先发现了一枚金质的纤细环形饰物；不久，一个完全圆形的巢，就像是由一个被风化的钱包形成的，里面装有一百多枚金币，被图尔奈的石工哈德里安·金金（Hadrien Quinquin）一铲子挖出。这个人先天聋哑，他发出混乱的声音尽可能地引起周围人的注意。帕特神父和两位教区长老——让·贝洛和利西斯修道院院长的兄弟尼凯斯·罗杰——立刻赶来，理所当然地要求将这个宝藏用在他们的教堂和穷人的住所上。在同一地点，他们还发现了大约两百枚罗马时代的银币：但是它们磨损严重，覆盖着锈迹，无法阅读。大多数硬币甚至变成了尘土。他们还挖出许多由于湿度过大而老化的铁质物品，以及两个颅骨，其中一个比另一个大，还有一副男性骨架。最后，在大约五英尺的范围内，他们发现了许多宝藏：一把钢质不错的剑，但一接触就碎成了碎片；剑的握把、剑护和剑鞘；一个小箱子；一个公牛的头；许多蜜蜂，超过三百只，这些据推测是一个更大的集合的残余部分，但在瓦砾中未能找到；一根针，一些纤细的环形饰物，钩子、铆钉、钉子、线条、扣环，所有这些都是金制的，在无数红榴石制成的物品之中[32]。

此外，在挖掘时发现一匹战马的头……。如果没有一枚随它们一起找到的金戒指揭示这是法兰克国王希尔德里克的物品，那么知道这些物品的时代和拥有者将会非常困难，甚至是不可能的。……

发现宝藏的消息在整个城市中传播开来，市政官员派人到教区长老和教堂管理委员会那里，要求查看发现的物品。教区长老和教堂管理委员会并非把全部物品都交给他们，就像在至高无上的殿下回来前的五个月里人们普遍相信的那样，而只是上交了国王的戒指、国王的马笼头的两个装饰物、国王斗篷的金线、一枚金针、二十七只金蜂、四个纤细的环形饰物、一些钉子和十八个其他各种雕工的纽扣。市政官员保留了这些物品以便更仔细地检查。这些物品相当于重达十三盎司的黄金。

［根据让-雅各布·希夫莱的《法兰克国王克洛维一世复兴或图尔奈发现的坟墓宝藏，并附有评注》（Anastasis Childerici Francorum regis sive thesaurus sepulchralis Tornaci Neviorum effossus et commentario illustratus），安特卫普，1655。］

希夫莱的文字向我们传达了这项 17 世纪考古学中最著名的发现之一所引发的激动、惊奇和贪婪的气氛。这项发现的描述说明，图尔奈的神职人员对发现的状况并不感兴趣：他们并非在发掘，而是在寻宝。

科什雷勒的发现

1685 年，在诺曼底的科什雷勒修道院的院长（l'abbé de Cocherel）发现巨石墓穴的情况。

确定古代纪念碑的起源和历史年代确实非常困难，尤其是当它们是被偶然发现，而且既没有碑文、浮雕、雕刻、版画，也没有可以用于确定年代的装饰；或者在历史记录中找不到任何确切的信息来支撑推测。

这就是我们对这个墓葬只有非常有限的了解的原因，所有可能提供一些线索的东西都缺失了，只发现了一些在性质和形状上非常特别的石头，它们曾被放在死者的头下，或是为了保留他们的某些特质的标志，或是为了满足他们之间建立的习俗，或是为了他们宗教的某些仪式……。1685 年 7 月，法国国王下令在厄尔河（Eure）上开展多项工程，以便使航行更为顺畅。科什雷勒教区的领主被命令在船只经过的河口处施工，为了完成这个工程，他需要 300 到 400 英尺大小的石头，这使得这位绅士必须在他的土地上找到所有可以提供石头的地方，然而他无法在附近的采石场买到他所需要的石材，因为所有的石匠都被召集到了正在进行重大工程的曼特农

(Maintenon)。

于是他想起在他的土地上有一个阳光充足、向着河流倾斜的高坡,坡上有两块大石头,这两块石头只有一英尺左右的高度露出地面,像是用来分割私人产权的界石一样竖立着。其中一块石头高6英尺,宽2英尺半,厚1英尺半。另一块石头宽3英尺,厚度相同,高6英尺。15年前,有三个不知名的人发现了这两块石头,之后就再也没有人知道他们的下落。这三个人在一个节假日的时候来到这里,当时所有的村民都在教堂里。他们挖了一个大约3英尺见方、深度同样的坑,把两具尸体的骨头和头颅一直到脊椎的中部都挖了出来;然后,他们把这些骨头留在坑边,没有填上土,也没有表现出有进一步探索的打算,就离开了,他们没有对这些遗骸表现出任何尊重。

领主在几天后得知这个情况,他去了现场但并未进行检查。看到这些搜寻者对这些骨骼如此漠视,他认为这三个人可能是英格兰人,可能关乎他们国家的某个人于1364年在科什雷勒附近的战斗中被杀的记忆,他们可能认为在那两块显眼的石头旁埋有一些值钱的东西,找到并取走他们认为重要的东西后,就不再关心剩下的东西。于是,领主认为在那个时候进行更长时间的搜索是没有意义的,因为那些应该对此有更多了解的人并没有在这个问题上停留更长时间。

[摘自勒布拉瑟(Le Brasseur),《埃夫勒郡的民事和教会历史》(*Histoire civile et ecclésiastique du comté d'Evreux*),巴黎,1722,172—173页。]

科什雷勒的发现在学术界引起了巨大的关注。作为发现者的绅士命令公证人起草一份报告,并绘制了些图。1686年,伦敦的皇家学会发表了关于科什雷勒发现的报告。这份报告的法语版由勒布拉瑟在他的《埃夫勒郡的民事和教会历史》(1722)中完整发布,而蒙福孔在他的《图说古代》(第五卷,第二部,第九章)中也专门为此撰写了一章。

古墓

如何解读在古墓中发现的器皿。

"但愿我的骨头被放入小骨灰瓮中,那样我即使死了也不会被流放。"这是奥维德的诗句。上周,我们为了娱乐对这个话题感兴趣的读者,展示了两个我们异教祖先的小雕像或者说是偶像;今天我们将描述剩下的6个骨灰瓮。尽管我们曾有一批数量可观的骨灰瓮收藏，但现在只剩下12个，因为其他的已经作为礼物赠送给了这些古物的爱好者，或者在运输过程中被打碎和破坏了。

在描述剩下的骨灰瓮之前，我忍不住先跟大家说点儿关于这些骨灰瓮的一般性认识，不过我只会提及其中的一些内容（因为如果我们要以一个收藏家的眼光来展开这个话题的话，该话题本身就可以填满一整卷）。

然而，对那些认为骨灰瓮是在土地里产生并自己生长的观点，我认为是非常可笑的（好像它们是蘑菇一样），并且他们认为这些骨灰瓮会在春天，尤其是在五月份时出现（好像它们是充满了美味的鸡肉炖菜的肉罐头一样，如果它们不只在五月份出现，而是在一年的十二个月中都从地里冒出来，那么我们就只差说："这是留给你的，自己拿去吃吧。"对于那些喜欢吃烤云雀但希望它们自己飞进嘴里的人来说，这将是一件非常美好的事情）。

世界无比杰出的描述者塞巴斯蒂安·明斯特（但保持安静！我们可以将他与普林尼相比，因为在智者中，他们的信誉同样高，也就是说他们的信誉都等于零，"有谁比普林尼更爱撒谎？"）喜欢这种愚蠢的观点，他在第四卷第49章中说：在Pohlandt（他指的是波兰），人们可以找到由大自然形成的罐子，当它们从地里被挖出来的时候，它们就像其他的罐子一样。这个观点很有趣，但却失去了目标！

如果大自然制造了这些罐子，那么它也应该同时制造出这些罐子里面的灰烬、骨骸以及随附的物品，如钩子、扣环、发夹等。如果它知道如何做这些，那么它还可能做更多的事情，那为什么我们不让大自然自己行动（我很想知道有些人对自然这个词是怎么理解的）？然而，明斯特和他的同行的观点与那些认为这些是矮人或地下人的罐子（"朋友们，忍住不要笑！"）的观点同样荒谬，据我们的同胞们说，这些矮人或地下人习惯于送给他们的死者并且仍然在给他们的死者送这些罐子。

不敢相信人类之中竟有如此荒谬的观点，例如幻想地下人或"地下最早的人"。但我可以确认，有些希望被视为聪明人的人，他们把这种观点当作信仰的一部分，并通过传统接受这种观点（哎，这些传统是多么美好的东西！），因为他们是从他们的父母和祖父母那里继承的。谁不想相信舅妈从她父母那里听到的事情呢？当我听到一些看上去一点也不愚蠢的人讲述这类事情和其他很多事情，并试图用他们的祖母或曾曾祖母的无可争议的证词来证明它们时，我常常会由衷地笑出声来。……

有人把这些瓶子看作是矮人或地下生物的罐子，有人相信从这些骨灰瓮中撒出的种子在田地和花园中会更好地生长,前者的愚蠢程度和后者的迷信程度一样大,如果不是更大的话;同样的,那些幻想如果在同样的骨灰瓮中保存牛奶,牛奶会变得更肥美,能产生更好的黄油,或者还有那些相信如果让鸡在这里喝水,鸡就不会生病的人,他们的迷信程度也是同样大。这清楚地显示了浅薄和迷信。

[根据安德雷亚斯·阿尔伯特·罗德的《辛布里－荷尔斯泰因古物评注》,1719年2月28日,第9周,汉堡,66—72页。]

安德雷亚斯·阿尔伯特·罗德拥有嘲讽的才能、对实地工作的热爱以及作为信仰者的热情。他的《古物评注》不仅仅是一本考古学手册,而且其丰富生动的表达和词汇构成了一部历史方法的论著,为土壤的探索、遗迹的地层学和人类学解释开辟了道路。这位18世纪最积极的考古学家也是德国原史时期最生动的叙述者。

土壤的解剖学

斯图克利观察并描述大不列颠的巨石。

几年前,我每个夏天都会花一些时间观察、测量并思考我们岛上古代德鲁伊人的作品。我指的是我们在全国各地发现的那些引人注目的石头圈,我看过其中的大部分,也有人告诉我其他的。它们的宏大和数量让我震惊,我可以大胆地说,它们的美丽和构造,同时也是它们的古老,特别吸引了我的注意。我无法不把我的研究引向这个主题,直到我能达到的地步。在这条路上,我的研究产生了大量的绘图和文字,如果被视为一项完整的研究,可以被命名为:父权制的基督教,或者宗教和偶像崇拜的起源和进程的历史年表。……

第十章:关于巨石阵附近的土墩,或者说是墓穴土丘

已故的彭布罗克郡的领主托马斯伯爵,在1722年时乐于在此地协助我进行研究,他打开了一个土丘,意图按照古代的习俗找到尸体的位置。他选择了一个位于巨石阵南部的,靠近从威尔顿(Wilton)来的路上的土丘,在路的东部位置。这是一个双重土丘,或者说是两个被同一个沟围住的土丘;我将它归属到最近的时期,形状像一个漂亮的钟。你可以在图片IX上看到它。他在西侧从上到下打开了一个区域,从中心到边缘开辟出一整个半径。土丘的填充如下:整座坟由优质的土壤堆成,草下方铺有一层

约两英尺厚的白垩,将坟完全覆盖。由此可见,坟的建造方法是首先拨开草皮,然后按照需要挖掘出圆形的墓穴,最后用从周围的沟渠中挖出的白垩将其覆盖。因此,土丘在很长一段时间里必然是白色的,甚至持续好些年。并且,附加在其上的神圣概念禁止人们踩踏它们,直到它们被完全布置好并变白。这就是今天它们的外观如此清晰的原因。在这个土丘的顶部或中心,不超过表面下方三英尺的地方,我发现了死者的骨骸:完整,体型适中,头朝向巨石阵,即朝北。

[摘自威廉·斯图克利,《为英国德鲁伊教恢复巨石阵神庙》(*Stonehenge, a Temple Restor'd to the British Druids*),伦敦,1740,导言和第44页。]

在斯图克利的著作中,对德鲁伊教的热情与对遗迹的观察相得益彰。他的著作与鲁德贝克的著作具有相同的特质:医生对土壤解剖的热情,重视图表和绘图的特殊角色,对挖掘质量的关注。斯图克利的优点在于他能够依赖由卡姆登开创并由奥布里发展的研究景观的强大传统。他的泛德鲁伊教理论已不复存在,但他的记录质量至今仍是无与伦比的。

第四章 对人类自然历史的否定

人类的漫长历史

拉培伊埃尔对美洲人起源的批评。

驳格劳秀斯

对于所有试图探寻民族起源的人来说,习惯性的做法是将其追溯到大洪水,追溯到挪亚的后代,他们是亚当的后代。伟人们(我非常尊重他们,我永不厌倦向他们表示敬意)以极大的热忱提出这个问题,他们不遗余力地尝试从这个族谱中揭示他们的起源。但是,当他们根据古代的遗迹、旧时的传统、过时而矫揉造作的名字的相似性,或者根据其他一些推测,想象那些命名了某个或某些地区的人,他们立刻决定这些人可以很好地被认为是当地人民的奠基人、创造者和祖先。例如意塔利(Itale),逃亡到意大利并将他的名字赋予这个省份,就成了所有意大利居民的父亲和祖先,好像在他之前这片土地没有人居住过;好像法兰克人应该被认为是整个高卢民族的创始人和首位父亲,因为他们占领了高卢,改变了这个国家的名字,将高卢变为了法兰西,好像在法兰克人之前就没有高卢人;好像最后,秘鲁人应该被认为是中国人的后代,因为人们在秘鲁海岸发现了一个瓶子[33]的碎片,与中国人的相似。那些做出这样假设的人让我想起了因为在病人床下找到一个驮鞍而推测病人曾经吃过驴肉的蹩脚医生。

雨果·格劳秀斯曾经撰写了一篇关于美洲人起源的论文,他认为他们来自挪威。这些人在9世纪左右曾经过冰岛,然后从冰岛到格陵兰。他假设他们是通过与大陆相邻的岛屿从格陵兰过海到北美洲的。

莱修斯(Laetius)[34]反驳了格劳秀斯的假设。格劳秀斯报复莱修斯,试图恢复莱修斯所驳的内容的有效性,他认为是荒谬的反驳:"如果美洲人不是日耳曼人,他们就不是任何人的后代(日耳曼人和挪威人情况相同)。因此,我们可以相信他们就像亚里士多德那样,存在于永恒之中,或者他们是像寓言中的斯巴达人那样从土地里生出来的,或者像荷马所希望的那样从海洋中生出来的,或者就像最近在法国有人想象的那样,比亚当更早被创造出来。如果我们相信这些,格劳秀斯继续说,我看到虔信处于极大的危险中。"

格劳秀斯在不久之前读过一篇小论文,关于前亚当时代的人,混乱地记载在他要求我给他的一张隐迹纸本上。他通过一位朋友以友好的态度恳求我。我出于友善和慷慨与他分享了这篇文章,而不是让他以令人愤怒的方式翻译。我并不是那种以牙还牙、对已经安葬的死者发表严厉言论的人。让他保留他的侮辱,并带入坟墓吧。对我来说,这样一个人的形象,他在大地之上崛起,由于他对拐弯抹角而难以接近的科学的过高评价,其力量在于言辞的诱惑和看似真实的猜测的华丽外表,从而误导了大多数人。

这就是格劳秀斯所提出的论点。挪威人曾经抵达格陵兰。然后,他们从格陵兰继续前往美洲。因此,挪威人是美洲人民的祖先和创造者。我们承认格劳秀斯的论点是合理的,并且他基于这个前提得出的所有推理都是合理的。确实,如果美洲必须从格陵兰人中得到人口,那么那里就会有挪威人的痕迹:他想要明确并首先证明的是,最早登陆格陵兰的挪威人发现了一片寂静而孤独的土地,他们是在这片土地上的荒芜树冠下呼吸风的唯一的人。由此,他得出这样的结论:最早的挪威人将人类播种到格陵兰。我们可以相信,这些人后来到达了附近的海岸,并在美洲传播了人类的种子。因此,无论如何,美洲人,但也包括格陵兰人,实际上应该是挪威人的后代。我要补充的是,在开始推测来自格陵兰的美洲人具有同样的挪威血统之前,他应该先证明格陵兰人是挪威人的后代。

毫无疑问,已经被证明的是,首先占领了格陵兰沙地的挪威人发现东部地区是荒芜和艰难的，于是他们想要探索较为温和的西部地区，并发现那里充满了各种牧群和四足动物。这里也有人居住，他们被挪威人称为"斯卡林人"，他们攻击了挪威人，并把挪威人从自己的领土上赶走，这个过程并非没有大规模屠杀。这些事实，你可以在以丹麦语写成的格陵兰编年史中找到真实而诚挚的记载。这部历史在著名的高敏努斯（Gauminus）手中[35]，他精通所有语言。至于我，我是从丹麦人那里听说的。因此，挪威人对于格陵兰人，甚至对于美洲人，他们是侵略者，而非父亲，更不是人民的创始者。

……如果格劳秀斯还活着，当他在格陵兰编年史中读到在挪威人到达之前，"斯卡林人"已经在格陵兰居住了，他会说些什么呢？他会怎样推测这些人的种族，他们会从哪个国家来呢？他会认为他们是永恒存在的，是从格陵兰本土来的，还是被海洋冲到这片土地上，还是被其他人创造出来的呢？他说："如果我们相信这些，我看到虔信处于极大的危险中。"他看到的这个巨大危险，主要是基于他担心由此可能深深地动摇对亚当的罪恶的估计。因为，所有神学家都一致地传播了这样一个观念，即只有通过亚当，罪恶才能扩展到所有人，被归咎于全人类。

因此，这就是我需要争辩的问题，也是唯一我需要呈现的事情：我们不需要借助亚当的父性和介入来归因和分享亚当的罪恶，就像我们也不需要借助基督的父性和介入来归因和分享基于基督死亡的恩典。接下来的全书，从头到尾，都将致力于这些问题。

[摘自《关于〈罗马书〉第五章第12、13和14节的解读，揭示亚当之前首次被创造的人类》（*Prae-Adamiti sive exercitatio super versibus duodecimo, decimotertio et decimoquarto, capitis quinti Epistolae D. Pauli ad Romanos quibus inducuntur Primi Homines ante Adamum conditi*），1655，235—239页。]

通过探讨美洲人种问题，拉培伊埃尔从纯粹的神学思考层面转向了地理和考古的讨论。约瑟·德·阿科斯塔（José de Acosta）在1590年曾认为，美洲的原住民最初来自亚洲。几十年后，荷兰地理学家格劳秀斯认为美洲人起源于北欧。拉培伊埃尔在他到哥本哈根的旅行中，发现了北欧的古迹和沃姆的著作。因此，他可以驳斥这位著名地理学家的理论，并提出一个比已知历史更长的人类历史问题。在论证中使用考古学论据，是从思想辩论向依赖证据的科学讨论的逐步过渡的标志。

"大领主的间谍"

一个对古物有很大兴趣的"间谍"。

致奥地利修士纪尧姆·沃斯佩（Guillaume Vospel）的信，关于发现希尔德里克之墓，并随附寄送一箱古物：

关于你希望了解的希尔德里克国王的墓，我可以告诉你，它被认为是非常古老的。如你所知，这位国王是法国的第四任国王。大约两年前，在修复图尔奈的大教堂时，我们发现了希尔德里克的墓。在挖掘旧坟地时，我们发现了一块又大又长的石头，这让工人们费了很大的劲。他们最后打碎了石头，发现下面有一副人的骨架，并有许多金币，上面的铭文是希腊文，其他还有一些黄金珍宝，这里面有一枚戒指上写着这样的话：国王希尔德里克的印章（sigillum childerici regis）……

我发现你已经成为一个伟大的古物学家了；为了表达我对你的尊重，我给你寄去一箱古物，都是我在旅行中以及我在这座城市的逗留期间收集的。你可以很容易地判断出，在最上面抽屉中的玛瑙是罗马异教的时尚。至于第二个抽屉里的贝壳，我让你来评判。我唯一要告诉你的是，它们并不普通。第三个抽屉里混合着各种古董：古罗马祭司在他们的祭祀中使用的刀。重物至少有 1200 年的历史，我是通过比对我在国王图书馆中所看到的来判断的。戒指是帕提亚人制作的；箭头依然像在东方时那样有毒，你可以在一个配得上它的动物身上试验。最后，最下面的抽屉里只有赝品；这些奖章是帕玛森（Parmesan）的作品，他是世界上最好的雕刻家。

（摘自马拉纳，《基督教诸王廷中的间谍，或 1637 年至 1697 年历史记事》，新版，阿姆斯特丹，1756，第 V 卷，1655 年第 XVII 封信。）

由于"大领主的间谍"是苏丹臣民而受到保护，因此可以写一些在自由派沙龙里窃窃私语的事情：他既是一位对物品和"贝壳"有着独特兴趣的古物收藏家，又是一位圣经编年史的公开批评者。

艺术的起源

温克尔曼与艺术史的诞生。

（a）艺术的作品在其原始状态下，就如同美丽的人类在出生时一样，无定形且相互类似，就像我们看到各种不同植物的种子互相类似一样。在它们的起源和衰落中，就像那些大河，在本应最宽的地方，却分裂成小溪，或在沙子中消失。在埃及人那里，绘画艺术可以被比作一棵优质的树，它的生长被某种昆虫或其他事故中断；没有经历任何变化，因此没有达到完美的状态，它在埃及一直保持着同样的状态，直到希腊王朝的时代，这种命运在波斯人那里似乎也是一样。伊特鲁里亚人的艺术从诞生时就可以被比作一个急流，它从一个岩石急速冲向另一个岩石：他们的绘画风格是硬朗和敏锐的。但在希腊人那里，艺术就像一条河，它清澈的水在多次曲折后，灌溉了肥沃的山谷，而且在过程中水量增加，但并不会造成洪水。

艺术的主要对象是人类。所以我们可以在这里说，人（并且比普罗泰戈拉更准确地说）是所有事物的规则和尺度。最古老的记忆告诉我们，最初绘制的图形表示的是人们真实的样子，而不是他们看起来的样子：它们提供了影子的轮廓，而不是身体的样子。从这种简单形式开始，人们研究起了比例，这种研究带来了准确性。从那时起，人们变得更加大胆，敢于追求伟大，通过这种方式，艺术达到了崇高，在希腊人那里达到了美的最高点。在我们将所有部分结合在一起，寻找装饰之后，我们陷入了过度；从那时起，我们失去了对艺术伟大性的认识，最终看到了它的完全衰落。这就是这部艺术史的概要内容。在这本书中，我们首先讨论艺术的一般性，其次讨论用于艺术作品创作的不同材料，第三讨论气候对艺术的影响。艺术始于最简单的构造——用陶土制作的模型，因此是一种雕塑：因为一个孩子可以给一块柔软的物质赋予一定的形状，但他无法在平面上描绘任何东西。塑造只需要对一件事有简单的想法，而绘画则需要无数其他的知识，尽管这并未阻止绘画后来成为雕塑的装饰者。

(b) 我已经超越了我在构思这部作品时为自己设定的限制。在反思艺术的毁灭时，我感到了一种痛苦，就像一个人在写他的国家的历史，经历了国家的覆灭后，不得不描绘那个致命时期的景象。尽管这种情景非常令人不悦，但我无法阻止自己的目光尽可能地追寻古代作品的命运。就像一个悲伤的恋人静静地站在海边，目送那艘载着她的爱人离去的船，永无希望再见他：在她的幻想中，她似乎仍能在远处的帆影中看到那个心爱的人的形象。像那个恋人一样，我们只有我们所期望的对象的影子，但失去激发了我们的欲望。我们比假如我们完全拥有古代宝藏还要更仔细地观察原作的复制品。在这方面，我们经常像那些想要看到幽灵的人一样，我们认为我们看到了一些东西，而实际上什么都没有。古代的名字已经变成了一种偏见，但这种偏见并非没有用处，让我们总是设想找到很多东西，以便在寻找的过程中找到一些东西！如果古人不那么富有，他们就会更好地写关于艺术的内容。对他们来说，我们就像是分配不公的继承人；但我们移动每一块石头来寻找一些发现。通过对古代的若干个体进行大量推理，我们得出的，就算不是确信的，但至少也是有可能性的，可能比古人留给我们的记忆更有指导意义。可以肯定的是，除了少量的明智的注释外，大多数遗留下来的文献都只是历史性的。我们不应该害怕去寻找真相，即使这样做可能会减少我们对研究对象的尊重。有一些人走失，是为了有更多的人找到正确的道路。

（选自温克尔曼，《古代艺术史》，莱比锡，1781，[a] -I，3—4 页，[b] -III，271—272 页。）

温克尔曼与凯吕斯共享艺术的自然主义和进化论的信念，但他在他的分析中添加了一种美学，其极限是无法被超越的希腊。

马丁·穆沙德（Martin Mushard）的挖掘

《关于挖掘骨灰瓮的有用信息以及如何避免徒劳无功的方法》

"你所知道的，要毫不犹豫地传授给他人，并对提问者表示友善；你所不知道的，不要害羞去学习。"

因为关于这个国家最古老时代的信息对我们来说几乎寥寥无几，所以自古以来总有一些古代爱好者努力从古代异教徒的墓地中挖掘出那些人过去的习俗和行为，并满足他们的好奇心，这就是为何博物馆中的古物柜子充满了骨灰瓮、武器和各种各样的器具[36]；但是，这种研究并不总是有成果，而无果的尝试、无用的努力和无谓的花销确实令人烦恼，所以我们希望通过这篇基于各种经验的有益的信息，真诚地引起公众的注意。

这些有趣的纪念碑是祭祀的地方，居民们在一定时期聚集在乡村或地区，进行祭祀、宴会和舞蹈[37]。人们冒着巨大的危险并痛苦探索这些地方，承诺很多但给予的很少或者什么都没有。"以灰烬为宝藏"[38]，因此并不是墓地[39]。通常我们可以找到切割过的石块的角落和所谓的祭祀刀，以及牺牲杯和瓶子的碎片，它们都堆积在一层灰土上，灰土上面是煤。那么我们可以从中得出什么结论呢？在这些纪念碑旁边是我们提到的土墩。那些被石头环绕形成长方形（通常最大部分）的土墩，很少包含有葬礼用的器皿，也是公众集会的地方。我们还需要知道如何识别圆形的土墩。有些非常大：打开其中一个需要很多努力，如果内部找不到东西，损失就更大。我们需要根据它们的外观来判断它们。有一些石堆，由于构成它们的石头比其他的更高、更尖，并且形状相同[40]，你会发现它们因为重量的原因在底部降低了一两英尺。它们通常也被一圈石头环绕，石头之间有沙子和煤炭，因为有人说：你必须移动所有的石头[41]！人们总是期待找到盖在骨灰瓮上的石头，但都是徒劳的！因此，如果找到了一些可能特意用于这个目的的平坦的石头，如果到了四英尺深的地方仍在徒劳地寻找，那么最好放弃，因为这是一个祭祀土墩，很少有骨灰瓮在更下面的地方。这些土墩的高度来自祭祀的频繁重复，因为在仪式后，人们会把石头扔在上面，然后布置一个新的火炉和一层新的土。它们是出于宗教原因[42]，由整个团体或者说整个社区建造的。遇到它们的人必须接受他们的努力和痛苦是白费的。

还要注意另一种没有外在迹象的墓葬形式，即田野中的墓葬。它们通常不远处就有一个活人的纪念石碑，死者被放置在西部或西北部；离纪念碑越近，骨灰瓮就越大，最远的就最不幸（疥疮抓住最后一个[43]）。发现它们的最好方法是找牧羊人或农民提供信息。但是也不要忘记金属棒的用途，因为通过它的帮助，你可以很好地听到它是碰到了石头还是瓶子。在清理骨灰瓮时，需要注意的是，我们总是在土丘中从上面找到覆盖石，但最好不要用铁锹猛击它，更不要踩在上面。应该在骨灰瓮附近挖掘，试图从旁边将其挖出，小心翼翼地清理，双手抬起，然后将它在户外静静地放置一个小时。如果它是碎片，并且你希望恢复它，你需要粘贴瓷片，并填补裂缝，用碎瓷片使其变得看不见。遗物只是被重新埋葬。瓷片在加热后很有用，还可以消除衣物上的油渍。

［摘自马丁·穆沙德，《汉诺威的有用知识和娱乐内容》(*Hannoverische Beyträge zum Nutzen und Vergnügen*)，2，1760—1761。］

马丁·穆沙德（1699—1770）是一个像罗德（A. A. Rhode）一样的德国北部的牧师。他对古代文物的热情促使他挖掘了许多墓地。这篇在一本文化杂志上发表的小文章是当时德国理论的一个很好的总结。它揭示了德国古物学家在墓地挖掘方面的知识和技巧，以及一种战略性技术的出现，这项技术是对寻宝者业余方法的革新。这篇文章是欧洲地区最早印刷出版的挖掘手册之一。

伏尔泰的书信

关于贝壳的起源。

先生,

我有幸经过巴黎将《自然奇观》这本小书寄给您;在这本小书中有一些事情与您的城堡发生的情况相当类似[44]:我总是相信自然,因为她比我们做得更多,我对所有的体系都持怀疑态度。我只看到那些毫不客气地取代上帝的位置,想用言语创造一个世界的人。那些号称覆盖大陆的贝壳层,由昆虫形成的珊瑚,由海洋抬起的山脉;所有这些在我看来都适合被印在《一千零一夜》的故事后面。您看起来很明智,先生,只相信您所看到的;其他人相信与他们所看到的相反的事情,或者更确切地说,他们想让别人相信;世界有一半人总是想欺骗另一半;拥有和您一样好的眼睛和精神的人是幸运的。

我带着最崇高的敬意,

先生,您非常谦卑和顺从的仆人,

伏尔泰。

[伏尔泰为拉·索瓦热尔先生的《论文集或历史和批判研究》(*Recueil de dissertations ou recherches historiques et critiques*)写作的后记,巴黎,1776。]

伏尔泰的批判精神并没有使他免于某种怀疑主义。在1746年发表在《法国水星报》(*Mercure de France*)上的一篇匿名文章中,他主张在山中发现的贝壳和鱼的化石是旅行者抛弃在路上的剩饭。这引来了布丰的讽刺回应,他认为是猴子将贝类运到高山上和其他"不适合居住的地方"。伏尔泰依靠工兵团前任指挥官拉·索瓦热尔的著作,赋予这位将布列塔尼巨石视为恺撒营地的作家以声望。

狄德罗的序言

狄德罗为尼古拉·安托万·布兰杰的《揭示古代的习俗》作序。

如果有人在他的行动中展现了真正的天才特质,那就是这个人了。他的一生中都饱受家庭迫害,直到他去世才结束。在频繁的干扰和艰苦的工作中，他走过了一段伟大的人生路程。当我们翻阅他的作品时，我们会认为他已经活了一个世纪以上；然而他只是看了一眼，读了一会儿，观察了一眼，思考了一会儿，沉思了一会儿，写了一会儿，活了一会儿。就像荷马对神的骏马的赞美一样：在天空中我们能看到多远，神的骏马就能跳跃多远。

他在公立学校匆匆完成基础教育后，便被抛向大路。在那里，他消耗了他的时间、健康和生命，引导河流，削平山脉，修建了那些使法国成为独一无二的王国、永久性地标志着路易十五统治时期的大道。

也在那里，他体内潜藏的珍贵种子开始生长：他看到了地球内部包含的各种物质，这些物质证明了地球的古老和在照亮它的星球下经历的无数次变革；变化的气候，曾经被直射的烈日炙烤的地方现在被斜射的阳光轻轻掠过，永远覆盖着冰雪；他收集了木头、石头和贝壳；他在我们的采石场看到了印度海岸上生长的植物的印迹；犁头在我们的田野里翻出了与海底世界相似的生物；在北方，人们躺在大象的骨头上，而在这里，人们在鲸鱼的家园上漫步；他看到了现在的世界的食物在过去一百个世界的表面上生长；他观察了地层之间保持的秩序：有时候这个秩序非常规整，有时候非常混乱。这里的地壳看起来就像刚刚从伟大的工匠手中完成；那里只能看到一片混乱的古老混沌，试图自己解决混乱；在其他地方，一座巨大的建筑的废墟倒塌了，然后又重建，然后又倒塌了，经历了如此多的连续破坏，甚至连想象力都无法将其回溯到最初的状态。

这就是他最初思考的起点。从各方面考察了地球的苦难痕迹后，他开始寻找这些苦难对地球上古老居民的影响，从而产生了他对社会、政府和宗教的推测。但他需要通过与传统和历史进行比较来验证这些推测，于是他说："我已经看到，我也已经试图猜测；现在让我们看看人们是怎么说的，事实到底是什么。"然后他开始研读拉丁文作者的书籍，然后发现他不懂拉丁语，于是他学习了拉丁语。但是他发现拉丁文无法为他提供他需要的启示：他发现拉丁人太无知、太年轻。

他打算向希腊人提问。他学习了他们的语言，很快就研读了诗人、哲学家和历史学家的作品；但是在希腊人中，他只遇到了虚构、谎言和虚荣，一个为了占有一切而扭曲一切的民族；这些孩子们沉醉于奇妙的故事中，一个小小的历史细节、一道真理的曙光就在厚厚的黑暗中消失，这种情况在任何地方都足以激发诗人、画家和雕塑家的灵感，但却让哲学家感到绝望。他确信一定有更早、更简单的叙述存在，于是他勇敢地投入对希伯来语、叙利亚语、迦勒底语和阿拉伯语等古老和现代语言的学习中。多么巨大的工作量！多么坚持不懈！当他打算解开神话的谜团时，他已经获得了这些知识。

我听他多次说过，我们学者的所有系统都是正确的，只是他们缺乏更多的研究和注意力，无法看到他们之间的一致性，也无法给予彼此理解和支持。

他认为神职政府和神权政治是最古老的：他倾向于相信，野蛮人是从流浪的家庭中演化而来的，他们被对最初的大事件的恐惧限制在森林中，在那里他们失去了对公共秩序的理解，就像我们看到的那样，在我们的修道士中，他们的理解也在减弱，如果再孤独一点，他们就会变成野蛮人。

他说，如果哲学在我们这里遇到了如此多的阻碍，那是因为我们从应该结束的地方开始了，从抽象的原则、一般的推理、微妙的反思开始，这些都因为他们的奇特和大胆而引起了反感，如果它们先行于历史事实，那么人们会毫不费力地接受它们。

［以上摘自布兰杰所著《揭示古代的习俗或对地球上不同人民的主要观点、宗教仪式和政治机构的批判性研究》(*L'Antiquité dévoilée par ses usages ou Examen critique des principales opinions, cérémonies et institutions religieuses et politiques des différents peuples de la terre*)，阿姆斯特丹，1756，V—VII，23—27 页。］

尼古拉·安托万·布兰杰（1722—1759）是 18 世纪最原创的思想家之一。他属于那些对法国古代知识做出决定性贡献的桥梁工程师群体。这群人中包括亨利·高地尔（Henri Gautier，1660—1737），他是贝热的接班人，写了一本讲述罗马人和现代人道路建设的《道路建设论》(*Traité de la construction des chemins où il est parlé de ceux des Romains et de ceux des Modernes*，巴黎，1693）他是长时间观念的狂热捍卫者，发明了一种接受并超越了斯坦诺或勒让德思想的构造地质学，他是索菲·沃兰（Sophie Volland）的兄弟，是狄德罗的朋友，他是不知疲倦的遗址发现者。如果说《揭示古代的习俗》是由狄德罗出版的，那么布兰杰的另一部作品《东方专制主义》(*Le Despostisme oriental*)，是由霍尔巴赫（Holbach）在 1761 年出版的。即使他关于洪水的观点被百科全书主义者们广泛争论，布兰杰仍然迅速赢得了他们的尊重，包括布丰在内的读者都持续关注他的作品。他与朱西厄（B. de Jussieu）和卢梭讨论过，还参与了《百科全书》中"洪

附　录　421

水"和"徭役"两篇文章的撰写。他的庞大工作在某种程度上旨在通过人类科学来阐明自然历史。

托马斯·杰斐逊的发掘

杰斐逊描述一个1781年在弗吉尼亚州发现的古墓。

我不知道有印第安文物这回事，因为我不愿把箭头石斧、石烟斗及半成形的偶像冠上那个美称。关于大规模工程，我认为最可观的遗迹是用于土地排水的公共沟渠，其他要么就是古坟，古坟在这个地区倒有许多。这些古坟大小不一，其中有些是泥土堆成，有些是石块堆成。谁都知道它们是死人的墓，但是在什么情况下造的，却众说纷纭。有人认为它们里面是那些在葬地进行的战役中阵亡的人的尸骸。有人把它们归因于印第安人的习俗，每过一定时候要把所有死者的遗骸（不管死时存放在何处）都集中安葬在一个地方。还有人推测它们是为附近村庄建造的群葬地，这个见解的依据是那些坟所在处土地的质量（那些用泥土造的坟一般都在河畔最软、最肥沃的草地里）以及一个据说是印第安土著传下来的说法：当他们在村里定居时，第一个死去的人的遗体被竖放着，四周堆上土，把他埋没，同时不使他倒下去；当另一个人死去时，掘一个狭窄的通道通往第一个尸体，第二个尸体靠在第一个尸体上再用土埋没，就这样一直进行下去。由于我家附近有这样一个坟地，我想弄清楚这些见解中究竟哪一个正确。为了这个目的，我决心把坟掘开，对它进行彻底考察。它坐落在里瓦纳河的低地上，在它的主支流上游2英里处，在一些小山对面，那些小山上曾经有一个印第安人的村庄。坟是扁圆形的，基底直径约40英尺，曾经有12英尺高，不过由于十多年来用犁耕作，现在只剩下7英尺半了。坟前长满直径12英寸的树木，基底有一个深、宽各5英尺的坑坑就是从这个坑里取土堆成的。我先随便挖掘了几个地方，在不同的深度——离地面6英寸到3英尺——掘出了一些人骨。这些人骨杂乱无章，有些是竖的，有些是斜的，有些是横的，朝向四面八方，一簇一簇地被泥土聚在一起。身体上相距最远部分的骨头被发现在一起，例如，一些小的趾骨在一个头盖骨的空洞里发现：许多头盖骨常常挨在一起，有的面朝上，有的面朝下，有的侧放，有的正放，有的倒放，使人感到这些骨头是被从一个袋或篓里胡乱地倒出来，然后用土掩上，一点不注意它们的次序。骨头数目最多的是头骨、腭骨、牙齿、臂骨、大腿骨、腿骨、脚骨和手骨。骨头中还有少许肋骨，一些颈椎和脊椎，但是没有隆起，只有一根支承脊柱的骨头。头盖骨脆极了，手一碰就碎。其他的骨头比较硬。有些牙齿看来比成年人的牙齿小；有一个头盖骨乍一看仿佛是婴孩的，但一拿出来就碎成许多块，无法辨认；有一根肋骨，以及一个少年的下颌骨碎片；另一根婴孩的肋骨，以及一个尚未长牙的婴儿的部分颌骨。最后一根骨头最有力地证明这里埋葬有儿童，我对它特别注意。它是下颌骨的右半部分。它赖以与颞骨接合的隆起完整无缺，断裂处骨头十分坚固，这个地方据我判断是上犬牙处。它的上端即齿槽十分光滑。用成年人的下颌来比较，把它们的后隆起放在一起，它的断掉的一头伸展到成年人的倒数第二枚白齿。这块骨头是白色的，所有其他骨头都是灰黄色的。婴儿的骨头是软的，烂得快，在这里发现得那么少的原因也许就在于此。然后我着手把这个古坟从纵里掘开，以观察它的内部结构。在掘到离坟中心 3 英尺处就到达原来的地面，掘开的通道可容一人通过，并检查它的两侧。在基部，亦即和周围地方同一平面，我发现了一些尸骨；尸骨上面有少数石头，是从 0.25 英里外的一个悬崖运来的，再上面是厚厚一层土，再上面又是一层尸骨，这样一层层排列下去。在断面的一端有 4 层清晰可辨的尸骨，在另一端有 3 层尸骨，一个部分的层面并不与另一个部分的层面对称。最靠近地面的尸骨烂得最少。在任何一块尸骨里都没有发现仿佛枪弹、箭或其他武器打穿的洞眼。我推测在这个古坟里可能有过 1000 具骸骨。每个人立刻就会明白上述情况是不利于那种认为它里面只埋葬战斗中丧生者遗体的见解的，它同样也不利于下述传说这个古坟是一个村庄的公共坟地，坟中尸体竖放，互相接触。表面迹象清楚地表明它起源于把尸骨收集起来放在一起的风俗，第一批收集的尸骨放在地面，上面压些石头盖一层土，再放第二批尸骨，再盖一层土，如此等等。所以形成这个样子有下述原因：1. 大量尸骨。2. 尸骨放得杂乱无章。3. 它们在不同的层面。4. 一个地方的层面与另一个地方的层面不对称。5. 层面上尸骨的腐烂状况各不相同，这似乎表明埋葬的时间有所不同。6. 尸骨中有婴孩的尸骨。

［托马斯·杰斐逊，《弗吉尼亚笔记》(*Observations sur la Virginie*)，译文选自商务印书馆出版社的《弗吉尼亚笔记》，47—50 页，朱曾汶译。］

根据现代地层学研究方法之父莫蒂默·惠勒的说法，杰斐逊的这篇文章是 18 世纪末地层学诞生之初最惊人的证据之一。杰斐逊在 1784—1789 年担任美国大使时，通过和大卫的接触以及阅读温克尔曼的著作培养起了对于古物的兴趣。著有《法国古物》(*Les Antiquités de la France*)的画家克莱里索（Clérisseau）是温克尔曼的朋友，杰斐逊和克莱里索一同参观了普罗旺斯，欣赏了名胜古迹，尤其是尼姆的卡雷之家。在1800年当选美国总统后，他成为美国新古典主义风格最激进的拥护者。在1799年，作为美国哲学协会的主席，他联系了协会所有的通信成员，请求他们提供所有知道的考古遗址的报告。遗憾的是，与他同时期的欧洲人一样，他的观点直到20世纪下半叶才被广泛接受。

第五章　考古学的创立

高卢的第一批居民

布歇·德·彼尔特使地质年代学成为可能。

在谈论作品之前，有必要先谈几句关于工匠的话，因为他们的年龄将帮助我们确定他们技艺所属的时代。

普遍的观点认为，我们所居住的这部分欧洲是新的或者是新近被居住的土地。它的历史记载刚刚达到2000年；它的记忆和传统不超过2500年。

科蒙和阿内德·蒂埃里（Arnédée Thierry）的优秀作品甚至没有追溯到这么早的时期，那些曾经占据或仅仅穿越过这里的民族，如高卢人、高尔人、凯尔特人、比利时人、维内特人（Vénètes）、利古里亚人、阿基坦人（Aquitains）或伊比利亚人，金布里人（Cimbres）或斯基泰人，他们在这里没有留下任何我们可以确定这个日期的遗迹。

这个理论中关于大型纪念碑的部分是完全正确的，因为传统会留存下来。这些纪念碑引起我们祖先的注意，它们的废墟也会像我们眼前仍然存在的亚洲城市和被称为派拉格斯和巨人的工厂的废墟那样引起我们的注意。尽管我们不知道它们的历史，甚至不太确定它们的创建者，但留下的东西表明，就算不知道它们建造的确切时刻，至少知道它们是属于文明时期的；并且，只要它们属于某种文明，它们就在我们认为的古代时期之前。因此，我们对现在的法国甚至罗马或高卢的法国没有什么要说的，因为按照我们的看法，我们的历史并不是从那里开始的。只有穿过文明的土地，深入到凯尔特的土地，我们才能找到我们祖先的摇篮，或者我们的原始人曾经居住过的高卢的土地。

在研究那些已经不存在的生命的过程中，他们堆叠的痕迹，像是过去日子的刻度,将成为我们的历史记录,这是真实的记录,因为时代的尘埃不能被即兴创作出来,世纪的色彩无法被仿造。

如果曾经存在过洪水前的人类,那么这些人的痕迹可能还存在。

在我们所处的地方,当在距我们几英尺深的地方遇到另一个时代的废墟,有着不同的风俗、不同的纪念碑、不同的时代和不同的人时;当我们再往下几英尺,我们找到另一个年代和其他人时,又有谁能确定,当我们深入探索,深入到被无数灾难摧残的大地的深处,我们或许可以找到证据,证明那些曾经在地面上的事物现在位于地球的中心,而这些中间的土地区域,或者海洋深处覆盖的巨大区域,可能隐藏着我们未知的古代文明的遗迹和遗址。

这是一个巨大的挑战,要求我们超越已知的历史,深入到地下,探索隐藏在地壳之下的过去。这项工作需要极大的耐心和决心,但如果成功,我们将能够揭开地球的过去,揭示那些在数千年前就已经存在的古代文明。

因此,如果我们能在这个过程中找到人类的痕迹,那么这些痕迹将成为我们了解过去的关键。这些痕迹,就像历史的碎片,可以告诉我们许多关于这个地方和这里的人的信息。这样的发现可能会颠覆我们关于历史的理解,揭示出一个完全不同的过去。

这就是为什么我们需要继续探索,继续深入地球的内部,寻找这些隐藏的痕迹。只有通过这种方式,我们才能真正了解我们的过去,了解我们的起源,了解我们的历史。

我们的星球所经历的剧变已被证实;同样,是否在每一次这样的剧烈变化中,地球都不存在人类呢?在这些最初的灾难中,没有生命的痕迹。在随后的灾难中,我们发现了海洋动物的痕迹,然后是陆地植物的痕迹,然后是蜥蜴的痕迹,然后是哺乳动物的痕迹,然后什么也没有:所有的生物都已灭绝,地球上荒凉无人,只有在一个不确定的时期之后,我们才看到新的物种出现,它们也因为被称为全球性洪水的大灾难而灭亡。

这个传统中的洪水是否与地质学的洪水,或者与洪水时期或洪水时代相一致;它们是否构成了一次同样的灾难,它们是否标志着一个同样的时期,这是一个重要的问题,我们不打算处理;我们只想说,有一次巨大的最后的混乱,其传说在几乎所有人民中都保留了下来。

我们承认,人类是一直存在的。但他们已经存在多久了,他们经历过多少类似的剧变?传统并没有说明:如果毁灭是完全的,那么传说如何能说出这一点呢?

附录　425

在每一个这样的可怕事件中,地球表面都被清扫、更新,这是地质学向我们展示的;但它也向我们展示,并非所有都是一直失去的,我们可以逐渐找到这些不同时期的痕迹。

这些迹象,我们是否在同一天都看到了?不是的,只是在我们这个时代,人们逐渐开始明确地注意到它们。在这个发现的道路上,我们只是在起点。那么,为什么要说我们已经到达旅程的终点呢?仅仅因为我们揭开了面纱的一角,就必须得出结论,我们已经看到了面纱所覆盖的一切吗?我们今天知道,在每一次这样的革命时期,都有很多动物存在;这是由洪水沉积物中的骨骼堆证明的真理。一百年前,我们还不知道这些沉积物;在这个世纪初,我们知道的前洪水时代的物种还不到我们今天知道的四分之一。也许在30年后,我们会知道更多。……

为了推翻所有已经获得的证据,或者那些更多依赖于言辞和推理而不是事实的理论,正如布罗尼亚尔(Alexandre Brogniart)先生所说,只需要一个幸运的偶然事件,一次出乎意料的相遇,这也同样具有说服力。

甚至,也许就在我们脚下,就在这些地方,存在着人类成就的古代证据,以及一段超乎所有预测的古老历史,谁知道呢!各位先生,你们都参观过位于阿布维尔门口的布洛涅路右侧,以及拉维尔斯路上的门舍库尔砂石场。多年来,人们从这里开采出建筑用的沙子。30多年前,巴里昂(M. Baillon)先生和我的父亲,他们两人都是这个社会的创建者,就在这个砂石场发现了一个洪水时期的骨骼遗址;实际上,一个几乎完整的犀牛骨架,以及后来发现的大量大象或其他动物的碎片,都被收集起来,送往巴黎和这个城市的博物馆,你们还可以在那里看到它们。哦,各位先生,在这些沙子中,深约8米处,在同样的前洪水时期的骨骼中,人们发现了人类劳动的痕迹,以及一些燧石斧,我在此将发现的所有情况提供给你们。

我无法肯定这些斧头与骨头是否具有相同的年代;它们的起源可能在之后,也可能在之前。我只坚持这样一个可能性,那就是自从这里有骨头以来,它们就一直在那里,并且因为相同的原因而在那里。现在轮到地质学来确定这个沉积物追溯到哪个时期了。

这个情况并不是唯一的。就在去年7月,离这里一百步远,在医院后花园打开的燧石层中,在市场和米尔瓦街之间,一片被几位地质学家,特别是拉文(Ravin)和布托(Buteux)先生经过深入研究并确认为洪水期的地面,我亲自找到了其他几块加工过的燧石。我也会给你们分析这块地。

有人可能会说,这些碎片是在形成燧石层之后由于某种事故到达那里的。对于我来说，先生们，我已经仔细研究了它们的位置，并且似乎对于所有愿意和我一起研究的人来说，这种"后来"是不可能的事情。如果这个地层是洪水期的，而对此毫无疑问，那么这些工具就是洪水期的；并且我们必须相信存在一些人类，他们的古老程度远超过那些传说中所提到的人。现在，这个古老的和存在的，我们将向你们证明到无可否认的地步。如果我对门舍库尔的斧头和它们的起源有些疑问，那么这些发现已经消除了我的疑虑。

我知道，在这里，证据可能还会被否定。有人会说，这是不可能的：人的遗迹、工具、加工过的燧石斧头不能在洪水期的碎片中找到。我只能回答：事实就是这样，而且应该是这样，因为如果不是这样，那就太奇怪了；并且我不会停止重复：既然那时候有人，既然传说上这么说，既然反思证明了这一点，既然最后没有人否认，那么他们的痕迹被重新发现有什么奇怪的呢？一个是另一个的结果。

即使承认这些人的数量非常少；无论这个数字有多小，都足以排除所有的绝对否定；即便只有一个民族、一个家庭、一对夫妇，人们也不能肯定地说：他们的痕迹永远不会被重新发现。因此，我们必须回到这个结论：如果人类在地球上的历史比人们普遍认为的要久远，那么他们的遗迹也应该是，或者如果没有遗迹，那么他们的工具和武器也应该是。

[选自布歇·德·彼尔特，《凯尔特和史前文物》，1847，第一卷第 2 章，16—32 页，由理查德（N. Richard）在 1992 年整理和评论，69—82 页。]

布歇·德·彼尔特没有汤姆森谨慎，而且他在居维叶之后还仍然坚信存在一次全球性的洪水。然而，他的启蒙时代的文化背景促使他重新阅读古代作家，特别是卢克莱修。他将希腊人遗留下来的人类状况的哲学观察方法与对地形的观察以及构建地质年代表的愿望结合起来，这种方法颠覆了 19 世纪初人们所接受的历史观。他触及了人类进化的本质思想，因此比他的斯堪的纳维亚前辈们赢得了更广泛的读者。他更像是一个新学科的创立者，而非一个对土壤中发现的人工制品的新分类技术的发明者。

附录的注释

1. 公元前 11 世纪。
2. 这个诗句是维吉尔在《农事诗》第一卷第 63 行中引用的，内容是："丢卡利翁在空旷的世界里抛掷石头，从而诞生了人类，一种坚韧的种族。"

此外，这种对人类最早生活的描述，在后来的诗人如维吉尔、奥维德、蒂布洛斯（Tibulle）的作品中都有迹可循。
3. 参考维吉尔，《农事诗》，I，7；奥维德，《变形记》，I，106；蒂布洛斯，II，I，38，等等。
4. 伊壁鸠鲁，《沉思》，33：正义并无其自身独立存在的本质；它源于相互的契约，且在任何有互相承诺尊重他人利益的地方建立起来。
5. 是指类似于那些被尤利安的通信者援引以反对佩加修斯的话。
6. 354 年年底，尤利安从尼科米底亚被召到米兰，当时君士坦丁皇帝正在那里停留。
7. 亚历山大特罗亚（Alexandrie Troas），对面是忒涅多斯（Ténédos）。
8. 那里的主教可以进入，而且没有任何异教的祭司附属于该圣所。
9. 伊利昂的西北，靠近西盖（Sigée）角，有一个被视为阿基里斯（Achille）之墓的土丘。
10. 指欧斯康二世（Orscand II），人称"伟大的"，瓦纳主教，于 1009 年前去世。
11. 圣卡多是埃泰勒河上的一个村庄和岛屿，这里有一间修道院。
12. 即现在的 Er Velionec，是贝尔兹（Belz）的一个村庄。
13. 该文本首次提到一个巨石。
14. *Petra jacens*：倒下的巨石，与 *petra stantiva*（立着的巨石）相对。
15. 另一块巨石。
16. 这是指鲁达勒的第三个儿子，大欧斯康的孙子。
17. 现在是贝尔兹的 Magourin 村庄。地名 *moger* 源自拉丁语 *maceria*：在这种名字的村庄里，通常可以找到罗马的废墟。
18. *Petra stantiva*：立着的巨石。
19. 德国的奥托三世，980 年出生，996 年被加冕为德国皇帝。
20. 这里指的是圣艾蒂安。
21. 这个用来指代基督的表达式可能是对古代给予朱庇特的形容词 *Tonans*（雷神）的暗示。
22. 这个表达让人想起卡斯蒂利奥内（Castiglione）为拉斐尔的去世写的拉丁语铭文：*Urbis lacerum ferro, igni, annisque cadaver*（城市的残骸被铁、火和岁月破坏）。
23. 用途相同的神圣用具。
24. *Inscriptionum antiquarum totius orbis Romani in corpus redactarum opus*

(《全罗马帝国的古代铭文集成》),格鲁特斯,1603年(那个时期最完整的铭文收集)。

25. *Marmorea Oxoniensia graeca incisa*(《牛津的希腊石碑》),塞尔登(J. Selden),伦敦,1628年。

26. 他(或她)已经走了。

27. 使世界因为如此多的岁月而变老。

28. 杜格代尔(M. Dugdale)已经出色地着手进行的那个值得由诚实和高贵的人们支持的项目。

29. 在亨利二世的时代,卡姆登。

30. *Adamas de rupe veteri praestantissimus*(拉丁语,意为"来自古老岩石的最优秀的钻石")。

31. 参见本书第223页。

32. 铜和金的合金。

33. Cymbe,形状像贡多拉的器皿。

34. 即约翰尼斯·德·拉埃特(Johannes de Laet),于1649年末去世。他在1643年出版了 *Notae ad dissertationem Hugonis Grotii de origine gentium americanarum et observationes aliquot ad meliorem indaginem difficillimae quaestionis*(《关于Hugonis Grotii的美洲民族起源论文的注解以及对于这个极其困难问题更好探索的几点观察》)。格劳秀斯在同年回应了他,拉埃特又在1644年写了一篇 *Responsio ad dissertationem secundam Hugonis Grotii de origine gentium americanarumde origine gentium americanarum*(《回应格劳秀斯关于美洲民族的起源》),该文章在阿姆斯特丹出版。

35. 吉尔伯特·高敏(Gilbert Gaulmin,1585—1665)。

36. 在原文中是拉丁语。

37. 塔西佗,《编年史》(*Annales*)。

38. 淮德拉(Phèdre),V, VI:这是关于两个秃头人发现梳子的寓言:命运玩弄他们,以煤炭作为宝藏送给他们。

39. 然而不能否认的是,为了英雄的升华,人们确实在共同努力下,拖着巨大的岩石建造了这样的墓穴,实属罕见。

40. 在原文中是希腊语。

41. 普林尼(Pline),I, 20, 16。

42. 在原文中是法语。

附 录 429

43. 贺拉斯（Horace），《诗艺》（*Art poétique*），417：在孩子们的游戏中，最后一个输了的就得了疥疮。
44. 伏尔泰引用了在拉·索瓦热尔的书中发展出来的贝壳自发生长理论。

索 引

（索引页码为法文原版页码，即本书边码；
斜体字为插图编号）

A

Abdel Salam, Chadi, 沙迪·阿卜杜勒·萨拉姆, 21
Adhémar, Jean, 让·阿德马尔, 109, 111
Aeldred, abbé, 埃尔德雷德, 修道院院长, 104
Agamemnon, 阿伽门农, 54, *1-5*
Agésilas, 阿格西劳斯, 62, 63
Agostino, Antonio, 安东尼奥·阿戈斯蒂诺, 128, 130, 302
Agricola, Georg, 格奥尔格·阿格里科拉, 146
Akousilaos, 阿库西拉奥斯, 82
Alaric, 亚拉里克, 90
Alban, saint, 圣奥尔本斯, *1-26*, 105
Alberti, Leon Battista, 莱昂·巴蒂斯塔·阿尔贝蒂, 124, 338, 340, 342
Albizzi, cardinal, 阿尔比齐主教, 226
Alcubierre, Rocco Joachin, 罗克·华金·阿尔库别雷, 241-243
Alcuin, 阿尔琴, 98
Aldrovandi, Ulysse, 乌利塞·阿尔德罗万迪, *2-2*, 174
Amerbach, Basilus, 巴西琉斯·阿默巴赫, *2-15*
Amphibalus, saint, 圣爱斐巴勒, *1-26*
Anténor, 安忒诺耳, 112
Apollon, 阿波罗, 28, *1-5*, 64, 112
Ardnt, Ernst Moritz, 恩斯特·莫里茨·阿恩特, 288
Ardres, Lambert d', 阿德尔的朗贝尔, 101
Arthur, le Roi, 亚瑟王, 103-104, *1-38*, 111, 351
Aubrey, John, 约翰·奥布里, 13, 188-194, *3-8*, *3-10*, 198, 208, 227, 236, 243, 246, 262, 273, 292, 319, 358
Auguste, 奥古斯都, 110, 120, 334

Augustin, saint, 圣奥古斯丁, 72, *1-16*, 74, *2-1*, 222–223
Aurèle, Marc, 马可·奥勒留, *1-28*, 337, 347
Aurélien, 奥勒利安, 90
Aurillac, Gerbert d', pape, 教皇西尔维斯特二世, 336

B

Bacon, Francis, 弗朗西斯·培根, 39, 106, 163, 177, 189, 192, 221
Bagford, John, 约翰·巴格福德, 283
Baiardi, Ottavio-Antonio, 修道院院长拜亚尔迪, 244
Balsiger, Barbara, 芭芭拉·巴尔西格, 167
Balzac, Guez de, J.-L., 让-路易·格兹·德·巴尔扎克, 190
Banco, Maso di, 玛索·迪·巴柯, *1-39*
Barberini, Francesco, 弗朗切斯科·巴尔贝里尼, 136, 226
Barri, Giraud de, 杰拉德·德·巴利, 104
Barthélémy, J. J., abbé, 让-雅克·巴泰勒米神父, 238, 257, 296
Bartholdy, Jacob, 雅各布·巴托尔迪, 304

Bavière, duc de, 巴伐利亚公爵, 168
Béatrice de Lorraine, 洛林的贝阿特丽斯, *1-42*, *1-43*
Beaumesnil, Pierre de, 皮埃尔·德·博梅尼勒, *4-14*, 249
Beazley, John, 约翰·比斯利, 321
Bellay, Joachim du, 约阿希姆·杜·贝莱, 123, 132
Belzoni, Giovanni, 乔瓦尼·贝尔佐尼, 295
Bergier, Nicolas, 尼古拉·贝热, 180, 201–203, 353, 365
Bianchini, Francesco, 弗朗切斯科·比安基尼, 182, *3-4*, *3-5*, *3-6*, 186–188, 233, 240, 243
Biondo, Flavio, 弗拉维奥·比翁多, 125, 139, 177, 338
Blacas, duc de, 布拉卡公爵, 304
Boccace, 薄伽丘, *导言-1*, 110, 114–115, *1-45*
Bochart, Simon, 西蒙·博查特, 214
Bock, August, 奥古斯特·博克, 304, 308
Boèce, 波爱修斯, *1-46*, *1-47*
Bonaparte, Lucien, 吕西安·波拿巴, 305, 308
Borges, Jorge Luis, 豪尔赫·路易

斯·博尔赫斯, 16, 17, 28, 36-38, 41, 50, 138

Borghesi, Bartolomeo, 巴托罗缪·博尔格西, 304

Bosio, Antonio, 安东尼奥·博西奥, 197, 203

Boucher de Perthes, Jacques, 雅克·布歇·德·彼尔特, 6, 32, 45, 导言-18, 79-80, 276, 278, 291, 307-312, 5-19, 5-20, 367

Boulanger, Nicolas Antoine, 尼古拉·安托万·布兰杰, 269, 364

Bourdan, Louis, 路易·布尔东, 245

Bourdelot, Pierre, 皮埃尔·布尔德洛, 226

Bracciolini, Poggio, 波吉奥·布拉乔利尼, 338

Braun, George, 乔治·布劳恩, 导言-3, 4-7

Breuil, Henri, 亨利·步日耶, 321

Brosses, Charles de, 夏尔·德·布罗斯, 243-244

Browne, Thomas, 托马斯·布朗, 16-17, 41, 188, 194-198, 3-12, 330, 350

Bruno, Giordano, 乔尔丹诺·布鲁诺, 225-226

Buckland, William, 威廉·巴克兰, 5-7, 5-8, 285, 290, 291, 311-312

Budé, Guillaume, 纪尧姆·比代, 139

Bufalini, Leonardo, 莱昂纳多·布法里尼, 342

Buffon, 布丰, 220, 262, 267-269, 272, 285, 309, 364-365

Bunsen, Christian von, 克里斯蒂安·冯·本森, 304

Buondelmonti, Cristoforo, 克里斯托福罗·布隆戴蒙提, 1-49, 292

Bure, Johan, 约翰·布赫, 153, 158-159, 167, 175, 194

Burnaburiash, 布尔那布里亚什, 23-25

Burton, Robert, 罗伯特·伯顿, 154

Büsching, Johann Gustav, 约翰·古斯塔夫·毕兴, 287-288

Byron, Georges, 乔治·拜伦, 292

C

Calceolario (Calzolari, Francesco), 弗朗切斯科·卡尔佐拉里, 174

Calzolari, Francesco, 弗朗切斯科·卡尔佐拉里, 2-31, 171, 173

Camden, William, 威廉·卡姆登, 21, 导言-5, 136, 139-142, 150, 2-18, 153-154, 159, 188, 190, 198, 212, 236, 246, 358

Campanella, Tommaso, 托马索·康

帕内拉，226

Caravaggio, Polidoro da，波利多罗·达·卡拉瓦乔，*1-1*

Casaubon, Isaac，伊萨克·卡索邦，136

Casaubon, Méric，梅利克·卡索邦，190–191

Cassiodore，卡西奥多罗斯，334, 335

Caumont, Arcisse de，阿尔西斯·德·科蒙，276–277, 368

Caylus, comte，凯吕斯伯爵，7, 13, 45, *3-32*, 232, 236, *4-6*, 238–240, *4-8*, *4-9*, 242, 244–245, 248, 250–251, 254, 262, 266–267, 269, 273–276, 292, 296, 319–320, 362

Celtis, Konrad，康拉德·策尔蒂斯，*2-28*

César, Jules，恺撒，35, 95–96, *1-30*, 98, 103, 110, 132, 153, 275, 364

Cesariano, Cesare，切萨雷·切萨里亚诺，*1-17*

Cesi, Paolo Emilio，保罗·艾米利奥·切西，*2-2*

Champollion, Jean-François，让－弗朗索瓦·商博良，295–296, 304

Charlemagne，查理曼，54, 95, *1-28*, 98–99, *1-36*, 103, 111

Charles III, roi de Naples，那不勒斯国王卡洛斯三世，241, 243

Chateaubriand, François-René de，夏多布里昂，244, 304

Chazerat, Charles，夏尔·沙泽拉，249

Chifflet, Jean-Jacob，让－雅各布·希夫莱，*3-17*, 203, 354

Childéric，希尔德里克，93, 198, *3-17*, 203, 353, 360

Choiseul-Gouffier, comte de，乔伊瑟尔·古斐耶伯爵，*4-21*, 258, 295

Christian IV de Danemark，丹麦国王克里斯蒂安四世，175

Christian-Auguste，克里斯蒂安－奥古斯特，241

Christine de Suède，瑞典女王克里斯蒂娜，220

Christol, Jules de，于勒·德·克里斯托尔，291

Cicéron，西塞罗，6, 67, *1-16*, 72, 95, 114, 182

Cimon，西门，59–60

Cocherel, abbé de，科什雷勒修道院，*4-26*, 265, 273–274, 283, 354

Cochin, Charles，夏尔·柯升，244

Cockerell, Charly，查利·柯克热尔，258

Colomb, Christophe，哥伦布，224

Colt Hoare, Richard，理查德·科

尔特·霍尔爵士，278–280，*5-4*，283，287–288
Condé, prince de，孔代亲王，220
Constantin，君士坦丁，93，*1-34*，*1-39*
Cooper, William，威廉·库珀，217
Cosimo, Piero di，皮耶罗·迪·科西莫，导言 *-1*，*1-18*
Cospi, Ferdinando，费迪南多·科斯皮，*2-32*
Cotton, Sir Robert，罗伯特·科顿爵士，141
Creuzer, Friedrich，弗里德里希·克鲁泽，304
Crocker, Philip，菲利普·克罗克，278，*5-4*
Cunnington, William，威廉·坎宁顿，278–280，*5-4*，283，287
Cuvier, Georges，乔治·居维叶，*5-6*，284–287，291，310–311，370
Cypraeus, Paulus，保卢斯·塞浦拉乌斯，146
Cyriaque d'Ancône，安科纳的西里亚库斯，116–117，119，*1-48*，338

D

Darwin, Charles，查尔斯·达尔文，7，302，312，*5-21*，319
David, Jacques-Louis，雅克-路易·大卫，262

Dal Pozzo, Cassiano，卡西亚诺·达尔·波佐，13，226
Denon, Vivant，维旺·德农，*5-14*
Denys d'Halicarnasse，哈利卡纳苏斯的狄奥尼修斯，71–72
Descartes, René，勒内·笛卡尔，189
Diacre, Paul，保罗执事，98
Dicéarque，狄西阿库斯，75，77
Diderot, Denis，德尼·狄德罗，254，260，364
Diodore de Sicile，西西里的狄奥多罗斯，75，78
Dlugosz, Jan，扬·德乌戈什，146
Dombrowski, Iouri，尤里·东布罗夫斯基，20
Dondi, Giovanni，乔瓦尼·董迪，115
Douglas, James，詹姆斯·道格拉斯，*5-3*，278
Drovetti, Bernardin，贝尔纳迪诺·德罗韦蒂，293，295
Dugdale, William，威廉·杜格代尔，283
Dürer, Albrecht，阿尔布雷希特·丢勒，*2-28*，171

E

Ecard, J. G.，埃克哈特，205

索 引 435

Egan, John, 约翰·埃根, *5-1*

Elgin, Thomas-Bruce, 托马斯·布鲁斯·埃尔金, 258, 261, 292

Elmer, l'abbé, 艾尔默修道院院长, 105

Emile, Paul, 保罗·埃米尔, 132

Esper, Johann Friedrich, 约翰·弗里德里希·埃斯珀, 284

Este, Hippolyte d', 依玻里多·德·埃斯特, 128

Eugène de Savoie, 欧根亲王, 241

Evans, John, 约翰·埃文斯, 312

F

Fabricius, J. A., 约翰·阿尔伯特·法布里修斯, 209

Fahrad, 法赫拉德, 42, *导言-16*

Falconer, Hugh, 休·法康纳, 311–312

Fausset, Brian, 布莱恩·福赛特牧师, 278

Fauvel, Louis, 路易·福韦尔, 258, *4-22*, 295

Fea, Carlo, 卡洛·费亚, 304

Feliciano, Felice, 菲利切·费里西亚诺, 337

Ferdinand Ier, empereur d'Allemagne, 斐迪南一世, 148

Ferrare, duc de, 费拉拉公爵, 128

Feselen, Melchior, 梅尔基奥·费斯伦, *1-30*

Finley, M. I., 摩西·芬利, 80

Flavius Josèphe, 弗拉维奥·约瑟夫斯, 71–72

Forchhammer, J. G. 福尔哈默, 300

Foucault, N. J., 诺曼底总督参事福柯, 249

Foulcoie de Beauvais, 博韦的弗科瓦, 106–108

Fracastoro, Girolamo, 吉罗拉莫·弗拉卡斯托罗, 228

Frédéric II, empereur d'Allemagne, 腓特烈二世, 110

Frédéric III, roi du Danemark, 丹麦国王弗雷德里克三世, 175, 228

Frere, John, 约翰·弗里尔, *5-5*, 284

Friedrich, Caspar David, 卡斯帕·大卫·弗里德里希, *5-2*

Furtwängler, Adolph, 阿道夫·富特文格勒, 321

G

Gaignières, Roger de, 豪日·德·盖涅, 245–246, *4-11*, *4-12*, 248

Gaillard de Lonjumeau, 加亚尔·德·隆瑞莫, *4-13*

Gale, Roger, 罗杰·盖尔, 214

Galilée, 伽利略, 136, 155, 226

Ganelon, 加讷隆, 112

Garanger, José, 何塞·加朗格, 30–32, 导言-10

Gassendi, Pierre, 皮埃尔·伽桑狄, 135–137, 155, 161

Gaudry, Albert, 阿尔伯特·高德里, 312

Gautier, Henri, 亨利·高地尔, 365

Geoffroy Saint-Hilaire, Étienne, 艾蒂安·若弗鲁瓦·圣伊莱尔, 286–287

Geoffroy Saint-Hilaire, Isidore, 伊西多尔·若弗鲁瓦·圣伊莱尔, 311

Gerhard, Eduard, 爱德华·格哈德, 302–308, 319

Gesner, Conrad, 康拉德·格斯纳, 174

Ghezzi, Leone, 莱昂·盖齐, 总结-1

Glanville, Barthélémy de, 格兰维尔的巴泰勒米, 2-12

Goethe, J. W., 歌德, 244, 4-24, 261, 269, 4-30, 5-2, 286–288, 5-10, 292, 311

Goguet, A.-Y., 安托万-伊夫·戈盖, 283

Goltzius, Hubert, 胡伯特·高秋思, 2-8

Goujon, Jean, 让·古戎, 1-19

Graevius, J.-G., 约翰·格奥尔格·格雷维斯, 232

Gratien, 格拉提安, 90

Grayson, Donald, 唐纳德·格雷森, 284

Grégoire de Tours, 图尔的格雷戈里, 92–93

Grégoire le Grand, 格雷戈里大帝, 94

Grignon, Pierre-Clément, 皮埃尔·克莱芒·格里尼翁, 250–251, 4-16

Grivaud de La Vincelle, 格里沃德·德·拉·万塞勒, 276

Gronovius, J., 格罗诺维乌斯, 232

Grotius, Hugo (de Groot), 雨果·德赫罗特·格劳秀斯, 227, 358

Guattani, Guiseppe Antonio, 朱塞佩·安东尼奥·瓜塔尼, 4-18

Guenièvre, 关妮薇, 104, 111

Guhr, Engelhard, 恩格哈德·古尔, 3-27

Guibert de Nogent, 吉贝尔·德·诺让, 101, 108

Guizot, François, 弗朗索瓦·基佐, 277

Gustave Adolphe, 古斯塔夫·阿道夫, 159, 175

H

Habicot, Nicolas, 尼古拉·阿比戈,

Hadorph, Joseph, 约瑟夫·哈多夫, 179, 199–200

Hadrien, 哈德良, 128

Halevi, Judah, 犹大·哈列维, 220, 222–223

Halley, Edmund, 艾德蒙·哈雷, 212, *3-29*

Hamilton, William, 威廉·汉密尔顿, 258, *4-30*

Hammurabi, 汉穆拉比, 23–25

Harriot, Thomas, 托马斯·哈里奥特, 225

Harvey, William, 威廉·哈维, 189

Havelberg, Anselme de, 哈维堡的安瑟姆, 108

Haug von Maxen, 豪格·冯·马克森, *2-14*

Hazard, Paul, 保罗·阿扎尔, 230

Hécatée de Milet, 米利都的赫卡泰, 71

Heemskerck, Martin van, 马丁·范·赫姆斯科克, *2-3, 2-7*

Heere, Lucas de, 卢卡斯·德·海尔, 149, *2-17*

Hellanikos, 赫拉尼科斯, 70

Hendrik III Van Cleve, 亨德里克·范·克里夫三世, *2-2*

Hennepin, Louis, 路易·亨内平, 296

Henri VI, d'Allemagne, 亨利六世, 100

Henri VIII, d'Angleterre, 亨利八世, 139

Héraklès, 赫拉克勒斯, 62, *1-14, 2-8*, 192

Herder, Johann Gottfried, 赫尔德, 123, 261, 287

Héric, 欧塞尔圣日耳曼修道院僧侣埃里克, 95–96

Hermann, Leonhard David, 莱昂哈德·大卫·赫尔曼, 204, *3-22*

Hérodote, 希罗多德, 15, 51–53, 60, 64, 71, 117, 292

Hésiode, 赫西俄德, 77

Hesse, prince Moritz de, 黑森的莫里茨王子, 161

Heyne, Christian-Gottlob, 克里斯蒂安-戈特洛布·海涅, 287

Hippias, 希庇阿斯, 68–70, 331

Hobbes, Thomas, 托马斯·霍布斯, 189, 196

Hogenberg, Frans, 霍根伯格, 导言 *-3, 4-7*

Hölderlin, 荷尔德林, 292

Homère, 荷马, 54–56, *1-5*, 64, 119, 339, 346, 358

Hooke, Robert, 罗伯特·胡克, 229

438 征服过去：考古学的起源

Hotman, François，弗朗索瓦·霍特曼，134
Hotman, Jean，让·霍特曼，141
Humboldt, Wilhelm von，威廉·冯·洪堡，261, 304, 307–308
Hunter, Michael，迈克尔·亨特，190
Hutten, Ulrich von，乌尔里希·冯·胡滕，2-7

I–J

Imperato, Ferrante，费兰特·因佩拉托，160, 2-30, 170–172, 174
Isarn, abbé，伊萨恩修道院，1-29
Iselin, Jacques Christophe，巴塞尔古物学家伊斯林，4-5, 265, 273
Jefferson, Thomas，托马斯·杰斐逊，262, 5-1, 366
Jérôme, saint，圣杰罗姆，107
Jobert, Louis，路易·约伯特，3-7
Jomard, Edme，埃德姆·若马尔，293, 5-13
Jones, Inigo，伊尼戈·琼斯，194
Joseph d'Arimathie, saint，亚利马太的圣约瑟，111
Jouannet, François，弗朗索瓦·朱安内，276, 288, 346
Jussieu, Antoine de，安托万·德·朱西厄，263–264, 267–268, 315, 365

K

Kendrick, T. D.，肯德里克，104
Khaemois，卡埃莫伊斯，6, 328
Khosroés II，科斯鲁二世，41, 84
Kircher, Athanase，阿塔纳修斯·基歇尔，2-35
Knorr, G.W.，克诺尔，4-27
Kornerup, J.，雅各布·科纳鲁普，5-17
Kritoboulos d'Imbros，伊姆布罗斯的克立托波洛斯，117, 120, 339
Kurigalzu II，库里加尔祖二世，39

L

Laborde, Alexandre de，亚历山大·德·拉博德，276
Lachmann, Karl，卡尔·拉赫曼，304
Lafitau, Joseph-François，约瑟夫-弗朗索瓦·拉菲托，263
La Gardie, Magnus Gabriel de，马格努斯·加布里埃尔·德·拉加尔迪，198
Lair, P. A.，莱尔，277
Lamarck, Jean-Baptiste，让-巴蒂斯特·拉马克，286, 291
Laming-Emperaire, Anette，安内特·拉明-昂珀雷尔，274
Lapeyrère, Isaac de，伊萨克·德·拉

培伊埃尔，161，220–222，4-1，226–232，264，269，283，358

La Ramée, Pierre de, (voir Ramus, Petrus)，皮埃尔·德·拉·拉梅，160

La Rue, abbé de，德·拉·鲁神父，278

La Sauvagère, Félix Le Royer de，菲利克斯·勒华耶·德·拉·索瓦热尔，249，262，266，364

Lavardin, Hildebert de，拉瓦尔丹的伊尔德贝，100

Laverentzen, Johann，约翰·拉维伦岑，296

Le Beau, Charles，夏尔·勒·博，238

Legendre，勒让德，250

Legrand d'Aussy, Pierre，皮埃尔·勒格朗·道西，273–276，283，288

Leibniz, Wilhelm Gottfried，戈特弗里德·莱布尼茨，205

Leland, John，约翰·利兰，139–140

Leman, Thomas，托马斯·勒曼，280

Lenoir, Alexandre，亚历山大·勒努瓦，275

Lenormand, Charles，夏尔·勒诺曼，304

Léon X，利奥十世，126，339

Léonard de Vinci，列奥纳多·达·芬奇，228

Leopardi, Giacomo，贾科莫·莱奥帕尔迪，304

Lepenies, Wolf，沃尔夫·勒佩尼斯，269

Leroi-Gourhan, André，安德烈·勒罗伊 – 古尔汉，12，14，321

Léry, Jean de，让·德·莱里，53

Lessing, G. E.，莱辛，261

Lévi-Strauss, Claude，克劳德·列维 – 施特劳斯，14

Leto, Pomponio，蓬蓬尼奥·莱托，1-15

Lhuyd, Edward，爱德华·吕伊德，198

Lichas，利喀斯，61–62

Ligorio, Pirro，皮尔罗·利戈里奥，127–131，2-4，136–137，179

Lindeberg, Peter，彼得·林德伯格，2-19

Lindenschmidt, Ludwig，路德维希·林登施密特，288

Li Shaojun，李少君，83

Li-Shi-Tschin，李时珍，2-13

Li Shouli，李寿礼，84

Liu Chang，刘敞，86

Locke, John，约翰·洛克，189，196

Louis le Pieux，虔诚者路易，99

Loup Servat, abbé de Ferrières，费里埃修道院院长卢普斯，95–96, 99

Lovati, Lovato，洛瓦托·洛瓦蒂，112

Lucien，琉善，107

Lucrèce，卢克莱修，78, 80, 314, 332

Lupicinus，卢皮奇努斯，94–95, 336

Lusieri, Giovanni-Baptista，乔万尼·巴普蒂斯塔·卢西耶里，258, 295

Luther, Martin，马丁·路德，145

Luynes, Honoré-Albert, duc de，奥诺雷–阿尔伯特·吕伊内公爵，276, 304

Lyell, Charles，查尔斯·莱尔，291, 312

M

Mabillon, Jean，让·马比荣，191, 233

McEnnery, John，约翰·麦克内里，290, 311

Maffei, Scipione，西皮奥尼·马菲，244, 262, 273

Magnus, Johannes，约翰内斯·马格努斯，156

Magnus, Olaus，乌劳斯·马格努斯，156–157, *2-24*, *2-25*, 163.

Mahudel, Nicolas，尼古拉·马胡德尔，263–264, 315

Maïmonide，迈蒙尼德，223

Major, Johan Daniel，约翰·丹尼尔·梅杰，204, 206, *3-21*, 208

Majorien，马约里安，90

Malherbe, François de，弗朗索瓦·德·马莱伯，136

Malmesbury, Guillaume de，马姆斯伯里的威廉，336

Mansonario, Giovanni，乔瓦尼·芒雄阿里奥，113

Mantegna, Andrea，安德雷亚·曼特格纳，337–338

Marana, J.-P.，乔瓦尼·保罗·马拉纳，230, 360

Mariette, Pierre，皮埃尔·玛丽特，238

Marliano, Bartolomeo，巴托洛梅奥·马里亚诺，179, 340

Marlowe, Christopher，克里斯托弗·马洛，226

Marschalk, Nicolaus，尼古拉·马夏克，142, *2-11*, 153, 175

Martin, Jacques，雅克·马丁，*4-26*, 265

Maso di Banco，玛索·迪·巴柯，

索引　441

1-39

Mathesius, Johannes, 约翰内斯·马塞修斯, 147–148

Maximilien Ier, empereur d'Allemagne, 马克西米利安一世, 121, *2-28*, *2-29*, 171

Mead, Richard, 理查德·米德, 212

Méhémet, Ali, 穆罕默德·阿里, 293

Mehmet II, 穆罕默德二世, 116, 117, 339

Meisterlin, Sigismond, 西吉斯蒙德·迈斯特林, *1-44*, 116–117, *2-11*, 343

Mercati, Michele, 米凯莱·梅卡蒂, 151, *2-21*, *2-22*, 155, 175, 230, 262–263, 283, 315, 345

Mérimée, Prosper, 普罗斯佩·梅里美, 277

Metternich, Clemens, prince de, 梅特涅王子, 304, 307

Meyer, F. J. L. 迈耶, 287, *5-9*

Michaux, André, 安德烈·米肖, *1-2*, *1-3*

Michel Ier, de Bulgarie, 保加利亚国王米哈伊尔一世, 98

Michelet, Jules, 米什莱, 276

Millin, Aubin-Louis, 奥古斯特-路易·米林, 276

Millingen, James, 詹姆斯·米林根, 304

Momigliano, Arnaldo, 阿纳尔多·莫米利亚诺, 51, 70–71, 77

Mommsen, Théodore, 特奥多尔·蒙森, 303, 334

Mongez, Antoine, 安东尼·蒙热, 289

Monmouth, Geoffrey de, 杰弗里·德·蒙茅斯, 104, 140

Montaigne, Michel Eyquem de, 米歇尔·蒙田, 16

Montelius, Oscar, 奥斯卡·蒙特柳斯, 319–321

Montfaucon, Bernard de, 贝尔纳·德·蒙福孔, 135, 232–236, *4-4*, *4-5*, 241, 249–250, 262, *4-25*, 265, 273, 280, 307, 355

Mortillet, Gabriel de, 加布里埃尔·德·莫尔蒂耶, 319, 321

Mülich, Hector, 埃克托·穆里赫, 117

Müller, Carl Ottfried, 卡尔·奥特弗里德·穆勒, 304

Münster, Sébastien, 塞巴斯蒂安·明斯特, 145, 356

Muratori, L. A., 穆拉托里, 243

Mushard, Martin, 马丁·穆沙德, 362

N

Nabonide，纳波尼德，6，22–25，27–28，32，36，39，43，49，52

Nabopolassar，那波帕拉萨尔，22

Nabu-apal-iddina，那普－阿普拉－伊地那，38，328

Nabuchodonosor，尼布甲尼撒，22，24–25，导言-6，40，49

Nabu-zer-lishir，纳布－泽尔－里什耳，39

Naudé, Gabriel，加布里埃尔·诺德，161

Necker, Jacques，雅克·内克尔，249

Néron，尼禄，63，67，94–95

Newton, Isaac，艾萨克·牛顿，189，212，3-29

Nicolas Ier le Grand, pape，教皇尼古拉一世，98

Niebuhr, Barthold，巴特霍尔德·尼布尔，304

Nizami de Ganjah，尼扎米，42

Nora, Pierre，皮埃尔·诺拉，21

Numa Pompilius，努马·庞皮利乌斯，1-1

Nünningh, J. H.，努宁，204，3-18，3-19

Nyerup, Rasmus，拉斯穆斯·尼厄鲁普，283

O

Oglander, Sir John，约翰·奥格兰德，141–142

Oldenburg, Peter von，奥尔登堡公爵彼得，5-9

Olearius, Johann Christoph，约翰·克里斯托弗·奥勒留斯，204，3-20

Oreste，奥瑞斯特，60–61

Orose，奥罗修斯，95

Orscand，欧斯康，101

Ortelius, Abraham，亚伯拉罕·奥特柳斯，141

Oudaans, Joachim，约阿希姆·奥丹斯，3-11

Owen, George，乔治·欧文，3-28，229

Owen, Stephen，宇文所安，85

P

Paciaudi, Paolo-Maria，保罗－马里亚·帕奇奥迪，238，242

Palissy, Bernard，伯纳德·帕利西，228–230

Panofka, Theodor，希奥多·帕诺夫卡，304

Paracelse, Theophrastus Bombastus von Hohenheim，帕拉塞尔苏斯（Paracelsus），德奥弗拉斯特·博姆巴斯茨·冯·霍恩海姆，导

索引　443

言-*13*, 224–225
Pâris, Matthiew, 马修·帕里斯, 104–105, 108
Pascal, Blaise, 帕斯卡尔, 348
Passeri, Giovan Battista, 乔瓦尼·巴蒂斯塔·帕塞里, *5-18*
Pausanias, 保萨尼亚斯, 54–56, *1-4*, 62, 64–66, 83, 139
Pauw, Cornelius de, 德·堡, 283
Peale, Charles Wilson, 查尔斯·威尔逊·皮尔, *4-29*
Peiresc, Nicolas Fabri de, 尼古拉斯·法布里·德·佩雷斯克, 117, 132, 134, *2-10*, 136–139, 141, 153–155, 160–161, 179, 189, 194, *3-32*, 226, 231, 238, 246, 248, 346
Pengelly, William, 威廉·朋格利, 311–312
Pépin le Bref, 矮子丕平, 112
Petau, Paul, 保罗·佩托, *3-1*, *3-2*
Pétrarque, 彼特拉克, 6, 110, 114–115, *1-45*, 137
Petri, Olaus, 奥劳斯·彼得里, 157
Phèdre, 淮德拉, 110, *1-42*, *1-43*
Phidias, 菲迪亚斯, 254
Photius, 佛提乌, 92
Picard, Casimir, 卡西米尔·皮卡尔, 276, 289–290, 309

Picardt, Johan, 约翰·皮卡特, 21, 导言-*4*, 150, 204
Piccolomini, Enea Silvio (Pie II), 恩尼亚·席维欧·皮可洛米尼（庇护二世）, 117, 119–121, 339
Pie II, (voir Piccolomini), 庇护二世（皮可洛米尼）
Piggott, Stuart, 斯图尔特·皮戈特, 153, 212
Pindare, 品达, 28–30, 导言-*9*, 32
Pinon, Pierre, 皮埃尔·皮农, 251
Pintard, René, 勒内·平达尔, 220, 226
Pisano, Nicola, 尼古拉·皮萨诺, 110, *1-43*
Pitt-Rivers, Augustus, 奥古斯都·皮特-里弗斯, 319–321
Platon, 柏拉图, 13, 33, 66, 68, 71, 77, 214, 331
Pline, 普林尼, 65–66, 127, 151, 183, 202, 345, 356
Plot, Robert, 罗伯特·普洛特, *3-13*, 198, 283
Plutarque, 普鲁塔克, 59, 62–63
Polani, Nicolo, 尼科洛·波拉尼, *2-1*
Polo, Marco, 马可·波罗, 53
Polybe, 波利比乌斯, 53, 68, 75
Pomian, Krzysztof, 克日什托

夫·波米安, 19-20, 35, 127, 167-168

Pompée, 庞培, 72

Popkin, R. H., 波普金, 225

Poussin, Nicolas, 尼古拉·普桑, 2-9

Prestwich, John, 约翰·普雷斯特威奇, 312

Procope, 普罗柯比, 90

Q

Quicchelberg, Samuel von, 萨缪尔·冯·奎西伯格, 168, 170, 174

Quatremère de Quincy, 卡特勒梅尔·德·坎西, 304

Querfurt, Conrad de, 奎尔富特的康拉德, 100

R

Rabelais, François, 弗朗索瓦·拉伯雷, 6, 导言-3, 340

Ragvaldi, Nicolaus, 尼古拉·拉格瓦尔德, 156

Raleigh, Walter, 沃尔特·雷利, 225

Ramus, Petrus, 彼得吕斯·拉米斯, 134, 160

Ranke, Leopold von, 利奥波德·冯·兰克, 80

Rantzau, Heinrich, 海因里希·兰曹, 150, 2-19, 2-20, 157, 164, 2-27

Raphaël, 拉斐尔, 126-128, 137, 187, 339, 342

Renan, Ernest, 欧内斯特·勒南, 123

Revett, Nicholas, 尼古拉斯·里维特, 4-20, 257

Rhode, Andreas Albert, 安德雷亚斯·阿尔伯特·罗德, 205-206, 208, 3-26, 227, 236, 356, 363

Rhode, Christian Detlev, 克里斯蒂安·德特列夫·罗德, 205-206

Richard Ier, d'Angleterre, 英王理查一世, 104

Rienzo, Cola di, 柯拉, 114

Ristoro d'Arezzo, 阿雷佐的雷斯托罗, 110

Robien, Christophe-Paul de, 克里斯托弗-保罗·德·罗比恩, 249, 4-17, 266

Rodolphe II, empereur d'Allemagne, 鲁道夫二世, 148

Ronsard, Pierre de, 皮埃尔·德·龙沙, 132

Rosinus, Bartholomé, 巴托洛梅乌斯·罗西努斯, 2-5, 232

索引 445

Roy Mata, 罗伊·马塔, 30–32, 导言 -10, 导言 -11, 36

Rubens, P. P., 鲁本斯, 2-8, 2-10, 136, 155, 346

Rudalt, 鲁达勒, 101, 335

Rudbeck, Olof, 奥洛夫·鲁德贝克, 152, 200–202, 3-14, 3-15, 3-16, 208, 215, 243, 351, 358

Ruprecht, saint, 圣鲁普雷希特, 92, 94–95

S

Sacy, Sylvestre de, 西尔维斯特·德·萨西, 296

Saint-Fond, B. Faujas de, 福贾斯·德·圣冯德, 4-28

Sainte-Madeleine, 圣玛达肋纳, 1-32

Saint-Non, J. C. R., abbé de, 圣农修道院院长, 4-10

Salt, Henry, 亨利·萨尔特, 293

Sambucus, Johannes, 约翰内斯·桑布库斯, 2-6

Saxe, Anne de, 萨克森的安娜, 145

Saxe, prince électeur de, 萨克森选帝侯, 145

Saxo Grammaticus, 萨克索·格拉玛提库斯, 156

Schelling, Friedrich W., 弗里德里希·谢林, 304

Scheuchzer, Johann Jacob, 约翰·雅各布·修伊兹勒, 5-6, 284

Schinkel, Karl Friedrich, 卡尔·弗里德里希·申克尔, 4-24

Schleswig, duc de, 什勒斯维希公爵, 146

Schliemann, Heinrich, 海因里希·施里曼, 307

Schmerling, Philippe-Charles, 菲利普-夏尔·施梅林, 5-11, 291, 308

Schnapper, Antoine, 安东尼·施纳珀, 246

Schoepflin, Jean-Daniel, 让-丹尼尔·肖普夫林, 4-15, 250, 265

Scilla, Agostino, 阿戈斯蒂诺·斯奇拉, 229, 4-3, 283

Séféris, 塞费里斯, 17

Septimius, Lucius 卢修斯·塞普提米乌斯, 63

Serres, Marcel de, 马塞尔·德·塞尔, 291

Settala, Manfredo, 曼弗雷多·塞塔拉, 2-33

Settis, Salvatore, 萨尔瓦多·塞提斯, 109

Shamash, 沙玛什, 太阳神 22–24, 38, 40, 328

Shar-kali-sharri, 沙尔-卡利-沙尔

446　征服过去：考古学的起源

利，40

Shirin，希琳，42，导言-16

Shihuang-di, Qin，秦始皇，26，28，导言-7，导言-8，36

Sibbald, Robert，罗伯特·锡博尔德，3-9

Siegfried，齐格弗里德，121

Sima Qian，司马迁，26-27，35，81，83

Snorri Sturluson，斯诺里·斯蒂德吕松，199

Socrate，苏格拉底，68，69，331

Song, dynastie，宋朝，1-20，84，86

Soret, Frédéric，弗里德里克·索雷特，286

Spanheim, Ezechiel，斯潘海姆，181-182，186，194

Spelman, John，约翰·斯佩尔曼，141

Spon, Jacques，雅克·斯彭，182，3-3，185-186，194，273，349

Stabius, Joannes，约翰内斯·斯塔比乌斯，2-28

Steenstrup, Japetus，史汀史翠普，300

Sténon, Nicolas，尼古拉斯·斯坦诺，4-2，229，283，365

Strabon，斯特拉波，35-36，43，103

Stuart, James，詹姆斯·斯图尔特，4-19，4-20，257，258

Studion, Simon，西蒙·斯图迪翁，2-16

Stukeley, William，威廉·斯图克利，21，2-36，212-215，3-29，3-30，3-31，227，5-3，353，357

Suger, abbé de Saint-Denis，圣但尼修道院院长叙热，108

T

Tacite，塔西佗，65，67，120，153-154，227，339

Taillepied, Noël，诺艾尔·达尤皮耶，134

Tancrède de Sicile，西西里国王坦克雷迪，104

Tanucci, Bernardo，贝尔纳多·塔努奇，243

Théodoric，狄奥多里克，90-91，1-25，197，335

Théodose，狄奥多西，93，95

Théophraste de Hohenheim，德奥弗拉斯特·博姆巴斯茨·冯·霍恩海姆，[参见帕拉塞尔苏斯（Paracelse）]

Thomsen, Christian Jürgensen，克里斯蒂安·于恩森·汤姆森，296-299，5-16，301，370

Thorwaldsen, Bertel，贝特尔·托

索引 447

瓦尔森，304

Thou, Jacques Auguste de, 雅克·奥古斯特·德·图, 136

Thrasybule, 特拉西布尔, 30

Thucydide, 修昔底德, 15, 34, 36, 53–54, *1-4*, 56–59, 70–71, 75, 77, 79–80, 114

Tischbein, Wilhelm, 威廉·蒂施贝因, *4-30*, *5-9*, *5-10*

Tite-Live, 蒂托-李维, *1-1*, 114

Titien, Tiziano Vecellio, dit le, 提香, 187

Ti Tongoa Liseiriki, 提·同伽·里瑟瑞吉, 31

Tournal, Paul, 保罗·图尔纳, 291, 308

Traullé, L. J., 特罗莱, 289

Trudaine, D.C., 特鲁丹, 248

Twitchett, Denis, 丹尼斯·崔瑞德, 317

U

Uber, Georg, 乔治·乌伯, 145

Uberti, Fazio degli, 法齐奥·德利·乌贝蒂, *1-50*

Ulysse, 尤利西斯, 64, 334

Unger, Eckard, 埃卡德·翁格尔, 40

V

Vacca, Flaminio, 弗拉米尼奥·瓦卡, 201–202

Vair, Guillaume du, 纪尧姆·德·维尔, 136

Valens, 瓦伦斯, 90

Valentinien, 瓦伦提尼安, 90

Vanini, G. C., 朱利奥·切萨雷·瓦尼尼, 226

Varron, 瓦罗, 68, *1-15*, *1-16*, 72, 74–75, 77, 80, 88, 116–117, 125, 151, 162, 236

Vauban, Sébastien, maréchal de, 塞巴斯蒂安·沃邦元帅, 248

Vaultier, M. C., 沃蒂尔, 277

Vercingétorix, 维钦托利, 95

Verelius, Olof, 奥洛夫·韦雷利乌斯, 198–200

Verrès, 韦雷斯, 67

Vespasien, 韦斯巴芗, 114

Virgile, 维吉尔, *1-13*

Virgile, Polydore, 波利多·维吉尔, 140

Visconti, Ennio Quirino, 恩尼奥·奎里诺·维斯孔蒂, 261

Viterbe, Annio de, 维泰博的安尼奥（Annio da Viterbo）, 342

Vitruve, 维特鲁威, *导言-1*, *1-17*, *1-19*, 115, 202, 273

Voltaire，伏尔泰，254，262，363
Vossius, J. G.，沃修斯，163
Vulpius, C. A.，武尔皮乌斯，288

W

Wace, Robert，罗伯特·华斯，63
Wake, William，威廉·韦克，214
Walch, J.E.，沃尔奇，*4-27*
Walpole, Horace，霍勒斯·沃波尔，243–244
Weiss, Roberto，罗伯托·魏斯，110
Welcker, F. G.，弗里德里希·戈特利布·威尔克，304
Westphalen, E.-J. de，恩斯特-约阿希姆·德·威斯特法伦，*2-11*
Wheeler, Sir Mortimer，莫蒂默·惠勒，106，350，367
Winckelmann, Johann，约翰·约阿希姆·温克尔曼，244，249，254，259–262，*4-24*，269，287，292，302，304–305，319，351，361，367
Wolf, F.A.，弗里德里希·奥古斯特·沃尔夫，307
Woodward, John，约翰·伍德沃德，283
Worm, Ole，奥勒·沃姆，44，153，155，*2-23*，160–167，*2-26*，*2-27*，170–171，174–175，177，179–180，188，190–191，194–195，197，200–201，224，227–228，236，273–274，319，360
Worsley, Richard，理查德·沃斯利，258
Worsaae, Jens Jacob，耶恩·雅各布·沃尔塞，299–300

X

Xénocrate，色诺克拉底，28，30
Xie Huilian，谢惠连，81，329，330

Z

Zhao Mingcheng，赵明诚，81，85
Zoëga, Georg，尤尔根·佐加，304

参考书目

补充书目（2020）

自《征服过去》出版以来，有许多研究致力于探索古物学家和考古学的历史主题，尤其是 B. Anderson 和 F. Rojas 的合集（2017）。在史前时期的研究方面，R. Bradley（2002）的工作更新了这一主题，并由 J. Assmann 和 K. Müller（2005）补充。对于中国文化，L. von Falkenhausen（2010）和 Wu Hung（2010 及 2012）的研究开辟了新的视角，M. Papini（2011）为古典世界提供了新的见解。在西方中世纪领域，L. Clemens（2003）和在伊斯兰世界的 O. El-Daly（2005）的研究揭示了新的资料。文艺复兴和启蒙时代的古物研究受到了广泛关注，如 P. Miller（2015）以及 P. Miller 和 F. Louis（2012）关于西方古物研究和中国古物研究之间关系的研究。此外，对于西方古物研究，P. Jacks（1993）、I. Bignamini 和 E. Hornsby（2010）、D. Hakelberg 和 I. Wiwjorra（2010），以及 D. Boschung 和 A. Schäfer（2017）的研究也很重要。T. Murray（2014）的论文探讨了古物研究与考古学之间的关系，O. Jensen（2012）的著作也涉及这一问题。N. Schlanger 和 J. Nordbladh（2010）提供了关于纪念实践及其与考古学关系的全面视角。B. Sasse（2012—2017）编写了一部涵盖至 21 世纪的古物研究和考古学通史。除此之外，还有 B. Trigger 的第二版《考古思想史》（2006），N. de Grummond 的《古典考古学史百科全书》（1996），T. Murray 的《考古学史百科全书》（2001），以及 S. Dyson（2006）和 M. Diaz-Andreu（2008）的最新综合研究。J. Alcina Franch（1995）和 L. López-Luján（2017）的著作提供了南美古物研究史的全新视角。

Alcina Franch 1995

José Alcina Franch, *Arqueologos o Anticuarios, Historia antigua de la Arqueologia en la Americas Espanola*, Barcelone, Ediciones del Sebal, 1995.

Anderson et Rojas 2017

Benjamin Anderson, Felipe Rojas (éd.), *Antiquarianisms. Contact, Conflict, Comparison*, Oxford et Philadelphie, Oxbow Books.

Assmann et Müller 2005

Jan Assmann, Klaus E. Müller, *Der Ursprung der Geschichte, Archaische kulturen, das alte Ägypten und das frühe Griechenland*, Stuttgart, Klett-Cotta.

Bignamini et Hornsby 2010

Ilaria Bignamini et Clare Hornsby, *Digging and Dealing in Eighteenth-Century Rome*, New Haven, Yale University Press.

Boschung et Schäfer 2017

Dietrich Boschung et Alfred Schäfer (éd.), *Monumenta Illustrata. Raumwissen und antiquarische Gelehrsamkeit*, Leyden, Fink Verlag, 2017.

Bradley 2002

Richard Bradley, *The Past in Prehistoric Societies*, Londres, Routledge.

Clemens 2003

Lukas Clemens, *Tempore Romanorum constructa. Zur Nutzung und Wahrnehmung antiker Überreste nördlich der Alpen während des Mittelalters*, Stuttgart, Hiersemann;

El-Daly 2005

Okasha El-Daly, *Egyptology. The Missing Millenium. Ancient Egypt in Medieval Arabic Writings*, Londres, University College of London Press.

De Grummond 1996

Nancy Thomson de Grummond, *Encyclopedia of the History of Classical Archaeology*, Londres, Routledge, 1996.

Diaz-Andreu 2008

Margareta Diaz-Andreu, *A World History of Nineteenth-Century Archaeology. Nationalism, Colonialism, and the Past*, "Oxford Studies in the History of Archaeology", Oxford, Oxford University Press, 2008.

Dyson 2006

Stephen L. Dyson, *In Pursuit of Ancient Pasts. History of Classical Archaeology in the Nineteenth and Twentieth Century,* New Haven et Londres, Yale University Press, 2006.

Falkenhausen 2010

Lothar von Falkenhausen, "Antiquarianism in Eastern Zhou Bronzes and its significance", *in* Wu 2010, p. 77–102.

Hakelberg et Wiwjorra 2010

Dietrich Hakelberg et Ingo Wiwjorra (éd.), *Vorwelten und Vorzeiten. Archäologie als Spiegel historischen Bewusstseins in der Frühen Neuzeit*, Wolfenbütteler Forschungen, hrsg. von der Herzog August Bibliothek, Band 124, Wiesbaden, Harrassowitz Verlag.

Jacks 1993

Philip Jacks, *The Antiquarian and the Myth of Antiquity. The Origins of Rome in Renaissance Thought*, Cambridge, Cambridge University Press, 1993.

Jensen 2012

Ola Wolfhechel Jensen (éd.), *Histories of Archaeological Practices*, Stockholm, The National Historical Museum, 2012.

López Luján 2017

Leonardo López Luján, *Arqueología de la arqueología: ensayos sobre los orígenes de la disciplina en México*, Mexico, INAH/Raíces, 2017.

Miller 2015

Peter Miller, *L'Europe de Peiresc*, Paris, Albin Michel ; Peter Miller, *History and its Objects. Antiquarianism and Material Culture since 1500*, Ithaca et Londres, Cornell University Press, 2015.

Miller et Louis 2012

Peter Miller et François Louis, *Antiquarianism and Intellectual Life in Europe and China, 1500–1800*, Ann Arbor, University of Michigan Press, 2012.

Murray 2001

Tim Murray, *Encyclopedia of Archaeology. History and Discoveries*, Santa Barbara, ABC-Clio, 2011.

Murray 2014

Tim Murray, *From Antiquarian to Archaeologist. The History and Philosophy of Archaelogy*, Barnsley, Pen and Sword, 2014.

Nordbladh et Schlanger 2010

Nathan Schlanger et Jarl Nordbladh (éd.), *Archives, ancestors, practices. Archaeology in the light of its history,* New York et Oxford, Berghahn, 2010.

Papini 2011

Massimiliano Papini, *Città sepolte e rovine nel monde greco e romano*, Rome, Laterza, 2011.

Sasse 2012–2017

Barbara Sasse, *Der Weg zu einer archäologischen Wissenschaft.* Band 1, *Die Archäologien von der Antike bis 1630*, Band 2, *Die Urund Frühgeschichtliche Archäologie 1630–1850*, Berlin, De Gruyter, 2012-2017.

Trigger 2006

Bruce Trigger, *A History of Archaeological Thought,* seconde édition, Cambridge, Cambridge University Press, 2006.

Wu Hung 2010

Wu Hung (éd.), *Reinventing the Past, Archaism and Antiquarianism in Chinese Art and Visual Culture*, Chicago (Ill.), University of Chicago, Center for the Art of East Asia.

Wu Hung 2012

Wu Hung, *A Story of Ruins. Presence and Absence in Chinese Art and Visual Culture*, Londres, Reaktion Books, 2012.

第一版书目（1993）

1880年，Carl Bernhardt Stark 在莱比锡出版了他的《艺术考古学的系统与历史》，这是当时最博学且最完整的考古学历史，尽管它仅限于古典考古学。一个多世纪后，这样的传记和书目工作显得过于庞大。因此，这里提供的书目是有限的，仅包括书中引用的标题和一些综合研究。目前最完整的一般书目包括 Hildebrandt（1937），Daniel（1978），Bouzek 等（1983），Trigger（1989）。这些需要通过 Willey 和 Sabloff（1980）关于美洲的研究以及 Chang（1986）关于中国的研究来补充。Glyn Daniel 在他 1978 年的书中列出了主要的考古文选。本书中的书目仅限于一些较少为人知的文本，其目的只是强调书中提到的一些方面。我的信息很大程度上依赖于 Stemmermann（1934）、Gummel（1938）、Abramowicz（1938）、Settis（1984）、Pinon（1991）的研究。我对 Glyn Daniel 和 Stuart Piggott 的作品的依赖是显而易见的。

AbdelSalam 1970

Chadi AbdelSalam (réalisateur), *La nuit où on compte les années*, film plus connu sous le titre : *La Momie*, 1970.

Abel 1939

Othenio Abel, *Vorzeitliche Tierreste im Deutschen Mythus, Brauchtum und Volksglauben*, Fischer, Iéna, 1939.

Abramowicz 1983

Andrzej Abramowicz, *Dzieje Zainteresowan starozytniczych w Polsce* (Histoire de l'antiquarisme en Pologne), 2 volumes, Polska akademia Nauk, Wroclaw, 1983–1987.

Adhémar 1937

Jean Adhémar, *Influences antiques dans l'art du Moyen Age français, recherche sur les sources et les thèmes d'inspiration*, The Warburg Institute, Londres, 1937.

Agostino 1587

Antonio Agostino, *Dialogos de Medallas, inscriciones y otras antiguedades*, Tarragone, 1587.

Armitage Robinson 1926

J. Armitage Robinson, *Two Glastonbury Legends, King Arthur and St Joseph of Arimathea*, Cambridge University Press, Cambridge, 1926.

Aubrey 1980–1982

John Aubrey, *Monumenta Britannica*, R. Legg et J. Fowles ed., Dorset Publishing Company, Kno-Na-Cre, Milborne Port, 1980–1982.

Aufrère 1936

Louis Aufrère, *Essai sur les premières découvertes de Boucher de Perthes et les origines de l'archéologie primitive (1838–1844)*, L. Staude, Paris, 1936.

Aufrère 1990

Sydney H. Aufrère, *La Momie et la Tempête, Nicolas Claude Fabri de Peiresc et la mémoire égyptienne en Provence au début du xviie siècle*, Barthélémy, Avignon, 1990.

Bacon 1627

Francis Bacon, *Sylva Sylvarum or a Natural History in Ten Centuries*, Londres, 1627.

Bacon 1840

Francis Bacon, *Novum Organum 1620*, Wuttig, Leipzig, 1840.

Beaune 1985

Colette Beaune, *Naissance de la nation France*, Gallimard, Paris, 1985.

Bercé 1986

Françoise Bercé, "Arcisse de

Caumont et les sociétés savantes" in P. Nora éd., *Les Lieux de mémoire*, II, 2, *La Nation*, Gallimard, Paris, 1986, p. 533–594.

Berghaus 1983

Peter Berghaus (ed), *Der Archäologue, Graphische Bildnisse aus dem Porträtarchiv Diepenbroick*, Landschaftsverband Westfalen Lippe, Münster, 1983.

Bergier 1622

Nicolas Bergier, *Histoire des grands chemins de l'Empire romain*, Paris, 1622.

Bianchini 1697

Francesco Bianchini, *La istoria universale provata con monumenti e figurata con simboli*, Rome, 1697 (édition de 1747).

Biedermann 1890

W. von Biedermann, *Goethes Gespräche, 7, 18291830*, Leipzig 1890.

Borges 1957

Jorge Luis Borges, "Tlön uqbar orbis tertius", *in Fictions*, Gallimard, Paris, 1957.

Borges 1964

Jorge Luis Borges, "De la rigueur de la science", *in Histoire de l'infamie, Histoire de l'éternité*, UGE, Paris, 1964.

Borges 1986

Jorge Luis Borges, "La Muraille et les livres", *in Enquêtes*, Gallimard, Paris, 1986.

Borges 1999

Jorge Luis Borges, *OEuvres complètes*, tome II, Paris, Gallimard, 1999.

Boucher de Perthes 1847

Jacques Boucher de Perthes, *Antiquités celtiques et antédiluviennes, Mémoire sur l'industrie primitive et les arts à leur origine*, Treuttel et Würtz, Paris 1847–1864.

Boulanger 1756

Nicolas Antoine Boulanger, *L'Antiquité dévoilée par ses usages ou Examen critique des principales opinions, cérémonies et institutions religieuses et politiques des différents peuples de la terre*, Amsterdam, 1756.

Bourdier 1993

Marc Bourdier, "Le Mythe et l'industrie ou la protection du patrimoine culturel au Japon", *in Genèses, Sciences sociales et Histoire*, n°11, 1993, p. 82–110.

Bouzek 1983

Jan Bouzek, Miroslav Buchvaldek, Philippos Kostomitsopoulos, Karel Sklenar, *Dejiny archeologie* (Histoire de l'archéologie), 2 volumes, Éditions pédagogiques de l'État, Prague, 19831984.

De Broglie 1891

Emmanuel de Broglie, *La Société de l'abbaye de Saint-Germain-des-Prés au xviiie siècle. Bernard de Montfaucon et les Bernardins*, Plon, Paris, 1891.

Browne 1650

Thomas Browne, *Hydriotaphia, Urn Burial or a Discourse of the Sepulchral Urns Lately Found in Norfolk*, Londres, 1650, traduit de l'anglais par Dominique Aury, Gallimard, Paris, 1970.

Bruno 1879

Giordano Bruno, *Opera Latina Conscripta*, édition F. Fiorentino *et al.*, Naples, 1879–1891, I, 2.

Buckland 1823

William Buckland, *Reliquiae diluvianae*, Murray, Londres, 1823.

Buffon 1776

G.L. Leclerc de Buffon, *Des époques de la nature*, tome XXIX d'*Histoire naturelle générale et particulière*, Paris, 1749–1804.

Cassin 1969

Elena Cassin, "Cycles du temps et Cadres de l'espace en Mésopotamie ancienne", *in Revue de synthèse*, n°56, 1969, p. 242–247.

Caylus 1752

Anne Claude François de Caylus, *Recueil d'antiquités égyptiennes, étrusques, grecques et romaines*, 7 volumes, Paris, 1752–1757.

Chang 1986

Kwang-chih Chang, *The Archaeology of Ancient China*, Yale University Press, New Haven et Londres, 1986 (4).

Chavannes 1967

Édouard Chavannes, *Les Mémoires historiques de Se-ma Ts'ien*, traduit par E.C., Librairie d'Amérique et d'Orient, Paris, 1967.

Cheng Yong et Li Tong 1983

Cheng Yong et Li Tong, "Studies of the Mercury Interred in Qin Shi Huan's Tomb", in *KAOGU* (Archaeology), 7, 1983.

Cheynier 1936

André Cheynier, *Jouannet grand-père de la préhistoire*, Société archéologique du Périgord, Brive, 1936.

Chippindale 1983

Christopher Chippindale, *Stonehenge Complete*, Cornell University Press, Ithaca et Londres, 1983.

Clunas 1991

Craig Clunas, *Superfluous Things, Material Culture and Social Status in Early Modern China*, Polity Press, Cambridge, 1991.

Cohen et Hublin 1989

Claudine Cohen et Jean-Jacques Hublin, *Boucher de Perthes, 1788-1868 et les Origines romantiques de la préhistoire*, Belin, Paris, 1989.

Colt Hoare 1810

Richard Colt Hoare, *The History of Ancient Wiltshire*, Londres, 1810-1812.

Constantine 1984

David Constantine, *Early Greek Travellers and the Hellenic Ideal*, Cambridge University Press, Cambridge, 1984.

Cooper 1977

Richard Cooper, "Rabelais and the topographia antiquae Romae of Marliani", in *Travaux d'humanisme et de Renaissance*, CLXII, Droz, Genève, 1977, p. 71-87.

Cooper 1988

Richard Cooper, "Humanistes et antiquaires à Lyon", in *Il Rinascimento a Lione, Atti del Congresso internazionale*, ed. dell' Ateneo, Rome, 1988, p. 161-174.

Cuvier 1801

Georges Cuvier, "Extrait d'un ouvrage sur les espèces de quadrupèdes dont on a trouvé les ossements dans l'intérieur de la terre...", in *Journal de physique*, 1801, LII, p. 253-257.

Cuvier 1841

Georges Cuvier, *Histoire des sciences naturelles, depuis leur origine jusqu'à nos jours, chez tous les peuples connus*, Fortin, Paris, 1841.

Daniel 1978

Glyn Daniel, *150 Years of Archaeology*, Duckworth, Londres, 1978.

Daniel 1981

Glyn Daniel, *Toward a History of Archaeology*, Thames and Hudson, Londres, 1981.

Daniel et Renfrew 1986

Glyn Daniel et Colin Renfrew, *The Idea of Prehistory*, Edinburgh University Press, Édimbourg, 1986.

Darwin 1887

Francis Darwin ed., *The Life and Letters of Charles Darwin, Including an Autobiographical Chapter*, Murray, Londres, 1887.

Demoule, Garcia, Schnapp 2018

Jean-Paul Demoule, Dominique Garcia, Alain Schnapp (éd.), *Une histoire des civilisations, Comment l'archéologie bouleverse nos connaissances*, Paris, La Découverte, 2018.

Dombrovski 1979

Iouri Dombrovski, *Le Conservateur des antiquités*, Julliard, Paris, 1979.

Dubois 1972

Claude Gilbert Dubois, *Celtes et Gaulois au xvie siècle : le développement littéraire d'un mythe nationaliste*, Vrin, Paris, 1972.

Esper 1774

J. F. Esper, *Description des zoolithes nouvellement découverts d'animaux quadrupèdes inconnus et des cavernes qui les renferment dans le margraviat de Bayreuth au-delà des monts*, traduit par J. F. Isenflamm, Nuremberg, 1774.

Etienne 1990

Roland et Françoise Etienne, *La Grèce antique, archéologie d'une découverte*, Gallimard, Paris, 1990.

Finley 1981

Moses I. Finley, *Mythe, Mémoire, Histoire. Les usages du passé*, Flammarion, Paris, 1981.

Franz 1945

Leonhard Franz, *Goethe und die Urzeit*, Innsbruck, 1945, Innsbruck Universitätsverlag, Wagner, 1945.

Frere 1800

John Frere, "Account of Flint

Weapons Discovered at Hoxne in Suffolk", in *Archaeologia 13*, 1800, p. 204–205.

Gaehtgens 1986

Thomas W. Gaehtgens ed, *Johann Joachim Winckelmann 1717–1768*, Meiner, Hambourg, 1986.

Garanger 1980

J. Garanger, "Tradition orale et Préhistoire en Océanie", in A. Schnapp éd. *L'Archéologie aujourd'hui*, Hachette, Paris, 1980, p. 187–205.

Gassendi 1641

Pierre Gassendi, *Viri illustris Nicolai Claudii Fabricii de Peiresc Senatoris Aquisextiensis Vita*, Paris, 1641.

Gayrard-Valy 1987

Yvette Gayrard-Valy, *Les Fossiles, empreintes d'un monde disparu*, Gallimard, Paris, 1987.

Gerhard 1850

Eduard Gerhard, "Archäologische Thesen", in *Archäologischer Anzeiger zur Archäologischen Zeitung*, VIII, 1850, p. 203–206.

Glassner 1993

Jean-Jacques Glassner, *Chroniques mésopotamiennes*, présentées et traduites par J.-J. G., Les Belles Lettres, Paris, 1993.

Goethe 1832

Johann Wolfgang von Goethe, *Principes de philosophie zoologique. Discutés en mars 1830 au sein de l'Académie royale des sciences par Mr. Geoffroy Saint-Hilaire*, Paris, 1832, in *Werke*, 34, Teil, 146–174, Hempel, Berlin.

Gohau 1990

Gabriel Gohau, *Les Sciences de la terre aux xviie et xviiie siècles, naissance de la géologie*, Albin Michel, Paris, 1990.

Golzio 1936

Vicenzo Golzio, *Raffaello nei documenti, nelle testimonianze dei contemporanei e nella letteratura del suo secolo*, Cité du Vaticano, 1936.

Gould 1990

Stephen Jay Gould, *Aux racines du temps*, traduction de B. Ribault, Grasset, Paris, 1990.

Graevius 1694

Johann Georg Graevius, *Thesaurus antiquitatum romanarum*, 12 volumes, Utrecht, 1694–1699.

Grafton 1993

Anthony Grafton, *Rome Reborn, The Vatican Library and Renaissance Culture*, Library of Congress, Washington, 1993.

Gräslund 1987

Bo Gräslund, *The Birth of Prehistoric Chronology, Datings Methods and Dating Systems in Nineteenth Century Scandinavian Archaeology*, Cambridge University Press, Cambridge, 1987.

Grayson 1983

Donald K. Grayson, *The Establishment of Human Antiquity*, Academic Press, New York, 1983.

Grignon 1774

Pierre Clément Grignon, *Bultin [sic] des fouilles faites par ordre du roi, d'une ville romaine, sur la petite montagne du chatelet, entre Saint Dizier et Joinville en Champagne*, Bar-le-Duc, 1774.

Gronovius 1694–1703

Jacob Gronovius, *Thesaurus antiquitatum graecorum*, 13 volumes, Leisden, 1694–1703

Guibert de Nogent 1981

Guibert de Nogent, *De Vita sua*, édition et traduction E. R. Labande, Paris, 1981.

Gummel 1938

Hans Gummel, *Forschungsgeschichte in Deutschland, Die Urgeschichtsforschung und Ihre Historische Entwicklung in der Kulturstaaten der Erde*, herausgegeben von Karl Hermann Jacob-Friesen, Walter de Gruyter, Berlin, 1938.

Guzzo 1993

Pier Giovanni Guzzo, *Antico e archeologia, scienza e politica delle diverse antichità*, Nuova Alfa Editoriale, Bologne, 1993.

Hamy 1906

Théodore Hamy, "Matériaux pour servir à l'histoire de l'archéologie préhistorique", in *Revue archéologique*, 1906, I, p. 239–259 et II, p. 37–48.

Hansen 1967

G. C. Hansen, "Ausgrabungen in Altertum", Das Altertum, 13, p. 44–50.

Haskell-Penny 1988

Francis Haskell et Nicholas

Penny, *Pour l'amour de l'antique, la statuaire gréco-romaine et le goût européen*, Hachette, Paris, 1988.

Hazard 1961

Paul Hazard, *La Crise de la conscience européenne*, Fayard, Paris, 1961.

Heeren-Diekhoff 1981

Elae Heeren-Diekhoff, *Das Hsi Ching Tsa Chi (Vermischte Aufzeichnungen über die westliche Hauptstadt)* [notes variées sur la capitale de l'Ouest], Munich, 1981.

Herbst 1848

C. F. Herbst, *Hvidegaards Fundet, Annaler for nordisk Oldkyndighed*, 1848, p. 336.

Herklotz 1999

Ingo Herklotz, *Cassiano dal Pozzo und die Archäologie des 17. Jahrhundert*, München, Hirmer, 1999.

Hildebrandt 1937

Bengt Hildebrandt, *C. J. Thomsen och hans larda förbindelser i Sverige 1816–1837, bidrag till den Nordiska forn-och Hüvdaforskningens Historia* [C.J. Thomsen et ses relations érudites en Suède 1816–1837. Contribution à l'histoire de l'archéologie nordique et à l'histoire de la recherche], 2 volumes, Stockholm, 1937.

Hilprecht 1903

H. U. Hilprecht, *Explorations in the Bible Lands*, Philadelphie, 1903.

Hohenheim 1929

Theophrast von Hohenheim (Paracelse), *Sämtliche Werke*, I, 12, édition Karl Sudhoff, Berlin, 1929.

Holtzhauer 1969

Helmut Holtzhauer, *J. W. Goethe, Winckelmann und sein Jahrhundert (1805), Briefen und Aufsätzen*, Tübingen, 1969.

Hooke 1705

Robert Hooke, *The Posthumous Work of Thomas Hooke*, ed. R. Waller, Londres, 1705.

Hotman 1583

François Hotman, *Franco-Gallia*, Paris, 1583.

Hunter 1975

Michaël Hunter, *John Aubrey and the Realm of Learning*, Duckworth, Londres, 1975.

参考书目 461

Huot 1983

Jean-Louis Huot (dir) *Larsa et 'Oueili, travaux de 1978-1981*, Paris, ERC, 1983 p. 356-357.

Huppert 1973

George Huppert, *L'idée de l'histoire parfaite*, traduit de l'américain par F. et P. Braudel, Flammarion, Paris, 1973.

Jacoby 1957

Felix Jacoby, *Die Fragmente der griechischer Historiker-ester Teil, Genealogie und Mythographie*, Brill, Leiden, 1957.

Jaffé 1988

David Jaffé, *Rubens self portrait in Focus*, Australian National Gallery, Boolarong publications, Canberra, 1988.

Kendrick 1950

T. D. Kendrick, *British Antiquity*, Methuen, Londres, 1950.

Klindt-Jensen 1975

Ole Klindt-Jensen, *A History of Scandinavian Archaeology*, Thames and Hudson, Londres, 1975.

Klindt-Jensen 1981

Ole Klindt-Jensen, "Archaeology and Ethnograpy in Denmark: early studies" in G. Daniel, 1981, p. 14-19.

Kühn 1976

Herbert Kühn, *Geschichte der Vorgeschichtsforschung*, Walter de Gruyter, Berlin-New York, 1976.

Kunst 1982

Michael Kunst, "Intellektuelle Informationgenetische information, zur Fragen der Typologie und typologischen Methode", in *Acta Praehistorica et archaologica*, 13-14,1982, p. 1-26.

Labat 1970

René Labat, *Les Religions du Proche-Orient asiatique, textes babyloniens, ougaritiques, hittites*, Paris, 1970.

Lackenbacher 1990

Sylvie Lackenbacher, *Le Palais sans rival*, La Découverte, Paris, 1990.

Laming-Emperaire 1964

Annette Laming-Emperaire, *Origines de l'archéologie préhistorique en France*, Picard, Paris, 1964.

Lanciani 1902

Rodolfo Lanciani, *Storia degli scavi di Roma*, Rome, 1902.

Lapeyrère 1647

Isaac de Lapeyrère, *Relation du Groenland*, Paris, 1647.

Lapeyrère 1655

Isaac de Lapeyrère, *Preadamitae sive exercitatio supers Versibus [...] quibus inducuntur Primi Homines ante Adamum conditi*, s. 1., 1655.

La Sauvagère 1758

Félix de La Sauvagère, *Dissertations militaires extraites du journal historique de la France*, Amsterdam, 1758.

Le Gall 1973

Joël Le Gall, Ernest de Saint-Denis et Raymond Weil, *Alésia, textes littéraires antiques*, Aubier, Paris, 1973.

Legrand 1897

P. E. Legrand, "Biographie de C. F. Sebastien Fauvel", in *Revue archéologique*, 1897, p. 41–66 et 185–201.

Legrand d'Aussy 1799

Pierre Legrand d'Aussy, *Mémoire sur les anciennes sépultures nationales*, Paris, 1799.

Leibniz 1717

G. W. Leibniz, *Collectanea Etymologica cum praefatione Jo. Georgi. Eccardi*, II, Hanovre, 1717.

Lepenies 1976

Wolf Lepenies, *Das Ende der Naturgeschichte, Wandelkultureller Selbstverständlichkeiten in den Wissenschaften des 18. und 19. Jahrhunderts*, Hanser Verlag, Munich-Vienne, 1976.

Lepenies 1984

Wolf Lepenies, *Der andere Fanatiker. Historisierung und Verwissenschaftlichung der Kunstauffassung bei J. J. Winckelmann, in Ideal und Wirklichkeit der bildenden Kunst im späten 18. Jahrhundert*, H. Beck ed.-Gebrüder Mann Verlag, Berlin, p. 19–29, 1984.

Lepenies 1986

Wolf Lepenies, "Kunst und Naturgeschichte im 18. Jahrhundert" in Gaethgens, 1986, p. 221–238.

Leroi-Gourhan 1965

André Leroi-Gourhan, *Le Geste et la Parole II. La mémoire et les rythmes*, Paris, Albin Michel, 1965.

Leroi-Gourhan 1971

André Leroi-Gourhan, *L'Homme et la Matière*, Paris, Albin Michel (1re édition 1943).

Lévi-Strauss 1962

Claude Lévi-Strauss, *La Pensée sauvage*, Paris, Plon, 1962.

Levy 1964

F. J. Levy, *The Making of Camden Britannia*, Bibliothèque d'humanisme et de Renaissance, 26, 1964, p. 70–97.

Long 1888

W. H. Long ed., *Oglander Memoirs*, Londres, 1888.

Lowenthal 1985

David Lowenthal, *The Past is a Foreign Country*, Cambridge University Press, Cambridge, 1985

Magnus 1567

Olaus Magnus, *Historia de gentibus septentrionalis*, Bâle, 1567.

Maïmonide 1970

Moïse ben Maimoun dit Maïmonide, *Le Guide des égarés*, traduction de S. Münk, Maisonneuve et Larose, Paris, 1970.

Mandowsky 1963

E. Mandowsky and C. Michell, *Pirro Ligorio's Roman Antiquities*, The Warburg Institute, Londres, 1963.

Marana 1756

Jean-Paul Marana, *L'Espion dans les cours des princes chrétiens, ou Mémoires pour servir à l'histoire du siècle depuis 1637 jusqu'à 1697*, Amsterdam, 1756.

Marsden 1983

Barry M. Marsden, *Pioneers of Prehistory, Leaders and Landmarks in English Archaeology (1500–1900)*, Heskett, Ormskirk, 1983.

Martin 1727

Jacques Martin, *La Religion des Gaulois tirée des plus pures sources de l'Antiquité*, Paris, 1727.

Mazzarino 1989

Santo Mazzarino, *Fra oriente e occidente, Ricerche di storia greca arcaica*, Rizzoli, Milan, 1989.

Mémoires 1779

Mémoires concernant l'histoire, les sciences, les arts, les moeurs, les usages, etc. des Chinois par les mis-

sionnaires de Pékin, tome IV, Paris, 1779.

Ménage 1694

Gilles Ménage, *Gilles Ménage ou les bons mots, les pensées critiques de M. Ménage*, 2 volumes, Paris, 1694.

Mennung 1925

Albert Mennung, *Über die Vorstufen der prähistorischen Wissenschaft im Altertum und Mittelalter*, Schönebeck a. Elbe, 1925.

Mercati 1719

Michele Mercati, *Metallotheca opus postumum*, Rome, 1719.

Michelet 1959

Jules Michelet, *Journal*, tome I, 1828–1848, année 1831, édité par P. Viallaneix, Paris, 1959.

Michell 1982

John Michell, *Megalolithomania, Artists, Antiquarians and Archaeologists at the Old Stone Monuments*, Thames and Hudson, Londres, 1982.

Momigliano 1983

Arnaldo Momigliano, "L'histoire ancienne et l'antiquaire", in *Problèmes d'historiographie ancienne et moderne*, Gallimard, Paris, 1983, p. 244–293.

Mongez 1814

Antoine Mongez, *Mémoires sur les pierres tranchantes trouvées dans les sépultures anciennes*, Histoire et Mémoires de l'Académie royale de France, 5,1821 (1812–1817), p. 70–71.

Montelius 1903

Oscar Montelius, *Die typologische Methode. Die älteren Kulturperioden im Orient und in Europa*, Stockholm, 1903.

Montfaucon 1719

Bernard de Montfaucon, *L'Antiquité expliquée et représentée en figures*, 15 volumes, Paris, 1719–1724.

Morrisson 1981

Cécile Morrisson, "La découverte des trésors à l'époque byzantine", in *Travaux et Mémoires*, n°8, 1981, p. 321–344.

Mortet 1911

Victor Mortet, *Recueil de textes relatifs à l'histoire de l'architecture et à la condition des architectes en France au Moyen Age*, A. Picard, Paris, 1911.

Mortillet 1872

Gabriel de Mortillet, "Classification des diverses périodes de l'âge de la pierre", in *Revue d'anthropologie*, 1872, p. 432–435.

Müller 1886

Sophus Müller, "Mindre Bidrag til den forhistoriske Archaeologis Methode", in *Aarboger*, 1886, p. 161.

Münster 1552

Sebastian Münster, *Cosmographiae universalis*, lib. VI, 1552.

Nisard 1878

C. Nisard, *Correspondance inédite du comte de Caylus avec le père Paciau, théatin, suivie de celle de l'abbé Barthélémy et de P. Mouette avec le même*, Paris, 1878.

Nora 1984

Pierre Nora, *Les Lieux de mémoire*, 7 volumes, Gallimard, Paris, 1984–1992.

Olender 1989

Maurice Olender, *Les Langues du Paradis. Aryens et Sémites, un couple providentiel*, Gallimard-Le Seuil, Paris, 1989.

Owen 1986

Stephen Owen, *Remembrances, the Experience of the Past in Classical Chinese Literature*, Harvard University Press, Cambridge, 1986.

Petri 1917

Olaus Petri, "En Swensk Crönecka", in *Samlade Skrift af Olavus Petri IV*, J. Sahlgren ed, Uppsala, 1917.

Piccolomini 1551

Aenae Sylvii Piccolomini, *Opera quae extant*, Bâle, 1551.

Piggott 1976

Stuart Piggott, *Ruins in a Landscape, Essays in Antiquarianism*, Edinburgh University Press, Édimbourg, 1976.

Piggott 1985

Stuart Piggott, *William Stukeley*, Londres, Thames and Hudson, 1985.

Piggott 1990

Stuart Piggott, *Ancient Bretons and the Antiquarian Imagination, Ideas from the Renaissance to the Regency*, Thames and Hudson, Londres, 1989.

Pinon 1991

Pierre Pinon, *La Gaule retrou-*

vée, Gallimard, Paris, 1991.

Pintard 1983

René Pintard, *Le Libertinage érudit dans la première moitié du xviie siècle*, Slatkine, Genève, 1983.

Pitt–Rivers 1868

A. H. L. Fox Pitt-Rivers, "Primitive Warfare Part II", in *Journal of the Ethnological Society of London*, New series, 1868, I, p. 1–12.

Pitt-Rivers 1874

A. H. L. Fox Pitt-Rivers, "On the Principles of Classification Adopted in the Arrangement of His Anthropological Collection, Now Exhibited in the Bethnal Green Museum", in *Journal of the Anthropological Institute*, 1874, 4, p. 293–308.

Pitt-Rivers 1875

A. H. L. Fox Pitt-Rivers, "On the Evolution of Culture", in *Proceedings of the Royal Institute of Great Britain*, 1875, 7, p. 496–514.

Plot 1677

Robert Plot, *The Natural History of Oxfordshire*, Oxford, 1677.

Plot 1686

Robert Plot, *The Natural History of Staffordshire*, Oxford, 1686.

Pomian 1984

Krzysztof Pomian, *L'Ordre du temps*, Gallimard, Paris, 1984.

Pomian 1987

Krzysztof Pomian, *Collectionneurs, amateurs et curieux, Paris-Venise xvie-xviiie siècle*, Gallimard, Paris, 1987.

Popkin 1987

R.H. Popkin, *Isaac de Lapeyrère*, Brill, Leiden, 1987.

Ramus 1587

Petrus Ramus, *Traité de l'art militaire ou usance de guerre chez J. César*, Paris, 1587.

Reiner 1985

Erica Reiner, *Your thwarts in pieces, Your moorin rope cut, Poetry from Babylonia and Assyria*, University of Michigan, Ann Arbor, 1985.

Reinsch 1983

D. R. Reinsch, *Critobuli Imbriotae Historia*, Walter de Gruyter, Berlin, 1983.

Rhode 1720

Andreas Albert Rhode, *Cimbrisch-Holsteinische Antiquaeteten Remarques*, Hambourg, 1720.

Richard 1991

Nathalie Richard, *La Préhistoire en France dans la seconde moitié du xixe siècle*, thèse, Paris, 1991.

Richard 1992

Nathalie Richard, *L'Invention de la préhistoire, une anthologie*, Presses Pocket, Paris, 1992.

Ridé 1977

Jacques Ridé, *L'Image du Germain dans la pensée et la littérature allemande de la redécouverte de Tacite à la fin du xvie siècle*, 3 tomes, Champion, Paris, 1977.

Rocheblave 1889

Samuel Rocheblave, *Essai sur le comte de Caylus*, Hachette, Paris, 1889.

Roden 1981

Judith Roden, "The Development of the Three Age System, Archaeology First Paradigm", in G. Daniel, 1981, p. 51–68.

Rodocanachi 1914

Emmanuel Rodocanachi, *Les Monuments de Rome après la chute de l'Empire*, Hachette, Paris, 1914.

Rossi 1984

Paolo Rossi, *The Dark Abyss of Time. The History of the Earth and the History of Nations from Hooke to Vico*, The University of Chicago Press, Chicago-Londres, 1984.

Rudbeck 1937

Olof Rudbeck, *Atland eller Manheim*, ed. A. Nelson, Uppsala, 1937.

Rudolph 1962–1963

R. C. Rudolph, "Preliminary Notes on Sung Archaeology", in *Journal of Asian Studies 22*, 1962–1963, fascicule 2, p. 169–177.

Saxo Grammaticus 1911

Saxo Grammaticus, *Sakses Danesage*, Copenhague, 1911.

Schaudig 2001

Hans Peter Schaudig, *Die inschriften Nabonids von Babylon und Kyros' des Grossen*, Münster, Ugarit-Verlag, 2001.

Schlosser 1908

Julius von Schlosser, *Die Kunst und Wunderkammern der Spätrenaissance*, Leipzig, 1908.

Schnapp et alii 2013

Alain Schnapp, Lothar von Falkenhausen, Peter Miller, Tim Murray (éd.), *World Antiquarianism. Comparative Perspectives*, Los Angeles, The Getty Research Institute, 2013.

Schnapper 1988

Antoine Schnapper, *Le Géant, la Licorne et la Tulipe, collections françaises au xviie siècle*, Flammarion, Paris, 1988.

Schück 1932

H. Schück, *Kgl Vitterhets, Historie och Antikvitets Akademien I–VIII*, Stockholm, 1932.

Séféris 1963

Georges Séféris, *Poèmes*, Paris, Mercure de France, 1963.

Settis 1984

Salvatore Settis ed., *Memoria dell'antico nell'arte italiana*, 3 volumes, Einaudi, Rome, 1984–1986.

Shaugnessy 1991

Edward Shaugnessy, *Sources of Western Zhou History*, University of California Press, Berkeley, 1991.

Sigaut 1990

François Sigaut, "De la technologie à l'évolutionnisme, l'oeuvre de Pitt-Rivers", in *Gradhiva 8*, 1990, p. 20–37.

Sklenar 1983

Karel Sklenar, *Archaeology in Central Europe the First 500 years*, Leicester University Press, Leicester New York, 1983.

Slotkin 1965

J. S. Slotkin, *Readings in Early Anthropology*, Londres, 1965.

Snodgrass 1987

Anthony Snodgrass, "The Landscape of Ancient Greece", in *An Archeology of Greece*, University of California Press, Berkeley, 1987, p. 67–92.

Sollberger 1967

E. Sollberger, *Lost Inscriptions from Mari-La civilisation de Mari, XVe rencontre assyriologique internationale*, Liège, 1967, p. 103–108.

Soucek 1974

Priscilla Soucek, *Farhàd and Taq-Ibustan, the Growth of a Legend, Studies in Art and Literature of the Near East in Honor of Richard Ettinghausen*, The Middle East Center, 1974.

Spanheim 1664

Ezechiel Spanheim, *Dissertatio de praestantia et usu numismatum antiquorum*, Rome, 1664.

Spon 1673

Jacob Spon, *Recherche des Antiquités et Curiosités de la ville de Lyon*, Lyon, 1673.

Stark 1880

Carl Bernhard Stark, *Systematik und Geschichte der Archäologie der Kunst*, Leipzig, 1880 (ed. anastatique Fink, Munich, 1969).

Stemmermann 1934

P. H. Stemmermann, *Die Anfänge der deutschen Vorgeschichtsforschung. Deutschlands Boden-altertümer in der Anschauung des 16ten und 17ten Jahrhundert*, Dissertation, Heidelberg, 1934.

Stoczkowski 1993

Wiktor Stoczkowski, "La préhistoire, les origines du concept", *BSPF*, 1993, 90, 1–2, p. 13–21.

Stoczkowski 1993

Wiktor Stoczkowski, "Origines de l'homme, quand la science répète le mythe", in *La Recherche*, 1992, 244, p. 746–750.

Stubbs 1865

William. Stubbs, *Gesta Henrici II et Ricardi 1*, 1865.

Stukeley 1740

William Stukeley, *Stonehenge, A Temple Restored to the British Druids*, Londres, 1740.

Svenbro 1976

Jesper Svenbro, *La Parole et le Marbre, aux origines de la poétique grecque*, Dissertation, Lund, 1976.

Svennung 1967

J. Svennung, *Zur Geschichte des Goticismus*, Almqvist et Wiksell, Stockholm, 1967.

Swozilek 1987

Helmut Swozilek, *Motiv Archäolo-*

gie-Archäologische Motive in der Kunst (insbesondere Ur und Frühgeschichte), Bregenz, 1987.

Taillepied 1585

Noël Taillepied, *Histoire de l'État et de la République des Druides*, Paris, 1585.

Tallgren 1936

A. M. Tallgren, "Sur la méthode de l'archéologie préhistorique", in *Eurasia Septentrionalis Antiqua*, 1936, X, p. 16–24.

Taylor 1948

F. H. Taylor, *The Taste of Angels, a History of Art Collecting from Rameses to Napoleon*, Boston, 1948.

Thierry 1993

François Thierry, "Sur les monnaies sassanides trouvées en Chine", *Res orientales*, vol V, 1993, p. 89–139.

Thomsen 1836

Ledetraad til Nordisk Oldkyndighed, Copenhague, 1836 (traduction allemande: *Leitfaden für nordische Altertumskunde*, Hamburg, 1837).

Tournai 1834

P. Tournai, *Annales de Sciences naturelles*, 1834.

Trigger 1989

Bruce G. Trigger, *A History of Archaeological Thought*, Cambridge University Press, Cambridge, 1989.

Twitchett 1992

Denis Twitchett, *The Writing of Oficial History Under the T'ong*, Cambridge University press, Cambridge, 1992.

Unger 1927

Eckard Unger, *Assyrische und Babylonische Kunst*, Breslau, 1927.

Unger 1931

Eckard Unger, *Babylon die Heilige Stadt nach der Beschreibung der Babylonier*, De Gruyter, Berlin, 1931.

Vacca 1704

Flaminio Vacca, *Memorie di varie Antichità trovateci in diversi luoghi della città di Roma, scritti da Flaminio Vacca nell'anno 1594*, Rome, 1704.

Verelius 1664

O. Verelius, *Gothrici et Rolfi*

Westrogothicae regum, Uppsala, 1664.

Wataghin 1984

Gisela Cantino Wataghin, "Archeologia e "archeologie". Il rapporto con l'antico fra mito, arte e ricerca", in *Settis*, 1984, vol. I, p. 171-221.

Weickert 1955

Carl Weickert, "Geschichte des D.A.I." , *Archäologischer Anzeiger*, 1955, p. 127-156.

Weiss 1988

Roberto Weiss, *The Renaissance Discovery of Classical Antiquity*, Blackwell, Oxford, 1988 (2).

Willey Sabloff 1980

Gordon R. Willey et Jeremy A. Sabloff, *A History of American Archaeology*, Thames and Hudson, Londres, 1980 (2).

Winckelmann 1781

Jean Joachim Winckelmann, *Histoire de l'art de l'Antiquité*, 4 volumes, traduction Huber, Leipzig, 1781.

Worm 1643

Ole Worm, *Danicorum Monumentorum libri sex*, Copenhague, 1643.

Worm 1751

Ole Worm, *Olai Wormi et ad eum doctorum virorum epistolae*, Copenhague, 1751.

Wright 1844

Thomas Wright, *On Antiquarian Excavations and Researches in the Middle Ages*, Archaeologia, 1844, p. 438-457.

Zappert 1850

Georg Zappert, *Über Antiquitätenfunde im Mittelalter*, Sitzungsberichte der Kaiserlichen Akademie der Wissenschaften, Philosophische, Historische, Classe V, 1850, Vienne, p. 753-799.

Zevi 1987

Fausto Zevi, *Gli scavi di Ercolano e le antichità, in Le antichità di Ercolano*, Guida, Naples, p. 9-38.

图 录

图导言 -1 《人类的教育者：伏尔甘和艾俄洛》，画作，皮耶罗·迪·科西莫，约 1495—1500 年，渥太华，加拿大国家美术馆。

图导言 -2 梅林举起巨石阵，手稿，手稿编号 Egerton 3028，第 30r 页，14 世纪，伦敦，大英图书馆。

图导言 -3 普瓦捷的"立石"，版画，出自布劳恩和霍根伯格的《世界城市志》，第 5 卷，1600 年，科隆。

图导言 -4 女巫、野蛮人和巨人，版画，第 47 和 51 页，出自约翰·皮卡特的《古物》，1660 年，巴黎，国家图书馆。

图导言 -5 巨石阵，版画，出自威廉·卡姆登的《不列颠志》，1600 年，巴黎，国家图书馆。

图导言 -6 拉尔萨埃巴巴尔神庙的地基石砖，公元前 4 世纪，拉尔萨，伊拉克。

图导言 -7 秦始皇陵，西安，中国，公元前 3 世纪。

图导言 -8 秦始皇的兵马俑，公元前 3 世纪，出自方闻（Wen Fong）的《伟大的中国青铜时代》(*The Great Bronze Age of China*)，Thames and Hudson 出版社，伦敦，1980 年。

图导言 -9 雅典人宝库的景观，德尔斐。

图导言 -10 罗伊·马塔的墓地，雷托卡，新赫布里底群岛，史前民族学研究室，巴黎第一大学。

图导言 -11 雷托卡公墓平面图，新赫布里底群岛，史前民族学研究室，巴黎第一大学。

图导言 -12 科林斯古风壶，公元前 6 世纪，巴黎，国家图书馆。

图导言 -13 时间的侵蚀，版画，出自帕拉塞尔苏斯的《预言》，1536 年，巴黎，国家图书馆。

图导言 -14 Sar-Kali-Sarrie 铭文，收藏于费城博物馆的泥板，见 E. 翁格尔的《亚述和巴比伦艺术》(*Assyrische und babylonische Kunst*)，布雷斯劳，

图 录 473

1927 年，第 95 页。

图导言 -15　塔克 - 伊 - 布斯坦洞穴的浮雕，公元 6 世纪。

图导言 -16　希琳探望雕刻浮雕的法赫拉德，东方手稿，编号 SPP 631 及 SPP 1980，第 60 和 53v 页，15 世纪，巴黎，国家图书馆。

图导言 -17　"闪电石"落在恩斯海姆（下莱茵省），1492 年的版画，见 Hans Günther Körber 的《从天气迷信到气象研究》（*Vom Wetteraberglauben zur Wetterforschung*），1987 年，Pinguin 出版社。

图导言 -18　出自布歇·德·彼尔特的《凯尔特和史前文物》，第 1 卷，1847 年，巴黎，国家图书馆。

图导言 -19　基督徒在山中挖掘寻找圣艾蒂安及其同伴的遗骸，《艾希特纳赫福音书》，手稿编号 9428，第 158v 页，约 1050 年，布鲁塞尔，阿尔贝一世皇家图书馆。

图 1-1　《发现萨宾王努马·庞皮利乌斯的书籍》，壁画，来自罗马的兰特庄园（Villa Lante），1525 年，波利多罗·达·卡拉瓦乔，罗马，赫尔茨安南图书馆。

图 1-2　界石，领土捐赠契约，称为米肖的石块，公元前 11 世纪，巴黎，国家图书馆。

图 1-3　米肖致学会成员的信，1800 年，巴黎，国家图书馆。

图 1-4　狮子门，迈锡尼。

图 1-5　插图，出自荷马的《伊利亚特》，1477 年，梵蒂冈希腊手稿编号 1626，第 1v 和 2r 页，梵蒂冈博物馆。

图 1-6　雅典的景色。

图 1-7　斯巴达的鸟瞰图。

图 1-8　《哥尔琴法典》，公元前 450 年左右，哥尔琴，克里特岛。

图 1-9　埃雷特里亚的几何风格墓葬。埃雷特里亚墓葬平面图。

图 1-10　克里特青铜时代的铭文石板。克里特岛，赫拉克利翁考古博物馆。

图 1-11　阿喀琉斯的武器，公元前 6 世纪，雅典黑绘花瓶，巴黎，卢浮宫博物馆。

图 1-12　奥林匹亚的三足器，公元前 8 世纪，奥林匹亚博物馆，编号 B1240。

图 1-13　埃涅阿斯参与迦太基的建设，手稿，出自《梵蒂冈的维吉尔》，编号 3225，第 13 页，罗马，梵蒂冈宗座图书馆。

图1-14　渔民在他们的网中捞起一尊雕像，奥斯提的浮雕，公元前1世纪，罗马，德国考古研究所。

图1-15　蓬蓬尼奥·莱托评论瓦罗的著作，手稿，1484年，罗马，梵蒂冈宗座图书馆。

图1-16　《皇帝奥古斯都和瓦罗、西塞罗、圣奥古斯丁，异教徒在向巴克斯请求水，并向宁芙仙女请求酒》，巴黎，1473年，手稿编号18，第166页，巴黎，国家图书馆。

图1-17　火的发现，木刻，出自切萨雷·切萨里亚诺的《卢修斯·维特鲁威·波利奥建筑十书》，从拉丁语翻译成俗语并带插图和评论，科莫，1521年，第2卷，第1章，第XXXIV页，巴黎，国家图书馆。

图1-18　《狩猎》，木板上的蛋彩画和油画，皮耶罗·迪·科西莫，约1495—1505年，纽约，大都会艺术博物馆。

图1-19　建造原始住所，木刻，出自让·马丁和让·古戎的《建筑，或建造的艺术》(Architecture, ou art de bien bastir)，由Marc Vitruve Pollion编著，巴黎，1547年，第3卷，第1章，第16页，巴黎，国家图书馆。

图1-20　商代青铜器和乾隆时期瓷器，巴黎，吉美国立亚洲艺术博物馆。

图1-21　科罗曼德漆器，17—18世纪，巴黎，国家图书馆。

图1-22　中国青铜器，出自《考古图》，中国手稿编号1115，第1章，第9r°和9v°页，1752年，巴黎，国家图书馆。

图1-23　古物的乐趣，丝绸卷轴，水墨与色彩，杜堇的画作，15世纪，台北，台湾博物馆。

图1-24　手稿，格拉西亚圣礼书，又称为格拉西亚的圣事记，手稿编号lat.12048，第76v页，细节图，7世纪，巴黎，国家图书馆。

图1-25　狄奥多里克宫殿，马赛克，公元5世纪，拉文纳，圣阿波利奈尔新堂。

图1-26　发现圣爱斐巴勒的圣物，《大编年史》，13世纪，手稿编号26，第270页，剑桥，帕克图书馆，科珀斯克里斯蒂学院。

图1-27　象牙双联画，4世纪，巴黎，阿森纳图书馆。

图1-28　查理曼骑马雕像，青铜，约860—870年，巴黎，卢浮宫。

图1-29　伊萨恩修道院长墓，1060年，马赛，圣维克多大教堂。

图1-30　尤利乌斯·恺撒围困阿莱西亚，梅尔基奥·费斯伦，1533年，慕尼黑，老绘画陈列馆。

图　录　475

图 1-31　布尔日圣于尔桑修道院门楣上的狩猎场景，12 世纪，巴黎，法国纪念碑博物馆。

图 1-32　异教徒的牛祭，门廊内部北门楣，韦兹莱，圣玛达肋纳大教堂。

图 1-33　巨石阵的假想景观，手稿，编号 194，第 57r 页，14 世纪，剑桥，帕克图书馆，科珀斯克里斯蒂学院。

图 1-34　圣十字架的发掘，手稿，出自《黄金传说》，法国，16 世纪，编号 244，第 146 页，巴黎，国家图书馆。

图 1-35　圣枪的发现，手稿，出自 Sébastien Mamerot 的《远渡重洋》，法国，15 世纪，编号 5594，第 67v 页，巴黎，国家图书馆。

图 1-36　发掘圣物，手稿，出自 Hubert Le Prévost 的《圣于贝尔的传说》，布鲁日，15 世纪，手稿编号 424，第 49 页，巴黎，国家图书馆。

图 1-37　雕刻成蛇形的菊石，约克，约克郡博物馆。

图 1-38　亚瑟王与佩剑，手稿编号 ADD 10294，第 94 页，14 世纪，伦敦，大英博物馆。

图 1-39　圣西尔韦斯特行神迹，壁画，玛索·迪·巴柯，约 1336 年，佛罗伦萨，圣十字教堂。

图 1-40　圣富瓦的圣骨盒雕像，头像年代追溯到 4 世纪，孔克，圣富瓦教堂宝库。

图 1-41　上：罗马石棺，大理石，科尔托纳，教区博物馆。下：柱顶装饰，11—12 世纪，穆瓦萨克，旧修道院。

图 1-42　讲述淮德拉和希波吕忒故事的罗马石棺，1076 年重新使用，比萨，圣田墓园。

图 1-43　耶稣的诞生和受难，讲坛（细节），尼古拉·皮萨诺，1260 年，比萨，大教堂。

图 1-44　奥格斯堡城的建立，出自西吉斯蒙德·迈斯特林的《奥格斯堡编年史》，1522 年，Conrad Rammigner 版本。

图 1-45　上：薄伽丘向那不勒斯的乔瓦尼献上他的作品，出自薄伽丘的《文人和贵妇》，手稿编号 598，第 3 页，15 世纪，巴黎，国家图书馆。下：彼特拉克在他的书桌前，出自薄伽丘的《文人和贵妇》，手稿编号 598，第 4v 页，15 世纪，巴黎，国家图书馆。

图 1-46　埋藏的宝藏，手稿，出自波爱修斯的《哲学的慰藉》，1477 年，Harley，手稿编号 4337，第 2 页，伦敦，大英博物馆。

图 1-47　宝藏的发现，Harley，手稿编号 4339，第 2 页。

图 1-48　墨丘利，出自安科纳的西里亚库斯，手稿编号 Canon. Misc. 280，第 68 页，15 世纪中期，牛津，博德利图书馆。

图 1-49　特洛伊和达达尼尔海峡，克里斯托福罗·布隆戴蒙提，手稿编号 Chig. F. V. 110，第 39v 页，约 1420 年，罗马，梵蒂冈宗座图书馆。

图 1-50　罗马地图，手稿，出自法齐奥·德利·乌贝蒂的《世界大观》，第 18r 页，15 世纪，巴黎，国家图书馆。

图 2-1　天上的耶路撒冷，由尼科洛·波拉尼装饰的手稿，出自圣奥古斯丁的《上帝之城》，罗马，1459 年，手稿编号 218，第 2r 页，巴黎，圣日内维耶图书馆。

图 2-2　罗马的切西宫和花园，亨德里克·范·克里夫三世，1584 年，布拉格，国家美术馆。

图 2-3　上：罗马石头庄园，1532—1536，素描，马丁·范·赫姆斯科克，16 世纪，柏林，普鲁士文化遗产基金会博物馆，版画陈列馆。下：切西花园，素描，马丁·范·赫姆斯科克，16 世纪，柏林，普鲁士文化遗产基金会博物馆，版画陈列馆。

图 2-4　1553 年的罗马地图，皮尔罗·利戈里奥，巴黎，国家图书馆。

图 2-5　戴克里先浴场，出自巴托洛梅乌斯·罗西努斯的《罗马古迹》，1585 年。

图 2-6　《古物之爱》，出自约翰内斯·桑布库斯的《寓意画》，巴黎，1564 年。

图 2-7　《好心的撒玛利亚人》，1568 年，马丁·范·赫姆斯科克，哈勒姆，弗朗斯·哈尔斯博物馆。

图 2-8　扉页画，彼得·保罗·鲁本斯，出自胡伯特·高秋思的《希腊和罗马遗迹》，1685 年，安特卫普，国家图书馆。

图 2-9　《古物研究》，尼古拉·普桑，约 1645 年，马里布，J. 保罗·盖蒂博物馆。

图 2-10　埃及木乃伊，1626 年，彼得·保罗·鲁本斯，Dupuis 收藏，手稿编号 667，第 104 页，巴黎，国家图书馆。

图 2-11　德国古物，出自恩斯特-约阿希姆·德·威斯特法伦的《德意志新史迹》，1739 年，第 4 卷，第 200 页，剑桥大学图书馆。

图 2-12　手稿，《物性论》，Jehan Corbichon 的译本，15 世纪，手稿编号 218，第 173 页，巴黎，国家图书馆。

图 2-13　闪电石，出自李时珍的《本草纲目》，1596 年，手稿编号 5250，巴黎，国家图书馆。

图 2-14　左：罐子，卢萨蒂文化，1560 年修改，法兰克福，工艺美术博物馆。右：罐子，日耳曼 – 罗马时期，编号 1924.155，汉堡，艺术与工艺美术博物馆。

图 2-15　左：奥格斯特剧院景观，阿默巴赫·B.，手稿编号 O IV 11，编号 II, 6, 1582 年，巴塞尔，大学图书馆。右：奥格斯特剧院平面图，阿默巴赫·B.，手稿编号 O IV 11，编号 I, 3, 1582 年，巴塞尔，大学图书馆。

图 2-16　贝宁根遗址的发掘，由西蒙·斯图迪翁绘制，手稿 A，第 76 页，1597 年，斯图加特，符腾堡州立图书馆。

图 2-17　巨石阵，1574 年，墨水和水彩画，卢卡斯·德·海尔，伦敦，大英博物馆。

图 2-18　巨石阵，1575 年，版画，署名 R.F.，伦敦，大英博物馆。

图 2-19　耶灵遗址，出自彼得·林德伯格的《奇迹事物评论》(*Commentarii rerum mirabilium*)，汉堡，1591 年，哥本哈根，皇家图书馆。

图 2-20　H. 兰曹为纪念丹麦和挪威国王而建的金字塔，1578 年，哥本哈根，皇家图书馆。

图 2-21　自形石，出自 G.M. Lancini 和梅卡蒂的《金属宝库遗作》(*Metallotheca Opus Posthumun*)，罗马，1717 年。

图 2-22　梅卡蒂的陈列柜景观，来源同上。

图 2-23　封面图，出自奥勒·沃姆的《丹麦遗迹六书》，哥本哈根，1643 年。

图 2-24　上：巨石，出自乌劳斯·马格努斯的《历史》，罗马，第 59 和 35 页，1567 年，剑桥大学图书馆。下：巨石，来源同上，第 37 页。

图 2-26　上：根据《沃姆的博物馆》扉页画重建的沃姆陈列柜，莱顿，1655 年，哥本哈根，皇家图书馆。下：扉页画，沃姆的陈列柜，出自《沃姆的博物馆》，莱顿，1655 年。

图 2-27　上：耶灵遗址，出自奥勒·沃姆的《丹麦遗迹六书》，哥本哈根，1643 年。下：莱尔遗址，来源同上。

图 2-28　《马克西米利安一世的凯旋门》，版画，1515—1517 年，科尔德雷和阿尔布雷希特·丢勒。

图 2-30　费兰特·因佩拉托的陈列柜，出自费兰特·因佩拉托的《自然历史》，那不勒斯，1599 年。

图 2-31　弗朗切斯科·卡尔佐拉里的陈列柜，出自 B. Ceruto 和 A. Chiocco 的《卡尔佐拉里博物馆》，维罗纳，1622 年。

图 2-32　费迪南多·科斯皮的陈列柜，出自 Legati L. 的《科斯皮的博物馆》，博洛尼亚，1677 年。

图 2-33　曼弗雷多·塞塔拉的陈列柜，出自 Scarabelli P. F. 的《博物馆，或……曼弗雷多·塞塔拉阁下的画廊》，托尔托纳，1666 年。

图 2-34　圣热纳维耶芙图书馆的陈列柜，出自 C. du Molinet 的《圣热纳维耶芙图书馆的收藏室》，巴黎，1692 年。

图 2-35　阿塔纳修斯·基歇尔的陈列柜，出自 Georgius de Sepibus 的《罗马耶稣会学院的著名博物馆》（*Romani Collegii Societatis Iesu Musaeum Celeberrimum*），阿姆斯特丹，1678 年，巴黎，国家图书馆。

图 2-36　德鲁伊教徒，由威廉·斯图克利绘制，手稿编号 Eng. misc. c. 323，第 1r 页，牛津，博德利图书馆。

图 3-1　两座高卢-罗马时期墓葬里的物品，出自保罗·佩托的《古代小器物》，巴黎，1612 年。

图 3-2　封面图，出自保罗·佩托的《古代小器物》，巴黎，1612 年。

图 3-3　里昂圆形剧场遗迹，出自雅克·斯彭的《找寻里昂的古物和珍品》，里昂，1673 年。

图 3-4　封面图，出自弗朗切斯科·比安基尼的《遗迹证实的普遍史和象征符号证实的图像史》，罗马，1697 年。

图 3-5　大洪水，来源同上。

图 3-6　小插图，来源同上。

图 3-7　《硬币的科学》，1739 年，路易·约伯特，巴黎，国家图书馆。

图 3-8　中世纪窗户类型学，出自约翰·奥布里的《英国古迹》，1670 年，手稿编号 Top. Gen. c. 25，第 155r 页，牛津，博德利图书馆。

图 3-9　古物，出自罗伯特·锡博尔德的《古物学杂集》，1710 年。

图 3-10　韦兰铁匠墓，位于伯克郡丘陵，出自约翰·奥布里的《英国古迹》，1670 年，手稿编号 Top. Gen. c. 25，第 62r 页，牛津，博德利图书馆。

图 3-11　封面图，出自约阿希姆·奥丹斯的《罗马权势》（*Roomsche Mogentheid*），阿姆斯特丹，1664 年。

图 3-12　骨灰瓮，出自托马斯·布朗的《瓮葬》，1658 年。

图 3-13　古物，出自罗伯特·普洛特的《斯塔福德郡自然史》，牛津，1686 年，图版 XXXIII，巴黎，国家图书馆。

图 3-14　坟冢的地层剖面图，出自奥洛夫·鲁德贝克的《亚特兰蒂斯》，图版 3，图 3，巴黎，国家图书馆。

图 3-15　地层分析，出自奥洛夫·鲁德贝克的《亚特兰蒂斯》，图版 31，图 107，1697。

图 3-16　沉积原理研究，出自奥洛夫·鲁德贝克的《亚特兰蒂斯》，图版 31，图 104，1697。

图 3-17　蜜蜂变成花的过程，出自让-雅各布·希夫莱的《希尔德里克的复活》，1655 年，第 172 页。

图 3-18　封面图，出自 J. H. 努宁的《高贵的葬礼》，科斯费尔德，1714 年。

图 3-19　插图，来源同上，第 205 页。

图 3-20　封面图，出自约翰·克里斯托弗·奥勒留斯的《博物馆中的陵墓》，1701 年，哥廷根，萨克森州和州立大学图书馆。

图 3-21　探索坟冢的两种方法，出自约翰·丹尼尔·梅杰的《辛布里居民》，1692 年。

图 3-22　原史时期的墓葬，出自莱昂哈德·大卫·赫尔曼的《泥土记》（*Maslographia*），布里格。

图 3-23　封面图，出自奥勒留斯的《戈尔托夫艺术屋》，石勒苏益格，1666 年。

图 3-24　插图，来源同上，图版 XXXVI。

图 3-25　卷首插图，出自 M. 阿德尔特的《曾经在斯米格兰肆虐的阿里乌教派史》，格但斯克，1741 年，哥廷根，萨克森州和州立大学图书馆。

图 3-26　扉页图，出自 A. A. 罗德的《辛布里-荷尔斯泰因古物评注》，汉堡，1720 年。

图 3-27　骨灰瓮类型学，出自恩格哈德·古尔的《异教葬礼和瓮或死人头骨》（*Von einem heydnischen Begräbniss und Urnen oder Todtenköpfen*），莱比锡，1722 年。

图 3-28　Pentre Ifan 的坟墓，出自乔治·欧文的《彭布罗克郡的历史》，1603 年，手稿编号 Harley 6250，第 97 页，伦敦，大英图书馆。

图 3-29　斯图克利的《友人之书》，牛顿、雷恩（Wren）和哈雷的签名，手稿编号 Eng. misc. d. 459，第 2r 页，牛津，博德利图书馆，1731 年。

图 3-30　斯图克利在埃夫伯里的现场笔记，手稿编号 Gough Maps 231，第 8v 页，1724 年 5 月，牛津，博德利图书馆。

图 3-31　在埃夫伯里的骑马景观，斯图克利在埃夫伯里，约 1723 年，手稿编号 Eng. Misc. b. 65，第 432 页，牛津，博德利图书馆。

图 3-32　奥里耶村巨石的记录，1762 年，出自凯吕斯伯爵的《由桥梁与道路工程师为解释法国古物所绘制的罗马人在高卢地区建造的纪念碑原图》，由凯吕斯伯爵解释后捐赠给皇家内阁，图册第 67 页，巴黎，国家图书馆。

图 4-1　封面页，出自伊萨克·德·拉培伊埃尔的《格陵兰综述》，1647 年，巴黎，国家图书馆。

图 4-2　地层学，出自尼古拉斯·斯坦诺的《固体内部的固体·前言》(*De solido intra solidum... Prodromus*)，佛罗伦萨，1669 年，巴黎，国家图书馆。

图 4-3　封面图，出自阿戈斯蒂诺·斯奇拉的《被意识压制的虚妄猜测》，那不勒斯，1670 年，巴黎，国家图书馆。

图 4-4　封面图，出自贝尔纳·德·蒙福孔的《图说古代》，巴黎，1722 年。

图 4-5　瓮与石器，来源同上。

图 4-6　上：日哥维山的剖面图，约 1760 年，出自凯吕斯伯爵的《由桥梁与道路工程师为解释法国古物所绘制的罗马人在高卢地区建造的纪念碑原图》，由凯吕斯伯爵解释后捐赠给皇家内阁，图册第 54 页，巴黎，国家图书馆。下：日哥维山的平面图，来源同上，图册第 53 页。

图 4-7　普瓦捷的立石，来源同上，图册第 15 页。

图 4-8　大圆形剧场的平面图，来源同上，图册第 64 页，1760 年。

图 4-9　尼姆喷泉的平面图，来源同上，图册第 33 页，1744 年。

图 4-10　上：赫库兰尼姆的发现，出自圣农修道院长的《游历那不勒斯和西西里的美景》，1782 年，巴黎，国家图书馆。下：庞贝主街入口的景观，来源同上。

图 4-11　朗格勒凯旋门，出自弗朗索瓦·豪日·德·盖涅的《高卢古物》，1700 年，巴黎，国家图书馆。

图 4-12　阿尔勒竞技场，来源同上。

图 4-13　艾克斯的遗迹，出自弗朗索瓦·豪日·德·盖涅的《高卢古物》，1760 年，巴黎，国家图书馆。

图 4-14　瓦索神庙，出自皮埃尔·德·博梅尼勒的《奥弗涅古迹》，图册第 20 页，巴黎，国家图书馆。

图录　481

图 4-15　斯特拉斯堡一名罗马军团士兵的坟墓，出自让－丹尼尔·肖普夫林的《阿尔萨斯的凯尔特、罗马和法兰克历史》(*Alsatia illustrata, celtica, romanica, francica*)，1751 年，第 1 卷，巴黎，国家图书馆。

图 4-16　上：沙特莱地图，出自皮埃尔·克莱芒·格里尼翁的《关于沙特莱古城的报告》(*Mémoire sur l'ancienne ville de Châtelet*)，1774 年，编号 C 79，第 4 号，巴黎，铭文与美文学院。下：沙特莱考古挖掘的总体平面图，出自皮埃尔·克莱芒·格里尼翁的《关于沙特莱城废墟的论文》(*Dissertation sur les ruines de la ville de Châtelet*)，1774 年，图册第 24 页，巴黎，国家图书馆。

图 4-17　左：高卢古物，洛克马里亚凯，克里斯托弗－保罗·德·罗比恩，约 1734—1736 年，手稿编号 2436-2，雷恩，市立图书馆。右：仙女岩的景观，来源同上。

图 4-18　工作中的考古学家，插图，出自朱塞佩·安东尼奥·瓜塔尼的《未发表的古代遗迹，或关于罗马古物和美术的新闻》(*Monumenti antichi inediti, ovvero notizie sulle antichita e belle arti di Roma*)，罗马，1784 年，巴黎，国家图书馆。

图 4-19　塞萨洛尼基的女像柱廊，现位于卢浮宫，詹姆斯·斯图尔特，约 1760 年，伦敦，英国皇家建筑师学会。

图 4-20　菲洛帕波斯纪念碑，"前景中的里维特先生和我与朋友詹姆斯·道金斯先生和罗伯特·伍德先生一起出现"，出自詹姆斯·斯图尔特的《雅典古迹：詹姆斯·斯图尔特和尼古拉斯·里维特的测量和描绘》，伦敦，1761 年，第 3 卷，第 5 章，图版 I，巴黎，国家图书馆。

图 4-21　上：特洛伊城遗址的景观，出自乔伊瑟尔－古斐耶伯爵的《希腊风景游记》，巴黎，1782 年，第 2 卷，图版 36，巴黎，国家图书馆。下：特洛伊丘附近一座神庙的遗迹，来源同上。

图 4-22　法国领事福韦尔先生的住宅景观，1825 年，路易斯·迪普雷的石版画，慕尼黑，巴伐利亚州立图书馆。

图 4-23　奥斯曼帝国的文书，正式授权将米罗的维纳斯搬运出国，1821 年，巴黎，卢浮宫。

图 4-24　《希腊之巅》，1825 年，卡尔·弗里德里希·申克尔，威廉·阿尔伯恩的复制品，1836 年，柏林，普鲁士文化遗产国家博物馆。

图 4-25　"石斧和扣板"，见于蒙福孔 1719 年的著作，第 5 卷，第 127 页。

图 4-26 科什雷勒墓地，见于雅克·马丁的《高卢人的宗教》，巴黎，1727 年，巴黎，国家图书馆。

图 4-27 石化的蜗牛，见于 G. W. 克诺尔和 J. E. 沃尔奇的《自然奇观与地球古物收藏，其中包含石化的身体》(Sammlung der Merkwürdigkeiten der Natur, und Altertümer des Erdbodens, welche petrificierie Körper enthält)，纽伦堡，1755 年，巴黎，自然历史博物馆图书馆。

图 4-28 马斯特里赫特动物的发现，见于福贾斯·德·圣冯德的《马斯特里赫特圣彼得山的历史》(Histoire de la montagne Saint-Pierre de Maastricht)，巴黎，1799 年，巴黎，自然历史博物馆图书馆。

图 4-29 乳齿象的发掘，查尔斯·威尔逊·皮尔，1801 年，巴尔的摩，皮尔博物馆。

图 4-30 巨石墓穴，1820 年，水彩画，威廉·蒂施贝因，编号 LMO 15.001，奥尔登堡，州立博物馆。

图 5-1 《密西西比河谷的风景》（细节），1850 年，狄克逊发掘墓穴，约翰·埃根，圣路易斯，圣路易斯艺术博物馆，Eliza McMillan 基金。

图 5-2 骨骼洞穴，1803 年，铅笔、赭色和墨水，卡斯帕·大卫·弗里德里希，汉堡，艺术馆。

图 5-3 地层图，出自詹姆斯·道格拉斯的《英国坟墓史》，1793 年，手稿编号 G. 6863，25-6，35，第 9 页，伦敦，大英博物馆。

图 5-4 科尔特·霍尔和威廉·坎宁顿协助挖掘土冢，1807 年，水彩，菲利普·克罗克，威尔特郡，威尔特郡考古与自然历史学会。

图 5-5 打制燧石，出自约翰·弗里尔的《在萨福克霍克森发现的燧石武器》，《考古学》，第 13 卷，1800 年，第 14 和 15 页，霍克森的燧石，巴黎，艺术与考古图书馆。

图 5-6 洪水，出自约翰·雅各布·修伊兹勒的《神圣的物理》，奥格斯堡，1708 年，图版 XLVI，巴黎，国家图书馆。

图 5-7 在卡洛矿洞中发现的犀牛骨骸，出自《洪水遗迹》，伦敦，1823 年，图版 XXI，巴黎，国家图书馆。

图 5-8 帕威兰洞穴剖面图，图版 XX，来源同上。

图 5-9 原史时期的古物，出自威廉·蒂施贝因，F. J. L. 迈耶，《北德的描述》，1816 年。

图 5-10 《罗马平原上的歌德》，1787 年，法兰克福，施泰德艺术学院。

图 5-11 列日附近的骨骸和工具，出自《在列日省洞穴中发现的化石

骨骼研究》,列日,1833—1834 年,第 2 卷,图版 XXXVI,巴黎,国家图书馆。

图 5-12　1798 年哈桑 - 卡切夫府的埃及研究院大殿景观,出自《埃及委员会》(*Commission d'Egypte*),巴黎,国家图书馆。

图 5-13　封面图,出自《法国远征埃及期间完成的观察和研究汇编》,巴黎,1809—1822 年,巴黎,国家图书馆。

图 5-14　测量狮身人面像的维旺·德农,出自《维旺·德农在埃及的风景之旅》,巴黎,1802 年,图版 20 bis,巴黎,国家图书馆。

图 5-15　奇维克的青铜时代墓葬,1750 年,斯德哥尔摩,国家文物局。

图 5-16　装饰图案,出自《北欧古迹指南》,1836 年。

图 5-17　工作中的一组考古学家,雅各布·科纳鲁普绘制,出自《一位古物学者的信件》(*Af en oldgranskers Breve*),Gyldendal,哥本哈根,1938 年,第 120 页。

图 5-18　工作中的古物学家,出自《伊特鲁里亚人在陶器上的绘画》(*Picturae Etruscorum in vasculis*),佛罗伦萨,1767 年,巴黎,法国博物馆中央图书馆。

图 5-19　阿布维尔附近门舍库尔地区的简缩地形图,出自《凯尔特和史前文物》,第 2 卷,巴黎,1847 年。

图 5-20　阿布维尔的史前石器,来源同上。

图 5-21　猴子形象的达尔文,出自《大黄蜂》(*The Hornet*),版画,1871 年。

图总结 -1　《罗马最杰出的古物学家大会》,1728 年,梵蒂冈图书馆,编号 cod. ottob 3112, 131。

图片来源

Alinari-Anderson-Giraudon：图 1–42
Alinari-Brogi-Giraudon：图 1–43
Alinari-Giraudon：图 1–41（上）
Antikvarisk-topografiska arkivet, Stockholm：图 5–15
Archives Casterman, Paris：图导言 –3
Artothek：图 1–29，图 1–30，图 5–10
Bayerische Staatsbibliothek, Munich：图 4–22
Bérard C.：图 1–9
Biblioteca Herziana, Rome：图 1–1
Bibliothèque apostolique du Vatican, Rome：图 1–13，图 1–49
Bibliothèque d'Art et d'Archéologie, Paris：图 5–5
Bibliothèque du Muséum national d'his toire naturelle, Paris：图 4–27，图 4–28
Bibliothèque municipale, Rennes：图 4–17
Bibliothèque nationale, Paris：图导言 –5，图导言 –12，图导言 –13，图导言 –16，图导言 –18，图 1–2，图 1–3，图 1–16，图 1–17，图 1–19，图 1–21，图 1–22，图 1–24，图 1–26，图 1–34，图 1–36，图 1–45，图 1–50，图 2–4，图 2–10，图 2–12，图 2–21，图 2–22，图 2–23，图 2–26(下)，图 2–27，图 2–30，图 2–31，图 2–32，图 2–33，图 2–34，图 2–35，图 3–1，图 3–2，图 3–3，图 3–7，图 3–9，图 3–11，图 3–12，图 3–13，图 3–14，图 3–15，图 3–16，图 3–17，图 3–20，图 3–32，图 4–1，图 4–2，图 4–3，图 4–6，图 4–7，图 4–8，图 4–9，图 4–10，图 4–11，图 4–12，图 4–13，图 4–14，图 4–15，图 4–16，图 4–18，图 4–19，图 4–20，图 4–21，图 4–24，图 4–26，图 5–12，图 5–13，图 5–14，图 5–16，图 5–19，图 5–20
Bibliothèque royale Albert-Ier, Bruxelles：图导言 –19，图 1–26
Bibliothèque Sainte-Geneviève/ Studio Ethel：图 2–1

Bibliothèque universitaire, Bâle：图 2-15

Bildarchiv Preussischer Kulturbesitz, Berlin：图 2-3

Bildarchiv Preussischer Kulturbesitz, Berlin / Jörg P. Anders：图 4-24

Bodleian Library, Oxford：图 1-48，图 2-36，图 3-8，图 3-10，图 3-29，图 3-30，图 3-31

Christian Larrieu/La Licorne：图 5-18

CNMHS/SPADEM, Paris：图 1-40，图 1-41（下）

Dagli Orti：图导言 -9，图 1-4，图 1-8

Edimedia：图 5-21

Frans Hals Museum, Haarlem：图 2-7

Garanger J.：图导言 -10，图导言 -11

Giraudon：图 1-29，图 1-30，图 1-31，图 1-32

Huot J.-L.：图导言 -6

Istituto Archeologico Germanico, Rome：图 1-14

Kunsthalle, Hambourg/Elke Walford：图 5-2

Landesmuseum, Oldenbourg/H.R. Wacker：图 4-30

Musée Guimet：图 1-20

Musée du Vatican, Rome：图 1-5

Museum für Kunsthandwerk, Francfort：图 2-14（左）

Museum für Kunst und Gewerbe, Hambourg：图 2-14（右）

Narodni Galerie, Prague：图 2-2

National Gallery of Canada, Ottawa：图导言 -1

Niedersächsiche Staats und Universätsbibliothek, Göttingen：图 3-22，图 3-27

Peale Museum, Baltimore：图 4-29

Pix：图导言 -7，图导言 -8，图 1-6

Réunion des musées nationaux, Paris：图 1-11，图 1-28，图 4-23

Royal Institute for British Architects, Londres：图 4-19

Scala：图 1-25，图 1-39

Staats-und Universitätsbibliothek, Hambourg：图 5-9

The British Library, Londres：图 1-38，图 1-46，图 1-47，图 2-17，图 2-18，图 3-28，图 5-320

The J. Paul Getty Museum, Malibu：图 2-9

The Master and Fellows of Corpus Christi College, Cambridge：图 1-33

The Metropolitan Museum of Art, New York：图 1-18

The Royal Library, Copenhague：图 2-19，图 2-20，图 2-26（上）

The Saint Louis Art Museum, Saint Louis：图 5-1

University Library：Cambridge：图 2-11

Wiltshire Archaeological and Natural History Society, Devizes：图 5-4

Württembergische Landesbibliothek, Stuttgart：图 2-16

Yorkshire Museum, York：图 1-37

Droits réservés：图导言 -4，图导言 -10，图导言 -14，图导言 -17，图 1-7，图 1-10，图 1-12，图 1-15，图 1-21，图 1-23，图 1-44，图 2-5，图 2-6，图 2-24，图 2-25，图 2-29，图 3-4，图 3-5，图 3-6，图 3-18，图 3-19，图 3-23，图 3-24，图 3-26，图 4-4，图 4-5，图 4-25，图 5-17，图总结 -1